SALMO 119

Una odisea al corazón de Dios

JEFF ADAMS

EDITORIAL PORTAVOZ

Título del original: *Psalm 119: A Journey Into the Heart of God.* © Copyright 1993 por Jeff Adams y publicado por Reality Living Publishers, Kansas City, Missouri, 64133.

Título en español: *Salmo 119: Una odisea al corazón de Dios.* © Copyright 1996 por Jeff Adams, y publicado con permiso por Editorial Portavoz, filial de Kregel Publications, Grand Rapids, Michigan 49501. Traducido y publicado con permiso.

Traducción: Enrique Chi
Diseño de la portada: Mark McGaughey

EDITORIAL PORTAVOZ
P. O. Box 2607
Grand Rapids, Michigan 49501-2607

Visítenos en: www.portavoz.com

ISBN: 978-0-8254-1004-8

4 5 6 7 8 edición/año 14 13 12 11 10

Printed in the United States of America

*Este libro está dedicado a mi esposa, Cheryl,
quien me infundió ánimo, me amó y me apoyó
durante este viaje al corazón de Dios.*

Para siempre, oh Jehová,
Permanece tu palabra en los cielos.
Salmo 119:89

Abre mis ojos, y miraré
Las maravillas de tu ley.
Salmo 119:18

La exposición de tus palabras alumbra;
Hace entender a los simples.
Salmo 119:130

Lámpara es a mis pies tu palabra,
Y lumbrera a mi camino.
Salmo 119:105

CONTENIDO

AGRADECIMIENTO

Todo autor es deudor. Su libro es la compilación de muchas ideas y experiencias realizadas en el contexto de su intercambio con los demás. La publicación de su libro casi siempre involucra la participación de un pequeño ejército de personas, cada una especializada en uno de los varios elementos de publicación e impresión.

Este libro ciertamente es producto de las labores de varios individuos comprometidos con el objetivo de poner sana doctrina bíblica al alcance del lector hispano. Mi amigo y colega de muchos años, Marco Antonio Castro, mucho me ha motivado a publicar este libro. Mejor dicho, me lo ha insistido. Su esposa, Linda, y Enrique Chi han sido instrumentales en la producción de la versión en español de este libro. Son incalculables las horas que estas tres personas han invertido en este proyecto.

Muchos libros en el mercado hispano cuyos autores llevan nombres anglos tales como «Adams» son meramente traducciones del inglés, a veces mal hechas. Este libro también ha sido publicado en inglés, pero con una diferencia significativa. He presentado personalmente esta materia en ambos idiomas. Por lo tanto, como autor, he podido supervisar personalmente la publicación en ambos idiomas para poder asegurar la fidelidad de la materia bíblica hacia ambos lenguajes y culturas, y con la libertad de hacer cambios para facilitar dicha adaptación. Pero, sin la colaboración de las personas mencionadas anteriormente, la redacción en castellano de este libro hubiera sido imposible.

Cathy McGaughey, mi fiel asistente, ha sido responsable de coordinar la publicación e impresión del libro en ambos idiomas. La hermosa portada es obra de su esposo, Mark, otro de mis colegas en el ministerio. Finalmente, tengo que agradecer el apoyo de los miembros del Templo Bautista de Kansas City, quienes comparten la carga de discipular a todas las naciones. La congregación es multicultural, y me provee la oportunidad de ministrarles en inglés y en español, además de facilitar mi presencia en la América Latina varias veces al año para enseñar la Palabra de Dios.

Es mi deseo seguir ministrando la sana doctrina bíblica y publicar en forma escrita comentarios bíblicos para la gente hispana. ¡Que Dios reciba la gloria y la honra de estos humildes esfuerzos!

PREFACIO

Este libro se presenta como el primero en la serie proyectada de comentarios *Qué dice la Biblia*. Otros comentarios se encuentran en diversas etapas de desarrollo, pero esta obra sobre el Salmo 119 representa el esfuerzo pionero.

Al predicar esta serie de mensajes durante el verano y otoño de 1992 en Kansas City Baptist Temple, tuve la firme convicción que el Salmo 119 debía ser la piedra angular de la serie. Hemos completado otro comentario que se encuentra en las etapas finales de edición, pero ningún otro pasaje de las Escrituras trata más elocuentemente con la actitud del hombre hacia la Biblia que el Salmo 119. No podría haber mejor tema que se constituyera en la obra fundamental en una serie de comentarios bíblicos.

Un tema básico que fluye a través de cada capítulo del presente libro es que la clave de la espiritualidad en la vida es la actitud hacia la Biblia, y no el conocimiento de la Biblia. Todo lo que se ofrezca más adelante en esta serie se basará en la misma suposición básica: toda Palabra de Dios es pura (Pr. 30:5). Este comentario ha sido redactado por uno que, desde el momento de su conversión a Cristo, ha creído que las palabras recibidas en la Biblia no son palabras de hombres, sino que en verdad son la Palabra de Dios, la cual actúa en nosotros los creyentes (1 Ts. 2:13).

Este libro recibe el nombre de «comentario» porque es el comentario falible de un compañero peregrino sobre la infalible Palabra de Dios. Los comentarios han sido diseñados para ayudar al lector a comprender, aplicar y vivir las palabras de las Escrituras y no para corregir ni reemplazar esas palabras.

La motivación que impulsa esta serie de comentarios obedece a una carga que se siente por la gran muchedumbre que sinceramente desea comprender la Biblia, pero que han llegado a sentirse desanimados ante tal empresa. Muchos púlpitos de hoy día ofrecen desde sicología «pop», entusiasmo irreflexivo y activismo político hasta la aridez de la ortodoxia muerta. Algunas veces, los pastores predican *acerca* de la Biblia, o tal vez obtienen sus mensajes *de* la Biblia, mas sin embargo pocos son los que sencillamente predican *la Biblia*.

13

Frustrados al intentar obtener ayuda en la iglesia, algunos creyentes dedicados recurren a la literatura o cintas grabadas para continuar su crecimiento espiritual. Sin embargo, aun allí algunos llegan a un callejón sin salida. Al consultar un comentario altamente recomendado, frecuentemente sólo encuentran una letanía aparentemente interminable de palabras que giran en torno a debates en cuanto al autor, al trasfondo histórico y sobre todo, a la composición del texto bíblico en sí. Al hallar pocos principios de valor que puedan aplicar a su vida diaria, encima tienen que lidiar con ataques contra la Biblia misma. Ahora no sólo tienen que preguntarse qué dice la Biblia, sino que tienen duda sobre *qué* es la Biblia.

La cuestión en cuanto a cuáles palabras pertenecen a las Escrituras ha tomado el foro central en muchas obras de la erudición de hoy. El laico que sencillamente tiene el deseo de aprender verdades bíblicas necesita vadear una marea de obras que tratan con asuntos en cuanto a la autenticidad histórica del texto, de su autor, si las palabras realmente aparecen en los «manuscritos más antiguos y confiables», si las palabras son las palabras de Dios o si fueron añadidas siglos después por un escriba celoso, y muchos otros asuntos.

Para aumentar la confusión, muchos de los comentarios se redactan en un lenguaje tan complicado que hace a una deposición legal parecer como un libro de primaria. No es de extrañarse que muchos creyentes frustrados abandonan la empresa, se sientan en una banca de la iglesia, se relajan, escuchan al predicador y deciden que nunca podrán comprender la Biblia por sí solos. Desde un punto de vista bíblico, este panorama nos hace recordar una escena similar desarrollada en el huerto del Edén, cuando la Serpiente le dijo a Eva: «*¿Conque Dios os ha dicho...?*» En otras palabras: «Eva, ¿estás segura que lo que Dios dijo se encuentra en los manuscritos más antiguos y confiables?»

En el otro extremo se encuentran los pequeños volúmenes redactados para «laicos». Frecuentemente son tan superficiales que ofrecen poco más que unos cuantos pensamientos de carácter devocional para acompañar el texto, pero no ofrecen lo suficiente para satisfacer el hambre de alguien que busca comprender cómo la Biblia debe ser el fundamento de nuestras vidas.

Este comentario pretende llenar este vacío. No ha sido redactado desde el invernadero de la erudición. Los comentarios son aquéllos de un soldado de trinchera con más de veinticinco años de lucha. Provienen del corazón de un pastor que ha vivido en cuatro países, viajado frecuentemente a muchos otros y ministrado tanto en español como en inglés a creyentes de toda clase. En toda situación cultural he enseñado la Biblia versículo por versículo, con la creencia que el hombre común *puede* comprender la Biblia, *puede* vivir la Biblia y *puede* ministrar la Biblia a otros.

Todas las referencias bíblicas son tomadas de la que comúnmente se conoce como la versión Reina-Valera de 1960. Esta ha sido la norma en el mundo hispano por muchas décadas. Sin ofrecer mayores explicaciones, ésta será nuestra norma y fuente de autoridad.

INTRODUCCIÓN

A pesar de las diferencias que pudieran separarnos, la mayoría de los cristianos que creen la Biblia comprenden que estamos viviendo en los últimos días previos a la segunda venida de nuestro Señor Jesucristo. Su venida podría ocurrir en cualquier instante. Podría ocurrir en unos cuantos años, o aun décadas en el futuro, pero la sociedad tal cual la conocemos rápidamente se aproxima a su clímax.

Con su creciente maldad y tumulto, el nuestro es un tiempo en el cual se necesitan corazones fuertes. Y sin embargo, las enfermedades del corazón son una causa principal de los fallecimientos. Jesús dijo que los postreros días serían un tiempo en el cual «*desfalleciendo los hombres por el temor y la expectación de las cosas que sobrevendrán en la tierra; porque las potencias de los cielos serán conmovidas*» (Lc. 21:26).

Salomón comprendió la importancia del corazón humano y aconsejó «*Sobre toda cosa guardada, guarda tu corazón; porque de él mana la vida*» (Pr. 4:23). Tal afirmación puede tomarse en forma literal desde un punto de vista médico. Sabemos ahora que la forma más efectiva de medicina para el corazón es la medicina preventiva. Muchas personas han alterado sus dietas, ajustado sus estilos de vida y emprendido un programa regular de ejercicios para evitar los efectos debilitantes o fatales de un ataque al corazón.

No es probable que Salomón tuviera tales cosas en mente cuando escribió las palabras del libro de los Proverbios más de 900 años antes de Cristo. Salomón indudablemente estaba haciendo una referencia figurada a aquélla parte del hombre que fija la dirección de su vida: lo que comúnmente llamamos el corazón.

Ya sea que estemos tratando con el órgano humano de sangre literal que ocupa el pecho humano, o que estemos tratando con el centro de los deseos humanos, el tomar medidas para evitar problemas del corazón es buena idea. Si podemos alterar nuestras dietas, estilos de vida y actividades físicas para proteger nuestro corazón físico, ¿por qué no trabajar igual de duro o más para cuidar de nuestro corazón espiritual? Después de todo, la vida física es mantenida por el corazón físico, pero la vida eterna es un asunto de decisiones hechas con el corazón espiritual. «*Que si confesares con tu boca que Jesús es*

15

el Señor, y creyeres en tu corazón que Dios le levantó de los muertos, serás salvo. Porque con el corazón se cree para justicia, pero con la boca se confiesa para salvación» (Ro. 10:9, 10).

Este libro ha sido escrito para los que comprenden la importancia de cuidar del corazón. El tema de nuestro estudio es el Salmo 119, el cual efectuará cirugía de corazón abierto en aquellos que estén dispuestos a someter sus vidas al cuidado del Gran Médico.

Estaremos emprendiendo un viaje al corazón de Dios y permitiendo que el corazón de Dios toque y transforme nuestros corazones. Este, el más extenso de los capítulos de la Biblia, es una gran celebración de la Palabra de Dios. Es el salmo que nos muestra la correcta actitud del corazón que hemos de tener hacia la Palabra de Dios porque es en ella que llegamos a encontrarnos cara a cara con nuestro Salvador.

Es imposible llegar a tener una comprensión apropiada de este salmo sin tener una comprensión apropiada del salmista. Algunos eruditos rápidamente señalan que el nombre de David no aparece directamente en el título de este salmo, como ocurre en otros. Si bien esto hace imposible el verificar con plena certeza que David fuera el autor, esto tampoco lo descalifica.

Yo creo que no hay otra persona que pudiera haber estado calificada para escribir tal salmo. ¿Quién está mejor capacitado para llevarnos en un viaje hacia el corazón de Dios que el varón conforme a su corazón? (1 S. 13:14) Su estilo, fraseología e intensidad espiritual concuerdan con otros salmos davídicos. El contenido podría corresponder con facilidad a los eventos de la vida de David.

Para los fines de este libro estaré refiriéndome a David como si fuese el autor humano del Salmo 119. La razón de ello es para que usted pueda identificar estas palabras con una persona real y no con un autor anónimo. Usaremos la vida de David como un punto de referencia, para que podamos considerar este maravilloso salmo como el diario de oración personal de uno de los hombres más notables que haya vivido sobre esta tierra.

Es importante que usted capte la naturaleza personal de este salmo, ya que mi desafío es que usted lo convierta en una realidad en *su propia* vida. Sus palabras no son para meramente impartirle conocimiento. Son espíritu y son vida (Jn. 6:63). Usted sacará máximo provecho del estudio de este salmo cuando empiece a llevar sus palabras nuevamente delante de Dios en oración, originándose desde lo profundo de su propio corazón.

Sea que podamos probar completamente que históricamente David fuese su autor o no, le usaremos como nuestro punto de contacto humano con los eventos y emociones de este salmo. Sin embargo, permítame llevarle en un estudio breve de la relación que David tenía con Dios y vea si usted concuerda conmigo que nadie más podría haber escrito estas palabras.

Hay cuatro aspectos de la vida de David que examinaremos: su actitud, su apariencia, su unción y su adoración a Dios. Estas son las áreas de su vida que nos dan una perspectiva de su composición espiritual.

ACTITUD: LO QUE PREPARÓ A DAVID PARA DIOS

La Biblia ofrece tanto material biográfico acerca de David como de cualquier otro personaje. Podríamos hacer una larga lista de sus cualidades, características, dones, talentos, logros y fallas. Sin embargo, la característica más sobresaliente de la vida de David fue su actitud de corazón hacia Dios y hacia la Palabra de Dios.

El versículo que probablemente se cita con mayor frecuencia acerca de David es 1 Samuel 13:14. «*Mas ahora tu reino no será duradero. Jehová se ha buscado un varón conforme a su corazón, al cual Jehová ha designado para que sea príncipe sobre tu pueblo, por cuanto tú no has guardado lo que Jehová te mandó.*» Con frecuencia decimos: «David era un varón conforme al corazón de Dios.» Al decirlo, usualmente lo que queremos dar a entender es que David estaba constantemente buscando el corazón de Dios, o continuamente andando en pos de Dios. Eso *no es* lo que el versículo realmente dice.

Este versículo aparece en el contexto del rechazo de Dios hacia Saúl como rey de Israel. Saúl era el elegido del pueblo: el resultado de una votación democrática. La gente clamó a Dios, a través de su profeta Samuel, para pedirle que les diera un rey como a las demás naciones (1 S. 8:19–20). Dios pidió a Samuel que advirtiera al pueblo de las terribles consecuencias de tal elección.

El problema no era que Dios tuviera objeciones a que Israel tuviera rey. ¡Ese siempre había sido su plan! Sin embargo, Dios ya había escogido al que había de ser rey y no era Saúl, sino David. Pero el momento en el calendario de Dios no había llegado aún. Ahora que el fracaso de Saúl era evidente, Dios dijo en 1 Samuel 13:14 que iba a poner a un varón como rey que fuese escogido por Él, conforme a su corazón y no al corazón del pueblo.

David era el objeto de la búsqueda de Dios. Dios vio algo en él que nadie más podía ver. Escuche el testimonio que Dios mismo dio a Salomón acerca de su padre, David: «*Y si tú anduvieres delante de mí como anduvo David tu padre, en integridad de corazón y en equidad, haciendo todas las cosas que yo te he mandado, y guardando mis estatutos y mis decretos*» (1 R. 9:4). Dios habló estas palabras para darle a Salomón el reto de seguir a su padre. Una vez establecido en el reino, Salomón habría de dejar de seguir al Señor, y Dios utilizaría este mismo testimonio de la vida de David como una reprensión.

Lea detenidamente estas palabras de 1 Reyes 11:1–4:

Pero el rey Salomón amó, además de la hija de Faraón, a muchas mujeres extranjeras; a las de Moab, a las de Amón, a las de Edom, a las de Sidón, y a las heteas; gentes de las cuales Jehová había dicho a los hijos de Israel: No os llegaréis a ellas, ni ellas se llegarán a vosotros; porque ciertamente harán inclinar vuestros corazones tras sus dioses. A éstas, pues, se juntó Salomón con amor. Y tuvo setecientas mujeres reinas y trescientas concubinas; y sus mujeres desviaron su corazón. Y cuando Salomón era ya viejo, sus mujeres inclinaron su corazón tras dioses ajenos, y su corazón no era perfecto con Jehová su Dios, como el corazón de su padre David.

Salomón tuvo problemas serios en su vida, uno de los cuales fue su relación con mil mujeres. No es sorpresa que Dios usara el testimonio de David, su padre, para reprenderle.

¡Pero, un momento! ¿No es este el mismo David que cometió adulterio con Betsabé, que luego mintió al respecto y cometió un asesinato deliberado para ocultarlo? Y estas palabras en testimonio de David Dios las habló retrospectivamente.

Entonces, ¿cuál es la diferencia entre el pecado de David y el pecado de Salomón? ¿Acaso es la *cantidad* de mujeres? No. De hecho, la diferencia no existe en cuanto al pecado, porque en términos del pecado no hay diferencia. El pecado es el gran denominador común entre los hombres. Nunca es asunto de la cantidad, ni del grado del pecado porque el pecado es parte de nuestra propia naturaleza. Todos somos igualmente culpables delante de Dios. Todo pecado es igual de pecado, sea éste adulterio, asesinato, hipocresía, murmuraciones u otro pecado. No era la medida del pecado lo que estableció una diferencia entre David y su hijo.

Sólo existe una posibilidad para explicar la relación única que David tenía con Dios: su actitud de corazón hacia Dios y su Palabra. Esto no es una excusa para el pecado de David, ni significa que Dios lo pasara por alto. Sencillamente señala que, a pesar de su pecado, David no se desvió de su amor por Dios y por la Palabra de Dios.

David era un hombre muy parecido al apóstol Juan. En la última cena, Juan tuvo el privilegio de recostar su cabeza sobre el pecho de Jesús y escuchar el latido del corazón mismo de Dios. Juan también era un pecador que necesitaba la gracia de Dios. Sin embargo, Juan se destacó por ser el discípulo al que Jesús amaba (Jn. 19:26; 20:2; 21:7, 20). Juan fue el apóstol que escribió el libro del Nuevo Testamento que trata sobre cómo conocer a Dios: 1 Juan. Él también escribió el Apocalipsis, el libro que hace encajar a toda la Biblia.

David también tenía una relación de amor hacia Dios que no podía romperse, ni aun por su terrible pecado. David pecó, lo reconoció, encaró las consecuencias y continuó siguiendo a Dios. Salomón también pecó, pero permitió que sus muchas mujeres apartaran su corazón de Dios. David escribió el libro del Antiguo Testamento que trata sobre cómo conocer a Dios: los Salmos. Su actitud de corazón hizo que David fuese diferente, y no hay lugar mejor en las Escrituras para ver esa actitud hacia la Palabra de Dios que en el Salmo 119.

APARIENCIA: LO QUE PREPARÓ A DAVID PARA EL LIDERAZGO

El rey Saúl tenía la imagen popular que todo rey debía tener. Era alto, guapo y obviamente tenía la apariencia de líder. «*Y tenía él un hijo que se llamaba Saúl, joven y hermoso. Entre los hijos de Israel no había otro más hermoso que él; de hombros arriba sobrepasaba a cualquiera del pueblo*» (1 S. 9:2). Lo que no tenía era un corazón como el de David.

Es evidente que David no sobresaldría en una multitud a causa de su apariencia exterior. Cuando Samuel fue a la casa de Isaí para ungir al nuevo rey,

Isaí hizo pasar a todos sus hijos, menos uno, delante de Samuel. Dios no permitió que Samuel ungiera a ninguno de ellos. A Isaí nunca se le ocurrió que David fuese el escogido. David aún estaba en el campo, cuidando de los rebaños.

Y Jehová respondió a Samuel: No mires a su parecer, ni a lo grande de su estatura, porque yo lo desecho; porque Jehová no mira lo que mira el hombre; pues el hombre mira lo que está delante de sus ojos, pero Jehová mira el corazón. Entonces llamó Isaí a Abinadab, y lo hizo pasar delante de Samuel, el cual dijo: Tampoco a éste ha escogido Jehová. Hizo luego pasar Isaí a Sama. Y él dijo: Tampoco a éste ha elegido Jehová. E hizo pasar Isaí siete hijos suyos delante de Samuel; pero Samuel dijo a Isaí: Jehová no ha elegido a éstos. Entonces dijo Samuel a Isaí: ¿Son éstos todos tus hijos? Y él respondió: Queda aún el menor, que apacienta las ovejas. Y dijo Samuel a Isaí: Envía por él, porque no nos sentaremos a la mesa hasta que él venga aquí. Envió, pues, por él, y le hizo entrar; y era rubio, hermoso de ojos, y de buen parecer. Entonces Jehová dijo: Levántate y úngelo, porque éste es (1 S. 16:7-12).

Hasta su propio padre, Isaí, pasó por alto a David como candidato a rey. Anticipando esto, Dios dio instrucciones específicas a Samuel que no se fijara en la apariencia exterior, sino en la apariencia *interior: «pero Jehová mira el corazón»* (1 S. 16:7). Evidentemente, los otros hijos de Isaí eran más impresionantes ante el ojo humano, pero Dios estaba en busca de algo más profundo.

La palabra «parecer» figura dos veces en el pasaje que acabamos de leer. En 1 Samuel 16:7 el contexto claramente se refiere a la apariencia externa. Esta capa externa no debía ser el criterio que Samuel debía usar para determinar quién era el varón escogido por Dios para ser rey.

En 1 Samuel 16:12 leemos que David era *«hermoso de ojos»*. Esto no representa contradicción alguna. En el castellano podemos hablar de la apariencia interna o externa de una persona. La forma en que distinguimos entre estas dos apariencias es por el contexto en el cual aparecen las palabras o por el uso de adjetivos. En el idioma hebreo, dos palabras diferentes hacen esta distinción. La palabra que se usa en el versículo 7 corresponde al contexto del parecer externo, mientras que es una palabra diferente la que se traduce «hermoso de ojos» en el versículo 12. Esta segunda palabra también se traduce «fuente». Se usa para describir las cualidades tanto mentales como espirituales.

Algunas personas causan revuelo al entrar en una sala debido a sus características físicas, o a su forma de vestir. Sin embargo, hay muy pocas personas que pueden causar revuelo sencillamente debido al poder que reside en su persona interior. Tienen una fuerza interior que es como un aura que los rodea. David pertenecía a esta última categoría de personas.

Por favor, no me malentienda. No es que David fuera poco atractivo en lo físico. El versículo 12 también dice que él era *«de buen parecer»*. Él era un joven bien parecido, pero lo que lo distinguía era su hermosura interior, no su apariencia externa. Su corazón era diferente.

El Salmo 119 es describe de forma tan explícita los detalles de una correcta actitud de corazón hacia la Palabra de Dios, que me resulta difícil concebir que su autor pudiera ser alguien aparte de David. Quienquiera que lo haya escrito obviamente era poseedor de una hermosura interior muy poderosa. Si usted usa las palabras de este salmo como las oraciones de su corazón en una forma fiel y consistente, usted también será transformado en una persona hermosa de ojos.

Hace muchos años servía como pastor de los adultos jóvenes en nuestra iglesia. Una joven que asistía a nuestra iglesia sufría los efectos de una enfermedad debilitante. La enfermedad afectaba su sistema muscular y hacía que su rostro se deformara. Caminaba con mucha dificultad. Y sin embargo, era una de esas personas especiales que amaba tanto a Dios y a su Palabra que ella podía transformar la atmósfera de una sala llena de personas con el poder de su personalidad. Ella siempre ha sido ejemplo para mí de lo que Dios puede hacer al hombre interior. Pocas personas prestaban atención a sus facciones exteriores porque su presencia interior era sumamente dominante.

Las características físicas de esta joven no eran lo que la mayoría de las personas considerarían «hermoso»; en el caso de David, él era *«de buen parecer»*. En ambos casos, la apariencia exterior no es lo que importa. El hombre exterior no es lo que importa. La hermosura interior de una persona puede sobrepasar cualesquiera características exteriores que posean. Por otro lado, aún la gente «hermosa» puede tornarse repulsiva si tienen una personalidad maligna que sobrepasa su apariencia exterior.

El versículo 12 nos ofrece otra característica de David, pues nos dice que era *«rubio»*. Esta palabra, que nos dice que David era de tez rojiza (no necesariamente lo que hoy día se entiende por rubio), aparece tan sólo cinco veces en la Biblia Reina-Valera.

Esaú era un varón «rubio» (Gn. 25:25). Hay otro individuo «rubio» en la Biblia, que también nos pinta un cuadro profético del Señor Jesucristo. La sulamita dice de su amante, Salomón: *«Mi amado es blanco y rubio, señalado entre diez mil»* (Cnt. 5:10).

Esto nos recuerda que David también es tipo de Cristo. Tal como David, el Señor Jesucristo no sobresalió por su apariencia externa. Isaías profetizó: *«Subirá cual renuevo delante de él, y como raíz de tierra seca; no hay parecer en él, ni hermosura; le veremos, mas sin atractivo para que le deseemos. Despreciado y desechado entre los hombres, varón de dolores, experimentado en quebranto; y como que escondimos de él el rostro, fue menospreciado, y no lo estimamos»* (Is. 53:2, 3).

Las personas que vieron a Cristo se sintieron atraídas a él, no porque tuviera apariencia de líder, sino por el poder de su persona. Esta hermosura interior es lo que preparó a David para ser líder de hombres. Esto es lo que Dios tenía en su corazón cuando buscó a un rey para la nación de Israel.

La hermosura interior de David fue producto de su devoción a la Palabra de Dios. Pasó largas noches meditando en ella mientras cuidaba los rebaños de su padre. Aun si alguien pudiera probar más allá de toda duda que David no escribió el Salmo 119, su contenido todavía sería representativo de la relación del corazón de David con la Palabra de Dios. También podría ser representativo de *su propio* corazón, si usted desea ser una persona hermosa en su interior. El tener este tipo de corazón para con Dios y con su Palabra lo que convierte a un hombre o a una mujer en un líder espiritual.

UNCIÓN: LO QUE PREPARÓ A DAVID PARA EL PODER

Dios confirmó al que había sido elegido rey ante Samuel por la hermosura interior del corazón de David. Actuando por el poder y la autoridad de Dios, dice la Biblia: «*Y Samuel tomó el cuerno del aceite, y lo ungió en medio de sus hermanos; y desde aquel día en adelante el Espíritu de Jehová vino sobre David. Se levantó luego Samuel, y se volvió a Ramá*» (1 S. 16:13).

El mismo carácter que había hecho de David un siervo fiel en la casa de su padre lo haría un siervo fiel de su Padre celestial. «*Eligió a David su siervo, y lo tomó de las majadas de las ovejas; de tras las paridas lo trajo, para que apacentase a Jacob su pueblo, y a Israel su heredad*» (Sal. 78:70, 71).

Este es el mismo principio que Jesús enseñó. «*Pues si en las riquezas injustas no fuisteis fieles, ¿quién os confiará lo verdadero?*» (Lc. 16:11). Nuestra responsabilidad en los asuntos materiales y en los espirituales depende de tener esta misma actitud de corazón.

Dos cualidades le permitieron a David ser un receptor responsable de la unción de Dios: la integridad de su corazón y su pericia. «*Y los apacentó conforme a la integridad de su corazón, los pastoreó con la pericia de sus manos*» (Sal. 78:72).

Saúl no contaba con la integridad que hizo de David un varón conforme al corazón de Dios. Nuevamente, recordamos lo que Dios dijo a Salomón acerca de su padre: «*Y si tú anduvieres delante de mí como anduvo David tu padre, en integridad de corazón y en equidad, haciendo todas las cosas que yo te he mandado, y guardando mis estatutos y mis decretos*» (1 R. 9:4).

La integridad de corazón también fue una característica sobresaliente de Job. Despojado de sus bienes y de sus hijos, Job se asió de su integridad. Este es el enfoque del segundo reto que Dios emite a Satanás: «*Y Jehová dijo a Satanás: ¿No has considerado a mi siervo Job, que no hay otro como él en la tierra, varón perfecto y recto, temeroso de Dios y apartado del mal, y que todavía retiene su integridad, aun cuando tú me incitaste contra él para que lo arruinara sin causa?*» (Job 2:3). Aun la esposa de Job lo atacó, riñiéndole a causa de su integridad. «*Entonces le dijo su mujer: ¿Aún retienes tu integridad? Maldice a Dios y muérete*» (Job 2:9).

Aunque tuvo problemas con el pecado en su vida, Salomón eventualmente aprendió la importancia de la integridad, indudablemente después de haber considerado el ejemplo de su padre. «*La integridad de los rectos los encaminará; pero destruirá a los pecadores la perversidad de ellos*» (Pr. 11:3). Salomón también escribió: «*Mejor es el pobre que camina en integridad, que el de perversos labios y fatuo*» (Pr. 19:1).

«*Camina en su integridad el justo; sus hijos son dichosos después de él*» (Pr. 20:7). Este es el caso de David y su hijo, Salomón. David fue un varón justo que caminó en la integridad de su corazón y Dios bendijo a sus hijos. David empezó su carrera con integridad de corazón. Su honestidad hacia la Palabra de Dios le proporcionó la pericia que necesitaba para guiar a la nación de Israel, como vimos en el Salmo 78:72: *«Los pastoreó con la pericia de sus manos»*.

El mismo patrón es cierto en la vida de cualquier creyente. Una correcta actitud de corazón hacia la Palabra de Dios equipa al creyente con todo lo que necesita para cumplir la misión que Dios le encomiende. *«Procura con diligencia presentarte a Dios aprobado, como obrero que no tiene de qué avergonzarse, que usa bien la palabra de verdad»* (2 Ti. 2:15). Luego, *«Toda la Escritura es inspirada por Dios, y útil para enseñar, para redargüir, para corregir, para instruir en justicia, a fin de que el hombre de Dios sea perfecto, enteramente preparado para toda buena obra»* (2 Ti. 3:16–17).

La unción de David le permitió tener el poder de Dios. Y sin embargo fue su actitud de corazón y la pericia obtenida por la preparación con la Palabra de Dios, lo que evitó que se envaneciera. Él guardó el equilibrio en su vida a través de su actitud de corazón. Su unción le dio el poder para cumplir la misión que Dios le había encomendado.

ADORACIÓN: LO QUE PREPARÓ A DAVID PARA LA GUERRA

Continuando con nuestra historia de 1 Samuel 16, aprendemos otro componente importante de la vida de David.

El Espíritu de Jehová se apartó de Saúl, y le atormentaba un espíritu malo de parte de Jehová. Y los criados de Saúl le dijeron: He aquí ahora, un espíritu malo de parte de Dios te atormenta. Diga, pues, nuestro señor a tus siervos que están delante de ti, que busquen a alguno que sepa tocar el arpa, para que cuando esté sobre ti el espíritu malo de parte de Dios, él toque con su mano, y tengas alivio. Y Saúl respondió a sus criados: Buscadme, pues, ahora alguno que toque bien, y traédmelo. Entonces uno de los criados respondió diciendo: He aquí yo he visto a un hijo de Isaí de Belén, que sabe tocar, y es valiente y vigoroso y hombre de guerra, prudente en sus palabras, y hermoso, y Jehová está con él. Y Saúl envió mensajeros a Isaí, diciendo: Envíame a David tu hijo, el que está con las ovejas. Y tomó Isaí un asno cargado de pan, una vasija de vino y un cabrito, y lo envió a Saúl por medio de David su hijo. Y viniendo David a Saúl, estuvo delante de él; y él le amó mucho, y le hizo su paje de armas. Y Saúl envió decir a Isaí: Yo te ruego que esté David conmigo, pues ha hallado gracia en mis ojos. Y cuando el espíritu malo de parte de Dios venía sobre Saúl, David tomaba el arpa y tocaba con su mano; y Saúl tenía alivio y estaba mejor, y el espíritu malo se apartaba de él (1 S. 16:14–23).

Este pasaje nos da perspectiva en cuanto a la guerra espiritual, un tema sobre el cual la mayoría de los cristianos tienen escasos conocimientos. David estaba preparado para la guerra espiritual porque había establecido una relación de alabanza con Dios y con su Palabra.

Algunos creyentes ponen bastante énfasis en el estudio de la Biblia. Llenan sus mentes con hechos y detalles acerca de la Biblia y del andar cristiano. Sin embargo, se «queman» pronto porque olvidan preparar sus corazones y espíritus para la guerra espiritual.

Las guerras se ganan y se pierden en el *corazón*. Las palabras de Rahab indicaron a los espías de Israel cómo Dios había preparado el camino para la victoria de los israelitas: «*Oyendo esto, ha desmayado nuestro corazón; ni ha quedado más aliento en hombre alguno por causa de vosotros, porque Jehová vuestro Dios es Dios arriba en los cielos y abajo en la tierra*» (Jos. 2:11).

Josué da testimonio de que lo mismo ocurrió cuando enfrentaron a sus enemigos en la tierra: «*Cuando todos los reyes de los amorreos que estaban al otro lado del Jordán al occidente, y todos los reyes de los cananeos que estaban cerca del mar, oyeron cómo Jehová había secado las aguas del Jordán delante de los hijos de Israel hasta que hubieron pasado, desfalleció su corazón, y no hubo más aliento en ellos delante de los hijos de Israel*» (Jos. 5:1).

Los israelitas también aprendieron que podían ser derrotados con la misma facilidad cuando sus corazones no eran rectos delante de Dios. El pecado de Acán al tomar del anatema socavó su posición de victoria espiritual. Cuando las tropas de Israel subieron contra la ciudad aparentemente insignificante de Hai, sufrieron una pronta derrota: «*Y los de Hai mataron de ellos a unos treinta y seis hombres, y los siguieron desde la puerta hasta Sebarim, y los derrotaron en la bajada; por lo cual el corazón del pueblo desfalleció y vino a ser como agua*» (Jos. 7:5). Su conocimiento y pericia no habían cambiado. La única diferencia reposaba en el corazón.

Después de su campaña de conquista de la tierra, Caleb, un gran guerrero, dio su testimonio. Él y Josué fueron los únicos dos de los doce espías que confiaron en que Dios les acompañaría para entrar en la tierra. Los diez hombres que componían la mayoría tenían temor. No podría haber victoria en el campo de batalla, porque la batalla ya había sido perdida en el corazón de la gente, así que ni siquiera aparecieron a pelear la batalla sino cuarenta años después.

> *Y los hijos de Judá vinieron a Josué en Gilgal; y Caleb, hijo de Jefone cenezeo, le dijo: Tú sabes lo que Jehová dijo a Moisés, varón de Dios, en Cades-barnea, tocante a mí y a ti. Yo era de edad de cuarenta años cuando Moisés siervo de Jehová me envió de Cades-barnea a reconocer la tierra; y yo le traje noticias como lo sentía en mi corazón. Y mis hermanos, los que habían subido conmigo, hicieron desfallecer el corazón del pueblo; pero yo cumplí siguiendo a Jehová mi Dios* (Jos. 14:6–8).

Se le puede dar a un soldado el mejor adiestramiento y las armas más avanzadas, pero no se le puede dar un corazón. Es en el corazón que se ganan o se pierden las batallas.

David fortaleció su corazón en la Palabra de Dios. Él no sólo acumuló información, él amaba a Dios. No sólo estudiaba la Biblia, la amaba. Él vivía según la Palabra de Dios. Él oraba las palabras de Dios. Meditaba las palabras de Dios. Cantaba la Palabra de Dios delante de Dios. Alababa a Dios en cada evento de su vida. Su corazón era fuerte y estaba preparado para la batalla.

Su corazón hacía desfallecer el corazón de los demás. Husai le dijo a Absalón, el hijo rebelde de David: «*Y aun el hombre valiente, cuyo corazón sea como corazón de león, desmayará por completo; porque todo Israel sabe que tu padre es hombre valiente, y que los que están con él son esforzados*» (2 S. 17:10).

La rebelión de Absalón fue consecuencia del pecado del propio David. Anteriormente hicimos la observación que la vida de David no fue perfecta. Lo que sí tenía era un corazón conforme a Dios y a su Palabra. A pesar de su pecado, David nunca perdió su corazón entregado a Dios. Tenía mucho más que conocimiento. Sabía lo que era alabar y adorar a Dios. Esta es la preparación de un gran guerrero espiritual.

Hay una progresión en la vida de David. Empezó como pastor. Su fidelidad como pastor y su amor por Dios y por su Palabra, prepararon a David para ser un guerrero grande y poderoso. Este poderoso guerrero con un corazón conforme a Dios fue el que Dios escogió para ser rey de Israel.

Este estudio le desafiará a ser un guerrero de Dios. Su corazón quedará abierto y expuesto tal cual es. Dios está listo para efectuar una cirugía a corazón abierto. Él quiere darle un corazón que sea fuerte y que esté listo para la batalla.

Todo empieza y termina con su actitud de corazón. Eso es lo que le prepara para tener una relación íntima con Dios. En la medida que usted crezca en su conocimiento de Dios y de su Palabra, su persona interior será fortalecida. Como creyente neotestamentario, usted está en una posición de poder porque está en Cristo. El rendir su corazón a Dios le pondrá en posición para ser ungido con el poder del Espíritu Santo que mora en usted.

Lo más importante a recordar es que la meta en el presente estudio no es aumentar su conocimiento. Su meta es desarrollar un corazón recto delante de Dios, y ser honesto con Él y su Palabra. Usted aprenderá a alabarlo, a amarlo y a pasar tiempo con Él.

Usted debe crecer en la gracia y en el conocimiento del Señor Jesucristo continuamente (2 P. 3:18). Pero hay muchos que tienen un gran conocimiento de la Palabra. Sólo ocasionalmente una persona parece sobresalir de la multitud debido al brillo de su persona interior. Ésta es la que tiene un corazón sensible a la palabra. El Salmo 119 es la clave para desarrollar un corazón conforme a Dios y a su Palabra. Léalo, repítalo, memorícelo, contémplelo, órelo, vívalo y cántelo. Sobre todo, recuerde: un corazón sensible a la Palabra de Dios es lo único que le equipará para este viaje hacia el corazón de Dios.

1

BUSCANDO DESESPERADAMENTE
EL CORAZÓN DE DIOS

Bienaventurados los perfectos de camino, los que andan en la ley de Jehová. Bienaventurados los que guardan sus testimonios, y con todo el corazón le buscan; pues no hacen iniquidad los que andan en sus caminos. Tú encargaste que sean muy guardados tus mandamientos. ¡Ojalá fuesen ordenados mis caminos para guardar tus estatutos! Entonces no sería yo avergonzado, cuando atendiese a todos tus mandamientos. Te alabaré con rectitud de corazón cuando aprendiere tus justos juicios. Tus estatutos guardaré; no me dejes enteramente.

Salmo 119:1–8

En su libro publicado en 1992, titulado *JFK: Conspiracy of Silence* (JFK: Conspiración de silencio), el doctor Charles A. Crenshaw describe los últimos momentos de la vida del presidente Kennedy, mientras que él y otros médicos laboraban desesperadamente intentando salvarle.

El doctor M. T. «Pepper» Jenkins, profesor y presidente del Departamento de Anestesia, junto con otros anestesiólogos conectaron un torpedo (una máquina que mide los latidos del corazón) al Presidente. Cuando lo encendimos, la luz verde cruzó la pantalla describiendo una recta horizontal, sin dar indicios de la más mínima actividad cardíaca. El doctor Clark observó que las pupilas del Presidente estaban fijas y dilatadas. Mirándonos, el doctor Clark volvió a sacudir la cabeza, indicando que era demasiado tarde.
El doctor Perry, que Dios lo bendiga, sencillamente se negó a darse por vencido. Empezó a darle masaje cardíaco al pecho del Presidente, mientras que el doctor Pepper Jenkins continuaba administrando oxígeno puro. Nadie quería abandonar la lucha. Cuando las manos del doctor Perry se cansaron, el doctor Clark tomó su lugar. Pero en unos cuantos instantes, nos dimos cuenta que nada podía hacerse para salvar al hombre, y todos los

25

*esfuerzos cesaron. El doctor Fouad A. Bashur, profesor asociado de medici-
na interna, rápidamente conectó un cardiotaquiscopio, una máquina más
sensible que el torpedo, al Presidente. Nuevamente, la luz verde cruzó la
pantalla del osciloscopio describiendo una recta. Jenkins alargó la mano y
cerró la válvula de la máquina de anestesia. Acabábamos de ser testigos del
evento más trágico imaginable: la muerte del Presidente.*

Permítame atreverme a sugerir que hay algo mucho más trágico que la
muerte física de un presidente. A pesar del pecado del hombre, y de la consecuente pena del pecado, Dios ha provisto sangre para que fluya desde el
corazón del hombre a través de sus venas por muchos años, para así darle la
oportunidad de escuchar el evangelio, las buenas nuevas que Dios en Cristo
pagó la pena de nuestro pecado, conquistó el pecado y la muerte y nos ofrece un corazón nuevo que continuará latiendo junto con Su corazón por la
eternidad. La tragedia más grande ocurre cuando el hombre tercamente re-
chaza la gracia de Dios y su corazón físico deja de latir. En ese momento, la
muerte que había apresado su corazón espiritual desde el momento de su
nacimiento se revela. La muerte eterna es una tragedia innecesaria, ya sea
que se trate de un obrero común o del presidente de los Estados Unidos.

Si usted no tiene la absoluta certeza de su vida eterna, usted acaba de
realizar un autoexamen que revela una condición mortal del corazón, y que
tiene la necesidad de un transplante. El estudiar el Salmo 119 puede pro-
veerle de un corazón nuevo que latirá por siempre. Si usted ya tiene la seguridad de la vida eterna, aún es de vital importancia que mantenga su nuevo
corazón en buena salud. Muchos creyentes pasan todas sus vidas con ardo-
res en el corazón, latidos irregulares que no se sincronizan al latir del corazón de Dios, o a otros problemas que reducen drásticamente la calidad de
sus vidas.

El estudio del Salmo 119 demanda una respuesta de todos y cada uno de
nosotros. Si no está seguro que tiene vida eterna, ¿cómo es posible que pos-
ponga el someterse a una operación que le salvará la vida? Si ya se ha sometido a este transplante de corazón espiritual, este estudio demandará que
usted examine el estado de su corazón.

El Salmo 119 inicia obligándole a responder a una pregunta básica: ¿qué
es lo que usted realmente desea de su vida? ¿Realmente cree usted que el
dinero, la fama, el poder, el sexo o los estimulantes externos llenarán los
deseos de su corazón? Si usted ha llegado a este punto en este estudio, probablemente no es eso lo que cree. Si ha pasado suficiente tiempo alrededor
del gremio de los santos, quizás ofrezca una respuesta con tono espiritual tal
como: «Sólo quiero conocer la voluntad de Dios para mi vida». O tal vez
diga: «Quiero ser lo que Dios quiere que sea». Sin embargo, si usted es
honesto, probablemente tendrá que admitir que ni siquiera sabe lo que eso
significa. Al igual que la mayoría de la gente, usted se halla en busca de ese
objetivo fugaz llamado «la felicidad», pero se avergüenza de admitirlo porque suena tan egoísta.

Si supiera que la verdadera felicidad bíblica es un objetivo válido y que es algo que está a su alcance, ¿se atrevería a reconocer que eso es lo que desea? Hay un pasaje en 1 Reyes 10:8 que nos define lo que es ser dichoso, o feliz. «Bienaventurados tus hombres, dichosos estos tus siervos». El ser realmente dichoso es ser bienaventurado o bendecido por Dios. El Salmo 119 inicia con una afirmación dogmática acerca de quién es dichoso y por qué. Este salmo trata acerca de cómo hallar el verdadero gozo mediante dejar que Dios le dé un corazón sensible a su Palabra, la Biblia.

Para hallar tal felicidad bíblica, usted deberá estar dispuesto a buscar el corazón de Dios, y a buscarlo con desesperación. Es una búsqueda que dura toda la vida. Es una vida llena de más aventuras que una película de Indiana Jones, más emociones que una serie de novelas románticas y más intrigas y peligros que una novela de suspenso. Este viaje le llevará al punto en que usted permita a Dios efectuar cirugía a corazón abierto en *su propio* corazón. Nada podría ser más importante. «*Sobre toda cosa guardada, guarda tu corazón; porque de él mana la vida*» (Pr. 4:23).

La Biblia es un libro *viviente* (He. 4:12). Cada parte de la Biblia cumple un propósito, tal como cada miembro de nuestro cuerpo tiene una función asignada. En el centro de la Biblia hallamos su cuerpo, alma y espíritu. El Cantar de los Cantares nos relata la historia de amor entre Salomón y su esposa. Es una historia intensamente física, y una alegoría de la relación entre Cristo y la iglesia, su cuerpo. En Proverbios y Eclesiastés entramos en la mente misma de Dios. Este es el centro nervioso. Aprendemos cómo es que piensa Dios. El libro de los Salmos nos guía al corazón de Dios, y el Salmo 119 es el corazón del corazón.

Al igual que el corazón humano, este salmo late con energía sobrenatural. En cuanto a su simetría, está exento de imperfecciones. El salmo cuenta con una estructura perfecta de acróstico. Consiste en veintidós estrofas de ocho versículos cada una, cada una de las cuales representa una de las letras del alfabeto hebreo. Cada uno de los ocho versículos de cada una de las veintidós estrofas empieza con la letra correspondiente del alfabeto hebreo. Por lo tanto, cada letra se representa ocho veces. Si usted tuviera una caja con ocho copias de todas las letras del alfabeto, ¿cuántas palabras podría formar? Imagínese todo lo que Dios puede formar para nosotros en este salmo. Este es el salmo que puede formular la respuesta a todo problema de su vida.

Cada estrofa sencillamente tenía que tener ocho versículos. El ocho es el número del nuevo comienzo en la Biblia. Noé era la octava persona en el arca (2 P. 2:5 y Gn. 7:7), y fue él quien dio un nuevo comienzo a la raza humana. Los niños hebreos eran circuncidados al octavo día de su nueva vida. Por supuesto, fue al octavo día (el primer día de la semana, el día siguiente al séptimo) que el Señor Jesucristo salió victorioso de la tumba.

Este salmo está diseñado para ser un salmo de nuevos comienzos. Si usted es un nuevo creyente, este es el lugar en dónde empezar. Aquí adquirirá un amor por la Palabra de Dios. Si ha sido creyente hace algún tiempo, y está cansado de caer una y otra vez, este es el salmo que le mostrará un nuevo comienzo. Aquí hallará verdades que afectarán su vida por la eternidad. ¡Aquí aprenderá a tocar el corazón del mismo Dios!

Pero usted deberá ansiarlo con desesperación. Usted deberá reconocer que necesita un nuevo comienzo. La conformidad con su estado actual es el enemigo mortal del cristiano. ¿Cuáles son las áreas de su vida que necesitan desesperadamente un nuevo comienzo? ¿Está dispuesto a pagar el precio? ¿Verdaderamente ansía hallarle propósito y sentido a su vida? ¿Realmente quiere llegar a conocer a Dios? Si es así, su deseo es aquél del salmista.

EL DESEO DEL SALMISTA (vv. 1–3)

La bienaventuranza es el deseo del salmista

Al contemplar los primeros ocho versículos, observe un cambio muy tenue. El primer grupo de versículos se caracteriza por estar en tercera persona plural, pero después cambia a primera persona singular. David empieza observando a los que son bienaventurados. Llega a la conclusión que la felicidad es posible, e identifica a los que son felices, o bienaventurados. En su conclusión toma ciertas medidas para asegurarse que él esté entre los bienaventurados.

La verdadera felicidad bíblica consiste en vivir en estado de bienaventuranza. Este es el deseo del salmista, y el objetivo de este salmo. Veremos repetidamente que la bienaventuranza es resultado de una actitud correcta de corazón hacia la Palabra de Dios. El Salmo 119:1–3 expresa esta meta, mientras que el resto de los 176 versículos expresa la respuesta. Se halla la verdadera felicidad y propósito en la vida cuando su corazón está en armonía con el corazón de Dios a través de su amor por su verdad.

En los primeros tres versículos vemos la observación del salmista en cuanto a lo que la felicidad es en realidad.

La bienaventuranza es el ser perfecto de camino

«*Bienaventurados los perfectos de camino, los que andan en la ley de Jehová*» (Sal. 119:1).

Sólo hay *un camino*. Isaías vio que era una calzada: «*Y habrá allí calzada y camino, y será llamado Camino de Santidad; no pasará inmundo por él, sino que él mismo estará con ellos; el que anduviere en este camino, por torpe que sea, no se extraviará*» (Is. 35:8). Este camino nunca será el más popular. «*Porque estrecha es la puerta, y angosto el camino que lleva a la vida, y pocos son los que la hallan*» (Mt. 7:14). Jesús no dejó duda respecto a la identidad de este Camino. «*Jesús le dijo: Yo soy el camino, y la verdad, y la vida; nadie viene al Padre, sino por mí*» (Jn. 14:6).

David descubrió que la verdadera bienaventuranza proviene de ser perfecto en Su camino. La felicidad no puede hallarse en una religión, en una organización, en una sesión de terapia, ni en ser aceptado por los seres queridos. La felicidad consiste en ser perfecto de camino. Es un camino: un enfoque a la vida, una dirección, un propósito. ¡Y el Camino es una Persona!

¿Está usted siguiendo este Camino? ¿Es usted perfecto en este Camino? ¿O acaso el pecado ha dejado su mancha inconfundible en su vida y en su testimonio?

Imagínese un negocio de lavado automático de automóviles del cual sale una fila de flamantes automóviles nuevos. Y sin embargo, de repente se ve que sale por la misma fila, del mismo lugar, un auto cubierto de lodo y basura, con insectos muertos pegados al parabrisas. ¿Qué ha sucedido? ¿Cree que el dueño de este automóvil estará contento?

Si está en el Camino, si conoce a Cristo como su Salvador, usted ha sido lavado por la sangre de Dios y ha sido limpiado de su pecado. La sangre de Dios es el único agente limpiador en el universo que puede quitar la mancha del pecado. Al haber experimentado este lavamiento, ¿cree que podrá ser verdaderamente feliz si permite que el pecado controle su vida, ensuciando lo que Dios ha declarado limpio? ¡Con razón hay tanta gente infeliz!

Cuando el Señor Jesucristo elevó su gran oración intercesora a nuestro favor en Juan 17, expresó claramente su deseo para nosotros: que permaneciésemos limpios y perfectos mientras andamos en su Camino por este mundo. *«Pero ahora voy a ti; y hablo esto en el mundo, para que tengan mi gozo cumplido en sí mismos. Yo les he dado tu palabra; y el mundo los aborreció, porque no son del mundo, como tampoco yo soy del mundo. No ruego que los quites del mundo, sino que los guardes del mal»* (Jn. 17:13-15).

Una vez, en Managua, Nicaragua, tenía el compromiso de predicar en una iglesia ubicada en un lugar apartado. Cuando llegamos a la iglesia, observé que el edificio estaba a unos veinte metros del camino de tierra sobre el cual habíamos viajado. El solar de la iglesia estaba completamente sin pasto, y las recientes lluvias lo habían convertido en un lodazal. Eché una mirada a mis zapatos recién lustrados, forcé una sonrisa y me resigné a llevar tacos de lodo en las suelas de mis zapatos. Pero ¡qué bendición fue descubrir que desde el automóvil hasta la entrada había una serie de piedras estratégicamente colocadas! Con unas maniobras cuidadosas pude pisar de una piedra a otra y llegar a la puerta de la iglesia—¡sin ensuciarme!

¿Cómo podemos andar por la inmundicia de este mundo presente y permanecer perfectos, sin ensuciarnos? El Señor nos dio la respuesta en la misma oración de Juan 17. *«Santifícalos en tu verdad; tu palabra es verdad»* (Jn. 17:17).

Esto es precisamente lo que David había aprendido siglos antes. *«Bienaventurados los perfectos de camino, **los que andan en la ley de Jehová**»* (Sal. 119:1, énfasis del autor).

La felicidad en su vida depende de hallar un apoyo firme en la Palabra de Dios para cada paso que dé. Esta es la única manera en que podrá llegar a su destino siendo perfecto de camino. La felicidad consiste en un andar que corresponde a este Camino. Usted descubrirá cada paso que deberá dar conforme aprenda a andar en su palabra. Aprenda que toda decisión de su vida deberá ser guiada por la verdad hallada en la Biblia.

La bienaventuranza es guardar sus testimonios

«Bienaventurados los que guardan sus testimonios» (Sal. 119:2).

El versículo dos continúa enfatizando el andar del individuo que vimos en el primer versículo. El guardar los testimonios de Dios es lo mismo que el andar en la ley de Jehová. Recuerde que a lo largo de este salmo hallaremos diversos sinónimos de la Biblia. Aquí, los testimonios de Dios son la misma cosa que su ley. La Biblia contiene los «testimonios» de la naturaleza de Dios. La ley no es un conjunto de prohibiciones que Dios inventó en su tiempo libre para mantener a la humanidad ocupada. La ley es sencillamente la expresión de la santidad de la naturaleza de Dios.

La poesía hebrea sigue un concepto conocido como paralelismo, mientras que la poesía en castellano sigue la rima y el metro. El paralelismo consiste en expresar palabras, frases o pensamientos paralelos uno junto al otro para contrastarlos, complementarlos e instruirnos. Tal como los diferentes nombres que recibe Dios en la Biblia sirven para instruirnos en cuanto a las muchas facetas del carácter de Dios, los nombres que recibe la Biblia en el Salmo 119 nos dan un entendimiento más amplio de la profundidad y la naturaleza de la Palabra de Dios.

El «andar» en la ley es mucho más que el «hablar» de la ley y que el «conocer» acerca de la ley. Muchas personas tienen una mina intelectual de información sobre la Biblia. Algunos hasta disfrutan el hablar acerca de la Biblia. Pero son pocos los que verdaderamente *viven* lo que dice la Biblia.

Este segundo versículo nos dice que la felicidad es resultado de guardar sus testimonios. Esto contradice la fibra del pensamiento moderno. Consideramos que una vida moderada es demasiado limitante.

Un método radical y contemporáneo de crianza de los hijos enseña a los padres a poner a sus hijos pequeños en una habitación sin barreras, sin siquiera una cuna. Esta filosofía llega hasta el extremo de sugerir que el darle nombre a un recién nacido, sin esperar a que tenga suficiente edad para que escoja su propio nombre, es dañino a su tierna personalidad. El ser humano sencillamente no puede ver la obvia conclusión que tal tipo de ideas es la fuente de la anarquía que hoy vive nuestra sociedad.

El verdadero amor tiene fronteras y la verdadera felicidad consiste en vivir dentro de las fronteras de ese amor. Jamás olvidaré la vez que estaba aconsejando a una joven en Wichita, Kansas, hace ya muchos años. Era la hija de un oficial de la fuerza aérea que en su corta vida había vivido en muchos lugares. No importa en dónde estuviera, ella siempre lograba meterse en problemas serios. A la tierna edad de dieciocho años, ya no quedaban muchas cosas que ella no había intentado. Pocas veces he visto un espíritu tan rebelde como el de ella.

En un momento de reflexión, le pregunté qué era lo que la motivaba a hacer tales cosas. Ella me miró directo a los ojos y dijo: «Tan sólo una vez quisiera que mi papá me dijera: 'No'». Sus padres le habían provisto con bienes materiales, pero ella nunca se había sentido segura de su amor. Ellos no se habían preocupado lo suficiente como para fijarle límites con el fin de protegerla.

Antes que conociéramos a Cristo, todos éramos esclavos del pecado. Ahora, él nos ha libertado de la esclavitud del pecado, de modo que tengamos la libertad de vivir una vida de obediencia a Él (Jn. 8:34–36). La verdad de la Palabra de Dios no tiene carácter represivo, ni es limitante. ¡Es liberante!

Hemos sido libertados para servirle y, al hacerlo, tenemos la confianza que estaremos viviendo exactamente como Dios quiere. La inseguridad y la duda son los amos de toda vida sin límites.

Con frecuencia citamos Efesios 2:8, 9. Muchos han memorizado estas preciosas palabras: «*Porque por gracia sois salvos por medio de la fe; y esto no de vosotros, pues es don de Dios; no por obras, para que nadie se gloríe*».

Desafortunadamente, pocas veces seguimos leyendo hasta el versículo 10 que nos habla acerca del plan de Dios para nuestras vidas: «*Porque somos hechura suya, creados en Cristo Jesús para buenas obras, las cuales Dios preparó de antemano para que anduviésemos en ellas*».

Antes de ser salvos *no podíamos* andar en estas buenas obras, no importa cuánto lo intentáramos. Ahora, en Cristo Jesús, tenemos la libertad de cumplir el plan de Dios para nuestras vidas. Es por esto que la verdadera bienaventuranza consiste en guardar sus testimonios.

Ponga mucha atención a las palabras de las Escrituras. David observa que la felicidad proviene de *guardar* los testimonios de Dios. Sabemos que el guardar sus testimonios significa obedecer sus testimonios. Piense sobre el uso del verbo «guardar». Cuando usted no «guarda» algo, ¡lo pierde! Cuando vive una vida de desobediencia a la Palabra de Dios, pregúntese: «¿De qué me estoy perdiendo?» Una cosa es cierta: se está perdiendo de la verdadera felicidad en la vida.

¿Cuál de las verdades de la Biblia no está guardando hoy? Puede estar seguro que por cada área de su vida en la que no guarde la verdad de los testimonios de Dios, usted está perdiéndose de algo. Se está perdiendo de la felicidad, pero también se puede estar perdiendo de otras cosas. Puede estar perdiendo su matrimonio, su familia, su carrera, o su paz mental.

Cuando yo era un recién convertido, había un joven en nuestro grupo de universitarios que era un tanto mayor que la mayoría de los demás y que tenía un buen trabajo como ingeniero. Tenía un conocimiento asombroso de la Palabra de Dios. Su Biblia era un reto para nosotros los nuevos creyentes. Parecía que cada versículo estaba subrayado en un color diferente. Sus márgenes estaban llenos de comentarios en su letra de ingeniero. ¡Era una obra maestra de diseño y precisión! Sin embargo, este joven guardaba un secreto que nadie conocía. A pesar de su gran conocimiento bíblico, nunca había obedecido al Señor en cuanto al bautismo bíblico. Después descubrimos por qué su vida parecía no tener fruto genuino. Él era una persona maravillosa, pero era obvio que también tenía luchas con ciertas peculiaridades y hábitos nerviosos.

Un día él me confió su secreto. Él tenía un cabello muy bonito y después de convertido tenía vergüenza de mojárselo en público. (Nosotros los seres humanos a veces somos tontos, ¿verdad?) Con el paso del tiempo, él se sintió avergonzado porque nunca se había bautizado. Más adelante, cuando se mudó de la costa a nuestra ciudad, nadie se hubiera imaginado que él no se había bautizado, y él no tenía objeción en prolongar esa ilusión. Yo no conocía mucho de la Biblia, pero tuve suficiente denuedo como para animarlo a sencillamente obedecer a Dios. Él tomó la decisión y al poco tiempo se bautizó. El cambio en su vida fue impresionante. Aún conocía mucho de la Biblia. Sin embargo, ahora él estaba feliz y completo. Ahora él podía decir verdaderamente que guardaba los testimonios de la palabra. Ese es el secreto de la felicidad.

La bienaventuranza es buscar a Dios con todo el corazón

«Bienaventurados los que ... con todo el corazón le buscan» (Sal. 119:2).

Aquí tenemos una de las razones por las cuales dije en la introducción que creo que David escribió este salmo, aunque su nombre no aparece específicamente en el mismo. El salmo es tan perfecto, tan completo, que el poner su nombre como autor restaría la gloria que le corresponde sólo a Dios. Sin embargo, ¿quién tenía un corazón conforme a Dios sino David? David había aprendido la preciosa verdad que la felicidad viene de buscar a Dios con todo el corazón.

Obviamente, David no fue la única persona que descubrió este principio. La necesidad de buscar a Dios con todo el corazón es uno de los temas principales del libro de Jeremías. *«Con todo esto, su hermana la rebelde Judá no se volvió a mí de todo corazón, sino fingidamente, dice Jehová»* (Jer. 3:10).

Mucha gente profesa buscar a Dios, pero sus palabras piadosas son sólo excusas que ocultan sus corazones indecisos. Este era el problema de Judá en los días de Jeremías. *«Y les daré corazón para que me conozcan que yo soy Jehová; y me serán por pueblo, y yo les seré a ellos por Dios; porque se volverán a mí de todo su corazón»* (Jer. 24:7).

Esto era lo que antes discutíamos, en cuanto al cambio de corazón que acompaña a la salvación. Dios sabe que es imposible que le busquemos con todo el corazón porque nuestro corazón está defectuoso. Lo que Cristo hizo con su muerte, sepultura y resurrección hace posible que recibamos un transplante de corazón. Con nuestro nuevo corazón, hemos sido libertados para andar en su ley y guardar sus testimonios. *«Y me buscaréis y me hallaréis, porque me buscaréis de todo vuestro corazón»* (Jer. 29:13).

Esta es la razón por la cual los judíos del tiempo de Jeremías no podían hallar al Señor. Es la razón por la cual mucha gente hoy día no puede hallar al Señor. Sencillamente no le buscan con todo el corazón. Dios no puede ser un pasatiempo. Muchos creyentes viven bajo la ilusión que un «devocional» diario de diez minutos es una clase de «seguro de vida». Se imaginan que el pasar unos cuantos minutos siguiendo una guía devocional les asegura que sus vidas irán razonablemente bien. Hay que reconocer que esto es más que lo que hace la mayoría de las personas, pero no es suficiente para Dios.

¿Qué busca *usted* con todo su corazón? Mi observación personal es que muy pocos individuos son los que buscan algo con todo su corazón. *«Pero por cuanto eres tibio, y no frío ni caliente, te vomitaré de mi boca»* (Ap. 3:16).

La televisión y nuestra sociedad orientada hacia el tiempo libre nos han dejado dormidos. Pocos somos los que tenemos suficiente interés en alguna cosa como para buscarla con todo el corazón. Hay unos cuantos que les interesa el dinero, el poder o la fama. Ellos no buscan lo correcto, pero al menos *algo* buscan con todo el corazón. Salomón comprendió que si uno pudiera canalizar ese mismo celo, corazón y deseo adecuadamente, uno podría descubrir la verdad de Dios.

Hijo mío, si recibiereis mis palabras, y mis mandamientos guardares dentro de ti, haciendo estar atento tu oído a la sabiduría; si inclinares tu corazón a la prudencia, si clamares a la inteligencia, y a la prudencia dieres tu voz; si como a la plata la buscares, y la escudriñares como a tesoros, entonces entenderás el temor de Jehová, y hallarás el conocimiento de Dios. Porque Jehová da la sabiduría, y de su boca viene el conocimiento y la inteligencia (Pr. 2:1–6).

¡Qué amonestación más solemne! Si alguna gente tuviera el mismo deseo de hallar la verdad de Dios que el que tienen por ganar dinero, podrían tener un impacto genuino en todo el mundo. Wesley dijo: «Si tan sólo tuviera 300 hombres que a nada temieran sino a Dios, que a nada aborrecieran sino al pecado y que determinaran saber nada entre los hombres sino a Jesucristo, y a éste crucificado, podría prender fuego al mundo entero».

Aquí en Kansas City había una iglesia que tenía un lema maravilloso: «Despierta, canta, predica, ora y ofrenda, pero nunca desmayes, ceses, retrocedas ni calles hasta que la causa de Cristo en esta iglesia y en el mundo haya sido edificada».

¿Puede usted honradamente decir que busca a Dios con todo el corazón? Más vale que se olvide de la felicidad, el gozo, la plenitud y el propósito en su vida hasta que haya puesto su corazón en Él. ¿Qué más podríamos decir que la respuesta que Jesús le dio a un intérprete de la ley que le preguntó cuál era el mandamiento más grande de la ley? «*Jesús le dijo: Amarás al Señor tu Dios con todo tu corazón, y con toda tu alma, y con toda tu mente. Este es el primero y grande mandamiento*» (Mt. 22:37, 38).

La bienaventuranza es la libertad del pecado

«*Pues no hacen iniquidad los que andan en sus caminos*» (Sal. 119:3).

Aquí hay una aplicación práctica de los primeros dos versículos y la confirmación de lo que ya hemos aprendido. La libertad del pecado es resultado de andar en sus caminos. Por eso es que estas personas son bienaventuradas. Han descubierto que la felicidad sólo se halla en la obediencia a la Palabra de Dios.

Es importante observar la diferencia sutil entre el versículo uno que hablaba de los que andan en el «camino» y este, en donde se habla de los que andan en sus «caminos». Cada palabra y cada letra de la Biblia es importante. Aun el añadir una sola «s» puede enseñarnos una gran verdad.

El andar en el camino de Dios es una referencia al andar en el camino de la salvación que lleva a la vida eterna. Vimos que este camino es una Persona, que es una calzada y que es estrecho y angosto. Aquí en el versículo 3 vemos «los caminos' de Dios. Obviamente, no se trata de que hayan muchos caminos para llegar al cielo, puesto que esto contradiría la enseñanza del resto de la Biblia. Los «caminos» de Dios son las formas en las que Él trabaja. Son la verdad operativa de su carácter. Cuando una persona aprende la Palabra de

Dios lo suficientemente bien para comprender cómo piensa Dios, cómo ve Dios una situación determinada, y que Dios siempre es consistente al aplicar su verdad, esa persona hallará la felicidad o bienaventuranza verdadera.

El salmista nos define esta situación tomando un ejemplo de la experiencia de los hijos de Israel en el desierto: «*Sus caminos notificó a Moisés, y a los hijos de Israel sus obras*» (Sal. 103:7).

¿Quién no sentiría asombro ante las poderosas plagas que Dios envió sobre Egipto? ¿Quién podría olvidar la vez que Dios dividió el Mar Rojo para que los hebreos pasaran sobre seco y que luego hizo que las mismas aguas ahogaran a los ejércitos de Faraón? ¿Quién dejaría de sentirse impresionado ante la provisión de agua y maná en el desierto? Los hijos de Israel vieron las obras de Dios. Pero su inmadurez y superficialidad les impidió llegar a comprender en realidad los «caminos» en los cuales trabaja Dios. Comprendieron el «qué», mas no comprendieron el «por qué» y el «cómo». Sólo Moisés comprendió sus «caminos».

Cuando usted anda perfecto en su camino, no contaminado por la inmundicia de este mundo, guardando sus testimonios y le busca con todo el corazón, usted experimentará libertad del pecado. Y llegará a comprender cómo andar en sus caminos.

¿Es usted uno de los cristianos espectadores? Tal vez ha podido ver a Dios hacer algunas obras maravillosas, pero ¿comprende verdaderamente sus caminos? ¿Está listo para buscarle con todo su corazón? ¿Está listo para guardar sus testimonios? Aún si su deseo es el correcto, descubrirá un dilema: ¡No es tan fácil!

EL DILEMA DEL SALMISTA (vv. 4–6)

La tarea está clara

«*Tú encargaste que sean muy guardados tus mandamientos*» (Sal. 119:4).

No puede haber duda acerca de la voluntad de Dios para nuestras vidas en este sentido general. Se nos ordena guardar sus mandamientos. Un mandamiento es un principio operativo general, una regla, una verdad. Este es otro aspecto de la Palabra de Dios. La verdad que Dios nos ha dejado en la Biblia está allí para nuestro propio bien. Él nos ha comunicado los principios operativos del universo para que nosotros encajáramos con ellos en perfecta armonía. Nuevamente, es por ello que nuestra felicidad y plenitud dependen de nuestra obediencia a sus mandamientos.

Cuando era un adolescente, yo le daba mantenimiento sencillo a mi viejo Chevrolet modelo 1954. Cuando levantaba el capó, hasta yo podía comprender lo que tenía por delante. Era fácil cambiar las bujías. Si no tenía las herramientas adecuadas, podía ajustar el entrehierro de las bujías aproximadamente. ¡Ese viejo Chevrolet toleraba casi todo! Yo podía salirme con la mía aunque cometiera muchos «pecados» de mecánico. Hoy día, ni siquiera me atrevo a cambiar el aceite en mi auto computarizado. Una o dos veces me he atrevido a añadirle el fluido para el limpiaparabrisas. (Al menos *creo* que lo añadí en el lugar correcto.)

Entre más complicada la máquina, menos errores tolera y más se necesita observar las reglas y principios que la gobiernan con precisión. Pregúntele al dueño de un Jaguar. Ese es un automóvil muy bueno, pero hay que ver el mantenimiento que requiere. No se le puede echar cualquier aceite en el cárter. Y no se puede ir al almacén de descuento a comprarle bujías baratas. David dijo que el ser humano era una de las obras *«formidables, maravillosas»* de Dios (Sal. 139:14). Somos un milagro de ingeniería. Esto significa que necesitamos seguir el manual del propietario con precisión si queremos funcionar adecuadamente. Observe la pequeña palabra «muy» en el Salmo 119:4. Esto nos dice que no es suficiente dar un vistazo a la ligera a la Biblia. Sus mandamientos han de ser muy guardados.

Es por ello que este salmo es tan vital para nuestras vidas. Este es el salmo que establecerá nuestra actitud hacia la Biblia. Es el salmo que fija al nuevo creyente en el camino correcto. Es el salmo que guía al creyente maduro hacia un entendimiento más profundo del lugar que la Biblia ocupa en nuestras vidas. La felicidad está basada en nuestra actitud de corazón hacia la Palabra de Dios. El asunto no es cuánto conozcamos acerca de la Biblia, sino nuestro amor por la Biblia y obediencia a ella.

El recién convertido no tendrá mucha información acerca de la Biblia. Tal vez se sienta inseguro algunas veces porque no puede hallar un pasaje con la misma rapidez que un cristiano de más experiencia. Puede ser que ocasionalmente luche con sentimientos de inferioridad porque no está familiarizado con algunas historias bíblicas que otros dan por sentado. Este salmo enseña a tales niños en Cristo que es su amor por la Palabra lo que hace la diferencia. Si usted ama la Palabra, y obedece lo que ya conoce, Dios se encargará de hacer que usted continúe creciendo en la gracia y el conocimiento del Señor Jesucristo. Pronto aprenderá lo que necesita saber.

Este punto representa una piedra de tropiezo a muchos de los que hemos andado con el Señor por muchos años. Después de muchos años de estudio y de escuchar la enseñanza de poderosos varones de Dios, es fácil llegar a pensar que lo hemos logrado todo. Este salmo nos recuerda que no es el mero conocimiento de la Palabra de Dios, sino el amor por la palabra lo que hace la diferencia. Hemos *guardar* sus mandamientos y no sólo conocerlos. Y sus mandamientos han de ser muy guardados.

La naturaleza del hombre está clara

No es difícil comprender lo que dice el Salmo 119:4. El comprender lo que Dios quiere que hagamos es cosa clara. Sin embargo, sí hay un problema, y aparece en el siguiente versículo.

«¡Ojalá fuesen ordenados mis caminos para guardar tus estatutos!» (Sal. 119:5). Verá usted, sucede que nuestros caminos no están ordenados. Hay un tremendo conflicto entre la voluntad de Dios que vimos en el versículo 4 y la naturaleza del hombre que se implica en el versículo 5. Hay algo que está desesperadamente mal con la naturaleza del hombre. Nuestros caminos por naturaleza *no* se ordenan para guardar los estatutos de Dios. ¡Qué contraste

más grande existe entre «sus caminos» en el versículo 3 y «mis caminos» en el versículo 5.

> *Porque mis pensamientos no son vuestros pensamientos, ni vuestros caminos mis caminos, dijo Jehová. Como son más altos los cielos que la tierra, así son mis caminos más altos que vuestros caminos, y mis pensamientos más que vuestros pensamientos* (Is. 55:8, 9).

El amor por Dios y por su Palabra con todo nuestro corazón es algo directa y diametralmente opuesto a nuestra naturaleza pecaminosa. Jeremías lo expresó de la mejor manera: «*Engañoso es el corazón más que todas las cosas, y perverso; ¿quién lo conocerá?*» (Jer. 17:9).

No necesito preguntarle si ha experimentado la frustración de saber lo que la Biblia dice que debe hacer, pero descubrir que lo que hace es exactamente lo opuesto. ¡No hay duda que lo ha experimentado! Todos comprendemos la tarea expresada en el versículo 4: sus mandamientos han de ser muy guardados. Pero, está claro que nuestros caminos *no* están ordenados para guardar sus estatutos.

Aun el apóstol Pablo experimentó este dilema:

> *Porque sabemos que la ley es espiritual; mas yo soy carnal, vendido al pecado. Porque lo que hago, no lo entiendo; pues no hago lo que quiero, sino lo que aborrezco, eso hago. Y si lo que no quiero, esto hago, apruebo que la ley es buena. De manera que ya no soy yo quien hace aquello, sino el pecado que mora en mí. Y yo sé que en mí, esto es, en mi carne, no mora el bien; porque el querer el bien está en mí, pero no el hacerlo. Porque no hago el bien que quiero, sino el mal que no quiero, eso hago. Y si hago lo que no quiero, ya no lo hago yo, sino el pecado que mora en mí. Así que, queriendo yo hacer el bien, hallo esta ley: que el mal está en mí. Porque según el hombre interior, me deleito en la ley de Dios; pero veo otra ley en mis miembros, que se rebela contra la ley de mi mente, y que me lleva cautivo a la ley del pecado que está en mis miembros. ¡Miserable de mí! ¿quién me librará de este cuerpo de muerte?* (Ro. 7:14–24).

¿No le gustaría ser libertado de esta esclavitud, de esta frustración? Es fácil hablar de las bendiciones de la salvación cuando se está dentro de los confines de un emocionante servicio de adoración. ¿Cómo poder transferir eso a la práctica en el diario andar de nuestras vidas? ¿Cómo poder ganar la victoria de modo permanente? Afortunadamente, el resto de esta estrofa nos da la respuesta.

El resultado está claro

Si tan solo pudiéramos ordenar nuestros caminos para guardar sus estatutos, podríamos exclamar con el salmista: «*Entonces no sería yo avergonzado, cuando atendiese a todos tus mandamientos*» (Sal. 119:6).

El atender a todos los mandamientos de Dios es la clave para borrar la vergüenza del pecado de nuestras vidas. El resultado de la obediencia y de buscar a Dios con todo el corazón es el ser libertado de la vergüenza.

Usted probablemente recuerda cómo sus padres podían reducirlo a una pila de sentimientos con sólo decirle: «¡No te da vergüenza!» A nadie le gusta sentirse cubierto de vergüenza. Como adultos, hemos desarrollado varias técnicas para enfrentar la vergüenza del pecado. Algunos la desafían con arrogancia rebelde, como un niño rebelde que se niega a reconocer la autoridad de sus padres. Otros buscan escapar de su tiranía a través del alcohol, las drogas, el sexo y otros vicios. Algunos intentan amaestrarla y humanizarla a través de la ciencia, la filosofía o la sicología. Y otros son conquistados por ella y ceden ante su esclavitud emocional, la cual se manifiesta en los problemas mentales y emocionales, y en última instancia, en el suicidio.

Este salmo proclama que sólo hay una manera efectiva de enfrentar eficaz y eternamente con la vergüenza del pecado: el «atender a todos los mandamientos de Dios». El mandamiento es guardar «todos» sus mandamientos, y no sólo los que nos son fáciles o agradables. La ley de Dios no es un bufete para seleccionar sólo lo que nos gusta. «*Porque cualquiera que guardare toda la ley, pero ofendiere en un punto, se hace culpable de todos*» (Stg. 2:10).

No hay duda en cuanto a que el resultado que nos presenta el Salmo 119:6 es algo que todos deseamos. Es más, ahora comprendemos que Dios desea que guardemos sus mandamientos y que atendamos a sus estatutos. Sin embargo, al ver que aquí se nos dice que debemos guardar *todos* sus mandamientos sólo pareciera complicar nuestro dilema.

En este punto, necesitamos recordar las palabras que Jeremías dijo acerca de nuestro perverso corazón. El sacrificio que Cristo ofreció, lo hizo para darnos un corazón nuevo que latiera con el corazón de Dios. Al igual que cualquier máquina fina, este nuevo corazón necesita afinarse constantemente con la Palabra de Dios para que funcione adecuadamente y sea bienaventurado. Es nuestro amor por la Palabra de Dios y nuestra actitud de sumisión a la Biblia lo que mantiene nuestro corazón afinado con el de Dios, lo que nos permite guardar sus estatutos y lo que nos permite atender a todos sus mandamientos. Entonces, y sólo entonces, podemos decir: «No estoy avergonzado».

Este proceso no es fácil, ni ocurre de la noche a la mañana. Entre más aprende a amar la Palabra de Dios, a vivir para la Palabra de Dios, a vivir en la Palabra de Dios y a dejar que la Palabra de Dios more en usted, más experimentará esta victoria práctica en su vida.

Esto es lo que aprendió el salmista, y lo que lo llevó a tomar la decisión que leeremos en los versículos siguientes. Fue una decisión que fijó el curso de su vida. Es una decisión que puede transformar *su* vida de igual manera.

LA DECISIÓN DEL SALMISTA (vv. 7, 8)

Una decisión de aprender

«*Te alabaré con rectitud de corazón cuando aprendiere tus justos juicios*» (Sal. 119:7).

David declara su disposición de *aprender* la Palabra de Dios. Esto es lo que separó a David de la multitud. A pesar de sus obvios problemas, David nunca perdió su hambre insaciable por la Palabra de Dios. Nunca dejó de ser sensible a su corrección, o a su instrucción en justicia. Al estudiar la Biblia, usted ve cómo esta actitud surge una y otra vez. «*Enséñame, oh Jehová, tu camino; caminaré yo en tu verdad; afirma mi corazón para que tema tu nombre*» (Sal. 86:11).

Los hombres de Dios que alcanzan la verdadera grandeza tienen este tipo de actitud en común. El ser usado poderosamente por Dios no es cuestión de talento, habilidad, posición social ni educación. Es cuestión de tener corazón por la Palabra de Dios.

Obsérvese la actitud de Pablo desde el momento de su conversión: «*Señor, ¿qué quieres que yo haga?*» (Hch. 9:6).

¿Realmente anhela usted la felicidad, bienaventuranza y plenitud con suficiente deseo que estaría dispuesto a comprometerse a aprender la Palabra de Dios? ¿Se da cuenta que esta decisión afectará el resto de su vida? No estamos hablando de asistir a un estudio bíblico semanal. Esta es una decisión de aprender la Biblia y no sólo unas cuantas cosas escogidas de la Biblia. Conforme avancemos por el Salmo 119, aprenderemos las formas necesarias para saturar nuestras vidas con la Palabra de Dios.

En nuestra iglesia no existe excusa para dejar de aprender la Palabra de Dios. Nuestro discipulado sistemático y bíblico lleva a un cristiano desde el momento de su conversión al punto que pueda seguir por sí solo el estudio de la Palabra de Dios. Si usted no asiste a una iglesia que le enseñe a aprender la Biblia, comuníquese con nosotros. Tal vez podremos ayudarle a ubicar una iglesia en su área. Cuando menos, tenemos disponibles literatura y cintas grabadas. Lo único que no podemos darle es la determinación de buscar a Dios con todo su corazón. Eso depende de usted.

Una decisión de guardar los estatutos de Dios

La decisión de aprender la Palabra de Dios es un punto inicial, pero se necesita otra decisión. Ya hemos aprendido que el mero conocimiento de la Biblia no es suficiente para obtener un corazón en pos de Dios. También es necesario estar dispuesto a comprometerse a obedecer la Palabra de Dios. Esta es la otra decisión que vemos en este pasaje.

«*Tus estatutos guardaré; no me dejes enteramente*» (Sal. 119:8).

Una decisión es aprender la Palabra, la otra es obedecerla. Una no sirve sin la otra. Cada una depende de la otra. Estas son dos decisiones que cambiarán su vida. Usted las toma una sola vez e inicia un proceso que durará por el resto de su vida.

Cuando yo era nuevo creyente, tenía que aprender mucho de la Biblia y de mi vida. Dios me guió a que tomara dos decisiones, y éstas revolucionaron mi vida. Al crecer en mi estudio de la Biblia, desarrollé una actitud constante: yo no iba a ajustar la Biblia según mis ideas y opiniones. Todo lo contrario, yo iba a ajustar mis ideas según lo que dijera la Biblia. Yo ajustaba toda parte de mi vida según fuera necesario para hacer que se alineara con lo que enseña la Palabra de Dios.

Aquí es donde *usted* necesita empezar, si desea que este estudio del

Salmo 119 sea algo más que una curiosidad intelectual. No hace diferencia cuánto usted sabe, o no sabe, de la Biblia. En este caso podría ignorarlo todo. Una de las cosas más difíciles del aprender la Biblia es el desaprender todas estas cosas que siempre hemos creído u oído. Usted deberá estar dispuesto a someterse totalmente a la Palabra de Dios. Debe estar dispuesto a poner a un lado sus prejuicios, sus opiniones, la sabiduría tradicional que ha recibido de otros y cualquier cosa que entre en conflicto con lo que la Biblia enseña claramente. Usted hallará que la Biblia no es difícil de entender, sólo que es difícil de *creer*. Este es el asunto básico de la Biblia: ¿puede el hombre creerle a Dios? ¿Inclinaría usted su rostro ahora mismo para decirle a Dios que la Biblia será la única autoridad en su vida de ahora en adelante?

También hay ciertas cosas prácticas que pueden ayudarle a avanzar su compromiso hacia la Biblia. Al estudiar los 176 versículos de este salmo, tome la decisión de presentar cada uno de ellos en oración delante de Dios como su oración personal. Sencillamente escoja un versículo por día y conviértalo en su oración. En realidad no sería demasiado pedir que tomara el reto de memorizarse un versículo al día. Si usted considera un versículo específico en la mañana, medita en él, y lo lleva a Dios en oración a través del día, al llegar noche lo habrá memorizado de forma natural.

Cuántas veces, mientras era nuevo creyente, y también como creyente maduro, he orado al Señor diciendo: «*Abre mis ojos, y miraré las maravillas de tu ley*» (Sal. 119:18). ¡Dios ha respondido a esta oración abundantemente!

Usted debe ver que todos los versículos pueden llevarse en oración de la misma manera. Con la excepción de tres versículos, cada uno de los versículos de este salmo hace mención específica de la Palabra de Dios. Puede confeccionar su propia oración combinando versículos individuales de este salmo según sus necesidades individuales. Cada persona tiene necesidades únicas y vive circunstancias particulares. Este salmo, creo yo, ofrece una aplicación específica de la Palabra de Dios para toda situación posible. Seguramente dentro de estos 176 versículos puede hallarse la verdad específica que usted necesita aplicar directa y obedientemente a su vida diariamente. Imagínese lo que ocurriría si todos los creyentes hicieran lo mismo. Con las innumerables combinaciones posibles que pueden obtenerse de los 176 versículos, habría una combinación única de versículos de este salmo para cada uno de los creyentes que viven hoy día y que han vivido por la historia. ¡Oh, las maravillas de la palabra!

Una decisión que convierte la vergüenza en alabanza y denuedo

Hemos visto que estos dos versículos contienen dos decisiones que el salmista hizo para afinar su corazón con el corazón de Dios. También nos dicen los maravillosos resultados de estas decisiones.

En primer lugar, la vergüenza del pecado que antes mencionamos, se convierte en alabanza: «*Te alabaré con rectitud de corazón*» (Sal. 119:7).

La alabanza sale naturalmente de un corazón que conoce, ama y obedece la Palabra de Dios. No es posible reprimirla; no es posible detenerla. Usted no puede evitar alabar a Dios si realmente comprende la profundidad de la

Palabra de Dios. No puede ser algo sólo intelectual. Si usted *conoce* la palabra y *vive* la palabra, ¡usted *le alabará!* ¡Usted tendrá denuedo!

El no alabar a Dios revela secretos oscuros de su vida. Si no hay alabanza en su vida, no hay bienaventuranza. La bienaventuranza resulta en alabanza. Lo que hemos visto en este salmo no deja dudas en cuanto a este asunto. La ausencia de alabanza es una confesión de una vida que no está afinada con la Palabra de Dios. Usted puede involucrarse en las actividades cristianas meritorias que quiera. Usted puede ser parte de comités y ser diácono de por vida. Si no hay una alabanza burbujeante que surja en su vida, es que no hay compromiso por la Palabra de Dios.

Una decisión que permanece

«No me dejes enteramente» (Sal. 119:8).

¿Cuántas veces ha orado usted pidiendo una victoria duradera? ¿Lo hizo tal vez en un campamento, un culto de avivamiento, una conferencia misionera? ¿Cuántas veces una decisión producto de las emociones no ha hecho más que producir una o dos semanas de cambio? ¿No cree que a Dios se le colma la paciencia? ¿Cuántas oportunidades cree que Dios le dará? «¡No me dejes enteramente!».

Considere la vida de David, el dulce salmista, el ungido de Dios. Hubo ocasiones en la vida de David que el pecado interrumpió la comunicación con Dios, y David se sintió abandonado, pero no enteramente. Saúl desobedeció a Dios, recibió varias oportunidades de cambiar, pero fue sustituido. Dios lo dejó enteramente. ¿Cuál era la diferencia entre ellos? Examine la diferencia en su actitud hacia la Palabra de Dios.

Pedro negó al Señor tres veces y aprendió lo que era estar abandonado de la presencia de Cristo. Pero Cristo no lo dejó enteramente como lo hizo con Judas. Nuevamente, la diferencia radica en la actitud hacia la Palabra de Dios.

Como creyentes neotestamentarios tenemos la maravillosa promesa del sello del Espíritu Santo de Dios. Sabemos ahora que Dios nunca nos dejará enteramente. Sin embargo, el pecado puede destruir nuestra comunión con Dios. Puede llevar nuestras vidas terrenales al punto de la ruina, y aun hacer que Dios nos quite de esta vida.

La decisión de aprender la Palabra de Dios y de obedecerla es una decisión que, de ser sincera, dura por la eternidad. Cambiará su vida. Le dará un corazón por Dios y por su Palabra.

¿Qué desea en la vida? ¿Qué busca con todo el corazón? No responda con una gastada respuesta piadosa prefabricada tomada del depósito de dichos vacíos. ¿Cuál es la evidencia en su vida? ¿Qué es lo que realmente quiere? Si realmente desea la felicidad bíblica, el estado de bienaventuranza, necesita cultivar un corazón que ame la Palabra de Dios. Su actitud hacia la Biblia determinará el resultado de la Biblia.

Es necesario tomar una decisión. David comprendió lo que quería y comprendió el dilema. Sin embargo, nada habría ocurrido en su vida si no hubiera tomado una decisión firme de aprender y obedecer la Palabra de Dios. Ahora le toca a usted. ¿Qué hará? ¿Se atreverá a tomar estas dos decisiones ahora mismo? Hágalo, de una vez por todas.

2

¿CÓMO PUEDO LLEGAR A SER LIMPIO?

¿Con qué limpiará el joven su camino? Con guardar tu palabra. Con todo mi corazón te he buscado; no me dejes desviarme de tus mandamientos. En mi corazón he guardado tus dichos, para no pecar contra ti. Bendito tú, oh Jehová; enséñame tus estatutos. Con mis labios he contado todos los juicios de tu boca. Me he gozado en el camino de tus testimonios más que de toda riqueza. En tus mandamientos meditaré; consideraré tus caminos. Me regocijaré en tus estatutos; no me olvidaré de tus palabras.

Salmo 119:9–16

El cortejo nupcial ha llegado varias horas antes de la hora programada para la boda. Hay mucho que hacer. Las decoraciones recibirán los toques finales con mucho cuidado. Allí llegan los esmoquin y los trajes de encaje. El fotógrafo ha llegado para grabar este dichoso evento para las generaciones futuras.

En la sala en donde las jóvenes se han cambiado en sus gloriosas vestimentas nupciales, hay una sensación extraña en los estómagos de las personas. Cada persona responde de modo diferente a la ansiedad. Algunos no pueden comer; otros no hacen otra cosa que comer. Alguien corre a buscar unas cuantas hamburguesas y papas fritas para que todos aguanten hasta la recepción, para la cual aún faltan algunas horas. En una agitación nerviosa se ataca la comida, como una manada de leonesas que ataca a una gacela indefensa.

De repente, y con horror, alguien se percata que hay una mancha roja de salsa de tomate en el traje de novia plenamente visible ante todos. La conversación cesa por completo. Las bocas quedan paralizadas a media palabra. Todos los ojos están fijados en la terrible mancha que amenaza con convertir un evento dichoso en una historia de horror y tinieblas. Usted puede quedar seguro que no se hará nada más hasta que la mancha desaparezca.

Como creyentes en el Señor Jesucristo, estamos desposados con Él.

Nuestro día de bodas se aproxima y la Biblia nos enseña que estamos vestidos con el lino blanco de su justicia. Entre más blanca la vestimenta, más evidente se verá la mancha. Sin embargo son pocos los cristianos que prestan atención a las manchas del pecado en sus vidas. Muchos se sienten bastante cómodos con las vestimentas manchadas e inmundas del viejo hombre, sin importarles que en cualquier momento podemos ser llevados ante la presencia misma del Esposo. Sólo al crecer y madurar en nuestro andar cristiano es que nos preocupamos más con cualquier mancha que pueda deslustrar la justicia de nuestras vidas.

La segunda estrofa del Salmo 119 empieza en el versículo 9, en donde el salmista exclama: «¿*Con qué limpiará el joven su camino?*»

Este no es un deseo de salvación, de ser limpio de la pena y la culpa del pecado. Este es el anhelo de un creyente sincero que desesperadamente desea tener un corazón en pos de Dios. Este es el clamor de corazón de alguien que ya no soporta la mancha del pecado. Entre más crecemos y nos acercamos a Dios, más conscientes somos del pecado en nuestras vidas.

Si usted ha tomado las dos decisiones que cubrimos en el capítulo anterior, el aprender la Palabra y obedecerla, pronto se dará cuenta de esto mismo. En su corazón habrá un deseo ardiente de ser libre de la mancha del pecado. Entre más crezca, más aguda será su sensibilidad al pecado. Después de haber tomado esas dos primeras decisiones, usted necesita hacer dos cosas para su corazón: necesita enfocar su corazón y fortalecer su corazón.

ENFOCAR AL CORAZÓN (vv. 9, 10)

Muchas decisiones se tornan en nada más que entusiasmo vacío en cuestión de días. La mayoría de nosotros hemos experimentado la frustración de tomar una decisión sincera para luego ver cómo nuestras mejores intenciones se desmoronan delante nuestro al encarar las realidades de la vida. Sus decisiones *serán sometidas* al horno de la realidad.

Su corazón deberá estar fijado en la Palabra de Dios, o de lo contrario pronto se verá de vuelta en el punto inicial. David comprendió esto. Le hallamos aquí, fijando su corazón para buscar y guardar los mandamientos de Dios, para ser perfecto de camino. No sólo vemos su deseo desesperado de ser limpio, también vemos que comprendió la decisión definitiva de la Palabra de Dios y el peligro engañoso de apartarse del plan de Dios.

Deseo desesperado

«¿*Con qué limpiará el joven su camino?*» (Sal. 119:9).

Todos los que añoran desarrollar un corazón conforme a la Palabra de Dios pueden identificarse con el anhelo del corazón de David. Entre más se acercan a la luz de la gloria de Dios, más horrible se ve aun la más mínima mancha de pecado. La enseñanza práctica es evidente. Este pasaje ha sido usado por creyentes a través de los siglos para tratar con los pecados de la juventud. El joven tiene una carne que fácilmente se estimula con los atractivos sensuales del mundo que nos rodea.

En 2 Timoteo 2:22, Pablo advirtió a Timoteo «*Huye también de las pasio-*

nes juveniles». El salmista ofrece un gran consejo al joven. La victoria sobre el pecado se logra «*con guardar tu palabra*» (Sal. 119:9). Y, por supuesto, también vemos al frecuentemente citado versículo 11: «*En mi corazón he guardado tus dichos, para no pecar contra ti*». La Palabra de Dios nos protege de la tentación si tan solo le prestamos atención.

Sin embargo, creo que hay otra aplicación que podemos obtener del deseo del salmista. Hemos observado que la pregunta en cuanto a con qué limpiar el camino específicamente menciona a «*el joven*». No crea que este pasaje no se aplica a usted sólo porque usted tiene cincuenta años de edad. Usted puede ser anciano cronológicamente hablando, mas ser joven en el Señor.

En nuestra iglesia el Señor nos ha permitido desarrollar un ministerio de discipulado fundamentado en el ejemplo que el Señor Jesucristo nos dejó al llevar a sus discípulos a través de siete etapas distintas de desarrollo durante el proceso de su adiestramiento. De la Biblia aprendemos que los diversos términos que aparecen en el Nuevo Testamento describiendo a creyentes corresponden muy elegantemente con estas siete etapas.

Hay creyentes que son «niños» en Cristo (1 Co. 3:1; He. 5:13). Son recién convertidos, y están aprendiendo las tremendas consecuencias del arrepentimiento y la nueva vida que han recibido como resultado. Requieren cuidado constante y difícilmente sobrevivirían solos.

Hay aquellos llamados «*hijitos*» (Gá. 4:19; 1 Jn. 2:1). Al igual que sus equivalentes físicos, apenas están aprendiendo las cosas básicas de la vida espiritual: cómo andar, cómo hablar, cómo comportarse, cómo comer, etc.

Otros sencillamente reciben el nombre de «hijos» (2 Co. 6:13; 12:14). Los niños se han vuelto hábiles en los asuntos básicos, sin embargo aún carecen de cierta madurez y habilidades. Pueden hacerse cargo de ciertas responsabilidades, pero requieren supervisión.

El momento llega en que un niño se torna en un «joven» (Tit. 2:6; 1 Jn. 2:13). La vida adquiere un matiz un tanto más serio. El adiestramiento intenso desarrolla el carácter y el sentido de responsabilidad. Esta es una etapa maravillosa del crecimiento, en la cual el joven se prepara para la reproducción, el liderazgo y el futuro.

Pronto, el joven se torna en adulto. En la Biblia hallamos términos tales como «hombres» o «padres» (1 Co. 4:15; 2 Ti. 2:2). Las pruebas de la vida los han hecho triunfar o fracasar. Junto con los privilegios que pudieran disfrutar, han tenido que aceptar las responsabilidades de la edad adulta.

En las posiciones de liderazgo en el ministerio hallamos a los llamados «ancianos», refiriéndose a su posición (1 Ti. 5:17; 1 P. 5:1). Esto implica cierta sabiduría, experiencia y madurez.

Finalmente, hay aquellos llamados «ancianos», refiriéndose a su edad (Tit. 2:2; Flm. 9). Esto describe a una persona que ha entrado en la plenitud de la sabiduría y madurez, un mentor de líderes, capaz de aconsejar y guiar por su ejemplo.

He observado que la santidad se torna en un asunto de extrema importancia para aquellos que ingresan a la etapa de «jóvenes» en su adiestramiento de liderazgo. Al quedar expuesto a la santidad de Dios, un joven se torna agudamente consciente de su propia falta de santidad. Isaías obviamente tuvo esta experiencia al ser llevado a la presencia del tres veces santo Dios en el sexto capítulo del libro de Isaías.

Por tanto, ya sea que usted sea literalmente un joven, o que sencillamente sea «joven en el Señor», el principio se aplica. No importa la etapa de la vida en la que se encuentre cuando adquiera el deseo de tener un corazón por Dios y por su Palabra, también experimentará una profunda sensación de su propia falta de santidad. «¿*Con qué limpiará el joven su camino?*» es el clamor del corazón de alguien que desesperadamente anhela a Dios.

Dirección decisiva

Por lo que vimos en los primeros ocho versículos, no cabe duda respecto a la respuesta a la pregunta que hicimos arriba. La única forma que un joven puede limpiar su camino es «*con guardar tu palabra*» (Sal. 119:9).

Dicho de otra manera, el joven debe prestar atención a su camino para estar seguro que el mismo es conforme a la Palabra de Dios. Esto requiere fijar cierta actitud en el corazón. La describimos en el capítulo anterior. Es una actitud decidida a ajustar el curso de la propia vida en todo aspecto que no esté de acuerdo con la Palabra de Dios.

Este nuevo forjado de la actitud del corazón hacia la Palabra de Dios para limpiar la vida es consistente con la enseñanza hallada en el Nuevo Testamento. También vimos en el capítulo anterior lo que Jesús dijo en su oración intercesora en Juan 17:17. «*Santifícalos en tu verdad; tu palabra es verdad.*»

Pablo expresa la misma idea cuando habla acerca de la relación entre Cristo y su iglesia en Efesios 5:26: «*Para santificarla, habiéndola purificado en el lavamiento del agua por la palabra*».

Sólo existe una manera de efectuar purificación en nuestras vidas, y es alinear nuestro camino con lo que enseña la Palabra de Dios. La actitud hacia la Palabra de Dios, y no el conocimiento de la Palabra de Dios, produce un andar limpio. Cualquiera puede adquirir un conocimiento intelectual de la Biblia. Pero uno que ama la Biblia se asegurará que su camino esté conforme a la Palabra de Dios.

David fue un gran hombre en muchas maneras. Sin embargo, una característica sobresale por encima de las demás, la cual fijó el curso de su vida. Él era un varón que buscaba a Dios con todo su ser. Este es el corazón fijo que se describe en el versículo 10: fijo en el mismo sentido que se fija un rayo láser de un sistema de navegación de un cohete teledirigido.

«*Con todo mi corazón te he buscado*» (Sal. 119:10a). Esta es la actitud de corazón que llevó a Dios a decir de David: «*Jehová se ha buscado un varón conforme a su corazón, al cual Jehová ha designado para que sea príncipe sobre su pueblo*» (1 S. 13:14).

Esta es la misma actitud de corazón que quebrantó el corazón de David con sólo pensar en su propio pecado. Y es la misma actitud que lo llevó a reconocer un peligro engañoso.

Peligro engañoso

El Salmo 119:10 es el versículo de transición de la estrofa anterior. El versículo nueve presenta una interrogante y establece la respuesta. Aquí se menciona nuevamente la misma actitud de corazón que vimos en los versículos uno al ocho, preparando el escenario para la instrucción práctica dada a continuación. Detalla la respuesta de «con guardar tu palabra». La última frase del versículo diez enlaza todo esto. David claramente reconoce un peligro que asecha debajo de la superficie de todo corazón que busca a Dios.

«No me dejes desviarme de tus mandamientos» (Sal. 119:10b).

Un niño pequeño aprende a obedecer porque no desea sufrir el castigo que seguramente sigue a un acto de desobediencia. Un joven es demasiado grande para recibir nalgadas. En el caso ideal, sus padres han cultivado en él una relación de amor y confianza. Él anhela obedecer porque teme interrumpir esa comunión con ellos.

David no teme sufrir castigo debido a la desobediencia. Su temor es el desviarse de la dulce comunión con la Palabra de Dios. Eso constituiría el horror más grande de la vida.

Esto se confirma al observar que el verbo es «desviarme» y no «rebelarme» ni «volverme». El corazón de David estaba fijo. La decisión había sido tomada. Él no es un rebelde. Pero reconoce que siempre existe en peligro de «desviarse» de la presencia de Dios, aún después de haber fijado la actitud del corazón.

Tal vez la mejor manera de ilustrar este punto es considerar un vuelo. Permítame reconocer que no soy piloto, pero he pasado bastante tiempo en aviones. El navegar un avión entre dos puntos requiere de dos puntos de referencia absolutos: la altura sobre el nivel del mar y la dirección del norte verdadero. Un altímetro, el instrumento que mide la altura, se calibra para medir al altura sobre el nivel del mar, puesto que la altura del terreno puede variar desde por debajo del nivel del mar a miles de metros de altura sobre el nivel del mar. Antes de intentar un aterrizaje, el piloto necesita conocer la altura sobre el nivel del suelo, calculada a partir de la altura sobre el nivel del mar de la pista de aterrizaje. A menos que esta altura se haya determinado con precisión, el piloto podría intentar aterrizar el avión varios metros bajo la superficie del suelo.

No importa cuán preciso sea el altímetro, éste requiere de frecuentes ajustes para compensar los cambios en la presión barométrica, de lo contrario dará indicaciones falsas. Existe un punto de referencia absoluto (el nivel del mar) y un instrumento de precisión (el altímetro), sin embargo, se necesita hacer ajustes continuos para poder permanecer en curso.

La determinación de la dirección sigue un proceso similar. Existe un norte magnético y un norte verdadero. Si usted lee un mapa, es necesario tomar en cuenta lo que se conoce como «norte de cuadriculado», pero no nos compliquemos. El norte verdadero es un punto de referencia absoluto. Una brújula magnética señala hacia el norte magnético, el cual siempre está separado del norte verdadero por unos cuantos grados. A pesar de la gran precisión que tiene una brújula electrónica, ésta también requiere de ajustes continuos para dar una indicación que corresponda con el norte verdadero.

Nuevamente, tenemos un punto de referencia absoluto (el norte absoluto) y un instrumento de precisión (la brújula). Aun si el piloto ajustó la brújula el día de ayer, nunca llegará a su destino a menos que tome en cuenta constantemente que es necesario fijar la brújula para que señale hacia el norte verdadero.

El piloto podría ser el más sincero del mundo. Podría haberse graduado con honores de la escuela de pilotos. Podría saber más de la aviación que cualquier otro ser humano. Nunca se le ocurriría estrellar el avión con una montaña ni aterrizar en San Salvador cuando estaba tratando de llegar a Bogotá, Colombia. Pero si este piloto deja de ajustar su altímetro y su brújula de modo continuo para sincronizarlo con los puntos de referencia absolutos que se conocen, inevitablemente sufrirá un desastre.

¿Puede usted ver que nosotros enfrentamos la misma situación? Existe un punto de referencia absoluto: la Biblia. Existe un instrumento de precisión: un corazón regenerado que ha sido fijado en Dios y en su Palabra. Usted podría haber fijado su corazón la semana pasada, y podría ser el creyente más sincero que haya existido desde el apóstol Pablo. Tal vez se graduó con honores de un seminario y puede leer la Biblia en diecisiete idiomas de la antigüedad. Pero, si no ajusta su corazón de modo constante, asegurándose que esté precisamente alineado con la Palabra de Dios, usted se estrellará tarde o temprano.

«No me dejes desviarme de tus mandamientos» (Sal. 119:10*b*). ¿Cómo podemos llegar a hacer esto?

ALIMENTAR AL CORAZÓN (vv. 11–16)

En esta estrofa hay siete cosas diferentes que David hace en su relación con la Palabra de Dios para no desviarse de los mandamientos de Dios. Todas tienen que ver con su corazón. Todas dependen de haber fijado la actitud del corazón, al darse un banquete en la Palabra de Dios.

Obedecer la Palabra

Como hemos visto antes, esta es la decisión fundamental. Acabamos de discutirlo en el Salmo 119:9. Tal como el piloto decide siempre hacer los ajustes necesarios a sus instrumentos, el salmista declara que siempre ajustará su camino para *«guardar tu palabra»*. ¿Ha tomado esa decisión? ¿Está su corazón decidido a obedecer la Palabra de Dios y a ajustarse continuamente a ella? Todo lo que discutiremos a continuación carece de sentido si usted no ha tomado esta decisión.

Memorizar la Palabra

En el versículo 11, David ejecuta uno de los mejores ejercicios del corazón que usted pudiera imaginar: la memorización de la Palabra de Dios.

«En mi corazón he guardado tus dichos, para no pecar contra ti» (Sal. 119:11). Al llegar a este punto, muchos desearían abandonar la lucha. La

memorización puede sembrar terror aún en los hombres más valientes. ¡Tenga ánimo! La memorización es algo que usted ya hace. Usted probablemente ha hecho un buen trabajo en la memorización de su dirección, número telefónico y muchos otros detalles. Algunos hasta han memorizado su número de seguro social. Usted probablemente ha memorizado fechas importantes tales como su cumpleaños, la fecha de su cónyuge, su fecha de aniversario, etc. Probablemente ha memorizado otros números telefónicos aparte del suyo. El asunto no es su capacidad de memorización, sino la motivación que lo lleva a memorizar algo.

¿Por qué ha podido memorizar tales detalles técnicos como números telefónicos, fechas y direcciones? O es porque son extremadamente importantes para usted (su aniversario) o es debido a que usted los usa con mucha frecuencia (Nm. telefónicos a los que llama frecuentemente).

La repetición y la motivación son dos claves del aprendizaje. Si estos dos factores están presentes, la memorización no tiene que ser una tarea ardua (o siquiera consciente). Si usted permite que Dios desarrolle en usted un corazón cuyos latidos estén sincronizados con los de Él y que anhele absorber la Palabra de Dios, entonces la motivación no será problema. Si medita en la Biblia de día y de noche (Jos. 1:8; Sal. 1:2), la repetición constante hará de la memorización una tarea fácil y natural.

Si usted hace lo que sugerimos en el capítulo anterior y toma un versículo para leerlo repetidas veces durante el día y llevarlo en oración delante de Dios, pronto descubrirá que puede repetir el versículo sin necesidad de verlo por escrito.

El sólo leer la Biblia de modo constante es una manera de familiarizarse con su contenido. Todo creyente debiera leer la Biblia completa al menos una vez al año. Muy pocos lo hacen. Con sólo leer de tres a cuatro capítulos diarios se puede leer toda la Biblia en un año. Le recomiendo hacerlo desde Génesis hasta Apocalipsis para que pueda ver la Biblia desenvolverse en la pantalla de su mente. Cuando haya leído toda la Biblia varias veces, descubrirá que ciertos pasajes sencillamente vienen a su mente cuando los necesita. Usted estará familiarizado con cada parte de la Biblia, aunque no lo comprenda todo. Dedique un tiempo para estudiar la Biblia en detalle, pero también dedique un tiempo a sencillamente leerla, del mismo modo que leería una novela, o el periódico.

Si la memorización le atemoriza, no se preocupe en desarrollar un grandioso plan de escribir versículos en tarjetas auxiliares, decirlos de una manera particular y mantener un recuento del total de versículos memorizados. Lo importante es sencillamente «meterse» en la Palabra de Dios. Entre más esfuerzo dedique a leer, meditar, orar e interactuar con la Palabra, más de ella quedará guardada en su memoria.

No se sienta intimidado si usted no puede recordar instantáneamente todos los versículos y referencias que antes había memorizado. Una vez que usted memoriza un versículo, queda «guardado» en su corazón. Siempre está allí, ya sea que usted pueda recordarlo a voluntad o no. En Juan 14:26 tenemos una promesa maravillosa: «*Mas el Consolador, el Espíritu Santo, a quien el Padre enviará en mi nombre, él os enseñará todas las cosas, y os recordará todo lo que yo os he dicho»*

Una vez que la Palabra ha sido guardada en sus bancos de memoria, queda disponible para el Espíritu Santo, para que Él se lo recuerde cuando usted lo necesite. Puede ser que usted no pueda hacer grandes demostraciones de memorización mediante recitar una larga lista de versículos para asombrar a sus amigos y parientes. Pero allí están guardados en su corazón para que el Espíritu Santo los traiga a su consciencia en los momentos de necesidad, tal como una computadora que requiere de una orden para recuperar la información que se había guardado en un archivo de un disco y mostrarla en pantalla.

Aprender la Palabra

Como lo ha hecho anteriormente, el salmista expresa su deseo y su compromiso de aprender la Palabra de Dios. «*Bendito tú, oh Jehová; enséñame tus estatutos*» (Sal. 119:12).

Sin embargo, observe que este deseo va precedido por alabanza y sumisión al Señor. «*Bendito tú, oh Jehová*». Antes que pueda experimentar un aprendizaje verdadero en su vida, la sumisión al señorío de Dios y la alabanza le pondrán en una relación apropiada con Dios. El verdadero aprendizaje ocurre cuando *Dios* le enseña la Biblia. De otro modo, el aprendizaje se torna en un mero ejercicio intelectual. Recuerde, este estudio se trata de cómo alimentar el corazón. El corazón se fija para obedecer la Palabra, se ejercita para memorizar la Palabra y se disciplina para aprender la Palabra de Dios.

Cuando Pablo escribió a los corintios para aclarar su confusión en cuanto a los ídolos, dijo lo siguiente: «*En cuanto a lo sacrificado a los ídolos, sabemos que todos tenemos conocimiento. El conocimiento envanece, pero el amor edifica. Y si alguno se imagina que sabe algo, aún no sabe nada como debe saberlo*» (1 Co. 8:1, 2).

Pablo comprendía que el conocimiento por sí solo, sin el amor de Dios en el corazón, sólo sirve para envanecernos. Francamente, hoy día se celebran muchos estudios bíblicos, pero hay poco movimiento de Dios. Hay tantos cristianos envanecidos que muchas iglesias parecen todo menos que un cuerpo de creyentes lavados en la sangre del Cordero.

¿Ha enfrentado el asunto de la sumisión al señorío de Cristo en su vida? ¿Puede decir que la alabanza fluye con naturalidad de su corazón y a través de sus labios, como vimos en el versículo 7? Si no, usted no está en posición de aprender nada de la Biblia que afecte su corazón. El verdadero aprendizaje ocurre únicamente cuando su corazón ha sido fijado en una relación adecuada con Él.

Puede ser que usted tenga el deseo, pero ¿qué plan específico tiene para aprender la Palabra de Dios? En nuestra iglesia particular no hay excusa. Tenemos un modo sistemático de tomar a un nuevo creyente y entrenarlo en la Palabra de Dios hasta el momento en que él pueda alimentarse a sí mismo apropiadamente. Si usted no sabe lo que su propia iglesia ofrece, hable con su pastor. Si no asiste a una iglesia que enseñe la Biblia, ¡pídale a Dios que le guíe a una!

Hablar la Palabra

Debajo de la superficie del Salmo 119:13 hay un principio poderoso del aprendizaje: usted no aprende algo hasta que le toque enseñarlo a otro. *«Con mis labios he contado todos los juicios de tu boca»* (Sal. 119:13).

Esta es, posiblemente, la verdad más pasada por alto ante la proliferación de materiales de discipulado y liderazgo disponibles hoy día. Muchos enfocan el tema con la idea de comunicar un programa de estudios de material informativo. Se establece un curso de estudios. De hecho, el material podría ser excelente. Pero es algo que se enseña en un aula de clases, de maestro a alumno, y el proceso allí termina; no ocurre un verdadero aprendizaje. Usted realmente no conoce un tema hasta que abra su boca para declarárselo a otros.

Esto debiera ser particularmente cierto en el área del conocimiento bíblico. Aprendemos la palabra no sólo para satisfacer nuestras propias necesidades, sino para enseñar a otros. Aquí tenemos lo que dijo Pablo. *«Lo que has oído de mí ante muchos testigos, esto encarga a hombres fieles que sean idóneos para enseñar también a otros»* (2 Ti. 2:2).

Este versículo describe el discipulado bíblico. Involucra un contacto de corazón a corazón, de vida a vida. Tal es la tarea de todos los creyentes y no sólo de los pastores o líderes de la iglesia. El aprender es hablar. Tal vez usted nunca tenga que hablar frente a una audiencia de miles, mas usted ciertamente puede enseñar lo que ha aprendido a otros hombres fieles.

En Josué 1:8 hallamos la primera vez en la historia que Dios ordena a un hombre a guiarse por un libro. *«Nunca se apartará de tu boca este libro de la ley, sino que de día y de noche meditarás en él, para que guardes y hagas conforme a todo lo que en él está escrito; porque entonces harás prosperar tu camino, y todo te saldrá bien»*

Queremos enfocar nuestra atención a la primera frase de este versículo. *«Nunca se apartará de tu boca este libro de la ley»*. Dicho de otra manera, las palabras de la Biblia siempre debieran estar en nuestra lengua. Siempre debiéramos proclamarlas.

Todo esto tiene que ver con el corazón. Esto queda claro si consideramos lo dicho por Jesús: *«¡Generación de víboras! ¿Cómo podéis hablar lo bueno, siendo malos? Porque de la abundancia del corazón habla la boca. El hombre bueno, del buen tesoro del corazón saca buenas cosas; y el hombre malo, del mal tesoro saca malas cosas»* (Mt. 12:34, 35).

Su boca naturalmente comunicará lo que hay en su corazón. Esto sigue la progresión que hemos observado: la actitud del corazón se fija para obedecer la Palabra de Dios. La Palabra de Dios se guarda en el corazón a medida que el estudiante de la Palabra la devora con desesperación. La sumisión al señorío de Cristo y la alabanza de corazón crean un ambiente en el cual el aprender la Palabra cambia el corazón, en lugar de envanecer la cabeza. Entonces, la plenitud de Dios en el corazón naturalmente rebosará cuando abrimos nuestras bocas para declarar su gracia a otros. Esto es lo que comprende el discipulado genuino y natural.

Priorizar la Palabra

Una vez que usted haya experimentado la bendición de abrir su boca para compartir de la abundancia de su corazón, enfrentará un conflicto de prioridades. No ha habido persona quien haya sido efectiva en ministerio que haya pasado por la vida sin tener que hacer ajustes constantes a sus prioridades. Usted ahora pasa más tiempo estudiando la Biblia. Su estudio ya no tiene el tedio de la obligación. Es un proceso de delicia, tanto en la noche como en el día, cuando usted se sumerge en la Palabra. Hay cambios que rápidamente ocurren en los recintos ocultos de su corazón. Usted ya no teme a la gente, sino que anhela aprovechar las oportunidades que Dios le da para compartir de la abundancia de su corazón. Sin embargo, ahora parece que el tiempo no le alcanza. Su vida no puede continuar como iba antes sin sufrir ciertos cambios. Es necesario fijar, y observar, ciertas prioridades.

«Me he gozado en el camino de tus testimonios más que de toda riqueza» (Sal. 119:14).

David no dejó duda en cuanto a la prioridad en su vida. Como rey, obviamente tuvo acceso a todos los entretenimientos reales. Sin embargo, él nunca se dejó atrapar por todo el boato de la monarquía. Esta fue la debilidad de su hijo, Salomón. David sabía que no había riquezas que pudieran compararse con lo que podía obtenerse de la Palabra de Dios.

En una entrevista por radio escuché al famoso corredor Jim Ryan relatar la historia de su conversión a Cristo. Se le preguntó si su cristianismo había afectado su actitud de competidor. Hubo un momento de titubeo y luego una respuesta de corazón. El ser cristiano, dijo, no debería afectar su modo de correr en modo alguno. Él siempre había tenido el deseo de dar lo mejor suyo. Sin embargo, su conversión había cambiado sus prioridades. El ganar ya no lo era todo.

Cuando usted ha crecido en la gracia y el conocimiento del Señor Jesucristo y la Palabra de Dios tiene asido su corazón, usted se verá obligado a evaluar cuáles son las cosas más importantes de su vida. No se le pide que sacrifique su inteligencia, su sentido común, sus talentos ni sus habilidades. Sólo se le pide que someta estas cosas al Señor. Descubrirá que hay algo más importante que el ganar dinero o avanzar en su carrera. Hay algo más importante que el poder jubilarse para disfrutar de perpetuas vacaciones.

¿Se atreverá a amar la Palabra de Dios lo suficiente para regocijarse más en la Biblia que en cualquier otra cosa de la vida? En la Palabra de Dios conocemos a Dios. ¿Cuál es su precio? ¿Cuánto más tiene que ofrecerle el Diablo para apartarle de lo que debiera ser la prioridad más importante de su vida?

Contemplar la Palabra

El siguiente versículo nos presenta una de esas ideas que con frecuencia tememos o malentendemos. La meditación con demasiada frecuencia se asocia con el incienso y el comportamiento extraño.

«En tus mandamientos meditaré; consideraré tus caminos» (Sal. 119:15).

La verdadera meditación bíblica es algo digno de ser deseado y no temido. Los hombres y las mujeres que han sido usados por Dios son aquellos que han meditado en la Palabra de Dios. Acabamos de ver en Josué 1:8 que Josué recibió el mandamiento de meditar de día y de noche en la Palabra de Dios. La meditación de día y de noche en la Palabra de Dios también se enseña en el Salmo 1:2. Y cuando la madre de Jesús escuchó las palabras de los pastores, Lucas dijo: *«Pero María guardaba todas estas cosas, meditándolas en su corazón»* (Lc. 2:19).

Hablando de los ejercicios para el corazón, la meditación es para el corazón lo que el decatlón a un atleta. Representa lo máximo en cuanto a resistencia, cubriendo una variedad de disciplinas. La meditación requiere la lectura, oración, memorización y personalización de la Palabra de Dios. El nuevo creyente descubrirá que su resistencia en la vida aumenta constantemente conforme ejercita su corazón al meditar de día y de noche en la Palabra de Dios. Al compartir la Palabra de Dios y hacerla la primera prioridad de su vida, usted recibirá el reto constante de reflexionar sobre lo que ella dice y sobre cómo se aplica en todas las áreas de su vida.

Al continuar el ejercicio que describimos antes, el tomar un versículo de este Salmo cada día, leerlo, releerlo, elevarlo en oración, pensar en él, consultarlo repetidamente y eventualmente memorizarlo, usted habrá tomado parte del proceso llamado meditación. No tiene nada de extraño. No requiere velas, ni incienso, ni un canto extraño, ni una posición de flor de loto; ¡sólo sumérjase en las profundidades de Dios!

La última frase del Salmo 119:15 es importante. La meditación en la Palabra de Dios es lo que nos da genuina sabiduría y comprensión de sus preceptos. Eso, a su vez, nos produce a «considerar sus caminos». Esta fue la diferencia en la vida de Moisés que le permitió comprender los caminos de Dios, mientras que los demás sólo vieron Sus obras. Cuando una persona tercamente se niega a seguir la Palabra de Dios y sigue adelante con sus propios planes, es porque sencillamente no ha considerado el asunto bíblicamente. Si usted medita en las palabras de Dios, usted comprenderá los caminos de Dios y los tomará en consideración.

Recordar la Palabra

La estrofa concluye con regocijo y con otro ejercicio importante para el corazón. *«Me regocijaré en tus estatutos; no me olvidaré de tus palabras»* (Sal. 119:16).

El recordar es un concepto clave de las Escrituras. Dios está consciente de la tendencia que tiene el hombre de olvidar y constantemente pone señales para refrescarnos la memoria. El libro de Josué contiene siete piedras, o montones de piedras, todas diseñadas como señales para la memoria. El siguiente libro, Jueces, cuenta la historia de una generación que olvidó.

La Biblia es un libro de memoria. Malaquías 3:16 hasta usa esa frase. En 1 Corintios 11, Pablo explica que el verdadero propósito de la cena del Señor consiste en conmemorar. Es un memorial, diseñado para hacernos recordar.

Proverbios 22:28 y 23:10 nos advierten a no traspasar los linderos antiguos. Las siete fiestas dadas a Israel eran no sólo para recordar el pasado, sino también para recordar el futuro, según lo describen las promesas de Dios. Dicho sea de paso, ¡sólo un creyente puede recordar el futuro!

En la segunda epístola de Pedro hay una hermosa sección en el primer capítulo en la cual Pedro describe el proceso de crecimiento espiritual. Él dice que Dios nos ha dado «todas las cosas» que pertenecen a la vida y a la piedad, incluyendo muchas promesas preciosas. Nos instruye a edificar sobre ese fundamento fe, virtud, conocimiento, dominio propio, paciencia, piedad, afecto fraternal y amor (2 P. 1:3–8). Luego, añade una advertencia solemne: «*Pero el que no tiene estas cosas tiene la vista muy corta; es ciego, habiendo olvidado la purificación de sus antiguos pecados. Por lo cual, hermanos, tanto más procurad hacer firme vuestra vocación y elección; porque haciendo estas cosas, no caeréis jamás*» (2 P. 1:9, 10).

Si la Palabra de Dios es una delicia, y no una obligación tediosa, usted se sentirá motivado a recordar. Sin embargo, aun nuestras mejores intenciones requieren ayuda práctica. Haga apuntes al escuchar la enseñanza y predicación de la Biblia y al estudiarla. Transfiera los mejores y más concisos apuntes a los márgenes de su Biblia. Al hacerlo, usted está poniendo señales y linderos que le ayudarán a recordar.

No se preocupe por recordar detalles específicos. Por ello es que usted está dejando estas señales. Preocúpese en ejercitar su corazón y su mente. El recordar es un esfuerzo cooperativo entre el corazón regenerado y la mente renovada.

Tal vez piensa que es una persona con una memoria pobre. Tanto su corazón como su mente crecerán con el ejercicio apropiado. Al poner estos siete ejercicios en práctica, usted desarrollará una mejor memoria. Como mínimo, recordará las cosas relacionadas con la Palabra de Dios. De todas maneras, eso es lo que en realidad importa.

Los programas de ejercicios, al igual que las dietas, son difíciles de empezar. Pero pueden ser muy necesarios. Dios le ha dado un nuevo corazón, si ha aceptado a Cristo como su Salvador. Ahora es su responsabilidad el cuidar ese corazón durante su peregrinaje en esta tierra. El no hacerlo podría reducir drásticamente la calidad de su vida, tanto en lo físico como lo espiritual, y aún podría reducir su vida.

¿Cuál de estos ejercicios de corazón necesita usted poner en práctica en su vida? ¿Cuándo lo hará? Fije el curso, separe el tiempo. Luego, hágalo. Es el enfocar su corazón constantemente en la Palabra de Dios y el fortificar su corazón mediante estos ejercicios lo que le permitirá guardar su camino limpio delante del Señor. Su camino será limpio conforme usted preste atención para confirmar que está en el camino de la Palabra de Dios.

Hemos visto que es la Palabra de Dios lo que limpia nuestro camino por este mundo. Esta fue la oración de Jesús en Juan 17:17: «*Santifícalos en tu verdad; tu palabra es verdad*». Este es el cuadro que pintó el Señor cuando lavó los pies de sus discípulos en Juan 13, explicando que, aunque habían sido lavados de la culpa del pecado, sus pies necesitaban ser continuamente lavados de la inmundicia del camino. Efesios 5:26 nos enseña que la Palabra de Dios es el agua que nos lava en el camino. En Juan 15:3 Jesús dijo: «*Ya vosotros estáis limpios por la palabra que os he hablado*».

Cuando Cristo el Esposo venga, ¿será usted el que tendrá su traje de bodas manchado? No hay necesidad de ser avergonzados en su venida. La Palabra de Dios nos lava de la inmundicia de este mundo.

3

SACÁNDOLE EL MÁXIMO
PROVECHO A LA VIDA

Haz bien a tu siervo; que viva, y guarde tu palabra. Abre mis ojos, y miraré las maravillas de tu ley. Forastero soy yo en la tierra; no encubras de mí tus mandamientos. Quebrantada está mi alma de desear tus juicios en todo tiempo. Reprendiste a los soberbios, los malditos, que se desvían de tus mandamientos. Aparta de mí el oprobio y el menosprecio, porque tus testimonios he guardado. Príncipes también se sentaron y hablaron contra mí; mas tu siervo meditaba en tus estatutos, pues tus testimonios son mis delicias y mis consejeros.

Salmo 119:17–24

En septiembre de 1949, James Smith y su esposa Joey fueron comisionados como misioneros a México. Nuestra iglesia, Kansas City Baptist Temple, era su iglesia madre. Mientras era joven y estaba preparándose para el ministerio, James había formado parte de un grupo pequeño de estudio bíblico. En abril de 1943 ese grupo se tornó en el núcleo de lo que hoy día es el Baptist Temple.

En los más de 40 años que Jim y Joey sirvieron al Señor en México, fueron usados por Dios para fundar muchas iglesias. Una de las contribuciones más grandes que hicieron fue la de criar diez hijos de modo que amaran a Dios, la mayoría de los cuales se encuentran activamente involucrados en el ministerio hoy día.

En septiembre de 1991, precisamente 42 años después de haber sido enviado, el «Gran Jim» visitó al Baptist Temple por última vez. Joey había partido a estar con el Señor un par de años antes, víctima del cáncer. Jim también había luchado contra esta terrible enfermedad por varios años y ahora los doctores le habían informado que le restaban apenas unas cuántas semanas de vida. Jim Jr., misionero al Ecuador, acompañaba a su padre en esta visita.

Aunque se encontraba confinado a una silla de ruedas, Jim no había perdido ni una traza de su vitalidad y se encontraba sufriendo relativamente poco dolor. Les habíamos traído para que diera su discurso de despedida a la iglesia que le había enviado al campo de la mies. Nadie habría pensado nada malo si Jim hubiese comunicado su mensaje desde su silla de ruedas. Sin embargo, insistió en ser llevado a la plataforma, en donde podría ponerse de pie mientras se apoyaba sobre el púlpito.

Francamente, no recuerdo las palabras que nos habló en aquel día. Lo que nunca olvidaré es su anhelo insaciable de disfrutar cada momento de esa experiencia como si fuese la cosa más importante de la historia. Sus ojos exploraron la sala y captaron todo movimiento. Cada rostro y cada expresión atraía su gentil mirada. Él no quería perderse de nada. Esta era la iglesia que él amaba y que lo amaba a él, y él se proponía disfrutar de cada palabra, persona, acción y sonrisa. No había ni siquiera una insinuación de autocompasión.

Jim siempre había amado su vida. Habiendo tenido diez hijos, obviamente aprendió a tener un carácter suave para no perder la cordura. Nunca he visto a una persona más dedicada por entero a disfrutar cada milisegundo de la vida como lo era Jim en esos, los últimos días de su vida. ¿No sería maravilloso, pensé, que más de nosotros aprendiéramos el verdadero valor de la vida mientras aún somos jóvenes y gozamos de nuestra salud? Apenas un mes después, Jim entró por las puertas de la gloria.

Al ir avanzando por el Salmo 119, hemos escuchado al salmista enseñarnos que lo que obtenemos de la vida está directamente relacionado con nuestro amor por Dios y por su Palabra. He tomado la decisión en mi vida que cada vez que voy a la Biblia, quiero ser como el Gran Jim Smith. Quiero aprovechar la vida al máximo posible. No quiero perderme de nada. También quiero ser como Samuel en cuanto al respeto que tenía hacia Dios, cuando «*no dejó caer a tierra ninguna de sus palabras*» (1 S. 3:19).

Si llevo estas actitudes hacia la Biblia, tendré la seguridad de sacarle la máxima bendición a la vida. Esta también era la actitud de corazón de David. La tercera estrofa del Salmo 119 empieza precisamente con ese deseo. «*Haz bien a tu siervo, que viva, y guarde tu palabra*» (Sal. 119:17).

En los ocho versículos de esta estrofa hallamos tres prácticas que necesitamos desarrollar en nuestras vidas si deseamos sacarle provecho máximo a la vida y a la Biblia. Necesitamos aprender constantemente de la Palabra, necesitamos anhelar constantemente por la Palabra y necesitamos apoyarnos constantemente en la Palabra.

APRENDIENDO LA PALABRA (vv. 17–19)

En las dos estrofas que hemos estudiado hasta este punto hemos visto la importancia de establecer un compromiso de aprender la Biblia. Indudablemente se necesita establecer un compromiso, ya que el aprender la Palabra de Dios no es algo que nos es natural y requiere una disciplina considerable.

Para ser un buen padre de familia, uno debe cumplir diversos papeles. A veces es necesario ser un disciplinador estricto. Otras veces hay que cumplir el papel de mejor amigo. También hay un papel de entrenador que hay que cumplir. Del mismo modo, para ser un buen alumno de la Biblia y para sacarle todo lo que Dios tiene para nosotros, es necesario cumplir diversos papeles. En los versículos 17 al 19, David nos muestra que hemos de ser siervos, videntes y forasteros.

Necesita ser un siervo

Hemos visto la necesidad de establecer un compromiso de aprender la Palabra de Dios y también la necesidad de desarrollar una actitud de sumisión y obediencia, sin la cual es imposible que ocurra un verdadero aprendizaje.

En el versículo 12 el salmista ejercitó su corazón para aprender la Palabra. Dijo: «*Bendito tú, oh Jehová; enséñame tus estatutos*». Vimos allí que una relación de alabanza y sumisión a Dios es esencial para que Dios pueda enseñarnos su Palabra.

Cuando usted se acerca a la Biblia con orgullo y arrogancia en su corazón, Dios no le permitirá ver la profundidad de su verdad. La Biblia se compara a un espejo en Santiago 1:23. Cuando se acerca a la Biblia con orgullo, ese orgullo se refleja directamente de vuelta a usted mismo. Esta es la razón que motivó el comentario de Pablo a los corintios que mencionamos en el capítulo anterior. Posiblemente recuerde que Pablo escribió 1 Corintios 8 queriendo corregir el concepto que tenían los corintios en cuanto a la idolatría. Él les advirtió en el versículo 1 acerca de un tipo de conocimiento que envanecía.

A veces la gente pregunta cómo es posible que los teólogos pasen incontables horas estudiando la Biblia sin llegar a comprender ni siquiera la verdad básica en cuanto a la salvación. Esta es la razón. La Biblia es un espejo. Específicamente, es un espejo de una vía. Para ilustrar este asunto, consideremos la siguiente situación.

Estamos en una habitación de un hotel en una gran ciudad, en la cual se está celebrando un negocio de drogas ilícitas. Los participantes no se percatan que uno de ellos en realidad es un informador de la policía. Se les está tendiendo una trampa. Hay un espejo inocentemente colgado en la pared. Poco saben que del otro lado del espejo hay agentes de la policía grabando cada una de sus palabras y movimientos en cintas de video. Todo lo que ven es su reflejo. La única forma de ver más allá es situarse del otro lado del espejo.

Lo mismo ocurre con la Palabra de Dios. Cuando una persona se acerca a la Biblia con una carga de escepticismo y dudas, hallará todas las supuestas «contradicciones» que esté buscando. Lo que en realidad está viendo es un reflejo de su propio pecado y orgullo. Ezequiel 14:1–11 e Isaías 29:9–14 nos dan luz sobre este proceso. La única manera de ver otra cosa es situarse del otro lado del espejo, desde donde podrá mirar al mundo con la misma perspectiva que la que tiene el Autor del Libro.

El apóstol Pablo expresó una idea similar en 1 Corintios 2:14. «*Pero el hombre natural no percibe las cosas que son del Espíritu de Dios, porque para él son locura, y no las puede entender, porque se han de discernir espiritualmente*». En pocas palabras, la única manera de comprender la verdad de Dios es que el

Espíritu de Dios sea su maestro. Cuando Pablo dice que las cosas del Espíritu de Dios «*se han de discernir espiritualmente*», lo que quiere decir es que sólo el Espíritu puede discernir (comprender, distinguir, captar, asimilar) estas cosas. ¡Usted nunca las podrá aprender por sí solo!

David anhela que Dios le haga bien. Esta palabra también significa «recompensar». David quiere todo lo que Dios tenga para darle. Esta misma palabra se traduce en otras porciones como «destetar». Cuando usted recibe el bien de Dios, estará listo para enfrentar la vida. Estará listo para ser «destetado» y continuar su proceso de maduración hacia la edad adulta espiritual. En este punto, David puede vivir la vida al máximo y guardar la Palabra de Dios.

Necesita ser un vidente

Aquí tenemos uno de los versículos más frecuentemente citados de la Biblia. ¡Cuántas veces utilicé este versículo como mi oración cuando era nuevo creyente! ¡Cuántas veces lo sigo utilizando hoy día! Esta es una de las oraciones más breves y más poderosas de la Biblia.

«*Abre mis ojos, y miraré las maravillas de tu ley*» (Sal. 119:18).

La respuesta a esta oración depende de la actitud de servidumbre que vimos en el versículo anterior. Coincidentemente, fue un joven siervo al que se le abrieron los ojos en 2 Reyes 6. Él y su señor, Eliseo, estaban sitiados en la ciudad de Dotán, rodeados por el ejército sirio. El siervo estaba desesperado, pensando que no había vía de escape. Eliseo oró por él y pidió específicamente que el Señor le concediera una visión especial. «*Y oró Eliseo, y dijo: Te ruego, oh Jehová, que abras sus ojos para que vea. Entonces Jehová abrió los ojos del criado, y miró; y he aquí que el monte estaba lleno de gente de a caballo, y de carros de fuego alrededor de Eliseo*» (2 R. 6:17).

El joven criado no sólo vio, sino que obtuvo percepción: el ver con entendimiento. Este es el objetivo de la oración de David. Él quería ver cosas que otros no podían ver. Quería que Dios le abriera los ojos, pero no para ver cualquier cosa, sino para ver «las maravillas» de la Palabra de Dios. El obtener la percepción de Dios, ver las cosas desde la perspectiva de Dios, es una experiencia maravillosa. Y con ella obtenemos entendimiento, y no sólo conocimiento, de las palabras que leemos en la Biblia.

El hombre sin Cristo está espiritualmente ciego, por lo cual no puede ver la verdad. «*Pero si nuestro evangelio está aún encubierto, entre los que se pierden está encubierto; en los cuales el dios de este siglo cegó el entendimiento de los incrédulos, para que no les resplandezca la luz del evangelio de la gloria de Cristo, el cual es la imagen de Dios*» (2 Co. 4:3, 4).

Aquellos que han nacido de nuevo no están ciegos, sin embargo muchos pasan su vida con los ojos cerrados, o sufren de astigmatismo espiritual. Pedro señaló esta condición en su segunda epístola. Después de describir la increíble vida que hemos recibido en Cristo, nos instruye a edificar sobre ese fundamento, añadiendo a nuestra fe. Luego concluye: «*Pero el que no tiene estas cosas tiene la vista muy corta; es ciego, habiendo olvidado la purificación de sus antiguos pecados*» (2 P. 1:9).

Ahora, vemos en el Salmo 119:18 que una vista espiritual pobre también puede contribuir a nuestra falta de fruto espiritual. Es imposible ver las necesidades espirituales de las personas cuando sufrimos de una falta de visión.

Una vez viajé por las calles de Addis Ababa, Etiopía, en un automóvil conducido por un misionero que literalmente estaba «ciego en un ojo y no podía ver por el otro». Un desprendimiento de la retina le había cegado un ojo y en el otro necesitaba una lente con mucha corrección. Él y su esposa trabajaban en equipo para dirigir el automóvil por la ruta propuesta. Habiendo vivido en América Latina, estoy acostumbrado a la forma de conducir de la gente en el tercer mundo. Pero me maravilló este misionero, Don Sidebottom, quien a pesar de sus impedimentos físicos se negaba a darse por vencido. ¡El conducir por Addis Ababa sería un reto con *tres* ojos buenos!

El misionero logró esta proeza por su dedicación al evangelio y su fuerza de voluntad que impidió que sus impedimentos físicos limitaran su eficacia. Sin embargo, ¿por qué tantos creyentes intentan navegar por los peligros de la vida con una visión menos que perfecta, cuando esto no es necesario?

La oración del Salmo 119:18 está disponible a todo aquel que tenga el corazón de siervo, que quiera ser un «vidente». Es hora que hablemos sobre por qué he escogido esta palabra «vidente». En el Antiguo Testamento, un hombre que recibía las visiones de Dios era llamado profeta. Su palabra ante el pueblo revelaba el mensaje, la visión de Dios para ellos. Sin tal profecía, el pueblo perecía (Pr. 29:18).

En el Antiguo Testamento hay siete palabras del idioma hebreo y una del caldeo que se traducen «visión». Todas provienen de una misma raíz cuyo significado se relaciona con el concepto de ver, buscar, atisbar, o contemplar. La tarea del profeta era obtener una visión de Dios.

En 1 Samuel 9:9 hallamos un dato histórico de importancia crucial. «*Antiguamente en Israel cualquiera que iba a consultar a Dios, decía así: Venid y vamos al vidente; porque al que hoy se llama profeta, entonces se le llamaba vidente*». El profeta era llamado «vidente». Era el hombre que podía ver, mirar, atisbar la mente misma de Dios. De allí recibía su visión. Es por ello que clamamos ante Dios que nos abra los ojos para que miremos las maravillas de su ley.

¿Cuándo fue la última vez que usted se acercó a la Biblia con esta actitud? Hay otra porción de las Escrituras que nos muestra que un vidente también es un buscador. «*No tenéis lo que deseáis, porque no pedís*» (Stg. 4:2*b*). La verdad que usted obtenga de la Palabra de Dios depende de la actitud con la que usted se acerque a la Palabra de Dios.

Esta era la oración de Pablo para con los efesios. «*Alumbrando los ojos de vuestro entendimiento, para que sepáis cuál es la esperanza a que él os ha llamado, y cuáles las riquezas de la gloria de su herencia en los santos*» (Ef. 1:18).

¿Ha aprendido a leer la Palabra de Dios en actitud de oración? ¿O se reduce su vida de oración a pura teoría?

Necesita ser un forastero

Para sacarle el máximo provecho a la vida, es necesario que saque todo lo

que Dios le ha dejado en la Biblia. Para poder sacar lo más posible de la
Biblia es necesario ser un siervo, un vidente y, añadimos ahora, un forastero.
«*Forastero soy yo en la tierra; no encubras de mí tus mandamientos*»
(Sal. 119:19).

En su búsqueda de las riquezas halladas en la Palabra de Dios, David
consideró importante confesar delante de Dios que era un forastero. ¿Qué
significado puede tener tal confesión?

Para responder a esta pregunta, miremos unos cuantos siglos atrás, al
Antiguo Testamento. El piadoso varón Abraham comprendió este concepto
a la saciedad. El libro de los Hebreos nos relata la vida de peregrino que
vivió este patriarca

> *Por la fe Abraham, siendo llamado, obedeció para salir al lugar que había
> de recibir como herencia; y salió sin saber a dónde iba. Por la fe habitó como
> extranjero en la tierra prometida como en tierra ajena, morando en tien-
> das con Isaac y Jacob, coherederos de la misma promesa; porque esperaba la
> ciudad que tiene fundamentos, cuyo arquitecto y constructor es Dios*
> (He. 11:8–10).

Abraham salió en obediencia a Dios, sin saber a dónde iba, ni qué iba a
recibir, ni cuándo lo habría de recibir. El cortó todos sus lazos al mundo y
confió totalmente en Dios y en Su provisión. Aun en una época previa a la
revelación escrita de Dios, Abraham pudo escuchar a Dios cuando otros no
pudieron, porque había ordenado sus prioridades con claridad.

Usted nunca podrá sacar provecho de la plenitud de la Palabra de Dios
hasta que haya renunciado a las cosas de este mundo y haya reconocido que
usted no es más que un forastero en este planeta. Continuando con el pasaje
de Hebreos, hallamos una afirmación general que se refiere a todos los pa-
triarcas. «*Conforme a la fe murieron todos éstos sin haber recibido lo prometido,
sino mirándolo de lejos, y creyéndolo, y saludándolo, y confesando que eran extranjeros y peregrinos sobre la tierra*» (He. 11:13).

Nuevamente tocamos el asunto de ordenar sus prioridades según las cosas celestiales. El elemento de la «confesión» aparece prominentemente en
este versículo. Confesar significa reconocer. Esto es lo que el salmista estaba
haciendo en nuestro texto. «*Forastero soy yo en la tierra; no encubras de mí tus
mandamientos*» (Sal. 119:19).

Una vez David había renunciado a su derecho de tener bienes en la tierra.
Sabía que no habría razón por la cual Dios encubriría de él la verdad que le
tenía reservada. Usted necesita llegar a ese mismo punto para que Dios pueda confiarle Su verdad. Usted necesita establecer su corazón tan fijamente
en el cielo que nada en este mundo pueda apartarle del deseo de conocer
todo lo que Dios dice en su Palabra.

El aprender la Palabra de Dios requiere que uno sea un siervo, un vidente
y un forastero. El mero conocimiento intelectual no era suficiente para el
salmista. Lo que hizo que David sobresaliera del montón no fue su conocimiento de la Palabra, sino su amor por la Palabra de Dios. Este gran amor,

más grande que el amor por la vida misma, ardía dentro del corazón de David. Es este profundo anhelo por la Palabra de verdad lo que separa las palabras piadosas del verdadero andar con Dios.

ANHELANDO LA PALABRA (v. 20)

Si el Salmo 119:18 es uno de los versículos más citados de este salmo, entonces el versículo 20 es claramente uno de los más conmovedores. La fuerza tras las palabras de David llena nuestros corazones de convicción. *«Quebrantada está mi alma de desear tus juicios en todo tiempo»* (Sal. 119:20). Tal profundidad de compromiso es algo que más que enseñarse se capta. No hay una fórmula de pasos sencillos que lleven a un corazón quebrantado. Tal actitud hacia la Palabra de Dios es algo que o se tiene o no se tiene. Desde el primer versículo hasta este punto, cada trazo de la pluma de David ha sido motivado por un corazón fijo en la Palabra de Dios. Si bien, tal actitud no puede comprarse, pedirse prestada, ser enseñada ni ser deseada, es posible determinar si se tiene. ¿Cómo se compara su corazón por la Palabra de Dios con el de David?

Una actitud que afecta el alma

El *alma* de David estaba quebrantada por el hambre que tenía por la palabra. Era su alma, no su cuerpo ni su espíritu. El alma del hombre consiste en su mente, voluntad y emociones. Es aquélla parte que constituye la esencia misma de su ser y personalidad. Si un hombre nace de nuevo, su espíritu regenerado va a anhelar la Palabra. La batalla va a ocurrir en el alma, en la mente.

El creyente debe andar en el Espíritu de Dios. Para hacer esto, nuestro espíritu debe estar en constante acuerdo con el Espíritu de Dios y sometido a él. Un creyente que anda en el Espíritu es un creyente espiritual. La posición que contrasta con ésta es la de un creyente carnal. Ambos tipos de creyente se mencionan en 1 Corintios 3:1–3.

Algunos han hablado de aquellos a quienes llaman creyentes «animosos». Con este término describen a una persona tal que es controlada por su alma, en lugar de por su espíritu. Utilizan la palabra «animoso» para describir a quien ha llevado su carne al punto de estar exteriormente limpia (como los fariseos: sepulcros blanqueados en su exterior, huesos muertos en su interior), sin embargo, esto lo han logrado por la fuerza de su alma, y no por la fe en el Espíritu. De hecho, son creyentes carnales. La descripción nos sirve para reconocer que sólo porque alguien tiene limpio su exterior y conoce algo de la Biblia no significa que hay una espiritualidad sustancial en su vida.

Las iglesias fundamentalistas y evangélicas de hoy en día han sido invadidas por el humanismo. El estudio de la Palabra de Dios depende de los esfuerzos de la carne, en lugar de depender de la iluminación del Espíritu de Dios. La Biblia es considerada como cualquier otro libro; se asume que su origen es humano, a menos que se compruebe que sea divino. La satisfacción se obtiene de la presunción de la erudición sólida, en lugar de los espléndidos sonidos del Espíritu hablándole al alma quebrantada por la Palabra de Dios. ¿Está *su* alma quebrantada por conocer la Palabra de Dios?

Job experimentó el dolor que proporciona al corazón el desear la Palabra de Dios. «*Guardé las palabras de su boca más que mi comida*» (Job 23:12*b*).

Usted nunca podrá obtener la plenitud de Dios hasta que su corazón se quebrante por conocer la Palabra. Nunca conocerá lo que es sacarle el máximo provecho a la vida. Es sólo cuando su alma clama por conocer la Santa Palabra que usted puede llegar a saborear cada instante de la vida, masticándola como un amante de la buena cocina se deleita con un manjar fino.

El alma que se quebranta por los juicios de Dios será llena con el conocimiento de Dios. Esta promesa se nos extiende en el libro de los Salmos. «*Alaben la misericordia de Jehová, y sus maravillas para con los hijos de los hombres. Porque sacia al alma menesterosa, y llena de bien al alma hambrienta*» (Sal. 107:8, 9).

¿Qué tan hambriento está usted? Hay gente que perdida en una selva han tenido tanta hambre que han llegado al punto de comer insectos y cortezas de árbol. Cuando usted tenga un hambre espiritual semejante, dejará a un lado los juegos intelectuales y caerá ante los pies de un Dios santo, rogándole por conocer su voluntad. Este es el corazón del salmista: un corazón que halló la satisfacción que buscaba.

Una actitud que afecta las acciones

A mucha gente le gusta hablar de cuánto ama la Biblia. Son los primeros en gritar un «¡Amén!» sonoro cuando el predicador menciona la Biblia. Piensan que han hallado todas las respuestas porque leyeron la Biblia una vez. Son como la jovencita que llegó a una clase de escuela dominical que yo enseñaba hace varios años. Ella se había graduado de una de las mejores universidades bíblicas de los Estados Unidos. Cuando descubrió que yo estaba desarrollando un estudio versículo por versículo del libro de los Hechos, me dijo que no volvería. ¿Y por qué? Ella ya había estudiado el libro de los Hechos en la universidad y por lo tanto no le quedaba nada que aprender del libro.

No importa lo que usted *diga* acerca de su amor por la Palabra de Dios, su actitud se comprueba por sus acciones. Si usted verdaderamente ama la Palabra de Dios, estará presente cuando alguien la enseñe. Muchos cristianos ya no cuentan con la disciplina de venir a la iglesia los domingos por la noche. Ahora bien, la Biblia no dice que es obligatorio tener un servicio en la iglesia los domingos por la noche. Algunas iglesias hasta se han visto en la necesidad de inventar nuevas formas de entretenimiento para que la gente regrese los domingos por la noche. Pero, si el pastor verdaderamente enseña y predica la Biblia, no le será necesario inventar nada. Las almas que desean la Palabra de Dios estarán allí.

En nuestra iglesia tenemos un método sistemático para enseñar la Biblia. Como pastor principal, mi labor consiste en desarmar la Biblia y volverla a armar, asegurándose que mi gente reciba todo su consejo. Los domingos por la mañana, mi propósito es trabajar sobre las actitudes al estudiar la Biblia versículo por versículo. Con el paso de los años, estudiamos gran cantidad de las Escrituras, mientras que aprendemos la Biblia en su contexto natural y comparando las Escrituras con las Escrituras.

Los domingos por la noche también enseño la Biblia versículo por versículo. Pero en esa oportunidad proporciono un nivel más profundo de conocimiento, para ofrecer un reto a los creyentes más maduros: aquellos que han demostrado su madurez al hacer el esfuerzo de estar presentes. La enseñanza gira en torno a libros y temas que sería difícil tratar los domingos por la mañana, cuando hay más bebés espirituales e inconversos en la audiencia.

Durante la hora de escuela dominical, nuestros maestros toman la Palabra de Dios y la usan para motivar a la gente a tomar acciones específicas. Frecuentemente también enseñan la Biblia versículo por versículo. Su propósito es motivar y proveer instrucción detallada y muchas oportunidades de ministerio.

Los lunes por la noche tenemos un estudio bíblico a nivel de toda la iglesia conducido por nuestro copastor, Bob Alexander. Al igual que en todos nuestros servicios, animamos a cada persona a traer su Biblia. También les animamos a que traigan sus preguntas e inquietudes. Bob responde a las preguntas usando la Biblia y trata con temas específicos. Él coordina varias partes de las Escrituras, disponiéndolas alrededor de temas de importancia vital.

Por supuesto, tenemos muchos otros estudios bíblicos, grupos de oración y ministerios en nuestra iglesia que se desarrollan a toda hora y a lo largo de la semana. La variedad que ofrecen todas estas oportunidades de aprender es esencial para mantener la dieta balanceada que necesita el creyente. La clave es el balance. Usted necesita una dieta balanceada de la Palabra de Dios. Los dos servicios dominicales, la escuela dominical y los estudios bíblicos entre semana representan una inversión de unas cuatro horas semanales que lo ayudan a uno a mantener el enfoque y a mantenerse en la puerta estrecha y el camino angosto.

El estar en una iglesia que se esfuerza en proporcionar una alimentación espiritual apropiada para sus miembros, es fácil distinguir quién está ansioso por conocer la Palabra de Dios y quién no. Aquellos que aman el Libro están allí. Los otros podrán hablar de ello, pero convalidan sus palabras sólo si están presentes cuando se abre la Palabra de Dios para enseñarla. «*Quebrantada está mi alma de desear tus juicios **en todo tiempo***» (Sal. 119:20, énfasis del autor).

Si usted pertenece a una iglesia que no predica ni enseña la Palabra de Dios, permítame hacerle una pregunta sencilla: ¿Por qué? ¿Existe alguna otra razón válida para estar allí? Tal vez no hay una buena iglesia en su área a su disposición. Pídale a Dios en oración que levante una. ¿Cómo podría Dios usarle a *usted* para hacer eso?

La meta que nos propusimos es sacarle el máximo provecho a la vida, y eso significa sacar todo lo que Dios tiene para nosotros en su Palabra. Hasta ahora, hemos visto que es necesario ser siervo, ser vidente y ser extranjero para aprender de la Palabra. Además, hemos visto que el aprender la Biblia requiere más que asistir a medias a un estudio bíblico. Es necesario que exista un anhelo en su corazón, capaz de quebrantar su alma. Este anhelo deberá llevarlo a buscar toda ocasión posible de aprender la Palabra de Dios.

Se necesita otro paso para completar una vida vivida en la plenitud de

Dios. Lo que usted aprende de la Biblia y el anhelo que siente por ella necesita aplicarse de forma práctica, al aprender a apoyarse en la Biblia para todo evento de su vida.

APOYÁNDOSE EN LA PALABRA (vv. 21–24)

Haciendo reflexión sobre un alma quebrantada por la Palabra de Dios, David lista algunos de los muchos beneficios derivados de una vida que saca el máximo provecho de la Palabra de Dios. Los últimos cuatro versículos de esta estrofa describen cuatro aplicaciones prácticas de la Biblia a las circunstancias de la vida. Aprenderemos a apoyarnos en la Palabra de Dios al encarar la soberbia, al encarar prejuicios, al encarar príncipes y al encarar cualquier problema.

Si usted desea sacarle el máximo provecho a la vida, es necesario que aprenda a ir más allá de la teoría y a aplicar la Biblia a los desafíos que encuentre en su camino cada día. Necesita aprender a apoyarse en la Palabra de Dios.

Encarando a los soberbios

En este mundo nunca habrá escasez de soberbios. Sabemos quién es su rey. Hablando de Leviatán como figura del diablo mismo, Dios le dijo a Job que él «*es rey sobre todos los soberbios*» (Job 41:34).

Jesús también habló en términos similares del diablo. En una de sus confrontaciones con los fariseos, dijo: «*Vosotros sois de vuestro padre el diablo, y los deseos de vuestro padre queréis hacer*» (Jn. 8:44a).

La soberbia es la rienda que el diablo utiliza para guiar a sus súbditos como padre y rey. Tales personas nos rodean. ¿Cómo podemos tratar con ellos? El salmista ha aprendido el enfoque correcto porque se ha apoyado en la palabra. «*Reprendiste a los soberbios, los malditos, que se desvían de tus mandamientos*» (Sal. 119:21).

David confió que Dios reprendería a los soberbios. Esto no era sólo teoría. En uno de los momentos más difíciles de toda su vida, cuando su hijo Absalón estaba usurpando el reino, David fue atacado por un hombre soberbio y amargado. Su nombre era Simei. Cuando David huía de Jerusalén, Simei, pariente de Saúl, lo maldijo y le arrojó piedras. Abisai, el siervo de David, le rogó a David que le permitiera matar a Simei. ¡Abisai quería cortarle la cabeza! Observe cómo David manejó esta situación potencialmente explosiva. «*Y dijo David a Abisai y a todos sus siervos: He aquí, mi hijo que ha salido de mis entrañas, acecha mi vida; ¿cuánto más ahora un hijo de Benjamín? Dejadle que maldiga, pues Jehová se lo ha dicho. Quizá mirará Jehová mi aflicción, y me dará Jehová bien por sus maldiciones de hoy*» (2 S. 16:11, 12).

David no tuvo que «cobrárselas». No tuvo que tener «la última palabra». Él humildemente puso el asunto en las capaces manos de Dios. Él se apoyó en la Palabra en lugar de apoyarse en su carne. El Salmo 119:21 revela que David comprendió que los soberbios se encuentran bajo la maldición del pecado. David también comprendió su problema. Ellos «*se desvían de tus mandamientos*». ¿Qué provecho puede rendir el molestarse por las maldiciones proferidas por alguien que se encuentra bajo la maldición de Dios?

De paso, Dios llegó a tratar con Simei a su debido tiempo. David hizo voto al Señor que él mismo no mataría a este hombre y delegó el asunto a su hijo Salomón. Cuando David murió, Simei seguramente pensó que estaría a salvo. Pero el cuerpo de David apenas había sido sepultado cuando Salomón prohibió a Simei salir de los límites de la ciudad de Jerusalén. Menos de tres años después, Simei violó esta prohibición y por ello fue ejecutado (1 R. 2:39–46).

¿Se apoya usted en la Palabra de Dios cuando es confrontado por los soberbios? ¿Qué provecho puede tener el buscar venganza o el tener la última palabra? El apóstol Pablo nos trae esta enseñanza dentro del contexto del Nuevo Testamento. «*No os venguéis vosotros mismos, amados míos, sino dad lugar a la ira de Dios; porque escrito está: Mía es la venganza, yo pagaré, dice el Señor*» (Ro. 12:19).

Todas sus maravillosas afirmaciones sobre la hermosura de la Biblia se ven socavadas cada vez que usted intenta vengarse de los soberbios que le ataquen. Si usted realmente quiere sacarle el máximo provecho a la vida, aprenda a apoyarse en la Palabra.

Encarando los prejuicios

Es agradable poder decir que confiamos que Dios tomará venganza contra quienes nos ataquen. Sin embargo, con frecuencia nos sentimos incompletos al principio, cuando encargamos un asunto de esta índole a Dios. Deseamos ver que bajen relámpagos del cielo y les den en la cabeza *ahora mismo*. Piense por un momento por qué nos sucede esto. Cuando somos atacados injustamente, sufrimos el agudo dolor del oprobio y el menosprecio. Todos hemos experimentado el dolor de los prejuicios llenos de soberbia. Con frecuencia limitamos los prejuicios a asuntos raciales, culturales o de nación de origen. Sin embargo, al analizar el asunto, todo prejuicio es resultado de la soberbia. Cuando los soberbios atacan, sea para provocar, herir o ridiculizar, esto no es más que la manifestación de la soberbia.

Por ejemplo, suponga que sin provocación alguna una dama sale de la multitud y le da una bofetada en el rostro. ¿Lo confundió con otra persona? Tal vez. Quizá ella le está distrayendo para que un ladrón le robe la cartera. Pudiera ser que la dama sufre de algún desequilibrio mental. De cualquier manera, usted decide aguantar como varón y no devolverle el golpe. Usted está creciendo en su vida cristiana y decide ni siquiera abrir su boca para defenderse. Usted va a confiar este asunto a las manos de Dios. ¡Felicitaciones! Pero, ¿sabe qué? Su mejilla todavía le duele, ¿verdad?

En este ejemplo no hemos determinado si el motivo de esta mujer era el prejuicio. El punto es que las bofetadas mentales y emocionales duelen más y por más tiempo que cualquier golpe físico. Usted encara el ataque de los soberbios de frente. Pero aún después que ha confiado el asunto a Dios, las palabras, comentarios, rumores y mentiras llenos de soberbia permanecen. David también aprendió qué hacer en este caso.

«Aparta de mí el oprobio y el menosprecio, porque tus testimonios he guardado» (Sal. 119:22).

No hay asunto que usted no pueda encomendar a Dios si guarda sus testimonios. Esto no es un amuleto de la buena suerte para los supersticiosos. Esto sólo funciona si usted ha guardado sus testimonios. Una vez que usted aprende a apoyarse en la Palabra de Dios, puede hacerlo aun mientras siente el ardor del oprobio y el menosprecio. ¿Cuál es el oprobio que lleva?

Por cuarenta años los israelitas vagaron por el desierto, condenados por su pecado de incredulidad. No era gente «perdida»; eran «creyentes incrédulos». Esa nación, con más de dos millones de habitantes, no tuvo suficiente confianza en Dios como para cruzar un río. Por cuarenta años llevaron el oprobio del pecado. Las naciones a su alrededor legítimamente dudaron de la realidad de la existencia del Dios de los israelitas.

Los hijos de Israel también sabían cómo hablar. Tenían toda la información pertinente. Habían recibido las palabras de Dios. Habían hecho un compromiso público de obedecer la Palabra, pero la realidad de su experiencia contradecía su sinceridad. A la hora de la hora, ellos no habían aprendido a apoyarse en la Palabra de Dios.

El libro de Josué nos cuenta la maravillosa historia del cruce del río Jordán. Una nueva generación finalmente había cruzado para entrar en la tierra prometida. Josué les mandó: «*Subid del Jordán*» (Jos. 4:17*b*), lo cual nos da un cuadro de un creyente que entra en la plenitud y el poder de la resurrección de Cristo. Ellos ganaron la promesa al permanecer en las promesas.

El primer campamento lo establecieron en un lugar llamado «Gilgal» (Jos. 4:19). El nombre Gilgal significa «quitado». Josué 5:9 nos explica: «*Y Jehová dijo a Josué: Hoy he quitado de vosotros el oprobio de Egipto; por lo cual el nombre de aquel lugar es Gilgal, hasta hoy*».

Cuando usted se compromete a aprender la Palabra de Dios, cuando su corazón siempre arde de deseos por conocer el Libro que Dios nos dejó, cuando usted genuinamente puede apoyarse en la Biblia ante cualquier circunstancia, verá que su Padre Celestial también puede quitar el oprobio y menosprecio que haya en *su propia vida*. Esto no ocurrirá sencillamente porque lo «desea», sino porque usted ha guardado sus testimonios. Su vida está limpia y firmemente establecida sobre la Palabra de Dios.

Encarando a príncipes

Esto es bueno para los problemas de la vida cotidiana. ¿Qué podemos hacer si nos metemos en problemas realmente serios? ¿Qué hacemos si el jefe está enojado con nosotros porque nos comprometimos a seguir a Dios? ¿Qué hacer si nuestro trabajo está en juego? Escuche lo que dice el salmista. «*Príncipes también se sentaron y hablaron contra mí*» (Sal. 119:23).

La palabra «príncipes» se refiere a aquellas personas en posiciones de autoridad. Podría tratarse de cualquier persona. El hecho que estos príncipes se sientan es indicativo que estaban en una posición de emitir juicio. David no fue presa del pánico. Él se puso a meditar en la Palabra de Dios. Cuando vimos el Salmo 119:15 aprendimos que la meditación produce en nosotros un respeto por los caminos de Dios. Al meditar en la Palabra de Dios, David aprendió cuál de los caminos de Dios debía seguir en una situación semejante.

Con facilidad nos sentimos intimidados por las personas que se encuentran en posiciones de autoridad. Pero no tenemos por qué sentirnos de esa manera si estamos meditando en la Palabra de Dios. Jesús nos dio esta promesa:

> *Y guardaos de los hombres, porque os entregarán a los concilios, y en sus sinagogas los azotarán; y aun ante gobernadores y reyes seréis llevados por causa de mí, para testimonio a ellos y a los gentiles. Mas cuando os entreguen, no os preocupéis por cómo o qué hablaréis; porque en aquella hora os serás dado lo que habéis de hablar. Porque no sois vosotros los que habláis, sino el Espíritu de vuestro Padre que habla en vosotros* (Mt. 10:17–20).

Pedro, Juan, Pablo y otros experimentaron la bendición de esta promesa. Si cuando yo era joven se me hubiera dicho que cuando fuera un adulto joven, creciendo en el sur del estado de Kansas, que un día llegaría a compartir el evangelio a presidentes y líderes. ¡Yo habría huido! El primer jefe de estado que conocí fue Anastasio Somoza, dictador de Nicaragua.

Un hermano argentino y yo fuimos acompañados por un pastor no muy educado que habita en la zona de la jungla en la costa oriental de Nicaragua. Mientras éramos llevados ante la presencia de Somoza, el argentino y yo intercambiamos impresiones con él. Estábamos buscando el momento en el cual iniciar nuestra presentación del evangelio. Pero el pastor de la jungla no vio la necesidad de esperar. Con la sencillez y seguridad nacidas de una vida totalmente libre sin los obstáculos creados por las realidades de política del mundo, inició de inmediato un testimonio hermoso y con poder. Todos tuvimos oportunidad de hablar de las glorias de nuestro Dios. El presidente no tomó decisión ese día, pero aprendí una lección valiosa de nuestro hermano sencillo. Como creyentes en Cristo, no tenemos por qué sentirnos intimidados por nadie.

Existe otra aplicación para esta promesa. El creyente nunca debe olvidar que se encuentra en medio de una intensa guerra espiritual. Pablo habló de «principados», «potestades» y de «gobernadores de las tinieblas» (Ef. 6:12). Estos gobernadores de las tinieblas aun son llamados «príncipes» en Daniel 10. El ángel describe el conflicto celeste que ha tenido que enfrentar para poder llegar hasta Daniel con la respuesta a su oración (Dn. 10:13, 20). Aun a este nivel, usted puede hallar seguridad al meditar en la Palabra de Dios.

Es cierto. En toda situación usted puede apoyarse en la Palabra de Dios. Puede hacerlo encarando a los soberbios, encarando a prejuicios, encarando a príncipes y encarando cualquier problema.

Encarando los problemas

Esta es una aplicación final y muy práctica del apoyarse en la Palabra de Dios. En caso que el salmista no haya mencionado alguna situación particular que exista en su vida, esta aplicación cubre cualquier problema que usted tenga que encarar. «*Pues tus testimonios son mis delicias y mis consejeros*» (Sal. 119:24).

Si la Palabra de Dios es su delicia, usted aprenderá que también es una colección de sesenta y seis consejeros. No importa cuál sea su problema, la respuesta al mismo puede hallarse en las páginas de la Palabra de Dios.

Debido a que el fuego se ha extinguido en los púlpitos de nuestro país, el pueblo de Dios ahora acude a hombres y mujeres que se denominan a sí mismos «consejeros». El joven sincero que desea tocar vidas para Dios ya no quiere ser un predicador de la palabra. Ahora quiere ser un consejero cristiano. Aquel llamado que una vez estuvo destinado a ser el más alto de todos los llamado en la tierra —el pastor— ha quedado relegado al de un personaje que entretiene a los santos los domingos por la mañana. Para ayudar a la gente en el nivel en el que viven, hoy en día hay que ser un «consejero».

Si el hombre de Dios verdaderamente se deleitara en las Escrituras y las reclamara para sí como sus consejeros, hablaría con voz de trueno desde el púlpito proclamando un poderoso «Así ha dicho el Señor». La gente sería movida a alinear sus vidas conforme a la verdad de Dios. Los matrimonios se solidificarían en la medida en que las parejas empezaran a comprender el propósito del matrimonio. Los suicidios se evitarían si el pueblo de Dios hallara propósito y significado en los Escritos Sagrados. La depresión se desvanecería como el rocío matinal cuando el Sol de justicia despunta por el horizonte del Libro Sagrado de Dios, radiante en su fulgor y con salud en sus alas.

Estoy hastiado de oír todo eso de las «presiones» que sufrimos hoy en día. Por supuesto que hay presiones. Pero el consejo de la Palabra de Dios no cambia. El bálsamo medicinal de sus páginas alivia los dolores de cualquier época. No existe problema que pueda ocurrir en su vida que Dios no haya contemplado de antemano.

En 1740, los moravos iniciaron su obra entre los indígenas de América. Diez misioneros murieron durante el primer año, pero siempre hubo otros que tomaran su lugar. La misión de Basilea inició su obra en África en 1828. En sus primeros doce años en Cristianburgo ocho de sus nueve hombres cayeron víctima de la fiebre. Entre 1804 y 1824 en Sierra León, la Sociedad Misionera Cristiana perdió cincuenta y tres hombres y mujeres. En los quince años que siguieron a 1835, los metodistas enviaron setenta y ocho parejas a Gambia, Sierra León y a la Costa de Oro. Treinta de ellos murieron durante el primer año. Adoniram Judson tuvo que sepultar a dos esposas y varios hijos en tierra de Burma y trabajó por varios años antes de ver a su primer convertido.

¿A dónde acude usted? ¿Corre a un consejero, o se acerca a la santidad de la bendita Palabra de Dios? Sus acciones revelan la realidad de su actitud hacia la Palabra de Dios.

¿No es maravilloso estar con vida? ¿No desea sacarle el máximo provecho a la vida? Sólo hay un camino. El camino consiste en sacarle todo lo que Dios tiene para usted en su Palabra. Es un compromiso mucho más serio que el tener un devocional de quince minutos cada mañana. El compromiso consiste en aprender la Palabra de Dios hasta la profundidad plena de sus riquezas. Para hacerlo, es necesario que permita que Dios lo cambie a *usted*.

Necesita ser un siervo, un vidente y un forastero. Requiere que usted reordene sus prioridades.

Tal compromiso se hace posible únicamente si dentro de usted arde un fuego. ¿Puede decir con Jeremías que «*su palabra era como un fuego ardiente metido en mis huesos*»? (Jer. 20:9*b*). ¿Está quebrantada su alma de desear los juicios de Dios? Tal actitud afectará su misma alma, su forma de pensar, su forma de actuar. Es una actitud que se reflejará en sus acciones. Todos podrán ver la realidad de su compromiso hacia la Palabra, o de la falta del mismo.

Tal vez usted ha llegado a este punto. Sinceramente desea sacarle hasta la última gota de la bondad de Dios que ofrece su Palabra. Ahora, es necesario que dé un paso de fe. Necesita establecer el compromiso de apoyarse en su Palabra ante toda circunstancia de la vida. Al encarar los soberbios y el prejuicio, al encarar los príncipes y los problemas, su primera reacción es apoyarse en la Palabra de Dios.

¿Cuál es el reto más grande de su vida hoy? ¿Sabe lo que dice la Palabra de Dios al respecto? ¿Está usted dispuesto a apoyarse en la Palabra de Dios y obedecer a Dios, sin que nada más importe?

4

CONSUMIDO, CARGADO Y EDIFICADO

Abatida hasta el polvo está mi alma; vivifícame según tu palabra. Te he manifestado mis caminos, y me has respondido; enséñame tus estatutos. Hazme entender el camino de tus mandamientos, para que medite en tus maravillas. Se deshace mi alma de ansiedad; susténtame según tu palabra. Aparta de mí el camino de la mentira, y en tu misericordia concédeme tu ley. Escogí el camino de la verdad; he puesto tus juicios delante de mí. Me he apegado a tus testimonios; oh Jehová, no me avergüences. Por el camino de tus mandamientos correré, cuando ensanches mi corazón.

Salmo 119:25–32

El campeón coloca dos golpes agudos al tórax y luego absorbe un débil contragolpe del retador. Sintiendo el cansancio de su oponente, el campeón se pone en posición para finalizar la contienda. Buscando en su interior esa reserva oculta de fuerza que los campeones poseen, el campeón desencadena una serie furiosa de golpes. El cuerpo del retador se estremece con cada puñetazo. El campeón continúa con un gancho de derecha que atina directamente en la mandíbula de su oponente.

No existe energía alguna en el joven retador que pueda vencer la fuerza de gravedad que lo lleva directamente a la lona. El árbitro se acerca sobre él de inmediato. No ha perdido el conocimiento, y está desesperado por levantarse una vez más. El campeonato está en juego, junto con todo por lo que ha luchado durante años de adiestramiento e innumerables peleas contra oponentes de poca fama. La cuenta del árbitro parece durar por una eternidad. ¡Si tan sólo pudiera levantarse una vez más! «5 ... 6 ... 7». Él sabe que tiene que levantarse. ¡Si tan sólo su cuerpo respondiera! No importa cuánto arda el deseo en su interior, su mayor deseo no es suficiente para hacer que su cuerpo se levante de la lona. «8 ... 9 ... 10».

Es posible que usted nunca haya tomado parte de una pelea de campeonato física, pero seguramente habrá experimentado el mismo sentimiento en forma espiritual. Ha sido abatido y no puede levantarse. A veces olvidamos que enfrentamos a un enemigo formidable. Él ha eliminado a contrincantes mucho más fuertes que usted.

Considere cómo el salmista inicia esta cuarta estrofa. «*Abatida hasta el polvo está mi alma; vivifícame según tu palabra*» (Sal. 119:25). ¡David sabe lo que se siente! Considere el versículo 28. «*Se deshace mi alma de ansiedad; susténtame según tu palabra*»

La mayoría de nosotros no tendríamos problema en identificarnos con ambas condiciones. ¿Qué hacer cuando uno está derribado y bajo cuenta, o luchando bajo una carga pesada? Si pusiéramos las palabras de David en un contexto más contemporáneo, estos versículos describen a alguien que se encuentra consumido y cargado. Nuestra meta en esta sección es aprender cómo Dios usa estas dos condiciones desesperadas para edificarnos.

CONSUMIDO (vv. 25-27)

No pierda de vista el contexto. Este es el salmo que nos lleva al corazón mismo de Dios. Hemos seguido el progreso del salmista. En la primera estrofa, observamos cómo los bienaventurados o felices son los que han alineado sus vidas con la Palabra de Dios. Por lo tanto, David se comprometió a aprender la Palabra y a obedecer la Palabra. Después de tomar su decisión, vimos su horror al tomar mayor conciencia del pecado en su vida. Este era el tema de la segunda estrofa: «¿*Con qué limpiará el joven su camino?*» (Sal. 119:9*a*). David continuó con una serie de ejercicios para el corazón.

En la tercera estrofa, vimos tres actitudes necesarias para obtener la plenitud de la vida y de la Biblia. Y ahora, esto. Aquí tenemos un patrón. En la primera estrofa, se hizo una decisión. Esa decisión fue desafiada en la segunda estrofa, por la realidad del pecado. En la tercera estrofa se estableció un curso. Ahora, el mismo recibe un desafío por la realidad de la debilidad humana. Cada vez que usted toma una decisión genuina a favor de Dios, esa decisión recibirá un desafío por el mundo, por la carne y por el diablo. Esta es la situación de David, y la nuestra.

Abatido hasta el polvo

«*Abatida hasta el polvo está mi alma*» (Sal. 119:25*a*). David está derribado y bajo la cuenta. Está abatido hasta el polvo. Necesita levantarse, pero no puede hallar las fuerzas en su interior para hacerlo. El hombre proviene del polvo. «*Entonces Jehová Dios formó al hombre del polvo de la tierra, y sopló en su nariz aliento de vida, y fue el hombre un ser viviente*» (Gn. 2:7).

En lenguaje religioso se podría decir que David está en necesidad de un avivamiento. Está abatido hasta el polvo, hasta los mismos elementos de los cuales fue formado. El cuadro es poderoso. A todos nos gustaría remontar vuelo como las águilas, si no fuera por esa vieja naturaleza pecaminosa que siempre nos tira hacia el suelo. A veces tira de nosotros por tanto tiempo y con tanta fuerza que sencillamente nos deja allí, abatidos hasta el polvo, sin poder levantarnos.

Estamos de vuelta en Romanos 7, pasaje que examinamos en el primer capítulo de este libro. Pablo sabía mental y espiritualmente lo que tenía que hacer. Sin embargo, no importa cuán duro lo intentara, halló que su naturaleza pecaminosa siempre interfería. Parecía que siempre terminaba haciendo lo que no quería hacer. Esta fue una fase de crecimiento en la vida de Pablo. Tuvo que aprender cómo andar en el Espíritu, para siempre poder disfrutar la victoria. La única manera en que Pablo podía contrarrestar la fuerza gravitacional de la carne era el andar en el Espíritu.

David tiene la misma posición. Él genuinamente desea conocer y obedecer la Palabra de Dios. Sin embargo, halla que su alma está abatida hasta el polvo. Sencillamente no tiene la fuerza suficiente para hacer lo que anhela. Necesita ser avivado.

Clamando por avivamiento

David sabe qué hacer en esta situación. Él se ha encontrado en situaciones semejantes antes. ¿Acaso nos debería sorprender esto? Algunas personas piensan que los grandes líderes espirituales son aquellos que han vencido *todos* sus problemas. Esto no es cierto. Los grandes líderes espirituales son aquellos que saben cómo buscar a Dios *en medio* de sus problemas. Proverbios 24:16*a* dice: «*Porque siete veces cae el justo, y vuelve a levantarse*». Sí, David sabe qué hacer. Él clama: «¡*Vivifícame*!» (Sal. 119:25).

«Vivifícame» es la palabra que David usa para decir «¡Avívame! ¡Dame vida!» Cuando uno se recorta una uña del dedo hasta la carne viva duele, porque ha llegado al punto en que hay carne viva. Hay vida.

David está caído y lucha por levantarse. Necesita ser rejuvenecido. ¿Cómo puede ser «vivificado»? ¿Recuerda lo que vimos en Génesis 2:7? Dios formó al hombre «*del polvo de la tierra*». ¿Qué fue lo que hizo que el hombre fuera un ser único, lo que lo convirtió en un alma viviente? Dios «*sopló en su nariz aliento de vida, y fue el hombre un ser viviente*». En este versículo sencillo vemos las tres partes de la naturaleza del hombre que lo hacen un ser creado a la imagen de Dios. Dios es una trinidad, y el hombre también lo es. El hombre tiene cuerpo (polvo), alma y espíritu (aliento de Dios). Es el espíritu del hombre lo que le otorga la capacidad de tener vida espiritual. El espíritu interior del hombre proviene del aliento de Dios.

¿Alguna vez ha recibido un golpe que le haya «sacado el aire»? En sentido espiritual esto es lo que le ha ocurrido al salmista. Espiritualmente, le han «sacado el aire». ¿Se identifica con esto? Usted acaba de establecer un gran compromiso de aprender y obedecer la Palabra de Dios. Entonces, repentinamente recibe un contundente golpe al vientre y se encuentra abatido hasta el polvo, incapaz de recuperar el aliento.

Al hacer la aplicación al creyente neotestamentario, la ilustración deja de funcionar (al igual que todas las ilustraciones eventualmente lo hacen). En un sentido literal, no es posible que alguien nos saque el Espíritu Santo de nuestro interior. Sin embargo, es interesante que Pablo utilizara la frase «*sed llenos del Espíritu*» en Efesios 5:18. Él no está queriendo decir que el Espíritu Santo es como un combustible espiritual con el cual debemos llenarnos. Si somos salvos, el Espíritu de Dios mora en nosotros (Ro. 8:9). El ser llenos del Espíritu es cederle al Espíritu el control de toda área de nuestras vidas. Cuando nuestros enemigos mortales, el mundo, la carne y el diablo (Ef. 2:1–3), nos conectan un golpe fuerte en nuestras mandíbulas espirituales, pueden interrumpir nuestra comunión con Dios. El resultado espiritual es como el que alguien nos «saque el aire» físicamente.

¿Está su alma abatida hasta el polvo? ¿Necesita usted avivamiento en su vida? ¿Está cansado de estar caído? ¿Está usted consumido? ¿Cómo puede llegar a ser «vivificado»? David no sólo reconoce su necesidad, sino que también sabe cómo puede ser vivificado.

Reclamando la Palabra

«*Abatida hasta el polvo está mi alma; vivifícame según tu palabra*» (Sal. 119:25). La última frase de este versículo es la clave del avivamiento. Si hemos de hallar avivamiento para nuestras almas, será según la Palabra de Dios. No se engañe pensando que usted descubrirá la vida que anhela con meramente leer o estudiar la Biblia de modo mecánico. Esto contradiría todo lo que hemos visto hasta ahora en el Salmo 119.

Lo que hace la diferencia no es el *acto* de leer la Biblia, sino la *actitud* de su corazón cuando usted lee la Biblia.

Pablo afirma con claridad a los corintios que la letra de la ley carece de poder. «*El cual asimismo nos hizo ministros competentes de un nuevo pacto, no de la letra, sino del espíritu; porque la letra mata, mas el espíritu vivifica*» (2 Co. 3:6).

El Espíritu da vida. Pero el Espíritu tiene un instrumento viviente que usa para impartir esa vida: la Palabra de Dios. Su instrumento es una espada de dos filos. «*Porque la Palabra de Dios es viva y eficaz, y más cortante que toda espada de dos filos; y penetra hasta partir el alma y el espíritu, las coyunturas y los tuétanos, y discierne los pensamientos y las intenciones del corazón*» (He. 4:12).

Considere las palabras de Jesús halladas en Juan 6:63. El contexto es el mismo: la vida. «*El espíritu es el que da vida; la carne para nada aprovecha; las palabras que yo os he hablado son espíritu y son vida*».

La respuesta a nuestra necesidad es una renovación de la vida que el Espíritu da. Esta renovación proviene de cederle al Espíritu el control absoluto de nuestras vidas. Llegamos a este punto conforme el Espíritu nos ministre a través de la Biblia. Este avivamiento es «según» la Palabra de Dios. No es posible separar una cosa de la otra. Algunos sólo hablan del Espíritu, pero conocen muy poco de la Biblia. Otros dedican horas a estudiar las Escrituras, mas nunca permiten al Espíritu de Dios que tenga el control completo de sus vidas. El Espíritu imparte vida a nuestro espíritu en la medida que apliquemos el Libro viviente a un corazón rendido a su control.

¿Cómo se puede llegar al punto en el cual el Espíritu de Dios pueda aplicar de una manera práctica el Libro viviente a un corazón consumido? El versículo 26 del Salmo 119 empieza mostrándonos un ejemplo de cómo David resolvió su problema.

Confesando sus propios caminos

«Te he manifestado mis caminos, y me has respondido» (Sal. 119:26).

El salmista no está hablando de manifesar los caminos de Dios. Está hablando de sus propios caminos. Hasta ahora en el Salmo 119 hemos visto al salmista añorando los caminos de Dios. Ahora ha llegado a la misma conclusión a la cual llegó en el versículo 5: él sabe que sus caminos por naturaleza no se dirigen a seguir los caminos de Dios. En el versículo 9 reconoció su necesidad de limpiar su camino. ¿Qué hizo entonces? Manifestó sus caminos ante Dios. Los reconoció. Otra forma de decirlo es decir que «confesó» sus caminos a Dios. *«Si confesamos nuestros pecados, él es fiel y justo para perdonar nuestros pecados, y limpiarnos de toda maldad»* (1 Jn. 1:9).

A nadie le gusta admitir sus equivocaciones. Sin embargo, ése es el punto de partida para recuperarse del estar consumido. Todos queremos la ayuda de Dios. Pocos queremos confesar que no podemos lograrlo por nosotros mismos. Nuestros caminos resultan en confusión, pecado, frustración, debilidad, temor, etc. Pero los caminos de Dios no son como nuestros caminos (Is. 55:8).

David dijo que manifestó sus caminos a Dios y que Dios le respondió. ¡Por supuesto que lo hizo! El confesar nuestros propios caminos a Dios es seguir sus caminos. Nuevamente, hallamos estas palabras en 1 Juan 5:14, 15: *«Y esta es la confianza que tenemos en él, que si pedimos alguna cosa conforme a su voluntad, él nos oye. Y si sabemos que él nos oye en cualquiera cosa que pidamos, sabemos que tenemos las peticiones que le hayamos hecho.»*

¿Sigue usted hallando un pozo vacío cuando se acerca a la Biblia? Quizás el problema radica en su corazón. El problema ciertamente no radica en la Palabra de Dios. Confiese sus pecados a Dios, presentando su corazón delante de Él, para que pueda limpiarle con el lavamiento del agua por la Palabra (Ef. 5:26). Sencillamente reconozca que lo que usted está haciendo no funciona, porque no es según su Palabra. Si usted lo hace, puede estar seguro que Él le oye y le concede los deseos de su corazón. Pero ¿cuál debe ser el deseo de su corazón, si usted se ha cedido al control del Espíritu de Dios? Nuevamente, seguimos la progresión de David, mientras él busca cómo levantarse del polvo.

Deseando conocimiento y entendimiento

«Te he manifestado mis caminos, y me has respondido; enséñame tus estatutos. Hazme entender el camino de tus mandamientos, para que medite en tus maravillas» (Sal. 119:26, 27).

David le pide a Dios que le enseñe sus estatutos. Él quiere conocimiento. El verdadero conocimiento de la Biblia sólo puede provenir de su Autor. Parece un concepto tan sencillo, y sin embargo muchos nunca se dan cuenta que sólo Dios puede enseñarnos la Biblia.

La Biblia es un libro viviente, y sólo el Espíritu viviente del Dios viviente puede hacer que produzca vida en nosotros. En cuanto a este tema se debería leer todo el capítulo 2 de 1 Corintios, pero considere los versículos 12–14:

Y nosotros no hemos recibido el espíritu del mundo, sino el Espíritu que proviene de Dios, para que sepamos lo que Dios nos ha concedido, lo cual también hablamos, no con palabras enseñadas por sabiduría humana, sino con las que enseña el Espíritu, acomodando lo espiritual a lo espiritual. Pero el hombre natural no percibe las cosas que son del Espíritu de Dios, porque para él son locura, y no las puede entender, porque se han de discernir espiritualmente.

Un cuerpo muerto puede someterse a disección, análisis y estudio. Un organismo viviente también puede estudiarse detalladamente, pero nunca puede conocerse completamente en el sentido que es imposible aislar el secreto de la vida ni ponerlo bajo un microscopio. La Biblia es un libro viviente. Cualquiera puede contar el número de sus palabras, debatir su significado y analizar su estructura gramática. Pero nadie la puede comprender al intentar colocarla bajo el microscopio de la ciencia, la educación o la religión. Sólo el Dios viviente puede revelar la verdad de la vida.

En esta estrofa vemos a David deseando tener el conocimiento de la Palabra de Dios y reconociendo que sólo Dios puede enseñárselo. Pero David desea algo más: quiere entendimiento. *«Hazme entender el camino de tus mandamientos»* (Sal. 119:27).

Hay tres cosas que siempre aparecen juntas en la Palabra de Dios: la sabiduría, el conocimiento y el entendimiento o inteligencia. El conocimiento tiene que ver con la información, datos, hechos. Sin embargo, como ya hemos visto, el conocimiento por sí solo carece de poder. El verdadero conocimiento bíblico no puede asimilarse apropiadamente a menos que haya una actitud receptiva en el corazón. Es por ello que Salomón dice en Proverbios 1:7 que *«el principio de la sabiduría es el temor de Jehová»*. Santiago 1:5 nos dice que la sabiduría es un don de Dios. Es esa misma actitud de corazón sumiso y reverente la que permite que Dios nos imparta su sabiduría.

Job 28:28 dice: *«...He aquí que el temor del Señor es la sabiduría, y el apartarse del mal, la inteligencia»*. Luego la inteligencia tiene que ver con la obediencia. Dios le dará a un corazón sumiso la sabiduría para asimilar la Palabra de Dios. Sin embargo, todo esto es en vano si no estamos dispuestos a obedecerle y apartarnos del mal para seguir sus caminos.

Esto es lo que David desea y debiera ser también lo que usted desea. Cuando el alma está abatida hasta el polvo, es difícil dar testimonio de Dios. David sabe que una vez que sea vivificado, una vez que tenga el conocimiento y el entendimiento que desea, entonces se dedicará a meditar *«en tus maravillas»* (Sal. 119:27). Es por esto que muchas personas nunca tienen poder para testificar. Pueden tener conocimiento de la Palabra de Dios, pero carecen de entendimiento. No están dispuestos a vivir según lo que predican.

¿Ha experimentado el estar consumido? ¿Está su alma abatida hasta el polvo? Lo que usted necesita es un avivamiento personal. Necesita ser lleno del Espíritu, y dejar que Él le enseñe conocimiento y entendimiento según la Palabra de Dios. Entonces, podrá hablar con el poder de las obras maravillosas de Dios. Cuando su alma está abatida hasta el polvo, es hora de clamar por avivamiento, de reclamar el poder de la Palabra de Dios, confesar sus caminos a Dios y desear conocimiento y entendimiento.

CARGADO (vv. 28–31)

David ha experimentado otra condición similar al estar consumido. Está hundiéndose bajo una pesada carga. Tal vez es imposible separar estas dos condiciones, pero intentaré explicar cómo me es posible distinguirlas entre sí. El estar consumido es estar abatido hasta el polvo, incapaz de moverse o levantarse. El estar consumido puede ser resultado de intentar hacer demasiado en el poder de la carne. Puede resultar de la avalancha de ataques del mundo, la carne y el diablo.

El estar cargado es sufrir ansiedad ante la pesada carga de la vida y el ministerio. David lo describió de manera gráfica: «*Se deshace mi alma de ansiedad*» (Sal. 119:28a). ¡La carga de David era tan pesada que su alma se estaba deshaciendo!

No importa cómo definamos las dos condiciones que David describe, un alma abatida hasta el polvo y un alma que se deshace en ansiedad bajo una carga pesada, siempre habrá cierto grado de elementos comunes entre ellas. Para nuestros fines, considere que el estar consumido es resultado de la carnalidad, la mundanalidad o de los ataques demoníacos: es tener el alma abatida hasta el polvo. El estar cargado resulta de la carga que se nos pide llevar, una carga tan pesada que hace que nuestras almas se deshagan de ansiedad.

Agotado por la carga

¿Alguna vez le ha parecido que la carga que se le ha pedido llevar es tan pesada que no puede con ella? Si ese es su caso, tiene buena compañía. Cuando David dice en el Salmo 119:28a: «*Se deshace mi alma de ansiedad*», nos pinta un cuadro de las emociones de su descendiente futuro, el Señor Jesucristo. El Salmo 22 es un hermoso salmo mesiánico que nos permite atisbar el interior de la mente de Cristo cuando estaba colgado de la cruz. El Salmo 22:14 dice: «*He sido derramado como aguas, y todos mis huesos se descoyuntaron; mi corazón fue como cera, derritiéndose en medio de mis entrañas*».

¡El verbo «derretir» es una palabra tan poderosamente descriptiva! Implica un cambio trascendental en los elementos, de estado sólido a estado líquido. El corazón de Cristo se derritió en su interior cuando estuvo en la cruz. El Salmo 68:2 profetiza «*...como se derrite la cera delante del fuego, así perecerán los impíos delante de Dios*». Pedro vio el futuro y la conclusión del «día del Señor», en el cual, dijo, los elementos mismos de la tierra se desharían. Él usó esta expresión dos veces en 2 Pedro 3:10 y 12.

David está atrapado entre dos mundos, y la carga es abrumadora. Él anhela por Dios en su corazón, pero necesita enfrentar la dura realidad de la vida. Está tan cargado que ha llegado al punto de deshacerse su alma.

Anteriormente hicimos la observación que en la práctica las dos condiciones que David describe en el Salmo 119:25 y 28 tienen mucho en común. En Josué 7 vemos ambas condiciones en el mismo contexto. El contexto tiene que ver con la terrible derrota que Israel sufrió en Hai. En Josué 7:5 vemos la reacción del pueblo a esta derrota. «*Y los de Hai mataron de ellos a unos treinta y seis hombres, y los siguieron desde la puerta hasta Sebarim, y los derrotaron en la bajada; por lo cual el corazón del pueblo desfalleció y vino a ser como agua*».

En el versículo siguiente, Josué y los ancianos de Israel se hallan «abatidos hasta el polvo». «*Entonces Josué rompió sus vestidos, y se postró en tierra sobre su rostro delante del arca de Jehová hasta caer la tarde, él y los ancianos de Israel; y echaron polvo sobre sus cabezas*». Que le fue difícil levantarse del polvo nos es evidente por la respuesta que Dios le da a su clamor por ayuda en Josué 7:10. «*Y Jehová dijo a Josué: Levántate; ¿por qué te postras así sobre tu rostro?*»

¿Cuántas veces nos hemos hallado en esta misma situación? Hay veces que la carga es tan pesada que parece imposible seguir adelante. ¿Qué hemos de hacer?

Sustentado por la Palabra

Nuevamente, David sabe lo que necesita hacer para corregir la condición deshecha de su alma. Él ora:

«*Susténtame según tu palabra*» (Sal. 119:28*b*).

Aquí se repite lo que dice en el versículo 25: «*según tu palabra*». ¿Cómo es posible sustentar el alma? Es *según* la Palabra de Dios. Ya sea que usted necesite un avivamiento o que su alma necesite sustento, hallará la respuesta en la Palabra de Dios.

En abril de 1986 ocurrió un accidente nuclear desastroso en Chernobyl, muy cerca de la gran zona metropolitana de Kiev. Una combinación de factores llevó a este desastre, incluyendo un reactor de diseño imperfecto, problemas de control y la falta de observación de los procedimientos de seguridad. Todo empezó como una prueba para ver por cuánto tiempo se podían usar las turbinas a vapor para alimentar la energía a los sistemas de seguridad para emergencias en caso que el reactor se apagara repentinamente.

No pretendo comprender cómo funciona un reactor nuclear, pero me han explicado que el calor intenso generado por una reacción nuclear necesita ser controlado con sistemas de enfriamiento complicados. Éstos son respaldados por sistemas de enfriamiento de emergencia. El agua es un componente principal de estos sistemas de enfriamiento, como lo era en Chernobyl. En este lugar, los ingenieros apagaron el sistema de enfriamiento de emergencia del núcleo como preparativo para la prueba. Ignorando las advertencias y los procedimientos establecidos, un error condujo a otro, hasta que unas cuántas horas después se produjo una emergencia verdadera. Las partículas de combustible supercalentado entraron en contacto directo con el agua refrigerante y produjeron un destello de vapor. Cuando los ingenieros intentaron traer la situación bajo control, el calor en el núcleo era tan intenso que las varillas de control no entraban por completo. A la 1:24 a.m. se produjeron dos explosiones que despidieron el techo de tanto el reactor como el edificio y causaron que la grúa de servicio cayera sobre el reactor.

Este evento, precedido por un accidente similar en los Estados Unidos, en la planta de Three Mile Island, trajeron la frase «fusión nuclear» al vocabulario popular.

Lo que la Biblia denomina el «corazón» es el centro de la energía y potencia del hombre. La Biblia no se refiere al músculo que reside en el pecho y que bombea la sangre. Se refiere al centro de las emociones, la voluntad, o la mente.

Las cargas colocadas sobre el corazón son grandes, pero Dios ha diseñado un sistema de enfriamiento complejo. Ya lo hemos mencionado antes, cuando nos referimos a Efesios 5:26, hablando de cómo somos purificados en el *«lavamiento del agua por la palabra»*. Cuando usted no lee y obedece la Palabra de Dios, su sistema de enfriamiento se desconecta. Si no lo vuelve a conectar pronto, usted llega a experimentar una «fusión espiritual», en la cual su corazón se deshace.

El alma o «corazón» debilitado de David necesitaba sustento. En el Nuevo Testamento, Pablo instruyó a los efesios a renovar sus mentes. *«Y renovaos en el espíritu de vuestra mente»* (Ef. 4:23). Él mencionó esta renovación de la mente del creyente (también llamada su «corazón» o su «alma») en el contexto de despojarse del viejo hombre y de vestirse del nuevo hombre. Tal cambio requiere un alma sustentada. En Romanos 12:2, con el mismo contexto de exhortación a los romanos a presentar sus cuerpos en sacrificio vivo, Pablo dirige su atención hacia la mente. *«No os conforméis a este siglo, sino transformaos por medio de la renovación de vuestro entendimiento, para que comprobéis cuál sea la buena voluntad de Dios, agradable y perfecta.»* Nuevamente, el contexto nos exige una separación de las actitudes de este mundo. Curiosamente, David ahora enfoca su atención allí.

Firme en el camino de la verdad

«Aparta de mí el camino de la mentira, y en tu misericordia concédeme tu ley. Escogí el camino de la verdad; he puesto tus juicios delante de mí» (Sal. 119:29, 30).

Aquí se contrastan dos caminos: el camino de la mentira y el camino de la verdad. David reconoce que al elegir invertir su vida en la Palabra de Dios, le será necesario efectuar algunos cambios.

El camino de este mundo es el camino de la mentira. David no quiere dar a entender que él es un mentiroso. Él pide a Dios que lo aparte de este camino. No quiere tener nada que ver con el camino de este mundo. Todo lo que el mundo promete es una mentira. Es un oro falso que pronto cambia de color. Las drogas, el licor y el sexo ilícito prometen diversión y satisfacción, pero lo dejan vacío, insatisfecho. Aun las cosas refinadas de este mundo, la educación, la ciencia y la religión, prometen dar una respuesta. Pero ninguna de estas cosas cumple su promesa. Todas son mentira. David busca la salida.

David ora: *«En tu misericordia concédeme tu ley»*. La oración de David se cumple en nosotros. El descendiente de David, el Señor Jesucristo, no vino para abrogar la ley sino para cumplirla (Mt. 5:17). Cristo no ha eliminado la ley, pero por su *gracia*, ha hecho posible que la ley se cumpla en nosotros, por gracia.

No nos sorprende que David diga: «*Escogí el camino de la verdad; he puesto tus juicios delante de mí*» (Sal. 119:30). Sólo hay dos caminos. Uno es un camino de mentira. El otro es el camino de la verdad. Esta verdad se halla exclusivamente en la Palabra de Dios (Jn. 17:17). ¿Qué camino escogerá usted? David nos dice con claridad el que decide escoger.

David quiere seguir el camino de la verdad. Ha puesto los juicios de Dios delante suyo. ¿Ha hecho usted eso alguna vez? ¿Alguna vez ha considerado las tentaciones de este mundo y luego ha visto los juicios específicos que la Biblia pronuncia en cuanto a esas tentaciones? Cuando usted los pone delante suyo, tomando en consideración las consecuencias, también debería tener suficiente sentido común para elegir el camino de la verdad, y quedarse en él.

Apegado a sus testimonios

David dice: «*Me he apegado a tus testimonios*» (Sal. 119:31*a*). En el Salmo 119:25, estaba apegado al polvo. Ahora, ¡está apegado a sus testimonios! ¿A qué se apega usted? ¿Está apegado al polvo? ¿Qué fue lo que Dios dijo a Josué cuando éste se encontraba pegado al polvo? ¡Le dijo que se levantara! Usted se levanta de la misma manera que él lo hizo, y de la misma manera que David se levantó: según la Palabra de Dios. Y una vez que se levante, ¡apéguese a la palabra!

Cuando usted se apega a la Palabra de Dios, ésta se apega a usted. En 2 Samuel 23:10 hallamos el testimonio de Eleazar. El fue un gran guerrero, uno de los valientes de David. Una vez luchó contra los filisteos «*hasta que su mano se cansó, y quedó pegada su mano a la espada. Aquel día Jehová dio una gran victoria, y se volvió el pueblo en pos de él tan sólo para recoger el botín.*» Su mano quedó pegada a la Palabra.

Lo que Eleazar hizo con una espada física, nosotros necesitamos hacerlo con la espada sobrenatural de dos filos que se llama la Biblia. Necesitamos empuñarla hasta más no poder. Entonces, hallaremos para sorpresa nuestra ¡que la espada se nos ha quedado pegada!

Cuando usted se encuentre agotado bajo una carga pesada, usted necesita ser sustentado según la Palabra de Dios. Ponga los juicios de Dios delante suyo y esté firme en el camino de la verdad. Apéguese a sus testimonios y sus testimonios se apegarán a usted. Al hacer esto, usted no será avergonzado en su venida.

Seguro en su venida

«*Me he apegado a tus testimonios; oh Jehová, no me avergüences*» (Sal. 119:31).

David no quiere ser avergonzado. ¿Y quién quiere serlo? Sin embargo, la Biblia enseña que algunos serán avergonzados en su venida. Esta era la motivación tras la advertencia que leemos en 1 Juan 2:28. «*Y ahora, hijitos, permaneced en él, para que cuando se manifieste, tengamos confianza, para que en su venida no nos alejemos de él avergonzados*».

¿Está listo para presentarse frente al Señor Jesucristo y rendir cuentas por su vida? ¿Cuál sería el análisis final de su mayordomía? La seguridad de David provenía de permanecer apegado a la Palabra de Dios. La suya también vendrá de allí. «*Procura con diligencia presentarte a Dios aprobado, como obrero que no tiene de qué avergonzarse, que usa bien la palabra de verdad*» (2 Ti. 2:15).

Consumido y cargado. Nadie disfruta esas épocas que parecen llegarnos a todos. Y sin embargo Dios permite que nos lleguen esas épocas para edificarnos y fortalecernos. El último versículo de esta estrofa es el clímax, mostrándonos el propósito que Dios tiene al dejar que pasemos por esos tiempos difíciles.

EDIFICADO (v. 32)

«*Por el camino de tus mandamientos correré, cuando ensanches mi corazón*» (Sal. 119:32). Con estas palabras, David concluye esta estrofa, y al hacerlo, nos da la respuesta a dos preguntas vitales que todos debemos formularnos.

Qué hacer cuando no puede andar más

Hasta ahora, hemos estado hablando sobre el andar espiritual. Hemos visto la necesidad de andar en el camino de Dios, andar en su Palabra, andar en su Espíritu, andar en sus mandamientos, etc. En el Salmo 119:32, David cambia el verbo. Dice que va a *correr* por el camino de los mandamientos de Dios. Al haber aprendido la importancia del andar espiritual, y al haber andado por éste hasta que pareciera que no podría andar más, David ahora quiere *correr*.

Esta es una filosofía totalmente opuesta a la filosofía del mundo. El mundo nos enseña que cuando no podemos andar más, hemos de *darnos por vencidos*. La Biblia enseña que cuando uno está tan agotado y cargado que no es posible dar un paso más, hemos de prepararnos a *correr*.

Un grupo de hombres en nuestra iglesia se reúne tres veces por semana a las 5:30 a.m. para hacer ejercicios. Un par de veces al año planifican un reto ambicioso que han llamado «Euroclidón», según el nombre del viento fuerte y tormentoso mencionado en Hechos 27:14. La primera vez que nos embarcamos en esta aventura, la idea era recorrer 30 kilómetros a paso forzado. Nos dividimos en dos equipos, en los cuales cada miembro se turnaría para cargar mochilas de 11, 18 y 27 kilogramos. El objetivo de la competencia era ver cuál de los dos equipos podría cursar la ruta de 30 kilómetros en menos tiempo.

Los líderes de los grupos nos advirtieron enfáticamente que necesitábamos dar soporte a nuestros tobillos con botas de buena calidad. Yo no tenía botas buenas, pero un amigo mío que era militar me prestó un par. Eran buenas botas y estaban ya quebradas. Había un ligero problema: eran un par de tallas muy grandes. «No hay problema,» pensé, porque de todas maneras iba a usar dos pares de calcetines gruesos. ¡Qué error! Después de haber avanzado menos de cinco kilómetros, las plantas de mis pies ya estaban empezando a echar ampollas. Me senté para examinar los daños. La cosa se veía mal. ¿Cómo podría seguir adelante? El darme por vencido no era opción, al menos no delante de todos estos hombres machotes. Luché con cada paso, hasta que pensé que no podía avanzar más.

Entonces hice un descubrimiento asombroso. Si trotaba, el peso caía sobre un punto diferente en las plantas de mis pies. La forma de aliviar la presión de las ampollas era *correr*. ¿Qué hacer cuando usted no puede dar un paso más? *¡corra!* Después de algunos kilómetros, hasta los más jóvenes se empezaron a cansar. Luego me confesaron que el verme corriendo delante de ellos les inspiró a seguir adelante. Lo que no sabían era que yo apenas estaba tratando de sobrevivir y no de dar un despliegue de resistencia. Caminaba cincuenta pasos y corría cincuenta pasos, caminaba cincuenta pasos y corría cincuenta pasos. Esa fue la única manera en la que yo pude cruzar la línea final ese día. (De paso, ya invertí en un buen par de botas de excursionismo.)

Si usted aspira a ser un líder, el darse por vencido no es una de sus opciones. Cuando usted cree que no puede dar un paso más, *¡corra!* Esta es la visión que David captó: «*Por el camino de tus mandamientos correré*» (Sal. 119:32). Sólo dentro de la Palabra de Dios hallará la fuerza para seguir adelante, para correr cuando la cosa está tan difícil que no puede dar un paso más. ¡Que Dios nos provea hombres y mujeres que no teman correr cuando ya no pueden andar!

Esta es la reserva interior que los campeones poseen. Es la reserva sobrenatural provista para todo hijo de Dios. No hay límite a lo que se puede lograr, si su corazón tiene el tamaño suficiente para hacer que su alma y su cuerpo corran cuando es imposible dar un paso más.

Qué hacer cuando no se tiene el corazón para seguir adelante

¿De dónde viene un corazón semejante? Un atleta campeón tiene un corazón de tamaño grande, tanto en sentido literal como simbólico. El ejercicio duro y regular tiene un efecto definitivo sobre el corazón humano. Es un músculo, por lo tanto se engrandece al ejercitarlo. El corazón puede contraerse con más fuerza para impulsar más sangre con cada contracción. La musculatura de un corazón físico se engrandece, aumentando la potencia de cada latido.

Un verdadero campeón necesita un corazón grande no sólo en lo físico, sino también en un sentido intangible. Las carreras olímpicas pueden decidirse por una centésima de segundo. Aunque todos los atletas han entrenado duramente, es ese algo intangible en el «corazón», o la voluntad de un campeón lo que lo lleva a buscar en lo profundo de su ser y dar ese esfuerzo adicional necesario para ganar.

Si usted quiere ser un ganador en el campo espiritual, necesita dejar que Dios engrandezca su corazón. Usted puede lograr esto, primero, a través del ejercicio y adiestramiento adecuados. En Hebreos 5:14 leemos acerca de aquellos que no habían crecido espiritualmente, porque no se habían ejercitado. «*Pero el alimento sólido es para los que han alcanzado madurez, para los que por el uso tienen los sentidos ejercitados en el discernimiento del bien y del mal*».

Aparte del ejercicio adecuado, existe el factor intangible. Usted necesita ese corazón grande que sólo Dios puede proporcionar. Escuche la promesa de Isaías 40:31. «*Pero los que esperan a Jehová tendrán nuevas fuerzas; levantarán alas como las águilas; correrán, y no se cansarán; caminarán, y no se fatigarán*». Hay un tiempo para caminar, un tiempo para correr, y un tiempo para volar. La clave consiste en esperar que Dios renueve sus fuerzas.

Cuando usted está consumido, Dios le llama a poner la carne bajo control y ser lleno del Espíritu, según su palabra. Cuando usted está cargado, Dios le llama a renovar su mente según su palabra. Cuando usted llega a esos momentos difíciles en su vida, recuerde que Dios sólo los está usando para edificarlo. Deje que Él le agrande su corazón para que usted pueda correr cuando ya no puede dar un paso más.

¿En qué estado se encuentra su vida en este momento? ¿Está usted consumido? ¿Parece que le han derribado y no se puede levantar? Usted necesita un avivamiento. Levántese y reclame Su palabra para la situación que vive. Confiese sus caminos a Él y desarrolle un deseo de conocimiento y entendimiento.

¿Está usted cargado? ¿Parece su carga ser tan pesada que no puede dar un paso más? Algo no debe andar bien, porque Jesús dijo que su carga era liviana (Mt. 11:30). Usted podría estar llevando una carga que no le corresponde. O tal vez necesita que le fortalezcan su corazón. Este es el momento para renovar su mente.

Usted hallará la fuerza que necesita según la Palabra de Dios. Pero el costo es que su vida tendrá que cambiar. Deberá escoger el camino de la verdad en lugar del camino del mundo, el cual es un camino de mentira. Deberá poner los juicios de Dios delante suyo y apegarse a sus testimonios. Sólo entonces podrá estar seguro de no ser avergonzado ante su venida.

Recuerde, no importa cuán mal se vean las cosas, Dios permite que esos tiempos malos ocurran para edificarle. Él quiere llevarle al punto que usted no pueda dar un paso más. Su única opción será esperar que Él le renueve sus fuerzas y luego levántese y corra en el poder de Dios. Elías se ciñó sus lomos y luego corrió delante del carro de Acab, aún estando exhausto después de su gran victoria sobre los 450 profetas de Baal (1 R. 18:44–46).

Ese mismo poder sobrenatural se encuentra disponible a todo hijo de Dios que hoy día lo reclama y que está listo para seguir adelante según la Palabra de Dios. Este poder se encuentra disponible aun cuando usted está consumido y cargado. Permita que Dios le edifique y que agrande su corazón.

¿Está usted consumido? ¿Está cargado? La solución se presentará «según» la Palabra de Dios. ¿Qué dice la Biblia acerca de *su* situación específica? ¿Creerá lo que dice? ¿Reclamará lo que dice para sí? Entonces olvídese de sus emociones, olvídese de lo cansado y desanimado que se encuentre. ¡Levántese y corra! Cuando usted dé ese primer paso, Dios agrandará su corazón si verdaderamente confía en Él.

5

LA ORACIÓN QUE CAPTURA
EL CORAZÓN DE DIOS

Enséñame, oh Jehová, el camino de tus estatutos, y lo guardaré hasta el fin. Dame entendimiento, y guardaré tu ley, y la cumpliré de todo corazón. Guíame por la senda de tus mandamientos, porque en ella tengo mi voluntad. Inclina mi corazón a tus testimonios, y no a la avaricia. Aparta mis ojos, que no vean la vanidad; avívame en tu camino. Confirma tu palabra a tu siervo, que te teme. Quita de mí el oprobio que he temido, porque buenos son tus juicios. He aquí yo he anhelado tus mandamientos; vivifícame en tu justicia.

Salmo 119:33–40

Antes que el timbre suene por segunda vez, mi mano ha alcanzado el teléfono que está junto a nuestra cama, esperando no haber despertado al resto de la familia. El interlocutor se identifica a sí mismo, e inmediatamente viene a mi mente la imagen de un miembro de nuestra iglesia quien es la esencia misma de la fidelidad y la madurez.

«Lamento molestarle».

Ya mi mente está echando a un lado el sueño y rápidamente llegando a conclusiones. Este es un individuo que nunca llamaría, especialmente tarde por la noche, a menos que tuviera una buena razón para hacerlo. Su voz suena tranquila, pero no puede ocultar una sensación de urgencia. Por lo tanto, no es sorpresa escuchar: «Sally ha sufrido un accidente grave. ¿Puede venir?»

Apresuradamente me visto y salgo rumbo al hospital. No hay titubeo al respecto. No me pesa perder unas cuantas horas de sueño. ¡Al contrario! Me alegra que esta persona tuvo la confianza y serenidad como para llamarme. El poder ofrecer apoyo a un hermano fiel en un momento de necesidad es un gran privilegio.

Como soy pastor de una iglesia grande, hay muchas demandas impuestas sobre mi tiempo. Una gran parte del trabajo de mi secretaria consiste en atender las veintenas de llamadas que recibo cada semana. Algunas personas insisten en hablar personalmente conmigo para averiguar el número telefónico de otro miembro de la iglesia. Otros piensan que es más fácil llamarme cuando les surge una duda durante sus devocionales que el usar una concordancia. Me encanta hablar con la gente y hago el intento de atender cuantas llamadas pueda. Sin embargo, si voy a alimentar a mi gente con la Palabra de Dios, debo ser un buen mayordomo de la cantidad limitada de tiempo con que dispongo.

Sin embargo, existen ocasiones cuando una persona llama con ese sentido de urgencia y sincera necesidad. No han llamado a demandar nada ni a imponer. Es obvio que tienen una necesidad apremiante. No soy perfecto, ni puedo hacer todo lo que me gustaría, pero pondré a un lado todo lo que se pueda poner a un lado para atender esa crisis. Si no me es posible ir en persona, enviaré a alguien.

Dios es perfecto y Él *sí puede* hacerlo todo. Sin embargo, creo que hay unas cuantas de nuestras oraciones que llevan en sí un aire de urgencia y que lo mueven a responder de una manera similar a como yo respondo ante una llamada urgente a la mitad de la noche.

Permítame ser muy sincero. La mayor parte de nuestras oraciones carecen de valor. Jugamos al cristianismo. Oramos para que los hombres nos escuchen en reuniones públicas, no para que Dios nos escuche en el cielo. Oramos para seguir las pautas que hallamos en libros devocionales, poniéndolo todo nítidamente y en orden, pero sin más intensidad que la que tendríamos al seguir una receta para hornear galletas. Elevamos nuestras oraciones delante de Dios, con una confianza no muy diferente a la que tiene un hombre que compra un billete de lotería.

Sabemos que Dios responde a la oración. Hemos leído los testimonios de cómo alguien en alguna parte recibió una respuesta grande a una oración. De vez en cuando, Dios contesta nuestras oraciones de a cinco y de a diez pesos, pero siempre vivimos con la esperanza que un día recibiremos el premio mayor. ¿Se parece esto a *su* vida de oración?

Hay una oración que captura el corazón de Dios. Lo que tenemos delante nuestro en el Salmo 119:33–40 es un excelente ejemplo de tal tipo de oración. En la estrofa anterior, los versículos 25–32, discutimos la necesidad de tener un avivamiento personal. Este tipo de oración —la oración que captura el corazón de Dios— es una característica reveladora del avivamiento personal.

Cada uno de los ocho versículos que componen esta estrofa contiene una petición específica. Cada uno comunica esa sensación de urgencia. Son oraciones que capturan toda la atención de Dios. Todas giran en torno de la relación del salmista con la Palabra de Dios. Para guardar la belleza y simetría de este salmo, enfocaremos cada versículo de la misma manera. Examinaremos cada petición como un deseo a satisfacerse, un compromiso a establecerse y un concepto a aplicarse.

Antes de embarcarnos en este estudio, quisiera que observara otros aspectos importantes de este pasaje. Cada petición tiene que ver con algo que es un beneficio personal para el salmista. A veces oímos de personas que se jactan que nunca le piden nada a Dios para sí mismos. Piensan que hacer tal cosa denotaría una actitud egoísta. Pero cuando el avivamiento personal arremete con toda su fuerza, uno queda puesto de rodillas en humilde reconocimiento de un hecho abrumador: su propia necesidad personal. Cada versículo de esta estrofa puede caracterizarse con una sola palabra, y cada una de las palabras lleva la terminación «me». De esta manera, los versículos 33–40 comunican las peticiones siguientes: enséñame, ilumíname, guíame, inclíname, enfócame, prométeme, protégeme, vivifícame.

No hay nada de malo en orar por el reumatismo de la hermana López, pero cuando el Espíritu de Dios fluye por su ser como un poderoso viento, usted se verá consumido por su propia necesidad. Esta fue la reacción correcta y bíblica de Moisés (Éx. 3), Isaías (Is. 6), Jeremías (Jer. 1) y Pablo (Hch. 9).

Observe además que cada una de las peticiones en esta estrofa implica un compromiso definitivo por parte del salmista. Él no está pidiendo cosas materiales para llenar sus graneros. Está desesperadamente buscando la mano de Dios para evitar hundirse en el pozo de la mediocridad espiritual. Está pidiendo que Dios haga una obra en su corazón, pero en primer lugar está dispuesto a rendir ese corazón a Dios.

ENSÉÑAME (v. 33)

David meditó sobre el camino de la verdadera felicidad (Sal. 119:1–8). Él agonizó sobre el pecado en su vida y enfrentó las maneras en que podía ejercitar su corazón «hacia la piedad» (Sal. 119:9–16). Algunas veces, el anhelo de su corazón era abrumador. Él quería obtener todo lo que Dios tuviera para él (Sal. 119:17–24). Sin embargo, ningún esfuerzo por su parte era suficiente para vencer el peso constante de su propia carne y las cargas de su vida. Estaba dispuesto a esperar en Dios para que engrandeciera su corazón, pero también había fijado el curso de su vida (Sal. 119:25–32). Con el toque vivificante de Dios en su vida, David ora: «*Enséñame, oh Jehová, el camino de tus estatutos, y lo guardaré hasta el fin*» (Sal. 119:33).

Un deseo a satisfacerse

David está pidiendo conocimiento de la verdad de Dios. Él ha hecho esta petición en ocasiones anteriores (Sal. 119:7, 12, 18, 26). Pero ésta no es una repetición mecánica y pagana. Esta es la búsqueda de su vida: el conocer la Palabra de Dios y vivirla. Es un deseo que puede verse en todo aspecto de su vida. Parece haber ocupado una gran porción de sus pensamientos. ¡Ciertamente moldeó su vida y su carácter!

Hemos observado que hay varias palabras que en este Salmo aparecen como sinónimos de la Palabra de Dios. Una de estas palabras es «estatutos». En nuestro lenguaje moderno, un estatuto es una ley establecida por un cuerpo legislativo y expresada en un documento formal. Esta es una traducción apta del vocablo hebreo, cuya raíz significa «cortar» o «grabar».

Considere el siguiente ejemplo de un documento formal: la ley de Dios escrita por su propio dedo en tablas de piedra. Ya que la ley de Dios no es nada más que la expresión de Su naturaleza y Sus atributos, podría decirse que Dios ha grabado su ley en Aquél quien es llamado la Roca (1 Co. 10:4).

En el primer capítulo de este libro discutimos que la verdad de Dios forma un «camino». Existe un camino bíblico por el cual todo en la vida debe hacerse. David dice: «*Enséñame, **oh Jehová**, el camino de tus estatutos*». Esta es una manera bastante buena de resolver todo asunto en la vida. ¿Tiene usted algún problema? Pídale a Dios que le enseñe el camino de Sus estatutos. Santiago nos dice que usted nunca llegará a conocer ese camino si no se lo pide a Dios (Stg. 4:2).

Un compromiso a establecerse

David tiene suficiente experiencia para saber que la verdad de Dios es gratuita, pero no es barata. Él comprende que Dios no distribuye su verdad como si fuera una muestra de alguna golosina en un carnaval. Pablo diría mucho después que la verdad de Dios se ha de «discernir espiritualmente» (1 Co. 2:14) y que sólo el Espíritu de Dios puede hacer que un hombre comprenda Su verdad. Por lo tanto, después de haber pedido a Dios que le enseñe Sus estatutos, David añade: «*y lo guardaré hasta el fin*».

El compromiso se establece antes que la verdad sea revelada. David se compromete a que no importa cuál sea el camino de los estatutos de Dios, él lo va a guardar hasta el fin, aun si las cosas se ponen difíciles. Esta es la razón por la cual muchos creyentes no captan el conocimiento de la verdad de Dios. Ellos «*siempre están aprendiendo, y nunca pueden llegar al conocimiento de la verdad*» (2 Ti. 3:7). Quieren el conocimiento, pero no quieren comprometerse a guardarlo. Siguiendo la más alta tradición democrática, quieren que Dios les revele su verdad para luego someterla a votación y aprobarla en su caso.

Un concepto a aplicarse

No dejemos atrás el «camino» de los estatutos de Dios sin meditar un poco más en lo que esto significa. Hay dos aspectos de esta oración que tienen mucho que ver con nuestras vidas. En primer lugar, Dios tiene una verdad. Esa verdad forma un «camino» que nos guía.

Conocí a la que ahora es mi esposa mientras escalaba el Monte Cuerno de la cordillera Sangre de Cristo en el sur del estado de Colorado. Desde nuestro campamento se podían observar varios montes grandes que se elevaban a unos 4300 metros de altura. Entre nosotros y el monte nevado que era nuestro destino había un inmenso bosque de pinos. Uno podría pasarse toda una vida recorriendo el bosque y las praderas tratando de llegar a ese monte. Afortunadamente, había un «camino» que llevaba al monte, y yo lo conocía.

Nuestro grupo de más de veinte jóvenes subió y bajó. Viajamos por bosques densos, atravesamos praderas de montañas y cruzamos arroyos. Algunas veces nos encontrábamos con otros caminos que se separaban de «el camino» al monte. La mayoría de las veces ni siquiera podíamos ver el monte.

Ocasionalmente, aparecería con toda su gloria en un claro entre los árboles. A veces hasta parecía que caminábamos en la dirección equivocada, pero permanecimos en «el camino» que conocíamos.

Llegamos al final del bosque y de allí en adelante el monte siempre estaba a la vista, haciendo más fácil que mantuviéramos nuestra perspectiva. Esto *no* quería decir que nuestra excursión era más fácil. ¡Al contrario! Aún en ese caso, teníamos que guardar «el camino». La mayoría de las veces era estrecho y rodeado de acantilados en cada lado.

Usted logrará sus metas en la vida de manera similar a la forma en que llegamos a la cima del Monte Cuerno: siguiendo «el camino» de los estatutos de Dios. Algunas veces no podrá ver dónde está, o le parecerá que está yendo en la dirección equivocada. Finalmente llegará al punto en que su meta estará claramente a la vista. No todos los miembros de nuestro grupo llegaron a la cima del monte. Algunos se sentaron al llegar al límite del bosque y esperaron a que el grupo regresara. Podían ver la cima, pero nunca llegaron al final del «camino». David había llegado al punto en su vida en el que no podía detenerse y no había vuelta atrás. Si Dios tan sólo le mostrara «el camino», él lo guardaría «hasta el fin». La Biblia afirma con claridad que la salvación del creyente en el Nuevo Testamento es segura, pero afirma con igual claridad que si uno fracasa en vivir la vida en «el camino» de Dios, el resultado será la pérdida de recompensas en el Tribunal de Cristo.

¿Ha llegado al punto que llegó David? Algunos todavía andan perdidos vagando por el bosque, tal como los hijos de Israel vagaron por el desierto. Otros conocen el camino, pero no confían que Dios les dará la gracia para guardarlo hasta el fin. Están sentados junto al «camino», esperando mientras otros continúan avanzando.

Otra idea en cuanto al «camino»: cuando uno lo ha descubierto, y está confiado que lo seguirá, deberá «guardar» ese camino hasta el fin. En los deportes, cada deporte tiene su propio «camino». Dejando a un lado los estilos individuales y las estrategias, existe un cierto conjunto de verdades en cada disciplina atlética que compone el «camino» de ese deporte. Hay un «camino» para el béisbol, un «camino» para el fútbol, etc.

Los atletas profesionales se ejercitan continuamente con los fundamentos del «camino» del deporte particular que practican. Mientras redacto estas palabras en el mes de julio, puedo escuchar un informe noticioso sobre deportes. Los jugadores profesionales de fútbol están yendo al campo de entrenamiento. Están ejercitándose con los fundamentos del fútbol. Pero éstos son individuos que *conocen* los fundamentos del fútbol. Practicarán sin cesar en medio del sol de verano, hasta que la ejecución de los fundamentos del «camino» del fútbol se tornen en algo completamente natural para ellos. Cuando empiece la temporada, los movimientos fundamentales deberán fluir de forma natural e instintiva.

Un paracortos profesional de béisbol estudia a cada jugador del equipo contrario. Conoce dónde normalmente envía la bola cada bateador. Él se coloca en el campo en el punto más cercano al cual anticipa que vendrá la pelota. Él está atento a los detalles sutiles de la postura del bateador. Observa las señales que envía el receptor al lanzador para saber el tipo de lanzamiento que vendrá a continuación. El tipo de lanzamiento influye sobre la manera en que se batea la pelota y la dirección que llevará la misma. Él ha estirado sus músculos fielmente antes de iniciarse el juego para contar con plena flexibilidad en su cuerpo. Ahora puede estirarse ese par de centímetros adicionales que pueden hacer la diferencia. Él sabe cómo lograr esa «doble matanza».

Hay cientos de otras variables que ese paracortos deberá tomar en consideración. Sin embargo, el primer paso a ejecutar para poder hacer esa «doble matanza» es *atrapar la pelota*. Ese es el «camino» del béisbol.

En los deportes, el hombre que domina los fundamentos del «camino» de su deporte es considerado un héroe. En la religión, el que hace lo mismo es considerado un idiota o un fanático.

Existe un «camino» de la vida. Ese camino se halla en la Palabra de Dios. Es necesario que Dios le enseñe ese camino y *él quiere* enseñárselo. Pero ello involucra más que mero conocimiento. Es necesario que exista un compromiso por su parte de ejercitarse en los fundamentos de ese camino una y otra vez para poder guardarlo hasta el fin. Olvídese de lo que los demás pudieran decir; Dios le llamará un buen siervo fiel.

ILUMÍNAME (v. 34)

¿De dónde viene esa reserva interior, esa energía que lo impulsa a seguir el camino a la cima de un monte, mientras que otros se quedan rezagados por el camino? Sí, se necesita más que sólo conocimiento y el salmista ahora lo pide: «*Dame entendimiento, y guardaré tu ley, y la cumpliré de todo corazón*» (Sal. 119:34).

Un deseo a satisfacerse

En esta petición, David comunica su deseo de tener un entendimiento tal que le permita obedecer la Palabra de Dios. El entendimiento es la fuente de la motivación interior. Vimos en Job 28:28 que el entendimiento resulta de la obediencia a la Palabra de Dios. Lo que David tiene en mente no se trata de una obediencia mecánica, como la de un esclavo, sino de una obediencia que se produce naturalmente en un corazón que ama a Dios.

La primera petición tenía que ver con la mente. Esta tiene que ver con la voluntad. David primero dice que quiere llenar su mente con el conocimiento de la verdad de Dios. Ahora necesita que Dios haga una obra en su interior, de modo que su voluntad se moldee en perfecta obediencia a la Palabra de Dios. David está pidiendo que Dios lo ilumine. Una persona iluminada va a querer obedecer la verdad de Dios. Una vez que genuinamente comprenda la Palabra de Dios, será posible alinear su propia voluntad con la verdad de Dios.

David escoge la palabra «ley» en este caso, puesto que está tratando con la obediencia. La violación de la ley resulta en consecuencias que él desea evitar. La Palabra de Dios es una ley. Esa palabra frecuentemente nos trae a la mente imágenes negativas de restricción. Pero la ley de Dios no es un conjunto de decretos arbitrarios que se redactaron con el fin de causar pesar al hombre. La ley de Dios es como la ley de la gravedad; es una verdad inmutable que es necesario considerar.

La mayoría de las personas no opinarían que la ley de la gravedad limita la alegría de nuestras vidas. ¡El hombre hasta ha aprendido a volar! Sin embargo, si usted viola la ley de la gravedad, o las leyes de la aerodinámica, usted *sufrirá* las consecuencias. Los «pilotos iluminados» son aquellos que obedecen las leyes de la aerodinámica y la ley de la gravedad.

David *desea* obedecer la ley de Dios. Él sabe que éste es el camino a la verdadera felicidad. Él pide entendimiento para mantenerse dentro de los límites de la ley.

Un compromiso a establecerse

La misma actitud de sumisión que vimos en el primer versículo se encuentra en acción aquí. David se ha comprometido a obedecer antes de recibir el entendimiento. Después de la petición él promete: «*y guardaré tu ley, y la cumpliré de todo corazón.*»

En el primer versículo de esta estrofa el énfasis tenía que ver con la duración del compromiso de David: guardar el camino «*hasta el fin*». En este versículo el énfasis recae sobre la intensidad del compromiso de David: «*de todo corazón*».

El mundo tiene más cristianos «a medias» que lo que debiera. Puede ser que sus mentes estén llenas con una buena medida de información acerca de la Biblia, pero carecen de entendimiento, como lo evidencia su falta de compromiso.

¿Está listo para establecer tal compromiso? ¿Qué está dispuesto a sacrificar para obtener el verdadero entendimiento? ¿Dejará a un lado su pecado favorito? ¿Permitirá que Dios renueve su actitud? ¿Someterá su voluntad a la de Dios? La verdad de Dios no puede comprarse con dinero; requiere un compromiso.

Un concepto a aplicarse

Nuestra búsqueda de la aplicación de esta verdad a nuestras vidas nos lleva a Filipenses 2:13: «*Porque Dios es el que en vosotros produce así el querer como el hacer, por su buena voluntad*». La gracia de Dios no sólo nos da el poder para cumplir su plan, sino que también es suficiente para hacernos *querer* hacer la voluntad de Dios.

Este concepto es tremendo cuando estamos abatidos y pensamos que no tenemos la fuerza de voluntad para seguir adelante. Si tan sólo sometemos nuestra voluntad a Dios, Él nos dará entendimiento. Él arreglará nuestro «querer». Él nos iluminará.

Muchos toman la decisión de establecer un compromiso, pero pronto se desaniman porque no han sido iluminados. Sencillamente no comprenden. ¿Le pedirá usted a Dios en oración y con seriedad que le ilumine? Él lo hará, si usted está listo para cumplir este compromiso al guardar su ley de todo corazón.

GUÍAME (v. 35)

Es difícil imaginar una oración que sea más directa. «*Guíame por la senda de tus mandamientos, porque en ella tengo mi voluntad*» (Sal. 119:35).

Un deseo a satisfacerse

Dos niños se enfrentan el primer día de clases: «¡Ey! Yo me iba a sentar allí. ¡Quítate de mi silla!» Los ojos del niño envían rayos eléctricos hacia la mirada de su pequeño oponente. ¿Cuál será su respuesta? Su ceño se frunce, su mandíbula se pone tiesa y dice: «Sácame si puedes».

Cuando yo era niño, ese tipo de palabras era lo más fuerte que había. Era lo que llamábamos «palabras de pelea». Si uno las decía, más valía que uno estuviera preparado para respaldarlas.

Este *no es* el espíritu de David. Él no está emitiendo un reto. Este es el ruego de alguien que *añora* hacer lo correcto. No, no son palabras de pelea, pero son igual de osadas. ¿Se lo imagina usted? David se acerca a Dios y dice: «*Guíame por la senda de tus mandamientos*». Él está pidiéndole a Dios que guíe sus pasos.

Una «senda» es muy parecida a un «camino», pero con una connotación ligeramente diferente. Una senda es un camino que generalmente ha surgido por el uso constante y no porque ha sido cortado entre la maleza. La palabra hebrea que aparece aquí se deriva de la palabra que significa «hollar». Una senda es un camino que muchos han hollado y que se ha formado por el uso constante. Se podría decir que es resultado de un paso de rutina por el suelo. David está diciendo: «Dios, ponme en la rutina».

¿Siente usted que algunas veces está «fuera de rutina»? Un lanzador de béisbol lucha durante las primeras dos entradas, y luego encuentra su «rutina». Un jugador de golf descubre que durante un juego le mete un efecto indeseado a la pelota. Por ello practica su golpe para volver a ponerse «en la rutina». David está fuera de rutina y quiere volver a entrar en ella. Él pide a Dios que lo guíe a esa rutina.

Un compromiso a establecerse

Esta petición necesariamente implica un compromiso por parte del salmista. Él ha pasado de la mente a la voluntad, y ahora pasa a las acciones. Es imposible separar la petición del compromiso.

¿Por qué tiene David tal deseo de andar por esta senda? «*Porque en ella tengo mi voluntad*». ¿Y qué hay de usted? Sus acciones revelan dónde se deleita la voluntad de su corazón.

Esta conexión se expresa en una forma hermosa en otro de los Salmos. «*Deléitate asimismo en Jehová, y él te concederá las peticiones de tu corazón. Encomienda a Jehová tu camino, y confía en él; y él hará*» (Sal. 37:4, 5).

Si aprendo a deleitarme en el Señor, y encomiendo *mi propio* camino a Dios, Él podrá dirigirme en *su* camino. Además, en el Salmo 37 se expresa este concepto en una manera aún más directa: «*Por Jehová son ordenados los pasos del hombre, y él aprueba su camino*» (Sal. 37:23).

El recibir dirección del Señor es como una calle de dos sentidos. Cuando

Él es nuestro deseo, cuando nos deleitamos en el camino de sus mandamientos, Él es más que capaz de hacernos andar en su camino.

Un concepto a aplicarse

¿Qué desea de la vida? Hablando sinceramente, ¿cuál es el deseo de su vida? No responda automáticamente con una respuesta trillada que aprendió años atrás en la escuela dominical. Examine su vida minuciosamente y con frialdad. ¿Hacia dónde se dirige usted? Sus pasos seguirán el deleite de su corazón.

Hace algunos años atrás nuestra iglesia no tenía un medio organizado y sistemático para discipular y ayudar a que una persona creciera. Algunos se quejaban que no crecían porque la iglesia no les proporcionaba la ayuda que necesitaban. El Señor nos dio un medio muy efectivo de discipular a creyentes para que puedan estar firmes por sí solos en su vida espiritual. Hoy día, algunos de los que entonces se quejaban continúan quejándose. El ministerio de discipulado es demasiado limitante, demasiado rígido, demasiado legalista, etc., etc., etc. Es fácil ver cuál es el verdadero problema: ¡ellos *no quieren* crecer!

La misma verdad trabaja en la relación matrimonial o la relación con los hijos. ¿Por qué se somete una esposa o un esposo a su cónyuge en el matrimonio? ¿Por qué es que los niños siguen el ejemplo de sus padres? Porque todos *queremos* complacer a quienes amamos. Si usted realmente ama al Señor Jesucristo, querrá complacerle. Usted tendrá en su interior un deseo tal que le llevará a suplicarle que le guíe por la senda de sus mandamientos. Usted establecerá un compromiso de deleitar su voluntad en el camino de sus mandamientos.

INCLÍNAME (v. 36)

El versículo siguiente requiere algo de consideración detenida. David dice: *«Inclina mi corazón a tus testimonios, y no a la avaricia»* (Sal. 119:36).

Un deseo a satisfacerse

¿Qué significa esto? Cuando David pide a Dios que incline su corazón, está pidiendo que Dios establezca en su vida un patrón, un hábito. Cuando decimos que una cierta persona tiene «inclinación» hacia algo, lo que queremos decir es que existe una cierta tendencia, un patrón predecible en la vida de esa persona.

David usa la palabra «testimonios» en este versículo para describir la Palabra de Dios. Un testimonio tiene que ver con la persona o con la vida de un individuo. Los testimonios de Dios son iguales: manifiestan el testimonio de su Persona. David quiere conocer a Dios. Le pide a Dios que habitúe, o «programe» su corazón de tal modo que siempre se incline hacia Dios.

El corazón de Pablo gozaba de esta inclinación. Estando preso en Roma, cerca del final de su vida, Pablo clamó *«a fin de conocerle...»* (Fil. 3:10). ¿Tiene usted este deseo en su interior? Si no lo tiene, ¿le pedirá a Dios que le dé este deseo? ¿Se atreve usted?

Un compromiso a establecerse

David comprende que la inclinación natural de su corazón es hacia la avaricia. La avaricia es uno de los grandes enemigos del creyente. El hombre natural o incrédulo nunca queda satisfecho: quiere lo que no puede tener y quiere lo que no le pertenece. Esta búsqueda obsesiva se convierte en un dios, razón por la cual Pablo denomina la avaricia como idolatría dos veces (Ef. 5:5; Col. 3:5).

Repasemos la progresión de eventos desde el versículo 33. Las peticiones de David han tratado con la mente, la voluntad, las acciones y ahora con el corazón. David está «barriendo su casa». Está pidiéndole a Dios que aplique la verdad de la Palabra de Dios a toda su vida. Este es el patrón que necesitamos seguir. Hemos de tomar la Biblia y usarla para purificar completamente toda área de nuestras vidas.

Vemos la misma idea en la oración que Pablo eleva por los tesalonicenses. «*Y el mismo Dios de paz os santifique por completo; y todo vuestro ser, espíritu, alma y cuerpo, sea guardado irreprensible para la venida de nuestro Señor Jesucristo*» (1 Ts. 5:23).

Un concepto a aplicarse

El hombre inconverso peca por naturaleza. Su naturaleza es pecar. El hace lo incorrecto de modo automático. El hacer lo que es bíblico no resulta normal para el inconverso.

Eso no es cierto en nosotros los creyentes porque Dios nos ha dado un corazón nuevo. Debiéramos hacer lo que es bíblico por naturaleza. Cuando cometemos pecado, hemos de verlo como una tragedia innecesaria, en lugar de verlo como un resultado inevitable. Nuestra inclinación natural debiera ser responder de modo bíblico.

El problema es que muchos creyentes no se han despojado del viejo hombre para vestirse del nuevo hombre, «*creado según Dios en la justicia y santidad de la verdad*» (Ef. 4:22–24). David no contaba con la morada permanente del Espíritu Santo que poseemos los creyentes neotestamentarios. Él le pedía a Dios que diera a su corazón una tendencia hacia la Palabra de Dios. A pesar de la gran ventaja que tenemos después de la cruz de Cristo, muchos cristianos fracasan en su intento de vivir según su nueva naturaleza. Lo que hacen es someterse a sus antiguas inclinaciones.

Es triste ver a tantos creyentes hoy día que no sienten deseo alguno por la Biblia. Pueden dejar su Biblia en un estante en la Iglesia cada domingo y no la echan de menos hasta la semana siguiente. Esto no es ni normal, ni natural para un cristiano. Necesitamos orar a Dios para pedirle que incline nuestros corazones hacia la Palabra de Dios. Necesitamos aprovechar este nuevo corazón que hemos recibido.

Tal tipo de creyente es como un niño pequeño que detesta las zanahorias. No importa que nunca las haya probado, él tiene plena certeza que las detesta. Mamá y Papá intentan sin éxito todo método conocido a los padres de familia para persuadirle. Usted puede sustituir las cebollas, la carne, el pescado, o casi cualquier cosa en este ejemplo; hay ciertas cosas que son un gusto adquirido. Pero una vez que uno desarrolla una cierta inclinación por estas cosas, uno queda prendido de ellas. Para serle sincero, me encantaba cuando mis hijitas preferían comerse una hamburguesa en lugar de un buen filete. Traté al máximo de que no se dieran cuenta de lo que se perdían. Pero un día probaron un buen filete, y de ahí en adelante ya no podíamos ir con la misma frecuencia a comer en restaurantes. La capacidad de saborear la buena comida siempre estuvo presente en mis hijas, pero fue necesario despertarla.

Así es el amor por la Palabra de Dios. Muchos se imaginan que la Biblia es aburrida, poco relevante, etc. No les molesta hacer algunas cosas en la iglesia para ayudar, pero no hay lugar en sus vidas para la Biblia. Necesitamos venir a Dios y pedirle que incline nuestros corazones hacia su palabra. ¿Lo hará usted? Nuevamente, la clave no es cuánto conozca de la Biblia, sino su amor por la Biblia. Si usted ama la Palabra de Dios, estará en ella, escudriñando las riquezas de sus páginas.

ENFÓCAME (v. 37)

Este versículo en realidad cuenta con dos imperativos, pero es necesario considerarlos juntos para obtener el significado que transmiten. «*Aparta mis ojos, que no vean la vanidad; avívame en tu camino*» (Sal. 119:37).

Un deseo a satisfacerse

Pasamos del ámbito del corazón al de los ojos. David en realidad está pidiéndole a Dios que le dé enfoque. Está hastiado de ver la vanidad. Se da cuenta que los ojos son un campo de batalla crítico en la guerra espiritual. Necesita la fortaleza de Dios para poder controlar sus ojos y enfocarlos.

David le pide a Dios que lo «avive» en su camino. El camino de Dios es el único camino, y ese camino es el mismo Señor Jesucristo (Jn. 14:6). Cuando pide a Dios que le dé vida, o que lo avive, David no está pidiendo que Dios le conceda el tipo de vida que recibimos al momento de la salvación. David sencillamente sabe que él no puede andar en ese camino a menos que esté infundido con el poder del mismo Dios. Necesita energía renovada. «*Avívame en tu camino*».

Un compromiso a establecerse

En esta petición hay un compromiso tácito por parte de David de alejar sus ojos de la vanidad para no verla. Como mencionamos anteriormente, esta es la visión del hombre natural.

La vanidad es un vacío. Es lo que el mundo ofrece. Los anuncios comerciales de cerveza siempre parecen estar entre los mejores. Dan la idea de que si uno bebe cerveza de una marca particular uno será una persona fuerte, bien parecida, tranquila, ingeniosa y atractiva para el sexo opuesto. Esa es la promesa. Es una promesa vana; una promesa que pudiera dejarlo muerto en una carretera, o deprimido al punto de cometer suicidio en una habitación solitaria.

He aquí un experimento interesante. Dedique toda una noche a ver televisión. Sí, eso es exactamente lo que acaba de leer. Pero hágalo con fines educativos y no recreativos. Analice de modo crítico cada uno de los programas para determinar cuál es la esencia de su significado. ¿Cuál es la premisa y la promesa de cada uno de ellos? Creo que hallará que la mayoría de las cosas que ven sus ojos son vanidad: promesas vacías y huecas que nunca se cumplen.

David estaba cansado de enfocarse en la vanidad. Necesitaba darle un enfoque nuevo a su vida, y sabía que sólo Dios podía dárselo. Él quiere enfocarse en la verdad de Dios, en lugar de en la vanidad de este mundo.

Existe una relación muy cercana entre sus ojos y el enfoque de su vida. Jesús habló de esto en Mateo 6:22, 23. «*La lámpara del cuerpo es el ojo; así que, si tu ojo es bueno, todo tu cuerpo estará lleno de luz; pero si tu ojo es maligno, todo tu cuerpo estará en tinieblas. Así que, si la luz que en ti hay es tinieblas, ¿cuántas no serán las mismas tinieblas?*»

Otra forma de expresar esta idea es decir que el enfoque de su vida, tal como lo ven sus ojos, se refleja en todo lo que usted dice y hace. Es importante observar el contexto en el cual hallamos estas palabras de Cristo. En los versículos que preceden a estos comentarios sobre los ojos, el Señor acababa de decirle a sus discípulos que no se hicieran tesoros en la tierra, sino en el cielo. Les enseñó que donde estuviere su tesoro, allí también estaría su corazón. ¡Cuánta gente ha enfocado su vida en hacerse tesoros en esta tierra!

Después de las palabras en cuanto al enfoque de los ojos, Cristo comenta que «*ninguno puede servir a dos señores*» (Mt. 6:24). Ésta es la razón por la cual muchos cristianos no salen adelante en los asuntos espirituales. ¡No pueden hacerlo! Se han enfocado en las cosas terrenales y materiales. Esas cosas se han vuelto su señor, y ninguno puede servir a dos señores.

¿Cuál es el enfoque de su vida? Piénselo con sinceridad. «*Tus ojos miren lo recto, y diríjanse tus párpados hacia lo que tienes delante*» (Pr. 4:25).

Un concepto a aplicarse

Hay varias maneras en las que podríamos reaccionar a esta enseñanza. Una manera sería tirar el televisor por la ventana, cubrir las ventanas de la casa con cartón, ponernos anteojeras al salir por la calle y adoptar una mentalidad general de aislamiento.

Si comprendemos que David está tratando con el enfoque y no con lo que «vemos», nuestra reacción será diferente. La preocupación de David es que sus ojos no vean la vanidad. Esto habla de un enfoque; no sólo de ver, sino de fijar la atención en algo. Mientras usted viva en este mundo, nunca podrá evitar ver las cosas de este mundo con sus ojos. Sin embargo, usted no tiene que enfocarse en las cosas de este mundo, y esto es lo que David pide.

Mientras yo veía por el televisor las ceremonias de inauguración de los juegos olímpicos de 1992 en Barcelona, sentí emociones encontradas. La vistosidad era inigualable en su grandeza. Siguiendo la verdadera tradición española, todo rebosaba de pasión, drama, colorido, majestuosidad y crisis. Observé los rostros de los jóvenes de casi todas las naciones de la tierra al desfilar. Por años habían sacrificado, habían trabajado y habían invertido todo para llegar a este momento. Representaban lo mejor de la humanidad.

Sus jóvenes corazones estaban llenos de gozo, temor, asombro y esperanza. Fue Dios quien les dio sus cuerpos, sus habilidades y sus oportunidades. Me pregunto cuántos de ellos lo saben. Me pregunto quién se los dirá. Me pregunto cuántos de ellos pasarán sin saber el verdadero significado de la vida hasta que sea demasiado tarde.

Parte de mí se regocija con ellos y derrama lágrimas de gozo en este momento sublime de gloria que celebra el gran potencial del ser humano. ¿Puede verlo usted? Este es el mensaje de las olimpiadas: que el hombre puede hacerlo todo si trabaja con suficiente fuerza y está dispuesto a pagar el precio del sacrificio que ello demanda. ¡Eso es mentira! ¡Eso es vanidad! ¿Cuántos matrimonios han sido rescatados por estos juegos? ¿Cuántos suicidios se han evitado? ¿Cuántas vidas han sido transformadas eternamente?

Yo quiero que Dios aparte mis ojos para que no vean la vanidad. Sin embargo, al hacer esto puedo retener mi perspectiva, porque tengo las cosas bien enfocadas. Esto no significa que no puedo ver los juegos olímpicos y disfrutarlos. Significa que puedo guardar la perspectiva correcta en cuanto a las cosas. Puedo apreciar lo que estos jóvenes han hecho, siempre y cuando no me deje llevar por la idea del potencial ilimitado del ser humano. Puedo usar tal vistosidad mundial como un recordatorio de orar por todas esas personas que aún necesitan escuchar el evangelio de Cristo. Puedo mirar con admiración la dura labor de estos atletas; no tengo que considerarlos como dioses.

Sin embargo, es fácil dejarse llevar por el espíritu de este mundo. Es por ello que necesito que Dios me avive en su camino. ¿Desea usted sinceramente que Dios enfoque sus ojos? ¿Tiene usted el valor necesario para elevar la misma oración que David elevó?

PROMÉTEME (v. 38)

David ha pasado por todo su ser, descubriéndolo delante de Dios y pidiéndole a Él que efectúe una transformación completa. Empezando con la renovación de su mente, David luego pasó al área de la voluntad. Continuó con someter sus acciones y su corazón al control amoroso de Dios. Luego, reconoció su necesidad de dejar que Dios enfocara sus ojos. Ahora su atención se dirige hacia asuntos menos tangibles. Él añora recibir una palabra de confirmación del Dios a quien ama. «*Confirma tu palabra a tu siervo, que te teme*» (Sal. 119:38).

Un deseo a satisfacerse

Hay que considerar las palabras de este versículo con algo de cuidado. La petición es que Dios «confirme» Su palabra. El confirmar algo significa corroborar su verdad, convalidarla o ratificarla. El salmista no está pidiendo a Dios que lo confirme a él, sino que Dios confirme *Su palabra* ante él. No es que dude de Dios, ni de Su Palabra. Sencillamente necesita esta confirmación.

Una esposa se complace en recibir la confirmación constante del amor de su esposo. Ella sabe intelectualmente que él la ama. Él se lo ha dicho muchas veces. Pero no hay sustituto para el sonido maravilloso y reconfortante de las palabras «Te amo». Son nuevas cada mañana.

Usted puede estudiar las grandes doctrinas de la Biblia, leerla desde el principio hasta el fin y enseñarla a otros. Sin embargo, no hay nada más emocionante que ver la Palabra de Dios cumplida en la realidad de su vida.

Con anterioridad vimos que en esta estrofa aparecen el conocimiento y el entendimiento. Estas dos palabras rara vez aparecen en la Palabra de Dios sin que aparezca con ellas una tercera palabra: sabiduría. Si bien no se menciona por nombre, esa es la idea tras esta petición. Es por la confirmación constante de la Palabra de Dios que podemos descubrir cómo trabaja la mente de Dios. Es la dulce comprobación de ver repetidamente que la Palabra de Dios es verdad lo que nos hace sentir cómodos con la manera de pensar de Dios.

La sabiduría es un don gratuito de Dios (Stg. 1:5). Empieza con una actitud de corazón: el temor de Dios (Pr. 9:10). Es precisamente allí en donde David basa su compromiso.

Un compromiso a establecerse

«*Confirma tu palabra a tu siervo, que te teme*» (énfasis del autor). Este es el compromiso de David. Él ha fijado el rumbo de su vida y no osa volver atrás. Está dedicado al temor de Dios.

El temor de Dios no es un pánico paranoico y tembloroso que lo tiene a uno listo para evadir el relámpago de la ira de Dios. Pero al mismo tiempo es mucho más que el mero «respeto o reverencia» que con tanta frecuencia se menciona en los comentarios de hoy día. Es la comprensión sobria de quién es Dios en realidad y quiénes somos nosotros. Tenemos una ilustración vívida de esta comprensión en la reacción de Isaías, cuando repentinamente este hombre se halló ante la presencia de Dios.

> *En el año que murió el rey Uzías vi yo al Señor sentado sobre un trono alto y sublime, y sus faldas llenaban el templo. Por encima de él había serafines; cada uno tenía seis alas; con dos cubrían sus rostros, con dos cubrían sus pies, y con dos volaban. Y el uno al otro daba voces, diciendo: Santo, santo, santo, Jehová de los ejércitos; toda la tierra está llena de su gloria. Y los quiciales de las puertas se estremecieron con la voz del que clamaba, y la casa se llenó de humo. Entonces dije: ¡Ay de mí! que soy muerto; porque siendo hombre inmundo de labios, y habitando en medio de pueblo que tiene labios inmundos, han visto mis ojos al Rey, Jehová de los ejércitos* (Is. 6:1–5).

Todas las definiciones teológicamente correctas sobre el temor de Dios que Isaías pudiera hallar en un estante lleno de teologías sistemáticas se esfumaron con una sola ráfaga de la santidad de Dios: esa asombrosa comprensión de que Dios es mucho más de lo que jamás podríamos imaginar. Si usted todavía no lo comprende, no se preocupe. En el mismo instante en que se encuentre repentinamente ante la presencia de Dios, nadie tendrá que volverle a explicar el significado del temor de Dios a usted.

Es por ello que en el libro de Proverbios dice que el principio de la sabiduría es el temor de Dios (Pr. 1:7 y 9:10). Cuando usted genuinamente llega a entender quién es Dios, tendrá suficiente entendimiento para obedecer lo que dice y tendrá la sabiduría para ver cómo todo encaja.

Un concepto a aplicarse

¿Está usted realmente dedicado al temor de Dios? Es necesario tratar con este asunto primero. Antes de pedirle a Dios que le confirme su palabra, ¿puede Dios confiar en usted? Este tipo de sabiduría, el crecimiento en la confirmación de la Palabra de Dios, es resultado de avanzar por una espiral ascendente de crecimiento. Entre más usted confíe en la Palabra de Dios, más podrá Dios confirmársela a usted.

Hace muchos años hice mi primer viaje en motocicleta. (Después llegué a ser propietario de una motocicleta, la cual conduje de un extremo de Centroamérica al otro.) Ese primer viaje fue una experiencia singular. Un amigo y yo teníamos que viajar desde Managua, Nicaragua hasta Puerto Cortéz, Honduras. Delante nuestro teníamos 750 kilómetros de caminos montañosos. Al salir por las suaves colinas al norte de Managua hacia las montañas distantes, nos topamos con las primeras curvas en el camino. Mi amigo inclinó su motocicleta Honda 750 hacia la derecha al entrar en la curva. Yo, que iba de pasajero, me incliné hacia la izquierda. Él trató de compensar, inclinando la máquina hacia la izquierda. Yo me incliné hacia la derecha.

Luego de unos cuantos kilómetros de repetirse esto, mi amigo se detuvo, se quitó su casco, me sonrió y me dijo con firmeza: «Mira, si quieres seguir viajando conmigo, vas a tener que aprender a inclinarte *hacia* las curvas. Yo sé que pareciera que nos vamos a caer, pero te aseguro que no.» Él continuó dándome unas palabras de explicación sobre el efecto de la fuerza centrífuga, el ímpetu, los giroscopios y cosas afines. Yo había estudiado física. Mentalmente, sabía todo lo que me estaba diciendo. Confiaba en mi amigo. Él tenía una motocicleta muy buena. Sin embargo, todos mis instintos me decían: «Si esta motocicleta se inclina hacia la derecha, ¡yo me muevo hacia la izquierda!» Yo necesitaba esas palabras de confirmación. A pesar de mis temores, empecé a inclinarme hacia las curvas. No nos caímos. Con cada curva que pasamos empecé a adquirir confianza. Volvía a aprender que podía confiar en mi amigo. Mi confianza en su motocicleta y en las leyes de la física aumentó, a pesar de que antes las conocía.

Con cada curva de la vida, Dios quiere confirmar su Palabra a nosotros. Así aprendemos una y otra vez que podemos confiar en Él y en Su Palabra. ¿Se atreverá a inclinarse con Dios en las curvas?

PROTÉGEME (v. 39)

Muy cercanamente ligado a la necesidad de confirmación hay un clamor por protección contra el oprobio. *«Quita de mí el oprobio que he temido, porque buenos son tus juicios»* (Sal. 119:39).

Un deseo a satisfacerse

El oprobio no es una palabra que usamos todos los días. David está pidiéndole a Dios que proteja su testimonio. El sufrir oprobio es sufrir vergüenza. Esta petición tiene que ver con la consciencia. Por favor, comprenda lo siguiente: el oprobio es algo que David teme. Esta es una mentalidad poco común hoy en día, cuando hay tanta gente desvergonzada. Esta gente sirve sólo a sus propios intereses sin importarles lo que piensen los demás, cómo afecten a los demás o las consecuencias que sufrirá su reputación.

¿Qué ha ocurrido con la gente que temía tener un mal nombre? Hay quienes se deleitan en engañar a otros, como si fuera una medalla al mérito. Hoy día la gente en bancarrota es tan común como la gente con resfriado. «¿Oprobio sobre mi carácter? ¿Y eso qué es? ¿A quién le importa?» ¿Comprende *usted* lo que es *temer* el oprobio?

Un compromiso a establecerse

David ha concluido en su corazón que los juicios de Dios son buenos. Esto es, Dios es justo en todo lo que hace. Él le pide a Dios que aleje el oprobio de sí, porque comprende a ciencia cierta que se merece todas las consecuencias de los pecados que haya cometido. Tal conclusión es resultado de creer la Palabra de Dios.

¡Cuán diferentes serían nuestras vidas si realmente creyéramos que los juicios de Dios son buenos! Con demasiada frecuencia vemos a algún creyente que sufre consecuencias aplastantes y entonces clama: «¡Esto no es justo!» Pero un poco de análisis revela que lo que ha ocurrido es sencillamente el resultado de pasar por alto lo que la Biblia enseña. ¿Qué es lo que no es justo? ¿Acaso Dios no es justo? ¿Acaso no lo son sus juicios? ¿Acaso el Dios del cielo no es justo en todas sus acciones?

Por un lapso de siete años, Nabucodonosor rey de Babilonia vivió con las bestias del campo. Comió hierba como una vaca, su cabello creció y sus uñas llegaron a ser como garras de ave. Todo esto fue conforme a los juicios de Dios que le fueron revelados por medio de un sueño interpretado por Daniel. Nabucodonosor podría haberse tornado en un hombre amargado. Hay otros que en actitud desafiante han levantado sus puños ante el rostro de Dios por juicios menos severos. Dios quitó el oprobio del rey, y el rey concluyó que los juicios de Dios eran buenos.

> *«Mas al fin del tiempo yo Nabucodonosor alcé mis ojos al cielo, y mi razón me fue devuelta; y bendije al Altísimo, y alabé y glorifiqué al que vive para siempre, cuyo dominio es sempiterno, y su reino por todas las edades. Todos los habitantes de la tierra son considerados como nada; y él hace según su voluntad en el ejército del cielo, y en los habitantes de la tierra, y no hay quien detenga su mano, y le diga: ¿Qué haces?* (Dn. 4:34, 35).

Un concepto a aplicarse

¿Qué cosas está descubriendo usted al examinar su vida? Hemos tratado con la mente, la voluntad, las acciones, el corazón, el enfoque, la sabiduría y ahora, con el testimonio. ¿Cómo anda su consciencia? ¿Teme usted el oprobio? Debiera temerlo, no sólo por evitar las consecuencias justas, sino porque el nombre de Dios también está en juego en su vida. Cuando usted se encuentra hundido en el fango de su propia creación, ¿acaso desarrolla resentimientos?, ¿amargura? Esto no lo hará, si de antemano usted decide que los juicios de Dios son buenos.

VIVIFÍCAME (v. 40)

David concluye esta oración por avivamiento con una petición que nos ha resultado muy familiar en este salmo. Nueve veces pide David a Dios que lo vivifique. «*He aquí yo he anhelado tus mandamientos; vivifícame en tu justicia*» (Sal. 119:40).

Un deseo a satisfacerse

Hemos aprendido que «vivificar» es dar vida. Nuevamente, recordamos que el salmista no está pidiendo que Dios le dé la vida eterna de la salvación. Está pidiendo que esa vida energizante que fluye del Espíritu de Dios reviva el corazón del creyente.

Hemos de tener cuidado en observar que en este caso David específicamente pide que Dios lo vivifique en su justicia. Esta es una petición de santidad. Es más, es una petición que es resultado de un anhelo por los mandamientos de Dios. Un mandamiento es una verdad operativa, un principio de acción.

La santidad no es algo que fabricamos al conformar nuestro exterior con un vestido particular, ni por abstenernos del alcohol. La santidad sólo se logra a través del toque avivador de Dios, por el poder vivificante del Espíritu de Dios y de las palabras de Dios.

Un compromiso a establecerse

Nuevamente, David no viene a Dios intentando hacer un trato con Él. Él viene después de haber establecido un compromiso en su vida. En este caso es un anhelo por la verdad de Dios. Él está declarando que tiene una sed insaciable por la verdad de la Palabra de Dios.

¿Ha hecho usted este compromiso? ¿Qué es lo que Dios ve cuando examina su vida? ¿Puede Dios ver un anhelo por su Palabra?

Un concepto a aplicarse

Hay quienes temen la santidad. Les aterroriza. Se preguntan qué será lo que tendrán que dejar atrás, qué pensaría el resto de la gente o si tendrán que verse o actuar como gente rara. Tal actitud no hace más que revelar un hecho indiscutible: no saben lo que es tener un anhelo genuino en su corazón por la Palabra de Dios.

Un anhelo ardiente en su corazón por conocer la Palabra de Dios creará un deseo de ser vivificado en la justicia de Dios. Puede leer libros sobre la santidad. Usted puede seguir detenidamente las fórmulas de avivamiento que dan muchos libros al respecto. Sin embargo, es el anhelo por los mandamientos de Dios lo que resulta en este deseo de justicia.

La generación de la década de los 60 buscaba la verdad. A través de sus colores sicodélicos, sus pantalones de basta ancha y su cabello largo, la juventud protestó contra la superficialidad plástica de una sociedad que se encontraba a punto de perder su rumbo moral. Deseaban la verdad, pero sólo hay una verdad: la verdad de Dios. Muchos nunca la hallaron. Eran sinceros, pero nunca fueron vivificados en justicia.

Usted puede ser salvo, ¿pero está vivificado? Muchos creyentes actúan como si estuvieran muertos. Necesitan ser vivificados. Necesitan comunicarse con Dios en oración. Necesitan abrir su alma y derramarla delante de Dios.

¿Qué hay de *usted*? ¿Tomará la oración en serio? ¿Rogará a Dios que le renueve su mente?, ¿que lo ilumine con su entendimiento?, ¿que lo guíe en su camino?, ¿que incline su corazón hacia su Palabra? ¿Se atreverá a ir más allá y pedirle a Dios que le confirme su Palabra y que lo proteja del oprobio? ¿Le pedirá que lo vivifique en su justicia a causa de su intenso anhelo por la verdad de Dios? Usted nunca podrá «fabricarse» tal tipo de avivamiento. Necesita ser tocado por Dios, al sumergirse en su Palabra.

6

CÓMO SER CONFIADO SIN SER ARROGANTE

Venga a mí tu misericordia, oh Jehová; tu salvación, conforme a tu dicho. Y daré por respuesta a mi avergonzador, que en tu palabra he confiado. No quites de mi boca en ningún tiempo la palabra de verdad, porque en tus juicios espero. Guardaré tu ley siempre, para siempre y eternamente. Y andaré en libertad, porque busqué tus mandamientos. Hablaré de tus testimonios delante de los reyes, y no me avergonzaré; y me regocijaré en tus mandamientos, los cuales he amado. Alzaré asimismo mis manos a tus mandamientos que amé, y meditaré en tus estatutos.

Salmo 119:41–48

James Bond mira hacia atrás con una mirada de satisfacción suprema. Del cañón caliente de un arma que empuña en su mano derecha sale humo. En su brazo izquierdo pende una de las mujeres más bellas del mundo. ¿Por qué no ha de sentirse satisfecho? Él solo ha enfrentado ejércitos de expertos en karate, ha evitado bombas y ha piloteado una variedad de automóviles y aeronaves como todo un experto a la vez que ha eliminado a los malos. Sabe usar todo tipo de arma, escapar de todo tipo de trampa y enfrentar toda situación con aplomo y confianza.

La música aumenta en intensidad. Indiana Jones lo ha logrado nuevamente. Veintenas de Nazis yacen muertos en la arena. A través de desiertos y junglas, ha logrado vencer una red global de criminales. Se ha escabullido de peligros increíbles. Ha sobrevivido ante desventajas insuperables. Pareciera que Supermán ha desechado la identidad de un «reportero gentil» para ahora aparecer como un modesto profesor de arqueología de apellido Jones. La única indicación del fuego que arde en su interior la da esa sonrisa torcida y tonta que brevemente aparece bajo el ala de su sombrero.

En un escenario mayor, Luke Skywalker ha conquistado el universo entero. Este muchacho granjero de la era espacial rescata la civilización. Al enfrentar villanos extraños, aprende a aplicar los secretos esotéricos de la vida que le han sido enseñados por un «sapo galáctico» que encontró en una laguna llena de neblina. En esta edición reciente de la «historia sin fin», este caballero usa una espada de luz en lugar de una de metal mientras intenta rescatar a la hermosa princesa.

¿Por qué es que tales historias son tan populares? Si se cuentan de modo apropiado y creativo, despiertan fantasías secretas que existen en nuestro interior. Representan lo que nosotros pensamos que nos gustaría ser: aventureros que pueden enfrentar cualquier situación, vencer a cualquier adversario, escapar de cualquier peligro. Queremos el control y la confianza de saber que siempre prevaleceremos. Los pocos ejemplos anteriores del mundo del cine representan los dioses de nuestros panteones modernos. Nos inclinamos ante ellos porque ellos tienen algo que a nosotros nos falta: confianza.

Estos ejemplos, y toda la colección de historias de la mitología de las generaciones pasadas, no son más que la vanidad de la cual David pidió a Dios que apartara sus ojos en el Salmo 119:37. Son sueños vaporosos que temporalmente llenan el vacío de muchos corazones. No tienen más sustancia que el relleno de crema batida de un bizcocho barato. Sin embargo, repetidamente las escuchamos. Los bizcochos baratos no prometen tener mucho valor nutritivo: sólo nos pueden hacer engordar. ¡Pero qué bien saben en ese breve instante que toma devorarlos!

Más preocupante es comprender por qué el hombre no es capaz de huir de esta fantasía oculta. En el interior del corazón del hombre hay una pasión. No nos gusta hablar de ella, ni siquiera admitir que existe, pero allí está: ¡nosotros también queremos ser dioses!

Satanás sabía esto cuando tentó a Eva. Él la acaparó por completo cuando del fruto prohibido dijo lo siguiente: «*Sino que sabe Dios que el día que comáis de él, serán abiertos vuestros ojos, y seréis como Dios, sabiendo el bien y el mal*» (Gn. 3:5). Él lo sabía porque este era el mismo deseo que se movía en su corazón. «*Sobre las alturas de las nubes subiré, y seré semejante al Altísimo*» (Is. 14:14).

Creo que Dios fue quien puso este deseo en nuestros corazones. Siempre ha sido su plan el establecer un reino de seres semejantes a Dios con quienes Él pudiera tener comunión en una celebración mutua de amor. Pablo entendió que éste era el propósito que Dios tenía al salvarnos. «*Porque a los que antes conoció, también los predestinó para que fuesen hechos conformes a la imagen de su Hijo, para que él sea el primogénito entre muchos hermanos*» (Ro. 8:29). Este es el fin del crecimiento cristiano: el ser como Cristo.

El asunto es cómo llegar a ser semejantes a Dios. La vana tentación del diablo es reforzar el sueño que los hombres tenemos de alcanzar ese estado por medio de nuestros propios esfuerzos. Sin embargo, el plan de Dios es que con humildad confiemos en su poder para que Él nos haga semejantes a Cristo. Si Adán y Eva hubieran continuado en comunión con la voz de Dios que se paseaba por el huerto al aire del día (Gn. 3:8), ellos habrían llegado a ser conformes a la imagen del Dios Todopoderoso. Ellos optaron tomar un atajo pecaminoso y como resultado todos hemos sufrido la consecuencia de la muerte. El sacrificio ofrecido por medio de la muerte del Señor Jesucristo en la cruz tendió un puente sobre la separación que existía entre Dios y el hombre, haciendo posible que el hombre fuese salvo de la muerte y el pecado. También permitió al hombre retornar al plan que Dios originalmente tenía de ser hechos conformes a Su imagen.

Los hombres y mujeres que no llegan a comprender esta perspectiva bíblica nunca pueden llegar a ser verdaderamente confiados. Vivimos en un mundo de inseguridad de las masas. Algunos no pueden enfrentar sus presiones y se desmoronan ante ellas. Otros se ocultan tras un aire de arrogancia. Otros logran un grado limitado de competencia en algunas áreas y se convencen a sí mismos que eso es todo lo que necesitan. Y sin embargo carecen de respuesta ante las preguntas más importantes de la vida: ¿Quién soy? ¿Por qué estoy aquí? ¿Qué me sucederá cuando muera? ¿Cómo puedo vencer el pecado? No existe confianza genuina en esta vida aparte del conocimiento de Dios, conocimiento que se encuentra exclusivamente en la Palabra de Dios, lo cual es el tema de casi todos los versículos del Salmo 119.

¡Claro! El Salmo 119. ¿Creía que lo había olvidado? Dediqué este espacio a explorar nuestra falta de confianza, reflejada en los héroes que elegimos en nuestra cultura, porque la confianza es el empuje de los versículos 41 al 48.

Considere la confianza de David. He aquí un muchacho que fue guerrero desde su juventud y que no temía enfrentar un león y un oso para proteger las ovejas de su padre (1 S. 17:33–37). Tampoco temió enfrentar a Goliat el gigante cuando los demás temblaban de miedo. Con confianza rechazó usar la armadura del rey y prefirió confiar en su Dios. El mismo capítulo 17 de 1 Samuel nos dice cómo él calmadamente escogió cinco piedras lisas para lanzarlas con su honda.

David llegó a guiar a Israel en victoria sobre sus enemigos. En contraste con James Bond, Indiana Jones y Luke Skywalker, David lo hizo a la manera de Dios. Al meditar en las palabras vivientes del Dios viviente, él halló la vía de salida (1 Co. 10:13) y la vía de victoria (Ro. 8:37).

En los ocho versículos siguientes del Salmo 119, el salmista nos enseña cómo ser confiados sin ser engreídos. Veremos que él le pide a Dios dos cosas que resultan en una confianza máxima. David también decidirá mantener cuatro compromisos con la Palabra de Dios. Finalmente, veremos los siete resultados de vivir una vida de confianza que sólo puede hallarse en nuestra relación con Dios a través de su Palabra.

PETICIONES CONCIENZUDAS (v. 41)

Con la misma precisión que tiene una cámara microscópica de televisión que se inserta por las venas para descubrir los secretos del cuerpo humano, Dios ha abierto quirúrgicamente la vida de David con la única espada de dos filos que puede partir el alma y el espíritu (He. 4:12). Los temores, deseos y motivos han quedado expuestos en la mesa de operaciones. David ha mostrado su pasión por aprender la Palabra de Dios. A medida que Dios nos permite sondear las profundidades del ser de este hombre, empezamos a ver los resultados prácticos del amor que David tiene por la Palabra de Dios.

¿Se ha percatado que nos encontramos leyendo el diario espiritual personal de uno de los hombres más increíbles de la historia? En estos cuantos versículos aprendemos cómo es que David tenía la confianza de enfrentar toda situación con seguridad y confianza en Dios. Aprendemos cómo podemos tener la misma confianza en este mundo inestable, sin llegar a ser ni siquiera un poco arrogantes.

David presenta dos peticiones ante Dios para obtener este tipo de confianza. Él pidió que le concediera gracia para *hacer* la Palabra y para *hablar* la Palabra. Usted puede acumular una gran cantidad de conocimiento bíblico, pero nunca desarrollará confianza hasta que sepa con absoluta certeza que puede hacer y decir lo que es bíblicamente correcto. Si usted es una persona temerosa, el único camino a la victoria es pedir a Dios la gracia de hacer y hablar su Palabra.

Una petición de hacer *la Palabra*

«Venga a mí tu misericordia, oh Jehová; tu salvación, conforme a tu dicho» (Sal. 119:41).

Observe la conexión entre tres cosas: «tu misericordia», «tu salvación» y «tu dicho». David es el único personaje del Antiguo Testamento con quien se asocian las «misericordias fieles» de Dios. Hay otra palabra hebrea que a veces se traduce «misericordias» o «piedades» que David usa en los Salmos. Esta palabra se refiere a las misericordias de un Padre celestial que busca consolar a sus hijos durante las pruebas. Pero aquí David pide una aplicación diferente de las misericordias de Dios, las cuales en este versículo se igualan con la salvación de Dios. Estas son las mismas misericordias que luego se llaman las «misericordias fieles» de David.

Pablo citó Isaías 55:3 cuando predicó en Antioquía de Pisidia. *«Y en cuanto a que le levantó de los muertos para nunca más volver a corrupción, lo dijo así: Os daré las misericordias fieles de David* (Hch. 13:34). Esa seguridad especial que David tenía estaba puesta como un tipo de la salvación fiel que Dios había prometido a Israel. Esta seguridad de la salvación vino *«conforme a»* la relación especial que David tenía con la Palabra de Dios.

El creyente del Nuevo Testamento sólo tiene que orar una sola vez para que la salvación de Dios, sus misericordias fieles, vengan a él. ¿Cómo podemos hacer la aplicación neotestamentaria a este versículo? En el Salmo 51:11 David rogó a Dios que no le quitara su Espíritu Santo. Ya que nuestra salvación ha sido sellada con el Espíritu Santo (Ef. 1:13–14), un cristiano neotestamentario jamás tiene que orar como David lo hizo. Sin embargo, existe una aplicación devocional del Salmo 51:11 que tiene vigencia hoy día, puesto que nuestra comunión con Dios a través de su Espíritu se ve interrumpida por el pecado. Aunque no le pedimos a Dios que nos vuelva a salvar, hay un sentido en el cual hemos de «ocuparnos» en nuestra salvación. Esta es la forma en la cual Pablo lo describió a los filipenses. *«Por tanto, amados míos, como siempre habéis obedecido, no como en mi presencia solamente, sino mucho más ahora en mi ausencia, ocupaos en vuestra salvación con temor y temblor»* (Fil. 2:12).

No nos ocupamos para *obtener* nuestra salvación, sino que nos ocupamos *en* nuestra salvación. En otras palabras, permitimos que las misericordias fieles de Dios, su salvación, sea lo que penetra en todas las áreas de nuestra vida y a la vez nos transforma. En Romanos 11, Pablo habló de la misericordia de Dios hacia Israel, que fueron prefiguradas en el Antiguo Testamento por las misericordias fieles de David. En Romanos 11:30 él enseña que hemos recibido esta misericordia debido a la incredulidad de Israel.

Ahora considere un versículo muy familiar y vea cómo resalta una frase que pocas personas observan y menos comprenden. «*Así que, hermanos, os ruego por las misericordias de Dios* (énfasis del autor), *que presentéis vuestros cuerpos en sacrificio vivo, santo, agradable a Dios, que es vuestro culto racional*» (Ro. 12:1). Este es el equivalente neotestamentario de la oración «*Venga a mí tu misericordia, oh Jehová; tu salvación, conforme a tu dicho*» (Sal. 119:41). Es pedirle a Dios que todo el poder de nuestra salvación forme parte de nuestro diario vivir. «*Por las misericordias de Dios*» nos entregamos a nosotros mismos para vivir diariamente en sacrificio vivo al poner los deseos de Dios por encima de los nuestros.

En el transcurso de su crecimiento espiritual llega el momento en el cual deberá dejar a un lado todos los temores, reclamar para sí la gracia de Dios y *hacer* lo que es bíblico. Esto podría requerir una decisión que cambie su vida. Podría representar un cambio de carrera o un cambio de actitud. Podría significar el romper una relación que viola la verdad de Dios. Podría significar el dejar atrás un pecado favorito que está impidiendo su crecimiento. Sólo Dios puede darle tal tipo de valor. ¿Está dispuesto a pedírselo?

Si lo hace, sentirá una sensación extraña cuando empiece a disfrutar del fruto de hacer lo que es bíblico. Esa sensación se llama confianza. Cada vez que usted responda de la misma manera, su confianza crecerá. Usted aprenderá que puede confiar que Dios *actuará* conforme a su Palabra. Eso se llama confianza. Usted nunca la tendrá hasta que decida pedirle a Dios que *haga* lo que resulta de sus misericordias y lo que es conforme a su Palabra.

Una petición de hablar la Palabra

Por ahora pasaremos por alto el Salmo 119:42 porque el versículo 43 contiene la siguiente petición. «*No quites de mi boca en ningún tiempo la palabra de verdad*».

David no quiere que la Palabra de Dios se aleje de su boca. Hoy día diríamos que él quiere tener la verdad de Dios en la punta de la lengua. Esta fue la instrucción que Dios le dio a Josué cuando inició su jornada como comandante en jefe de Israel. «*Nunca se apartará de tu boca este libro de la ley, sino que de día y de noche meditarás en él, para que guardes y hagas conforme a todo lo que en él está escrito; porque entonces harás prosperar tu camino, y todo te saldrá bien*» (Jos. 1:8).

Esta es la progresión natural de uno que ha aprendido a *hacer* las cosas conforme a lo que dice la Palabra de Dios. A medida que la maravillosa salvación de Dios se vierte en cada segmento de nuestras vidas, *desearemos* hablar. Jesús dijo que la boca hablaría de la abundancia del corazón (Mt. 12:34).

Nuevamente, damos por supuesto que David es el escritor humano de este gran salmo. Es fácil ver su corazón y su alma en estas palabras, y aún ver cómo los eventos de su vida corresponden con las cosas que aquí se mencionan. Las misericordias de Dios consumían a David de tal manera que no podía evitar que la Palabra de Dios estuviera en su lengua. Escuche lo que dijo en el Salmo 89:1: *«Las misericordias de Jehová cantaré perpetuamente; de generación en generación haré notoria tu fidelidad con mi boca»*.

Tal vez usted ha usado su timidez como excusa para justificar la falta de testimonio y alabanza en su vida. Cuando usted experimente lo que es «ocuparse» en su salvación y al desarrollar confianza en la Palabra de Dios para enfrentar todas las situaciones de la vida, usted *deseará* compartirlo con los demás. Tal vez nunca se torne en una persona extrovertida, pero usted *puede* pedirle a Dios que le dé la gracia necesaria para dar a conocer sus misericordias. Y usted *puede* pedirle a Dios que en ningún tiempo quite de su boca la Palabra de verdad.

¿Sabía que esta es la única ocasión en la cual la frase «palabra de verdad» aparece en el Antiguo Testamento? La hallamos cuatro veces en el Nuevo Testamento. En Santiago 1:18 se nos dice que somos renacidos por la «palabra de verdad». *«Él, de su voluntad, nos hizo nacer por la palabra de verdad, para que seamos primicias de sus criaturas»*. Aquí recordamos el plan que Dios tiene de tornar a sus hijos en una raza de gente como Cristo, tal como describimos en la introducción del presente capítulo.

Pablo también nos dice que nuestra salvación fue resultado de haber prestado atención a esta «palabra de verdad». *«En él también vosotros, habiendo oído la palabra de verdad, el evangelio de vuestra salvación, y habiendo creído en él, fuisteis sellados con el Espíritu Santo de la promesa»* (Ef. 1:13).

Esta palabra no desaparece cuando aceptamos a Cristo. Nuestra relación con ella continúa. La relación que el salmista demuestra tener con la Palabra de Dios es la misma relación que Pablo nos dice que debemos desarrollar: *«Procura con diligencia presentarte a Dios aprobado, como obrero que no tiene de qué avergonzarse, que usa bien la palabra de verdad»* (2 Ti. 2:15).

El Nuevo Testamento es perfectamente consistente con los preceptos del Antiguo Testamento. Si vamos a la segunda epístola de Pablo a los corintios, vemos la otra ocasión en que la frase aparece, la cual tiene la misma aplicación de hacer y hablar la Palabra de verdad. Empezaremos con 2 Corintios 6:1 y añadiremos algunos comentarios mientras avanzamos. *«Así, pues, nosotros, como colaboradores suyos, os exhortamos también a que no recibáis en vano la gracia de Dios.»* Esto puede compararse con el consejo que Pablo le dio a los filipenses de ocuparse en su salvación. Al igual que nosotros, los filipenses necesitaban involucrarse *haciendo* las misericordias de Dios que habían recibido.

Pablo continúa en 2 Corintios 6:2: *«Porque dice: En tiempo aceptable te he oído, y en día de salvación te he socorrido. He aquí ahora el tiempo aceptable; he aquí ahora el día de salvación»*. Frecuentemente escuchamos este versículo en invitaciones evangelísticas, cuando se urge a las personas a tomar una decisión por Cristo hoy, porque *«he aquí ahora el día de salvación»*. Esta aplicación encaja, sin embargo, el contexto tiene que ver con la necesidad que los corintios tenían de ocuparse en su salvación al poner la Palabra de Dios en sus bocas para poder anunciar el día de salvación.

Pablo continúa señalando la importancia de nuestro ministerio y la necesidad de mantener nuestra integridad al pasar por las muchas pruebas y dificultades que se hallan en el camino. Obsérvese que en este pasaje la «palabra de verdad» es un recurso clave que Pablo usaba para seguir adelante.

> *No damos a nadie ninguna ocasión de tropiezo, para que nuestro ministerio no sea vituperado; antes bien, nos recomendamos en todo como ministros de Dios, en mucha paciencia, en tribulaciones, en necesidades, en angustias; en azotes, en cárceles, en tumultos, en trabajos, en desvelos, en ayunos; en pureza, en ciencia, en longanimidad, en bondad, en el Espíritu Santo, en amor sincero, en **palabra de verdad** [énfasis del autor], en poder de Dios, con armas de justicia a diestra y a siniestra; por honra y por deshonra, por mala fama y por buena fama; como engañadores, pero veraces; como desconocidos, pero bien conocidos; como moribundos, mas he aquí vivimos; como castigados, mas no muertos; como entristecidos, mas siempre gozosos; como pobres, mas enriqueciendo a muchos; como no teniendo nada, mas poseyéndolo todo. Nuestra boca se ha abierto a vosotros, oh corintios; nuestro corazón se ha ensanchado* (2 Co. 6:3–11).

Sus bocas se habían abierto con la palabra de verdad en sus lenguas. Sus corazones se habían ensanchado. ¿Recuerda usted que vimos eso mismo en el Salmo 119:32?

Olvídese de sus temores y debilidades personales. ¿Está dispuesto a pedirle a Dios que nunca quite de su boca la palabra de verdad? Él le dará oportunidades de testificar que usted ni se imagina. Cuando, por su gracia, usted vence sus temores y empieza a hablar la palabra de verdad, hallará que esa sensación de confianza vuelve a su vida. Nuevamente, entre más hable, más confiado se sentirá.

Jesús tomó a un grupo de doce hombres comunes y los discipuló. Sus trasfondos y personalidades eran variados. Pedro no temía actuar ni hablar, sin embargo siempre hacía y decía lo que no debía. Los demás apóstoles aparentemente tenían personalidades un tanto más calladas. La mayoría de ellos probablemente carecía de experiencia como oradores. Pero con el paso del tiempo, todos se tornaron en ministros poderosos de la palabra de verdad. Aprendieron a hacer y a hablar acerca de la gran salvación que hallaron en Él. Unos cuantos años más tarde todos proclamaban con denuedo el evangelio a todo aquel que los escuchara. Dios quiere hacer lo mismo en *su propia* vida.

RESOLUCIONES COMPROMETIDAS (vv. 42, 43, 45, 47, 48)

Las dos peticiones que acabamos de analizar forman el empuje del deseo del salmista. Como vimos en la estrofa pasada, David no pide nada del Señor sin antes comprender que existe la necesidad de compromiso por su parte.

Dispersados en estos versículos hallamos algunos vistazos de las decisiones que David había hecho en su corazón respecto a la Palabra de Dios.

Confiar en la Palabra

«Y daré por respuesta a mi avergonzador, que en tu palabra he confiado» (Sal. 119:42).

Piense en lo que significa confiar: La puerta del avión está abierta. Usted está de pie frente al vacío y el rugido de los motores resuena en sus oídos. Está a punto de saltar con paracaídas por primera vez. Ya ha terminado con las clases en donde aprendió cómo es que funcionan los paracaídas. Sólo queda un asunto por determinar: ¿confiará en su paracaídas?

En el campo espiritual, esto es lo que separa a un hombre confiado de los muchos que han estudiado la Biblia. Su nivel de confianza aumenta según aumente su capacidad de confiar en que la Biblia quiere decir lo que dice. Usted nunca desarrollará la seguridad de confiar en la Palabra hasta que decida dar un paso de fe. Cuando se dé cuenta que el suelo no se abre bajo sus pies, usted tendrá confianza suficiente para dar otro paso.

La Biblia es la única norma absoluta que Dios nos ha dado en este mundo. Si usted no puede confiar en esta norma, ¿cómo espera tener confianza en cosa alguna? ¿Por qué es que aquel precepto bíblico que conmovió su alma durante su devocional matutino ya no tiene el mismo impacto a las tres de la tarde, cuando usted confronta un problema? Usted o confía en lo que la Biblia dice, o no confía en ello.

¿Cuál es *su* reacción natural cuando confronta un problema? ¿Confía en la Palabra? Si sabe lo que la Biblia dice y ha decidido confiar en que lo que la Biblia dice es la verdad, usted podrá seguir adelante con confianza.

Esperar en la Palabra

«No quites de mi boca en ningún tiempo la palabra de verdad, porque en tus juicios espero» (Sal. 119:43).

Cuando en la Biblia aparece el verbo «esperar» o la palabra «esperanza», nunca se refiere a una ilusión o falsa expectativa. En la Biblia la esperanza es un asunto que se sabe con certeza: Meramente expresa la confianza en un evento que aún es futuro, pero que ciertamente será cumplido. *«Porque en esperanza fuimos salvos; pero la esperanza que se ve, no es esperanza; porque lo que alguno ve, ¿a qué esperarlo? Pero si esperamos lo que no vemos, con paciencia lo aguardamos»* (Ro. 8:24, 25).

En el Nuevo Testamento nuestra esperanza se define con mayor claridad en la persona de nuestro Salvador. Pablo dijo a los colosenses: *«Cristo en vosotros, la esperanza de gloria»* (Col. 1:27). Más adelante, él le recordó a Tito que nos encontramos *«aguardando la esperanza bienaventurada y la manifestación gloriosa de nuestro gran Dios y Salvador Jesucristo»* (Tit. 2:13).

Nuestra esperanza está en la Palabra y nuestra esperanza *es* la Palabra. Es imposible separar las dos. Jesucristo es el Verbo (palabra) viviente (Jn. 1:1, 14, quien se manifiesta a nosotros los creyentes a través de la palabra escrita, la cual es la mente misma de Dios (1 Co. 2:16). Nuestra confianza se deriva del hecho que hemos puesto nuestra confianza en la Palabra. De hecho, es sólo a través de la Palabra escrita que nos es posible conocer a Aquél quien es nuestra Esperanza. «*Porque las cosas que se escribieron antes, para nuestra enseñanza se escribieron, a fin de que por la paciencia y la consolación de las Escrituras, tengamos esperanza*» (Ro. 15:4).

Nuestra esperanza, hallada en las Escrituras, es un elemento clave para el desarrollo de nuestra confianza. En Romanos 5:2–5, Pablo nos explica cómo es que Dios utiliza las pruebas en nuestra vida para ayudarnos a crecer. Nos enseña que la tribulación produce paciencia; y la paciencia, prueba; y la prueba, esperanza. Luego añade que «*la esperanza no avergüenza*».

El tener a una familia en medio de la guerra civil que sufrió el Salvador hubiera sido un reto terrible de no haber sido por la esperanza de la Palabra de Dios. La muerte era una realidad cotidiana para todos. El que su hija de siete años al llegar de la escuela le contara cómo se vio encañonada por un rifle M-16 mientras soldados revisaban si ella y su maestra tenían armas o bombas puede ser algo inquietante. Tuvimos muchas experiencias tales, las cuales llevaron a muchos amigos y familiares bien intencionados a cuestionar si nuestra decisión de permanecer allí era sabia.

¿Por qué nos quedamos? Porque estábamos convencidos que Dios nos había colocado en ese lugar durante esa época. ¿Cómo hubiéramos podido decirle a los creyentes salvadoreños que confiaran en la Palabra y pusieran su esperanza en la Palabra si nosotros no hubiéramos estado dispuestos a hacerlo nosotros mismos? Llegamos a la conclusión de que lo peor que nos podría ocurrir sería perder la vida. Y si eso llegara a ocurrir, teníamos la certeza y esperanza de la vida eterna. ¿Qué tan mal podrían ir las cosas? Sencillamente llegaríamos al cielo antes que los demás. El esperar en la Palabra de Dios no es un asunto teórico en nuestras vidas. Literalmente nos jugamos la vida por la esperanza en la Palabra de Dios.

¿Se siente consumido por los temores y preocupaciones de la vida presente? ¿Confía usted realmente en la Palabra? ¿Está dispuesto a jugarse la vida por ello?

Buscar la Palabra

«*Y andaré en libertad, porque busqué tus mandamientos*» (Sal. 119:45).

Durante el conflicto armado del Golfo Pérsico en 1991, los aviones de los Estados Unidos efectuaron ataques aéreos devastadores sobre Irak en el despliegue más grande de poderío aéreo jamás visto. Los comandos especiales de los EE.UU. colocaron objetivos láser en edificios clave. Las bombas guiadas por láser buscaron sus objetivos con una precisión increíble.

Nuestros corazones debieran estar programados de manera similar. Debieran buscar la Palabra de Dios, tal como una bomba guiada por láser, o un misil termodirigido. El objetivo es tener un enfoque claro en la dirección de búsqueda.

Un corazón que busca la Palabra de Dios hace más que buscar aprender más de la Palabra. Eso definitivamente forma parte del asunto, sin embargo, el buscar la Palabra va más allá que el mero estudio. Cuando surge un problema, una necesidad o una crisis, nuestros corazones quedan entrenados a hacer una cosa: buscar qué dice la Biblia al respecto. No hay otro lugar dónde buscar. Nuestro corazón queda fijado en un rumbo que lo lleva directo a la Biblia.

Las iglesias modernas invierten mucho tiempo y dinero intentando buscar las maneras de atraer más gente a la iglesia. No se escatiman esfuerzos para garantizar la comodidad de la gente, la conveniencia de los estacionamientos y la limpieza de la guardería. Se hacen estudios cuidadosos para asegurar que el horario de servicios no presente conflictos con los ocupados horarios de la gente de hoy día. Si ofrecemos un ambiente suficientemente conveniente, atractivo y cómodo y si nunca ofendemos a nadie, esperamos que la gente nos hará el favor de escucharnos enseñar la Biblia una o dos veces por semana.

Jesús no tuvo la ventaja de las técnicas modernas de investigación de mercados, ni tuvo a la mano los resultados de investigaciones psicológicas que le mostraran los efectos que ciertos colores tienen para crear un ambiente cálido y propicio a la adoración. Lo que Él hizo fue decirle a sus discípulos potenciales que ni siquiera podía garantizarles un lugar dónde recostar sus cabezas y que el seguirle les costaría la vida (Lc. 9:58; Mt. 10:38, 39). Sin embargo, y a pesar de esto, Él infundió en sus discípulos un corazón decidido a buscar la Palabra de Dios. Cuando otros dejaron de seguir a Cristo, Pedro habló en nombre de los doce: «*Señor, ¿a quién iremos? Tú tienes palabras de vida eterna*» (Jn. 6:68).

Amar la Palabra

En los dos versículos finales de esta estrofa el énfasis recae sobre una idea que aparece dos veces: el amar la Palabra de Dios. David confiaba en la palabra, había puesto su esperanza en la Palabra y buscaba la palabra. Sin embargo, él comprendió que nada, absolutamente nada, podía ser más importante que su amor por la Palabra de Dios.

«*Y me regocijaré en tus mandamientos, los cuales he amado. Alzaré asimismo mis manos a tus mandamientos que amé, y meditaré en tus estatutos*» (Sal. 119:47, 48).

David había puesto sus prioridades en el orden correcto. No hay nada más importante para su crecimiento espiritual que el amar la Palabra de Dios. A través de la Biblia usted llega a conocer a Dios. Usted descubre sus caminos. Usted lee su mente. Usted aprende los preceptos que le guiarán por la vida. En sus páginas encuentra los recursos que necesitará para enfrentar cualquier situación.

Una persona no gasta grandes sumas de dinero para comprar palos de golf de grafito, se hace miembro de un club campestre y pasa incontables horas en el campo de golf a menos que le tenga amor al juego de golf. Usted no pasará mucho tiempo en la Biblia a menos que le tenga amor. Usted invierte tiempo en las cosas que ama.

Aquí tenemos un experimento en la administración del tiempo: ¿Cómo invirtió su tiempo la semana pasada? Haga una lista de los eventos y actividades que llenaron su tiempo disponible. ¿Cuánto tiempo pasó en la Palabra de Dios? ¿Puede usted decir que de veras ama la Palabra de Dios?

RESULTADOS DE CONFIANZA (vv. 42, 44–48)

Una notable confianza surge como resultado de la relación que David gozaba con la Palabra de Dios. David no estaba contento con jugar los juegos que ofrece la religión. Su vida de oración reflejaba la obsesión que sentía de *hacer* y *hablar* la Palabra de Dios. Había fijado su corazón para confiar en la Palabra de Dios por sobre todas las cosas. Era su esperanza. No importa el lugar ni las circunstancias, David buscaba las verdades bíblicas con fervor. Sobre todo, amaba la Palabra de Dios con un amor que pocos han sentido.

Esta composición espiritual nos ayuda a comprender la capacidad extraordinaria de liderazgo que David tenía. Hubo hombres que siguieron a David: valientes por sus propios méritos; y sin embargo siguieron a David. Habrían dado sus vidas por él. Sólo un líder confiado y centrado puede capturar la lealtad y devoción de otros hombres valientes. Han habido muchos líderes fuertes y se han escrito muchos libros que intentan analizar los secretos de su liderazgo. Pero David ejerció un liderazgo bíblico y ahora tenemos sus secretos delante nuestro. Estos se expresan con naturalidad en estos versículos y los examinaremos para ver cómo estamos en comparación.

Confianza para responder a los ataques

«*Y daré por respuesta a mi avergonzador, que en tu palabra he confiado*» (Sal. 119:42).

Quizás fue el día más negro de la vida de David, aquel día que él y un pequeño grupo de hombres fieles huyeron de Jerusalén. Su hijo, Absalón, había organizado un golpe de estado para desplazar a su padre del poder. Simei, un pariente de Saúl amargado, se paró por el lado de un monte y levantó los puños con enojo contra David, maldiciéndole. Los hombres de David quisieron decapitarle en ese mismo instante, pero David sabía cómo responder ante tal oprobio. «*Y dijo David a Abisai y a todos sus siervos: He aquí, mi hijo que ha salido de mis entrañas, acecha mi vida; ¿cuánto más ahora un hijo de Benjamín? Dejadle que maldiga, pues Jehová se lo ha dicho*» (2 S. 16:11).

La rebelión de Absalón en gran parte fue cosecha del pecado del mismo David. No tenemos que describir las muchas y muy obvias faltas de David. Para los propósitos de este estudio, hemos de concluir que tal respuesta sólo puede provenir de los labios de un hombre supremamente confiado. Además, podemos ver que su confianza específicamente es en el Señor. David no es ni arrogante ni está acobardado: está confiado.

Cuando una persona insegura se ve atacada, se derrumba. Se torna amargada, deshecha, enojada, abatida; todo menos confiada. El tener confianza no significa que uno va a responder con un insulto o un comentario sagaz. La confianza es saber *qué* responder conforme a la voluntad de Dios. La relación íntima que David tenía con Dios a través de las Escrituras le dio ese tipo de confianza.

Pedro tenía una idea muy similar en mente cuando escribió: «*Sino santificad a Dios el Señor en vuestros corazones, y estad siempre preparados para presentar defensa con mansedumbre y reverencia ante todo el que os demande razón de la esperanza que hay en vosotros; teniendo buena conciencia, para que en lo que murmuran de vosotros como de malhechores, sean avergonzados los que calumnian vuestra buena conducta en Cristo»* (1 P. 3:15, 16).

Confianza de hacer lo bueno

David cometió pecados, todos los cometemos. Sin embargo, él era un hombre confiado en conocer la diferencia entre lo bueno y lo malo. Y, siempre y cuando su corazón estuviera recién sumergido en la Palabra de Dios, él tenía confianza en que *haría* lo bueno.

«Guardaré tu ley siempre, para siempre y eternamente» (Sal. 119:44).

Las personas inseguras frecuentemente hacen lo malo, porque fácilmente son víctima de la influencia de otros. Se preocupan de lo que los demás pensarán, o dirán o harán. Son esclavos de la opinión pública y la presión de sus semejantes y nunca llegan a desarrollar la confianza necesaria para sencillamente hacer lo que Dios desea, a pesar de las consecuencias.

Si *usted* carece de esta confianza, su única vía de escape de este tipo de esclavitud es sumergirse en el Libro de libros para que pueda ser controlado por el Rey de reyes.

Este era el combustible que alimentaba la capacidad que David tenía de hacer lo bueno. Después de haber pecado con Betsabé, el profeta Natán lo confrontó directamente. Todo hombre peca, pero sólo un hombre confiado puede hacer lo que David hizo. David reconoció su pecado, lo confesó, y arregló las cosas delante de Dios y delante de los hombres. Eso se llama confianza.

José es un excelente ejemplo de un hombre confiado. En Génesis 39, José se ve constantemente presionado por la esposa de Potifar, quien deseaba seducirlo. Ella se abalanzó sobre él un día que su esposo no se encontraba en casa. Nadie se habría enterado. José tuvo suficiente confianza como para sencillamente huir de la casa. Él comprendió que Dios lo estaba viendo, y eso le bastaba. Él tenía la confianza suficiente para hacer lo bueno, aun si nadie más se enteraba.

Confianza de andar en libertad

Otra forma de esclavitud que ata al individuo inseguro de sí mismo es el ser controlado por sus propios temores, remordimientos y dudas. Cuando somos inseguros, nos dejamos esclavizar por casi cualquier cosa que a nuestros ojos parezca más fuerte que nosotros. Hasta los líderes espirituales caen en esta trampa cuando temen causar sacudidas en las tradiciones de su denominación u organización.

David dijo: «*...andaré en libertad, porque busqué tus mandamientos*» (Sal. 119:45). La vida de David da testimonio de cómo él era un individuo de criterio propio. No temía romper el molde. Tenía criterio propio porque comprendió con claridad que él era un hombre de Dios. Cuando él y sus hombres tuvieron hambre y el sacerdote le explicó que la única comida que tenía a la mano eran los panes de proposición del tabernáculo, David tuvo la confianza necesaria para sugerir que lo comieran. Y eso fue lo que hicieron (1 S. 21:1–6). Jesús usó este ejemplo en uno de sus muchos enfrentamientos con los fariseos para demostrarles que ellos se encontraban atados por su tradición y no comprendían el propósito de la ley (Mt. 12:1–9).

La tendencia natural del ser humano a quedar esclavizado por este tipo de cosas también prevalecía en los días de Pablo. Él confronta este asunto en varias de sus epístolas. La esclavitud espiritual es el punto central de su epístola a los gálatas. Ellos habían empezado bien, pero algunos falsos maestros se habían aprovechado de su ignorancia del propósito de la ley y los habían llevado a la esclavitud. Las palabras de Pablo eran como las de un padre de familia bien estricto. «*Esto solo quiero saber de vosotros: ¿Recibisteis el Espíritu por las obras de la ley, o por el oir con fe? ¿Tan necios sois? ¿Habiendo comenzado por el Espíritu, ahora vais a acabar por la carne?*» (Gá. 3:2, 3).

La solución que Pablo ofrece es instruirles en cuanto al propósito de la ley y dirigirles hacia la verdadera espiritualidad que surge como resultado de tener una relación íntima con Dios y con su Palabra. Esto es lo que se llama andar en el Espíritu; es andar en libertad.

No importa qué cosa le haya esclavizado —la presión de los demás, la tradición, el temor o su pecado— usted hallará la libertad si pide a Dios que le dé la gracia de *hacer* la Palabra y *hablar* la Palabra.

Confianza de hablar delante de reyes

Las personas inseguras se intimidan con facilidad. Se paralizan cuando se encuentran ante la presencia de personajes con autoridad, personas famosas o sencillamente aquellos que son más ricos, más inteligentes o más grandes que ellos. Nunca tienen el valor de expresar lo que verdaderamente sienten. Siempre se alejan diciéndose a sí mismos lo que debieron haber dicho. ¿Siente usted esto? David nunca lo sintió.

«Hablaré de tus testimonios delante de los reyes, y no me avergonzaré» (Sal. 119:46).

Aun en su juventud, David no se dejó intimidar por un gigante. Luego sirvió en la corte de Saúl y fue objeto de los celos de Saúl. Saúl era poderoso, inteligente y físicamente imponente, pero también era inseguro. Aun estando bajo el ataque constante de Saúl, y habiendo sido ungido rey por Samuel, David nunca perdió la compostura. Él tenía una profundidad que Saúl nunca llegó a comprender. Saúl nunca comprendió lo que era tener una relación con la Palabra de Dios. Un hombre quedó estrangulado por su inseguridad; mas el otro venció sus problemas y nos dejó un testimonio eterno de gloria.

Confianza de disfrutar de la vida

«Y me regocijaré en tus mandamientos, los cuales he amado» (Sal. 119:47).

Algunas personas piensan que la Biblia es un librito devocional bien ingenioso que Dios nos ha dado para que podamos hallar éxito en las cosas que disfrutamos. David halló éxito haciendo las cosas que Dios disfruta. David halló su regocijo en la Palabra. Debido a que la Biblia era la fuente del gozo de David, este gozo podía correr libremente hacia las otras áreas de su vida.

He tenido la oportunidad de predicar en muchas iglesias diferentes y me preocupa ver la gran cantidad de hijos de Dios que se ven oprimidos por el legalismo, la tradición, la política en la iglesia y cosas semejantes. Asisten a los servicios, pero su vista se extravía, su mente está en blanco y su corazón está frío.

¿Es usted uno de esos cristianos que temen sonreír? La Biblia es un libro que debiera ser fuente de gozo y no una obligación que es necesario soportar. No se tome a sí mismo con tanta seriedad. Relájese un poco.

David sabía cuándo ser serio, pero nunca perdió el gozo. Cuando llegó a ser rey, su prioridad fue retornar el arca del pacto a Jerusalén. Cometió algunos errores, halló las respuestas en la Palabra de Dios y finalmente logró su propósito. El día que el arca entró en la ciudad fue un día de gran celebración. David mismo dirigió la alabanza. No podía contener su gozo.

Dése por enterado que si usted se sumerge en la Palabra de Dios y aprende a disfrutar de la vida, usted recibirá las críticas de aquellos que no lo comprenden. La esposa de David no lo comprendió. «*Pero cuando el arca del pacto de Jehová llegó a la ciudad de David, Mical, hija de Saúl, mirando por una ventana, vio al rey David que saltaba y danzaba; y lo menospreció en su corazón*» (1 Cr. 15:29).

Un perro bien entrenado disfruta el obedecer a su amo. Su meta es complacer. El hombre, cuanto tiene una relación correcta con Dios, disfruta el complacer a Dios. Si usted ha perdido el gozo en su vida, es porque ha perdido la intimidad con Dios. Jesucristo dijo: «*Estas cosas os he hablado, para que mi gozo esté en vosotros, y vuestro gozo sea cumplido*» (Jn. 15:11).

Confianza para servir a Dios

«*Alzaré asimismo mis manos a tus mandamientos que amé*» (Sal. 119:48).

Usando lenguaje del Antiguo Testamento, David expresa que su relación con los mandamientos de Dios le ha permitido ofrecer a Dios el sacrificio de su vida y su servicio. El Salmo 141:2 nos explica la simbología. «*Suba mi oración delante de ti como el incienso, el don de mis manos como la ofrenda de la tarde*». El salmista en esta ocasión iguala el alzar las manos con el sacrificio de la tarde, o de las 3 P.M., el cual era un cuadro de la obra de Cristo en la cruz.

Una persona insegura sirve a Dios como resultado del temor, de la obligación, o de deseos egoístas. A estas alturas ya hemos demostrado que a Dios le importa más nuestra actitud que nuestras actividades.

Desde el principio de su reinado, David deseaba de modo apasionado el construir un templo para Dios. El Señor no se lo permitió, pero David dedicó su vida y sus recursos a preparar los materiales para que su hijo Salomón construyera el templo. Esto lo hizo porque quería hacerlo. Tenía confianza en la voluntad de Dios y en sus propias habilidades. Nadie le obligó a preparar las cosas para la construcción del templo.

Primero de Crónicas 29 nos cuenta la historia de cómo David motivó al pueblo mediante un ejemplo de sacrificio personal. Él dijo:

Yo con todas mis fuerzas he preparado para la casa de mi Dios, oro para las cosas de oro, plata para las cosas de plata, bronce para las de bronce, hierro para las de hierro, y madera para las de madera; y piedras de ónice, piedras preciosas, piedras negras, piedras de diversos colores, y toda clase de piedras preciosas, y piedras de mármol en abundancia. Además de esto, por cuanto tengo mi afecto en la casa de mi Dios, yo guardo en mi tesoro particular oro y plata que, además de todas las cosas que he preparado para la casa del santuario, he dado para la casa de mi Dios» (1 Cr. 29:2, 3).

Luego, David propuso un reto: «*¿Y quién quiere hacer hoy ofrenda volunta- ria a Jehová?* (1 Cr. 29:5).

¿Está *usted* dispuesto a consagrar su servicio, a alzar sus manos al Señor? ¿Tiene usted confianza suficiente para hacerlo?

Confianza para ser honesto

Después de hablar de su consagración al Señor y de afirmar su amor por la Palabra de Dios, David concluye el versículo 48 diciendo: «*Y meditaré en tus estatutos*» (Sal. 119:48*b*).

Las personas que leen la Biblia puramente por obligación o curiosidad nunca llegan a comprender de qué se trata. No les es posible comprenderlo. Anteriormente establecimos que la Biblia se discierne espiritualmente, que es necesario creer en la Palabra para poder comprenderla. Sin embargo, aun a los creyentes les resulta imposible comprender la palabra si carecen de la confianza suficiente para ser honestos.

La Biblia es un libro que nos sondea. Enciende la luz brillante de la santi- dad de Dios sobre los lugares ocultos de nuestros corazones. Puede ser dul- ce como la miel en nuestra garganta, pero puede ser amarga cuando llega al vientre (Ap. 10:9). Cuando nos falta la confianza, tendemos a ser deshones- tos cuando leemos la Biblia: no somos honestos con Dios ni tampoco con nosotros mismos.

La verdadera meditación en la Palabra de Dios requiere un corazón abierto y honesto. Este es un resultado de confianza que se produce al tener una relación con la Palabra de Dios como la que David tenía. Otra palabra que podríamos usar en este caso es integridad. Un individuo confiado consulta la Palabra para meditar en el mensaje que Dios tiene allí. Se preocupa en lo que Dios tiene que decirle a *él mismo* y no a los demás. Desea que Dios lo refine, lo fortalezca. El producto que resulta de este tipo de meditación es la integridad, una actitud honesta hacia Dios, hacia su Palabra, hacia los demás y hacia nosotros mismos.

¿Tiene usted suficiente confianza para acercarse a la Biblia para meditarla genuinamente? ¿Está cansado de «jugar» al cristianismo? ¿Desea establecer contacto con el corazón de Dios para transformar su propio corazón? Esto es lo que puede llegar a ocurrir si usted adquiere confianza a través de las verdades divinas.

Todo tiene que empezar con reconocer que el hacer y hablar la Palabra de Dios es algo que nunca podrá lograr por sí mismo. Es necesario que se acerque a Dios en oración sincera para buscar su gracia. Mientras su corazón esté decidido a confiar, esperar, buscar y amar la Palabra, usted descubrirá que una nueva confianza surgirá en su corazón. Esta no es la falsa confianza que se fabrica mirándose en el espejo y repitiendo refranes que aprendió en algún seminario. Es la confianza que sólo Dios puede darle a través de su Palabra.

Es posible que usted siempre sea una persona introvertida, pero se verá repentinamente dando respuestas bíblicas a quienes le ataquen. Tendrá la confianza de hacer lo bueno y andar en libertad. Podrá comparecer ante la presencia de las personas más poderosas del mundo y hablar con confianza sobre los testimonios del Dios del cielo. Usted disfrutará de la vida, aun en medio de las pruebas y consagrará confiadamente a Dios tanto su ser como sus recursos. Usted podrá llegar a la Palabra de Dios con denuedo para ver cómo es que realmente se aplica a su vida personal.

7

ACUÉRDATE DE ACORDARTE

Acuérdate de la palabra dada a tu siervo, en la cual me has hecho esperar. Ella es mi consuelo en mi aflicción, porque tu dicho me ha vivificado. Los soberbios se burlaron mucho de mí, mas no me he apartado de tu ley. Me acordé, oh Jehová, de tus juicios antiguos, y me consolé. Horror se apoderó de mí a causa de los inicuos que dejan tu ley. Cánticos fueron para mí tus estatutos en la casa en donde fui extranjero. Me acordé en la noche de tu nombre, oh Jehová, y guardé tu ley. Estas bendiciones tuve porque guardé tus mandamientos.

Salmo 119:49–56

Cuando yo pastoreaba una iglesia en El Salvador hace ya varios años atrás, uno de los líderes de la iglesia tenía dificultades en organizar su vida. Era un hermano muy bueno, pero no podía recordar citas, no sabía organizar sus prioridades y por lo tanto tenía problemas en el cumplimiento de sus muchas responsabilidades.

Un amigo que era abogado y que también era uno de los líderes de la iglesia con una tremenda capacidad administrativa, decidió tomar el reto de equipar a este hermano con lo necesario para ser un mejor mayordomo de su tiempo. Este hombre y yo compramos un hermoso sistema de administración de tiempo que venía completo con calendarios, agendas diarias, listas de tareas y un portafolio de cuero. Invertimos varias horas enseñándole a nuestro desorganizado amigo los detalles de la administración y programación del tiempo.

¡Los resultados fueron asombrosos! En poco tiempo este amado hermano había aprendido a anotar su lista diaria de cosas que hacer. Dividió meticulosamente su día en bloques de horas y correctamente le asignó la prioridad correspondiente a cada punto de su lista. Todas sus citas quedaron debidamente anotadas. Por su letra nítida, que reflejaba sus estudios previos de contabilidad, sus calendarios parecían una obra de arte. Nos sentimos satisfechos con su progreso y anticipábamos ver cómo su vida de ahora en adelante sería mucho más productiva.

Sólo había un problema: una vez que nuestro amigo ponía los detalles por escrito, nunca se acordaba de consultar su agenda para ver qué era lo que tenía que hacer. ¡Él no se acordaba de acordarse! La memoria es uno de los dones más poderosos que Dios ha dado al hombre. Cuando estudiamos el Salmo 119:16 mencionamos la importancia de recordar.

Un recuerdo agradable puede ser una fuente inagotable de gozo, consuelo e inspiración. Un recuerdo traumático puede destruir una vida y ser causante de la esclavitud emocional. Uno de los horrores del infierno es que el hombre podrá recordar. En Lucas 16:25, Abraham le dice al hombre rico que se acuerde. El hombre se acordará de las veces que maldijo a Dios, de las cosas vanas en las cuales confió y de las veces que rechazó el mensaje del evangelio.

La memoria también puede usarse como una poderosa herramienta para fortalecer y dar consuelo en tiempos de tribulación. Este es el tema del Salmo 119:49–56. De las veintidós estrofas del Salmo 119, ésta es la única que contiene el verbo «acordarse». Aparece tres veces en estos ocho versículos.

David descubrió que podía hallar una fortaleza sobrenatural en los momentos difíciles de la vida mediante el recordar. Examinaremos estos versículos siguiendo las cuatro cosas de las cuales David se acordó. Él se acordó de la Palabra de Dios, de las obras pasadas de Dios, de los cánticos que Dios le había dado y del nombre de Dios.

La aplicación de este principio para la vida moderna puede hacerse directamente. Nosotros también podemos hallar consuelo y valor al acordarnos de las mismas cosas de las cuales David se acordó. La idea es sencilla. Dios ya nos ha dado todo por escrito en una forma organizada y estructurada. Su agenda es clara. Sin embargo, muchos cristianos se olvidan de acordarse. ¡Sólo hay que acordarse de acordarse!

ACUÉRDATE DE LA PALABRA (vv. 49, 50)

«Acuérdate de la palabra dada a tu siervo, en la cual me has hecho esperar. Ella es mi consuelo en mi aflicción, porque tu dicho me ha vivificado» (Sal. 119:49, 50).

Hay consuelo en la aflicción

Los primeros dos versículos de esta estrofa nos describen cómo David enfrentaba la aflicción. La aflicción no hace acepción de personas; se hace presente en las vidas de todos nosotros. En última instancia, la aflicción que sufrimos en esta vida es apenas un cuadro de aquel «tiempo de aflicción» futuro (Jer. 16:19), el cual también se conoce como la gran tribulación (Mt. 24:21).

La Biblia enseña que los creyentes pueden tener consuelo y gozo verdaderos en medio de la tribulación. Quizás no hay mejor libro del Nuevo Testamento que mejor ilustre esta verdad que la Segunda Epístola de Pablo a los Corintios. Él anuncia confiadamente a los corintios que Dios puede darnos consuelo en las pruebas. *«Bendito sea el Dios y Padre de nuestro Señor Jesucristo, Padre de misericordias y Dios de toda consolación, el cual nos consuela en todas nuestras tribulaciones, para que podamos también nosotros consolar a los que están en cualquier tribulación, por medio de la consolación con que nosotros somos consolados por Dios»* (2 Co. 1:3, 4).

Tal convicción dogmática acerca del «Dios de toda consolación» no era mero hablar por parte del apóstol Pablo. Él experimentó esa consolación muchas veces en su vida. Más adelante en 2 Corintios, Pablo nos da una lista de algunas de las aflicciones que había sufrido durante sus años en el ministerio.

En trabajos más abundante; en azotes sin número; en cárceles más; en peligros de muerte muchas veces. De los judíos cinco veces he recibido cuarenta azotes menos uno. Tres veces he sido azotado con varas; una vez apedreado; tres veces he padecido naufragio; una noche y un día he estado como náufrago en alta mar; en caminos muchas veces; en peligros de ríos, peligros de ladrones, peligros de los de mi nación, peligros de los gentiles, peligros en la ciudad, peligros en el desierto, peligros en el mar, peligros entre falsos hermanos; en trabajo y fatiga, en muchos desvelos, en hambre y sed, en muchos ayunos, en frío y en desnudez (2 Co. 11:23–27).

La mayoría de los creyentes que vivimos en el mundo desarrollado de hoy día no contamos con la experiencia necesaria para ni siquiera asimilar las cosas por las que pasó Pablo. Sencillamente está fuera del alcance de nuestras mentes civilizadas. Pero aun más increíble es la actitud que Pablo tiene hacia todas estas cosas. Él escribió en 2 Corintios 4:17: «*Porque esta leve tribulación* (énfasis del autor) *momentánea produce en nosotros un cada vez más excelente y eterno peso de gloria»*. Es claro que Pablo tenía acceso a una fuente de poder sobrenatural desconocida para la mayoría de los creyentes de hoy día.

Pablo no fue el único en experimentar este consuelo inexplicable en medio de la prueba. En 2 Corintios 8, Pablo nos da el ejemplo de los cristianos de Macedonia. Ellos vivían en extrema pobreza. Su sufrimiento era legendario. Sin embargo, estos hermanos de alguna manera habían descubierto una gran fortaleza en el tiempo de la prueba. No sólo tenían sus corazones llenos del gozo del Señor, sino que estuvieron entre los primeros que participaron de una ofrenda voluntaria para auxilio por una gran hambre que ocurrió en Jerusalén y Judea. «*Asimismo, hermanos, os hacemos saber la gracia de Dios que se ha dado a las iglesias de Macedonia; que en grande prueba de tribulación, la abundancia de su gozo y su profunda pobreza abundaron en riquezas de su generosidad»* (2 Co. 8:1, 2).

Todo esto suena como una bonita teoría para la mayoría de las personas. ¿Pero será realmente posible que una persona común en pleno siglo veinte experimente la misma paz y consuelo? Seguramente los creyentes del primer siglo no sufrieron las mismas pruebas que hoy día nos acosan. ¿Cuál es el secreto? ¿Es más que tener unos deseos agradables? ¿Es más que lo que se aprende en la escuela dominical? ¿Acaso puedo yo realmente encarar la aflicción y sonreir confiadamente con el corazón lleno de gozo?

El salmista nos respondería con un «¡Sí!» enfático. En el Salmo 119:49, él pide confiadamente a Dios que se acuerde de su Palabra. David ya ha reclamado para sí la Palabra de Dios. Ha basado su vida sobre esa palabra. Esa Palabra era la base de su esperanza.

En el versículo 50, él declara que la Palabra de Dios en la cual él confía es su consuelo en la aflicción. Esta consoladora Palabra de Dios, nos dice, es la que le da nuevo aliento de vida en el tiempo de aflicción. Específicamente, ¿qué consejo podemos hallar en este principio que podamos aplicar a nuestras vidas?

Hay consejo en la aflicción

Al ver que nuestra memoria es menos que perfecta, es reanimante recordar que Dios siempre recuerda. La primera mención del verbo «acordarse» en la Biblia se halla en Génesis 8:1, en donde dice: «*Y se acordó Dios de Noé*», cuando Noé se hallaba flotando sobre las aguas del diluvio en el arca. Cuando usted sea echado de aquí para allá por las tempestuosas aguas del mar de la vida, Dios también se acordará de usted.

Después del juicio del diluvio, Dios puso su arco iris en las nubes y prometió que se acordaría de su promesa de que «*no habrá más diluvio de aguas para destruir toda carne*» (Gn. 9:15). Dios se acuerda de todas las promesas que le ha hecho. Él las escribió todas en blanco y negro en un libro llamado la Biblia.

Poco antes de su juicio de destrucción sobre Sodoma y Gomorra, el Señor le confió a Abraham lo que sucedería. Abraham intercedió por su sobrino, Lot, pidiendo su salvación. «*Así, cuando destruyó Dios las ciudades de la llanura, Dios se acordó de Abraham, y envió fuera a Lot de en medio de la destrucción, al asolar las ciudades donde Lot estaba*» (Gn. 19:29). Aunque usted no se dé cuenta de ello, Dios siempre se acordará de contestar sus oraciones.

Raquel era la hermosa, pero estéril, esposa de Jacob. Su hermana Lea había dado a luz a cuatro hijos y por ello había causado todo tipo de emociones en Raquel. El deseo de llevar fruto que Raquel tenía era tan abrumador que la llevó a clamar: «*Dame hijos, o si no, me muero*» (Gn. 30:1). Parecía ser que Dios se había olvidado de ella. Pero Dios ya había tomado nota de la actitud de su corazón, «*y se acordó Dios de Raquel, y la oyó Dios, y le concedió hijos*» (Gn. 30:22).

Habrá épocas de esterilidad en su vida, cuando usted estará seguro que Dios se ha olvidado de usted. Si tiene un deseo sincero de tener fruto, Dios no lo pasará por alto. Él lo ha escogido a usted precisamente para ese propósito (Jn. 15:16) y Él se acordará de usted y le hará fructífero a su debido tiempo. Dios se acuerda.

Viendo que Dios siempre se acuerda de nosotros, podríamos atrevernos a ser como David y recordarle a Dios que se acuerde. De hecho, Dios emite este reto: «*Hazme recordar, entremos en juicio juntamente; habla tú para justificarte*» (Is. 43:26).

Si usted ha dado un paso basado en la Palabra de Dios, siempre tendrá una fuente de apoyo. Por otro lado, si ha dado un paso basándose en emociones, impulsos, presiones de otras personas o cualquier otra cosa, usted verá que el suelo desaparece debajo de sus pies. Es por ello que es esencial que todas las decisiones de la vida las tome basándose en lo que la Palabra de Dios enseña claramente. Si usted no tiene Palabra de Dios, ¡no se mueva! Si *tiene* Palabra de Dios, usted tendrá de qué asirse en medio de las tormentas.

Cuando llegan las pruebas y usted siente la tentación de apoyarse sobre sus sentimientos, puede recordarle a Dios lo que Él ha dicho en su palabra. Usted puede reclamar esa promesa para sí mismo, asirse a ella y recordar que Dios siempre se acuerda.

Esta era la práctica que David tenía en su vida de oración. Observe cómo David le dice a Dios de qué cosas acordarse y de qué cosas no acordarse. *«Acuérdate, oh Jehová, de tus piedades y de tus misericordias, que son perpetuas. De los pecados de mi juventud, y de mis rebeliones, no te acuerdes; conforme a tu misericordia acuérdate de mí, por tu bondad, oh Jehová»* (Sal. 25:6, 7).

¡Qué asombroso! David le está diciendo a Dios de qué cosas acordarse. Más aún, le está diciendo de qué cosas *no* acordarse. Él puede atreverse a ello porque está apoyado sobre la voluntad de Dios, expresada en la Palabra de Dios. La única cosa que Dios promete olvidar es nuestro pecado: *«y no me acordaré más de su pecado»* (Jer. 31:34).

La misma técnica de oración aparece en el Salmo 74. *«Acuérdate de tu congregación, la que adquiriste desde tiempos antiguos, la que redimiste para hacerla la tribu de tu herencia; este monte de Sion, donde has habitado»* (v. 2). David le recuerda a Dios que defienda su nombre. *«Acuérdate de esto: que el enemigo ha afrentado a Jehová, y pueblo insensato ha blasfemado tu nombre ... Levántate, oh Dios, aboga tu causa; acuérdate de cómo el insensato te injuria cada día»* (Sal. 74:18, 22).

Cada vez que podamos recordarle a Dios lo que Él mismo ha dicho, nos hallamos sobre suelo firme. La verdad equivalente en el Nuevo Testamento la hallamos en 1 Juan 5:14, 15. *«Y esta es la confianza que tenemos en él, que si pedimos alguna cosa conforme a su voluntad, él nos oye. Y si sabemos que él nos oye en cualquiera cosa que pidamos, sabemos que tenemos las peticiones que le hayamos hecho.»*

Nuestra confianza en la oración depende de la voluntad de Dios y la voluntad de Dios está expresada en la Palabra de Dios. Si en nuestras oraciones llevamos la Palabra de Dios nuevamente a Dios, recordándole sus promesas, experimentaremos una vida de oraciones contestadas.

Esto, como dijo David, es nuestro consuelo en nuestra aflicción. Las circunstancias no importan. El tipo de personalidad no afecta la situación. Los sentimientos carecen de relevancia. Si Dios lo dijo, entonces ocurrirá, y tenemos todo el derecho de recordárselo. Podemos contar con ello.

Un misionero amigo mío tiene un hábito maravilloso. Él tiene una Biblia devocional que lee constantemente. Cuando halla un pasaje de las Escrituras que Dios usa para hablar a su corazón, él hace una pequeña anotación en el margen de lo que aprendió y escribe la fecha. Tiempo después, cuando llegan los tiempos de aflicción que nunca faltan, él puede referirse confiadamente a un pasaje de la Biblia en el cual puso una anotación. No importa lo que digan los demás o lo que sus emociones lo hagan sentir en el momento, a menos que Dios sea un mentiroso, su Palabra se cumplirá. No caben temores ni dudas cuando se sigue esta práctica. «*Antes bien sea Dios veraz, y todo hombre mentiroso*» (Ro. 3:4).

¿Está usted pasando por un tiempo de aflicción? ¿Sobre qué está apoyado? ¿Tiene una Palabra de Dios que ha hallado en su Biblia? Si no la tiene, quiere decir que usted dio un paso prematuramente. Confiese a Dios su pecado de presunción, arrepiéntase de ello y pídale que le muestre cuál es el paso siguiente a dar. Él lo tomará donde esté y le guiará al lugar en donde necesita estar.

Si usted *tiene* una promesa de la Palabra de Dios, entonces recuérdesela a Dios. *Él se acordará*. Tal vez no parezca así en este momento, pero usted puede rechazar sus sentimientos y las opiniones de los demás inmediatamente. Usted puede apoyarse en la Palabra de Dios aunque todo el mundo se derrumbe a su alrededor.

ACUÉRDATE DEL PASADO (vv. 51, 52)

«*Los soberbios se burlaron mucho de mí, mas no me he apartado de tu ley. Me acordé, oh Jehová, de tus juicios antiguos, y me consolé*» (Sal. 119:51, 52).

La primera condición que David enfrentó fue la aflicción. Ahora él menciona ser objeto de burlas o reproches. David respondió manteniendo su rumbo y recordando el pasado. Así pudo hallar consuelo.

Mantén el rumbo

Nunca es divertido ser el objeto de las burlas de otros. Diferentes individuos reaccionan de modo diferente, pero muchos permiten que una situación tal absorba su atención y que arruine sus vidas. ¿Cómo reacciona *usted* ante las críticas, las burlas y las cosas semejantes?

Una burla es todo lo que se necesita para arruinar la relación que algunas personas tienen con Dios. El Señor Jesucristo habló de este tipo de personas en la parábola del sembrador. Ambas condiciones, la aflicción y las burlas, pueden verse cuando Él interpretó el significado de la semilla que cayó entre pedregales. «*Y el que fue sembrado en pedregales, éste es el que oye la palabra, y al momento la recibe con gozo; pero no tiene raíz en sí, sino que es de corta duración, pues al venir la aflicción o la persecución por causa de la palabra, luego tropieza*» (Mt. 13:20, 21).

¿Es usted de aquellos que tropiezan y se ofenden y que permiten que las actitudes y comentario de los demás dictaminen sus emociones? Observe que Jesús especificó que la persecución era «*por causa de la palabra*», y no por causa de cometer pecado o una estupidez. ¿Qué cosa puede ocurrirle que le hará dejar de seguir al Señor? ¿Tiene usted un límite? ¿Cuál es?

David rehusó ser desviado por las burlas. Él dijo: «*Los soberbios se burlaron mucho de mí, mas no me he apartado de tu ley*» (Sal. 119:51). Le hubiera sido fácil desanimarse, mas no lo hizo.

En el capítulo anterior vimos que su propia esposa, Mical, lo menospreció cuando él encabezó el desfile que retornó el arca a Jerusalén. Es una cosa ser objeto de las burlas de nuestros enemigos; y otra cosa es que nuestros seres queridos nos menosprecien. Mucha gente se ha vuelto atrás cuando les toca enfrentar la oposición de su familia. El menosprecio que Mical sintió por su esposo probablemente fue un golpe terrible al espíritu de David. *«¡Cuán honrado ha quedado hoy el rey de Israel, descubriéndose hoy delante de las criadas de sus siervos, como se descubre sin decoro un cualquiera!»* (2 S. 6:20).

David respondió sin titubear: *«Y aun me haré más vil que esta vez, y seré bajo a tus ojos; pero seré honrado delante de las criadas de quienes has hablado»* (2 S. 6:22). Nadie podía competir con su amor por Dios, ni siquiera su esposa.

¡Tal respuesta parece ser tan radical! Hoy en día, queremos suavizar este tipo de cosas para no dar apariencia de ser fanáticos. Sin embargo, David tenía los calificativos necesarios para ser un discípulo de Cristo.

No penséis que he venido para traer paz a la tierra; no he venido para traer paz, sino espada. Porque he venido para poner en disensión al hombre contra su padre, a la hija contra su madre, y a la nuera contra su suegra; y los enemigos del hombre serán los de su casa. El que ama a padre o madre más que a mí, no es digno de mí; el que ama a hijo o a hija más que a mí, no es digno de mí (Mt. 10:34–37).

¿Dónde pudo hallar David tal fuerza? No en este mundo. La fuerza de David provenía de otro mundo, de Dios mismo. Cuando enfrentaba la aflicción, David llevaba la Palabra de Dios en oración delante de Dios. David había aprendido a asirse de las obras pasadas de Dios, convencido de que lo que Dios había hecho en el pasado, lo volvería a hacer hoy.

Recuerda el pasado

Herido por el menosprecio y las burlas, David halló consuelo en recordar lo que Dios había hecho en el pasado. *«Me acordé, oh Jehová, de tus juicios antiguos, y me consolé»* (Sal. 119:52).

El reflexionar sobre lo que Dios ha hecho en el pasado nos revela que Dios *siempre* sale vencedor. Este pensamiento nos motiva a asegurarnos de siempre estar de su lado. Esto nos da el incentivo de mantener el rumbo de nuestras vidas.

La generación de israelitas que cruzó el desierto se olvidó de acordarse. Se desesperaron y se desanimaron porque olvidaron lo que Dios podía hacer. *«Nuestros padres en Egipto no entendieron tus maravillas; no se acordaron de la muchedumbre de tus misericordias, sino que se rebelaron junto al mar, el Mar Rojo»* (Sal. 106:7).

El recordar las poderosas obras de Dios era una característica constante de la vida de oración de David. Otros salmos contienen ejemplos de ello, tales como los que cito a continuación y en los cuales enfatizo cómo los salmistas *recuerdan* el poder de Dios en sus obras pasadas.

En el Salmo 42, el salmista vence el desánimo a través del poder de las obras pasadas de Dios.

Como el ciervo brama por las corrientes de las aguas, así clama por ti, oh

*Dios, el alma mía. Mi alma tiene sed de Dios, del Dios vivo; ¿cuándo vendré, y me presentaré delante de Dios? Fueron mis lágrimas mi pan de día y de noche, mientras me dicen todos los días: ¿Dónde está tu Dios? **Me acuerdo** de estas cosas, y derramo mi alma dentro de mí; de cómo yo fui con la multitud, y la conduje hasta la casa de Dios, entre voces de alegría y de alabanza del pueblo en fiesta. ¿Por qué te abates, oh alma mía, y te turbas dentro de mí? Espera en Dios; porque aún he de alabarle, salvación mía y Dios mío. Dios mío, mi alma está abatida en mí; **me acordaré,** por tanto, de ti desde la tierra del Jordán, y de los hermonitas, desde el monte de Mizar* (Sal. 42:1–6).

Todo el Salmo 77 gira en torno a este tema.

*Con mi voz clamé a Dios, a Dios clamé, y él me escuchará. Al Señor busqué en el día de mi angustia; alzaba a él mis manos de noche, sin descanso; mi alma rehusaba consuelo. **Me acordaba** de Dios, y me conmovía; me quejaba, y desmayaba mi espíritu. Selah. No me dejabas pegar los ojos; estaba yo quebrantado, y no hablaba. **Consideraba los días desde el principio,** los años de los siglos. **Me acordaba** de mis cánticos de noche; meditaba en mi corazón, y mi espíritu inquiría: ¿Desechará el Señor para siempre, y no volverá más a sernos propicio? ¿Ha cesado para siempre su misericordia? ¿Se ha acabado perpetuamente su promesa? ¿Ha olvidado Dios el tener misericordia? ¿Ha encerrado con ira sus piedades? Selah. Dije: Enfermedad mía es esta; **traeré, pues, a la memoria** los años de la diestra del Altísimo. **Me acordaré** de las obras de JAH; sí, **haré yo memoria** de tus maravillas antiguas* (Sal. 77:1–11).

Es evidente que la práctica de hallar consuelo y seguridad en recordar las obras pasadas de Dios se halla con frecuencia en los Salmos. El Salmo 111:4 expresa este principio de forma concreta: «*Ha hecho **memorables** sus maravillas*». En el Salmo 143:5 vemos la misma verdad. «*Me acordé de los días antiguos; meditaba en todas tus obras; reflexionaba en las obras de tus manos*».

El concepto de recordar las obras de Dios no se limita a los salmos, sino que se encuentra por todas las Escrituras. En la profecía de Isaías, Dios reprende a Israel por poner su fe en ídolos muertos. Él les desafía a que recuerden que los ídolos jamás han salvado a nadie y que Él siempre ha sido la salvación de Israel. «*Acordaos de esto, y tened vergüenza; volved en vosotros, prevaricadores. Acordaos de las cosas pasadas desde los tiempos antiguos; porque yo soy Dios, y no hay otro Dios, y nada hay semejante a mí*» (Is. 46:8, 9).

Pablo hace una aplicación profunda al enseñarnos que todo el Antiguo Testamento nos ha sido dado explícitamente para consolarnos al recordar las obras pasadas de Dios. «*Porque las cosas que se escribieron antes, para nuestra enseñanza se escribieron, a fin de que por la paciencia y la consolación de las Escrituras, tengamos esperanza*» (Ro. 15:4).

Pablo instruye a Timoteo que parte del trabajo de un ministro es refrescar la memoria de los hermanos. «*Recuérdales esto…*» (2 Ti. 2:14). Esta responsabilidad pastoral no es muy diferente a las palabras del director técnico de un equipo de fútbol durante el medio tiempo del partido por el campeonato. «Caballeros, recuerden lo que nos trajo hasta aquí. Hagamos lo mismo en el segundo tiempo y así saldremos adelante en este partido y ganaremos el campeonato.»

Más que por obtener inspiración, hay otra razón seria por la cual necesitamos recordar las obras pasadas de Dios. Cuando tomamos decisiones importantes, éstas deberán estar firmemente apoyadas en las convicciones que hemos establecido previamente basándonos en la Palabra de Dios. Con mucha frecuencia tomamos decisiones basándonos en las emociones o circunstancias del momento. Si reflexionamos detenidamente sobre lo que Dios ha hecho en el pasado, esto nos proporcionará una base sólida sobre la cual tomar cualquier decisión crítica.

¿Qué es lo que recuerda *usted*? ¿Recuerda el momento en que recibió a Cristo como su Salvador? Tal vez no recuerde la fecha y la hora, pero ¿puede recordar aquel glorioso instante en que Él entró a su corazón y usted nació de nuevo? Si no puede, ¿está seguro que es salvo?

Si usted es un creyente genuino, ¿cuáles son las obras importantes que Dios ha hecho en los años más recientes de su vida? ¿Cuáles son las verdades clave que usted ha aprendido de su Palabra? Si usted dice que ninguna, esto probablemente es un indicativo de su vitalidad espiritual: ninguna. Con razón usted toma las burlas de forma personal. Con razón se desanima y quiere volver atrás. Es hora de madurar y dejar que Dios establezca unos puntos prominentes en su vida espiritual. Sólo al recordar estas poderosas obras de Dios en su Palabra y en su vida, usted podrá hallar consuelo al enfrentar la oposición.

ACUÉRDATE DE LOS CÁNTICOS (vv. 53, 54)

Hemos visto cómo David lidiaba con la aflicción y las burlas. Nos ha enseñado a llevar la Palabra de Dios en oración delante de Dios y el poder de recordar lo que Dios ha hecho en el pasado.

Estas dos condiciones no son nuestros únicos enemigos en la vida. A veces la vida misma nos abruma. Al mirar a nuestro alrededor vemos un mundo repleto de maldad. No importa cuán fuerte sea usted, habrán veces que la sensación de desesperación ante la iniquidad se hace más fuerte de lo que pensamos que podemos sobrellevar.

David se sintió de esta manera: «*Horror se apoderó de mí a causa de los inicuos que dejan tu ley*» (Sal. 119:53). David también sabía qué hacer ante esta situación. «*Cánticos fueron para mí tus estatutos en la casa en donde fui extranjero*» (Sal. 119:54).

Horror de la iniquidad

¿Alguna vez se ha sentido sobrecogido por el horror de la iniquidad? Para alguien que ha alcanzado un cierto nivel de madurez, esto puede ser más difícil de encarar que la aflicción o las burlas. Es precisamente nuestra sensibilidad espiritual lo que provoca en nuestro interior la repulsión ante el pecado.

David amaba a Dios tanto que no podía evitar el sentirse apoderado por el horror al ver a aquellos que abiertamente violan la verdad divina. «*Horror se apoderó de mí a causa de los inicuos que dejan tu ley*» (Sal. 119:53). Esto contrasta agudamente con muchos de nosotros que hoy día nos hemos acostumbrado a la vileza que nos rodea.

Es necesario establecer un equilibrio muy delicado. Nunca podemos llegar a pensar que el pecado es aceptable. El creyente no puede transigir con el pecado. Al mismo tiempo, no podemos dejarnos apoderar del horror del pecado a tal grado que nos tornemos inútiles o deprimidos al punto de perder de vista nuestro verdadero objetivo de proclamar el evangelio.

Casi quinientos años después de la muerte de David, su reino se había desintegrado. Un poco antes, las diez tribus del norte habían sido conquistadas por los asirios. Luego, en el año 586 a.C., una tercera ola de tropas babilonias atacaron a Jerusalén, lo cual produjo la destrucción final de la ciudad, la cual había estado bajo el dominio de los babilonios desde el año 606 a.C.

Algunos de los judíos cautivos que fueron llevados a Babilonia escribieron el Salmo 137. Uno puede imaginarse lo devastados que estaban. ¿Cómo es que semejante cosa podía haber llegado a ocurrir? Este salmo refleja emociones muy poderosas. Sus palabras manifiestan la amargura y el horror que sentían en sus corazones.

> *Junto a los ríos de Babilonia, allí nos sentábamos, y aun llorábamos, acordándonos de Sion. Sobre los sauces en medio de ella colgamos nuestras arpas. Y los que nos habían llevado cautivos nos pedíamos que cantásemos, y los que nos habían desolado nos pedían alegría, diciendo: Cantadnos algunos de los cánticos de Sion. ¿Cómo cantaremos cántico de Jehová en tierra de extraños? Si me olvidare de ti, oh Jerusalén, pierda mi diestra su destreza. Mi lengua se pegue a mi paladar, si de ti no me acordare; si no enalteciere a Jerusalén como preferente asunto de mi alegría. Oh Jehová, recuerda contra los hijos de Edom el día de Jerusalén, cuando decían: Arrasadla, arrasadla hasta los cimientos. Hija de Babilonia la desolada, bienaventurado el que te diere el pago de lo que tú nos hiciste. Dichoso el que tomare y estrellare tus niños contra la peña* (Sal. 137:1–9).

Estos cautivos habían obedecido los primeros dos principios que aprendimos. Habían recordado la Palabra de Dios y recordaron sus poderosas obras antiguas. Sabían que Babilonia no escaparía a la ira de Dios, tal como los edomitas no escaparon de ella. Sin embargo, aún les quedaba otra lección por aprender. Ellos habían permitido que el enemigo les robara su gozo. Ya no tenían cánticos en su interior. «*¿Cómo cantaremos cántico de Jehová en tierra de extraños?*» ¿Cómo sería posible cantar?

Aquí es donde David descubrió una verdad preciosa. Cuando se veía apoderado por el horror a causa de la iniquidad, había aprendido a tener un cántico en su corazón.

Corazón lleno de cánticos

«Cánticos fueron para mí tus estatutos en la casa en donde fui extranjero» (Sal. 119:54).

David comprendía el poder de la alabanza, y se había comprometido a dirigir su alabanza a Dios en todo momento. *«Mi corazón está dispuesto, oh Dios; cantaré y entonaré salmos; esta es mi gloria»* (Sal. 108:1). Pero, ¿qué de esas horas y esos días que el salmista describe en el Salmo 119:53, en los que el horror se apodera del corazón? ¿Acaso podemos alabar a Dios realmente en esos tiempos? El compromiso de alabanza de David era profundo y no dependía de las circunstancias. *«Bendeciré a Jehová en todo tiempo; su alabanza estará de continuo en mi boca»* (Sal. 34:1).

No olvide que el libro de los Salmos era el himnario de los hebreos. Su hermosa poesía se cantaba. Algunos de los cánticos más bellos se escribieron en los momentos más tenebrosos de la vida de David.

Al levantar sus acusaciones contra Job y sus consejeros, Eliú preguntaba por qué ninguno de ellos había dicho: *«¿Dónde está Dios mi Hacedor, que da cánticos en la noche?»* (Job 35:10). David sabía donde estaba Dios. Antes vimos sus palabras del Salmo 77:6: *«Me acordaba de mis cánticos de noche; meditaba en mi corazón, y mi espíritu inquiría».*

¿Acaso David había aprendido a motivarse psicológicamente? ¿Acaso estaba haciendo uso de «pensamientos positivos» a través de canciones? ¡De ninguna manera! El contenido de un cántico es tan importante como la melodía del canto. *«Cánticos fueron para mí tus estatutos».* David podía mantener sus emociones bajo control porque había aprendido a cantar la Palabra de Dios. Si usted examina los salmos de David, descubrirá que su contenido tiene mucho del Antiguo Testamento. Era la meditación de David sobre la ley de Dios lo que produjo sus cánticos en la noche.

Los niños pequeños comprenden este concepto. La forma más fácil de memorizar las Escrituras es ponerle música y cantarla. Esta es la forma más alta de meditar. Mientras la melodía permanezca en su mente, también lo hará la Palabra de Dios que compone su letra.

Tendemos a olvidar este poder que tienen los cánticos cuando nos volvemos adultos. Aparte de cantar en público en un servicio de adoración, pensamos que el cantar es algo que está por debajo de nuestro nivel de sofisticación. Sin embargo, el poder de los cánticos todavía trabaja en nuestras vidas, querramos reconocerlo o no.

¿Cuántas veces se ha visto usted tarareando ese canto pegajoso que ha oído decenas de veces en la televisión o la radio? ¿No es cierto que cumple su cometido? ¿No preferiría usar ese tiempo para implantar la Palabra de Dios en su subconsciente?

Trate de recordar los himnos y coros que usted conoce cuya letra se basa en palabras de las Escrituras. Tal vez se sorprenda de ver cuántos versículos ha aprendido de manera indolora. ¿Por qué no hacer un esfuerzo consciente? Cuando está solo delante de Dios, cántele su palabra. Si necesita ayuda, hay muchos cancioneros disponibles hoy día que tienen cantos cuya letra se compone de palabras de las Escrituras. El crear un libro así, en el cual los cantos sean la Biblia con música, sería un gran proyecto para los individuos con talento musical de una iglesia. Luego, cuando usted se encuentre en ese momento de tinieblas, con el horror del pecado de este mundo cercándole por todos lados, ¡*cante*! Algo especial ocurre. La Palabra de Dios con música puede levantar su espíritu en una manera inigualable.

Mientras el barco *Titanic* se hundía, el aire se llenó con himnos a Dios. Algunos sobrevivientes luego indicaron que hallaron fuerzas especiales en el cántico que había en sus corazones en ese momento tenebroso.

Casa de extranjero

Hemos de considerar otro elemento clave del versículo 54 antes de seguir adelante. David habla de cantar los estatutos de Dios «*en la casa en donde fui extranjero*». Los cánticos de David cobraron un significado más profundo porque David comprendía que este mundo no era su hogar; él sólo era peregrino aquí.

Es mucho más fácil cantar si comprendemos que la maldad de este mundo sólo es temporal. El mundo mismo es sólo un hogar temporal para nosotros. Este era el secreto de la fe de Abraham. «*Por la fe habitó como extranjero en la tierra prometida como en tierra ajena, morando en tiendas con Isaac y Jacob, coherederos de la misma promesa; porque esperaba la ciudad que tiene fundamentos, cuyo arquitecto y constructor es Dios*» (He. 11:9, 10). Sólo dos capítulos más adelante en Hebreos aprendemos que todos hemos de tener este espíritu de peregrinos. «*Salgamos, pues, a él, fuera del campamento, llevando su vituperio; porque no tenemos aquí ciudad permanente, sino que buscamos la por venir*» (He. 13:13, 14).

No importa cuán mal se pongan las cosas en este mundo, no estaremos aquí mucho rato. Es por esto que podemos hallar consuelo y fortaleza al cantar la Palabra de Dios. El cantar las Escrituras nos recuerda constantemente que nuestra ciudadanía verdadera está en los cielos.

Aun nuestros cuerpos son temporales. Así como Abraham vivió en un tabernáculo (tienda), nosotros también. Pablo dijo: «*Porque sabemos que si nuestra morada terrestre, este tabernáculo, se deshiciere, tenemos de Dios un edificio, una casa no hecha de manos, eterna, en los cielos*» (2 Co. 5:1). Aun la amenaza de daños corporales no puede arrebatarnos los cánticos del corazón, si comprendemos que nuestro cuerpo es apenas una tienda temporal.

¿Qué lugar ocupa la alabanza en su vida? ¿Cree que el cantar es sólo cosa de niños? ¿Cómo cree que David respondería ante tal posición? ¿Tiene una manera mejor de manejar el horror deprimente que frecuentemente acompaña al ser expuesto a la maldad de este mundo?

Existe una progresión que sucede en nuestras vidas: hechos, fe y sentimientos. Empezamos con la verdad de la Palabra de Dios. A esa verdad le añadimos nuestra fe, al actuar sobre ella cuando la cantamos en nuestros corazones. Los sentimientos apropiados son resultado de la fe en los hechos divinos. A nosotros nos gusta invertir el orden de esas cosas. Muchas veces queremos experimentar los sentimientos sin dar un paso de fe en la Palabra de Dios primero.

ACUÉRDATE DEL NOMBRE (vv. 55, 56)

«Me acordé en la noche de tu nombre, oh Jehová, y guardé tu ley. Estas bendiciones tuve porque guardé tus mandamientos» (Sal. 119:55, 56).

Una noche que oscurece el camino

Las noches siempre se asocian a la soledad y el peligro. Si tan sólo podemos sobrevivir a la noche, todo parecerá mejor en la mañana siguiente. Nuestra era presente se denomina «noche» en la Biblia, porque el Señor está físicamente ausente. Jesús dijo: *«Y los hombres amaron más las tinieblas que la luz, porque sus obras eran malas»* (Jn. 3:19).

Hubo ocasiones durante la larga guerra civil en El Salvador que la noche se hizo muy tenebrosa. Las batallas siempre eran peor de noche, puesto que las fuerzas rebeldes contaban con la protección de la oscuridad. Algunas veces el sonido de los disparos duraba toda la noche, en ocasiones escuchándose directamente frente a nuestra casa. Hubo veces que bombas destruyeron estaciones eléctricas y arrojaban a la ciudad en completas tinieblas.

Recuerdo que algunas veces nos sentíamos tan agotados que ni siquiera podíamos quedarnos despiertos para ver el resultado de los ataques en nuestro vecindario. Sencillamente pedíamos al Señor que nos cuidara, encomendábamos nuestras vidas a Él y nos dormíamos sin saber si despertaríamos en nuestras camas o en la gloria. Otras veces permanecíamos despiertos, esperando el amanecer. ¡Parecía que la mañana no llegaría nunca!

David experimentó tales épocas. A temprana edad tuvo que huir de Saúl. A veces dormía en cuevas, o en campos. Más adelante en su vida tendría que huir de su hijo Absalón. David experimentó algunas noches muy tenebrosas y largas en su vida.

Fue a través de su relación con Dios y con su Palabra que David aprendió a enfrentar esas largas noches. Aprendió a recordar la Palabra de Dios, a recordar las obras pasadas de Dios y a recordar cantar la Palabra de Dios cuando consideraba el horror de la iniquidad. A continuación, nos descubre otra técnica para ayudar a la memoria: recordar el nombre de Dios.

¿Le ha tocado alguna vez caminar por un sitio tan oscuro que ni siquiera puede verse la mano delante del rostro? Tal vez está atravesando una situación similar en su vida en este momento. Usted ama a Dios y a su Palabra. Usted reclama la Palabra para sí y sabe que Dios ha sido fiel en el pasado. Usted ha aprendido a acordarse de alabar a Dios cuando se ve rodeado de este mundo perverso. Pero ahora está rodeado por tinieblas tan densas que duda si jamás saldrá de ellas. Si esta es su condición, necesita prestar atención al ejemplo que nos da David de recordar el nombre de Dios.

Un nombre que ilumina la noche

¿Cómo puede el *nombre* de Dios tener tal poder? Le aseguro que el nombre de Dios no es una poción mágica que hará que sus problemas desaparezcan como el humo. El nombre de Dios es una representación de su Persona. David lo expresó de la siguiente manera en el Salmo 9:10: *«En ti confiarán los que conocen tu nombre, por cuanto tú, oh Jehová, no desamparaste a los que te buscaron».*

En el béisbol existe un lanzador muy especial llamado por algunos un «cerrador». Él es el que recibe el llamado a lanzar en la novena entrada de un juego que su equipo está ganando por pocas carreras. Los hombres que se hacen adeptos a esta especialidad se han ganado un «nombre». Pueden venir a lanzar por una o dos entradas y consistentemente retirar a los bateadores. Una vez que se ganan su «nombre», ya han ganado la mitad de la batalla. Al nivel de las grandes ligas, gran parte del juego es de aspecto mental. Todos los jugadores tienen talento suficiente para estar en las grandes ligas, de lo contrario no estarían allí. Pero el sólo mencionar el nombre de un lanzador «cerrador» es suficiente para sembrar duda en el corazón de un bateador. Muchos de los «cerradores» fracasaron como «abridores» al inicio de sus carreras porque carecían de lo necesario para ello. Pero aprendieron a enfocar su talento y energías de manera muy efectiva por una o dos entradas.

Dios es cien por ciento efectivo. Su habilidad sigue siendo tan buena como siempre, y con el paso de los siglos se ha ganado un «nombre». Cuando Él entra al terreno de juego en las últimas entradas usted puede estar seguro del resultado del partido.

El nombre de Dios es nuestro consuelo en las tinieblas. «*Como de meollo y de grosura será saciada mi alma, y con labios de júbilo te alabará mi boca, cuando me acuerde de ti en mi lecho, cuando medite en ti en las vigilias de la noche*» (Sal. 63:5, 6). El recordar el nombre de Dios es recordar la fuente de su fortaleza. Es confesar su dependencia de Él. Cuando esté en esos momentos oscuros y no pueda ver el camino delante suyo, sólo hay un lugar al cual recurrir. Su única opción es confiar en el nombre de Dios Todopoderoso.

En Proverbios 18:10, 11 hallamos un gran contraste: «*Torre fuerte es el nombre de Jehová; a él correrá el justo, y será levantado. Las riquezas del rico son su ciudad fortificada, y como un muro alto en su imaginación.*»

Muchos han hecho del dinero, los amigos o la fama su ciudad fortificada. Están condenados al fracaso. Los justos comprenden que el nombre de Dios es una torre fuerte. La diferencia está en la fuente de poder y salvación.

El tiempo del verbo hallado en el versículo 56 nos indica que esto no era un juego para David, sino una realidad: «*Estas bendiciones tuve*». La seguridad en las tinieblas era una realidad presente y no una posibilidad deseada. David así lo contaba, porque había obedecido los preceptos de Dios y porque el nombre de Dios era su refugio siempre presente.

¿En qué confía cuando vienen las tinieblas? Muchos creyentes confían en cosas no más efectivas que el cubrirse hasta la cara con las sábanas como lo hacen los niños. Sencillamente es que son niños más sofisticados. No hay *nada* que pueda proveer paz y poder en medio de la oscuridad aparte del nombre de Dios.

Desde un punto de vista práctico, ¿cómo hace uno para recordar el nombre de Dios? Sólo es posible hallarlo en un lugar: en las páginas de la Palabra de Dios. Es por eso que la Biblia es tan preciosa. Allí aprendemos quién es Dios.

Nehemías 9:5 nos da un resumen magnífico del poder del nombre de

Dios: «*Bendígase el nombre tuyo, glorioso y alto sobre toda bendición y alabanza*». A pesar de lo grande que es el nombre de Dios, Dios ha dado a la Biblia un lugar prominente en este mundo de hombres. «*Porque has engrandecido tu nombre, y tu palabra sobre todas las cosas*» (Sal. 138:2).

Esto no significa que la Palabra de Dios sea más importante que su nombre, ni más poderosa. No significa que hemos de adorar la Biblia. El verbo es «engrandecer»; esto significa sencillamente que Dios ha puesto su Palabra en un lugar de prominencia, porque es su Palabra la que da testimonio de su nombre. Esta también es la razón por la cual David podía decir que se había acordado de la Palabra de Dios en la oscuridad de la noche, porque confiaba en el testimonio de la ley.

Ya sea que sufra aflicción, burlas, horror o tinieblas, usted puede escoger cómo reaccionará. Usted puede quedar deshecho, temblar de miedo y perder el control de sus emociones. O puede acordarse de acordarse. Puede recordar la Palabra de Dios, los hechos pasados de Dios, el cántico que Él ha puesto en su corazón y el nombre que es sobre todo nombre.

«*Estos confían en carros, y aquéllos en caballos; mas nosotros del nombre de Jehová nuestro Dios tendremos memoria*» (Sal. 20:7).

¿Qué hará usted?

8

MI PORCIÓN DEL PASTEL

Mi porción es Jehová; he dicho que guardaré tus palabras. Tu presencia supliqué de todo corazón; ten misericordia de mí según tu palabra. Consideré mis caminos, y volví mis pies a tus testimonios. Me apresuré y no me retardé en guardar tus mandamientos. Compañías de impíos me han rodeado, mas no me he olvidado de tu ley. A medianoche me levanto para alabarte por tus justos juicios. Compañero soy yo de todos los que te temen y guardan tus mandamientos. De tu misericordia, oh Jehová, está llena la tierra; enséñame tus estatutos.

Salmo 119:57–64

Las madres cuentan con cierta sabiduría divina. ¿Recuerda usted cuando peleaba con su hermano o hermana por obtener el último pedazo de pastel? Su madre probablemente resolvió ese problema de la manera en que las madres lo han hecho por los últimos siglos: dejar que uno de ustedes cortara el último pedazo de pastel en dos, para que luego el otro escogiera el pedazo que quisiera comer. Es sorprendente ver la precisión con la que un niño pequeño puede cortar un pedazo de pastel si sabe que su hermano o hermana va a elegir el pedazo que quede más grande.

Si bien la analogía no es exacta. Dios ha hecho algo similar. Ha puesto en nuestras manos una espada de dos filos, con la cual hemos de cortarlo todo. Según nos dice Hebreos 4:12, esta espada de dos filos, la Biblia, puede cortar toda y cada una de las cosas: «*Porque la Palabra de Dios es viva y eficaz, y más cortante que toda espada de dos filos; y penetra hasta partir el alma y el espíritu, las coyunturas y los tuétanos, y discierne los pensamientos y las intenciones del corazón*».

Toda la creación de Dios debe «cortarse» con esta espada filosa, viviente y poderosa. Ella todo lo deja desnudo. Deja expuesto el corazón de todo asunto. Corta la vía para todo camino de justicia. Sin embargo, junto con el poder y privilegio de cortar también viene la responsabilidad de escoger. Tal como el niño en el ejemplo va a fijarse cuál de los dos pedazos de pastel es el más grande para escogerlo, usted deberá decidir, después de haber «cortado» un asunto, cuál será su porción.

David dijo: «*Mi porción es Jehová*» (Sal. 119:57*a*). Imagínese la sorpresa de una madre si su hijo, luego de examinar los dos pedazos de pastel, le dijera: «Mami, no me importa tanto cuál de los dos pedazos sea para mí, siempre y cuando TÚ seas para mí». Esto es lo que el salmista estaba diciendo: «*Mi porción es Jehová*». Los ocho versículos de la estrofa giran en torno a esta frase. David ha escogido al Señor mismo como su porción, su pedazo del pastel. Examinaremos esta idea en más detalle. También veremos lo que resulta en nosotros si seguimos el ejemplo de la decisión del salmista: mi patrón, mi alabanza, mis compañeros y mi perspectiva.

MI PORCIÓN (v. 57*a*)

«*Mi porción es Jehová*» (Sal. 119:57*a*).

Dios nos ha dado esta espada aguda de dos filos que puede cortar las capas de la vida. Puede cortar la insinceridad, la falsedad, el engaño y la iniquidad. Penetra hasta partir el alma y el espíritu.

Algunos sencillamente se niegan a usar esta espada. Con ello han tomado una decisión. En lugar de cortar un camino en medio de la confusión de este mundo, han escogido ponerse a merced de lo que este mundo ponga en sus caminos. No tienen control, ni dirección, ni propósito en sus vidas. Han escogido vagar sin rumbo por el desierto del pecado. ¿Qué ha escogido *usted*? ¿Qué hará con esta espada viviente? ¿Cuál es *su* porción?

La primera vez que aparece en las Escrituras la palabra hebrea que aquí se traduce «porción» es en Génesis 14, aunque en ese pasaje la misma palabra se traduce «parte». Una confederación de reyes había tomado a la ciudad de Sodoma y sus habitantes, incluyendo a Lot, el sobrino de Abraham. Cuando Abraham (cuyo nombre en esa época era todavía Abram) se enteró de lo ocurrido, tomó su ejército privado y derrotó a estos reyes. Al retornar de la batalla, Abram se encuentra con ese misterioso personaje Melquisedec, Rey de Salem, y le entrega el diezmo del botín que había tomado de estos reyes.

En muestra de gratitud, el rey de Sodoma le dijo a Abraham que podía quedarse con todo el botín que había recuperado, sólo que dejara libres a los cautivos. Abraham quiso evitar hacer algo que comprometiera su integridad, o que los agraciara con los sodomitas. La palabra «parte» aparece cuando Abraham responde que sólo le preocupa llenar las necesidades de los hombres que le acompañaron en la batalla. En Génesis 14:24 dice: «*Excepto solamente lo que comieron los jóvenes, y la parte de los varones que fueron conmigo, Aner, Escol y Mamre, los cuales tomarán su parte*». Básicamente, Abraham decide que Dios es lo único que él necesita. Los otros hombres podían escoger su parte, o su porción, pero en cuanto a Abraham, su porción sería el Señor mismo.

Este es el contexto que continúa en Génesis 15. Observe la dulzura de la comunión con Dios como recompensa por su valiente decisión. «*Después de estas cosas vino la palabra de Jehová a Abram en visión, diciendo: No temas, Abram; yo soy tu escudo, y tu galardón será sobremanera grande*» (Gn. 15:1).

En la vida de todo creyente llega un momento en el cual deberá o escoger el pedazo de pastel que desea, o escoger a Aquel que horneó el pastel como su porción.

El libro de Josué registra la conquista de la tierra prometida, y la consecuente división del territorio en porciones. Cada tribu recibió su parte. Josué comprendió que había algo mucho más importante que la tierra. Sus palabras han sido citadas incontables veces: «*Y si mal os parece servir a Jehová, escogeos hoy a quién sirváis; si a los dioses a quienes sirvieron vuestros padres, cuando estuvieron al otro lado del río, o a los dioses de los amorreos en cuya tierra habitáis; pero yo y mi casa serviremos a Jehová*» (Jos. 24:15).

Muchos han escogido otras porciones. La multitud que estuvo frente a Pilato hace ya casi dos mil años también tuvo que hacer una elección. Ellos rechazaron el tomar las palabras de Cristo y empuñarlas como una espada penetrante. El Señor había puesto bien claras las opciones. Ellos cerraron sus ojos y escogieron a Barrabás, un criminal común, en lugar de Jesús (Mt. 27:20–23). ¿Qué escoge *usted?*

Vimos cómo las diferentes tribus recibieron una parte o porción de la tierra en los días de Josué. Todas recibieron, excepto una: la tribu de Leví. Esta era la tribu de los sacerdotes. No recibieron porción terrenal porque el Señor era su parte. «*Y Jehová dijo a Aarón: De la tierra de ellos no tendrás heredad, ni entre ellos tendrás parte. Yo soy tu parte y tu heredad en medio de los hijos de Israel*» (Nm. 18:20).

Los levitas son un cuadro que representa al creyente del Nuevo Testamento. No tenemos parte de la tierra prometida a los judíos. El Señor es nuestra parte. Al menos, ése es el plan de Dios. Muchos creyentes de hoy en día han optado por otras porciones.

Algunos escogen a la iglesia como su porción. Se dedican a la iglesia a tal punto que pierden de vista al Señor. Se sumergen en tantas actividades que no les resta tiempo para tener comunión con el Dios Viviente. Otros ponen su fe en la gente. Aun una persona buena puede tornarse en un obstáculo al crecimiento espiritual si alguien la escoge por encima del Señor. ¿Confía usted en su pastor más que en Cristo? ¿Es su comunión con el maestro de escuela dominical, o con un líder de un estudio bíblico o con el pastor mejor que su comunión con Aquel que resucitó de entre los muertos?

Las palabras de David en el Salmo 17:13–15 se tornan proféticas al aplicarlas a nuestra situación. «*Levántate, oh Jehová; sal a su encuentro, póstrales; libra mi alma de los malos con tu espada, de los hombres con tu mano, oh Jehová, de los hombres mundanos, cuya porción la tienen en esta vida, y cuyo vientre está lleno de tu tesoro. Sacian a sus hijos, y aun sobra para sus pequeñuelos. En cuanto a mí, veré tu rostro en justicia; estaré satisfecho cuando despierte a tu semejanza.*»

¿Tiene *usted* su porción en esta vida? ¿O ha escogido al Señor como su porción? «*Mi porción es Jehová.*» ¿Puede repetir esas palabras sinceramente? Desde el inicio de nuestro estudio le hemos animado a tomar las palabras de este salmo, repetirlas una y otra vez, meditarlas y llevarlas en oración ante Dios. ¿Puede usted decir estas palabras en verdad? ¿Puede entrar en la presencia del Todopoderoso después de haber usado su espada de dos filos para cortar todo lo que esta vida tiene para ofrecerle y decirle a Él: «*Mi porción es Jehová*»?

MI PATRÓN (vv. *57b–61*)

Cuando el salmista escogió a Dios como su porción, esto impactó toda su vida. David no escogió ir a la iglesia, mejorar su vida, acercarse a Dios, aprender más acerca de la Biblia, ni ninguna de las cosas que los hombres frecuentemente escogen. Él escogió a Dios como su porción. Esto cambió para siempre su enfoque hacia la vida.

Un elemento clave del estudio de la Biblia es prestar atención especial a las palabras individuales de las Escrituras. Usted puede observar que luego de la afirmación en tiempo presente de la primera mitad del versículo 57, «*Mi porción es Jehová*», los verbos cambian de tiempo para reflejar acciones pasadas hasta el versículo 61. David nos está dando una lista de cosas que han resultado en su vida como consecuencia de haber escogido a Dios como su porción.

Compromiso

«*He dicho que guardaré sus palabras*» (Sal. 119:57*b*).

La razón por la cual a mucha gente le cuesta obedecer la Palabra de Dios es que carecen de un compromiso genuino en sus vidas. Cuando el obedecer lo que dice la Biblia interfiere con sus propios deseos, ¿por qué habrían de obedecer la Biblia? La única razón que tienen para obedecerla es una decisión estoica o legalista de obedecer. Un creyente que cae en tal posición luego tendrá que luchar con sus propios sentimientos de culpa. Podrá comprender lo que la Biblia dice, pero los deseos de su carne siempre parecen vencer sus intenciones espirituales.

Para que la decisión de escoger a Dios como porción cambie su vida, es necesario que ésta incluya el compromiso de obedecer sus palabras. Usted quiere obedecer las palabras de Dios porque Dios es su porción. El compromiso es parte del asunto.

Esto nos ayuda a comprender la increíble relación que el salmista tenía con la Palabra de Dios. En cada momento de su vida el salmista demuestra su anhelo de estar «en línea» con la Biblia. Aun si se le confronta con el pecado personal. David siempre regresaba a su compromiso básico de guardar la Palabra de Dios. No había otra alternativa válida en su vida, porque Dios era su porción.

Comunión

«*Tu presencia supliqué de todo corazón; ten misericordia de mí según tu palabra*» (Sal. 119:58).

En el corazón del salmista hay una pasión ferviente por tener comunión con Dios. Más que nada, él desea tener esa comunión con el Todopoderoso. ¿Y por qué no ha de tenerla? Dios es su porción.

Un niño pequeño por naturaleza desea agradar a sus padres. David anhela agradar a Dios. De todo corazón quiere agradarle.

Examine nuevamente los hábitos de oración de David. Él pide a Dios su misericordia «*según tu palabra*». David está bien consciente de lo que Dios dice en su Palabra. Él reclama la misericordia de Dios. Esta es una oración efectiva y poderosa. ¿Acostumbra usted orar según la Palabra de Dios? El compromiso y la comunión de David establecen un patrón para nosotros.

Corrección

«*Consideré mis caminos, y volví mis pies a tus testimonios*» (Sal. 119:59).

El creyente que escoge a Dios como su porción continuamente se verá haciendo ajustes en el rumbo de su vida. David consideró la dirección que llevaba su vida, sus caminos, y efectuó las correcciones necesarias para alinear su vida con los testimonios de Dios.

No hay mejor ilustración de esta verdad que la que hallamos en el libro de Eclesiastés. Es todo un libro de la Biblia dedicado a presentar un comentario sobre este versículo. La mayor parte de ese libro se dedica a mostrar las reflexiones de Salomón sobre los caminos de su vida.

Eclesiastés nos presenta un resumen magistral de la historia del pensamiento filosófico. Salomón era un hombre que lo había probado todo. Exploró toda avenida de pensamiento en su intento de hallarle sentido a una vida que no era más que «vanidad», o vacía, sin Dios.

En mis primeros años de estudios universitarios decidí estudiar filosofía. Al igual que Salomón, yo era un joven con una amplia gama de intereses. Había escogido asistir a una universidad en particular debido a la asistencia que me ofrecieron a través de una beca que obtuve por tocar un instrumento musical. Sin embargo, la música no era lo que deseaba seguir como carrera. Cuando cursaba la escuela secundaria me sentí fascinado por la ciencia y pensé que tal vez me gustaría ser astrónomo. El estudio de la filosofía me ofrecía un buen fundamento para tal meta. Pronto me sentí a gusto con mis cursos de filosofía, y la búsqueda de una base filosófica que unificara los diversos aspectos de la vida capturó mi atención.

Después de haber aceptado a Cristo en esta época, recuerdo bien la primera vez que leí el libro de Eclesiastés. En este corto libro encontré todas las teorías filosóficas que había estudiado. Salomón las expuso todas. Él consideró sus caminos. Nunca ha habido otro intelecto como el suyo. Todos los caminos del hombre se ven contemplados en este corto volumen.

Después de haberlos considerado todos, Salomón llega a una conclusión: ¡todos son vanidad! Están vacíos. Son débiles intentos de hallar un camino a través del laberinto de la experiencia humana. Después de considerar sus caminos, Salomón hizo lo que hizo su padre: volvió sus pies a los testimonios de Dios. «*El fin de todo el discurso oído es este: Teme a Dios, y guarda sus mandamientos; porque esto es el todo del hombre. Porque Dios traerá toda obra a juicio, juntamente con toda cosa encubierta, sea buena o sea mala*» (Ec. 12:13, 14).

¿Está su vida vacía y sin propósito? ¿Le va mal en la vida? Es hora que considere sus caminos. ¿Hacia dónde va? ¿Qué está haciendo? Piénselo. *¡Deténgase!* No siga avanzando por pánico. *¡Piénselo!*

Ahora, compare la vanidad de la vida humana al mensaje de la Palabra de

Dios. Vuelva sus pies como lo hizo David en el Salmo 119:59. Esa es una orden de *acción*. Lleve a sus pies por los caminos descritos en la Biblia. Ajuste lo que sea necesario ajustar.

Ésta es la prueba. Si usted *verdaderamente* ha escogido a Dios como su porción, usted *deseará* hacer esto. Usted *lo hará*. Usted *corregirá* su rumbo.

Carga

«*Me apresuré y no me retardé en guardar tus mandamientos*» (Sal. 119:60).

¿Cree usted que soy demasiado duro al decir: «Usted *deseará* hacer esto. Usted *lo hará*»? No lo soy si comprendemos que el salmista presenta un patrón para nosotros. Debido a que el Señor era su porción, él no sólo corrigió el rumbo de sus pies para alinearlos con la Palabra de Dios, él se sentía *obligado* a hacerlo. *Tenía* una carga por hacerlo y lo hizo con un sentido de urgencia.

No existía una fuerza legalista que obligara a David a hacer esto o a dejar de hacer aquello. Él era un hombre que había escogido a Dios por porción y se siente poseído por un obligante deseo de vivir según los mandamientos de Dios.

¿Cuántas veces tiene Dios que repetirle algo a usted? ¿Acaso no revela eso el enfoque o falta de enfoque en su vida? ¿Cuántas veces tiene usted que pedirle a su hijo que saque la basura? Si usted tiene que repetir sus órdenes incontables veces sin obtener resultado, existe un deterioro ya sea en la comunicación o en la relación.

Cuando Dios es su porción, hay un sentido de urgencia. No hay lugar para titubeos, porque su corazón se ha fijado en ello. Estamos nuevamente en este punto: el corazón fijo. ¿No ve usted que ésa es la clave de todo?

David era el hombre que era debido a que tenía el corazón fijo. Él fue un adúltero, un mentiroso y un asesino, pero hasta hoy se le conoce como el hombre conforme al corazón de Dios. A pesar de su pecado, él había fijado su corazón en Dios. En las ocasiones en que se rebeló y se apartó del rumbo debido, siempre respondió a la corrección. Cuando Dios le llamaba la atención y le señalaba la necesidad de corregir algo en su vida, él sentía la obligación en su interior de arreglar su vida.

Nuevamente, esto es un reflejo de su anterior compromiso a obedecer la Palabra de Dios y a la dulce comunión que él disfrutaba con su Señor. Todo esto se debió a que escogió al Señor como su porción.

Consistencia

«*Compañías de impíos me han rodeado, mas no me he olvidado de tu ley*» (Sal. 119:61).

David sabía lo que era la derrota y la tragedia. Él tenía debilidades. Él no fue sin pecado. Sintió las mordidas punzantes de sus enemigos. Pero en medio de todo nunca olvidó la ley de Dios. David era lo más consistente que jamás podrá serlo un ser humano en esta vida.

Hubo numerosas veces que se vio rodeado de «*compañías de impíos*». Su propio hijo, Absalón, se apoderó de su reino. Cuando Absalón se rebeló,

todo tipo de gente amargada se volcó para unírsele. Algunos habían guardado rencor contra David por décadas. Ahora se atrevieron a salir a la superficie y desahogar sus resentimientos.

¿Hizo esto que David se enojara con Dios? No. ¿Hizo esto que David se
enojara con *ellos*? No. ¿Se enojó David consigo mismo? No. ¿Qué hizo,
entonces? Recordó la Palabra de Dios. Nada, ni siquiera su propio pecado,
podía desviar a este hombre de seguir la Palabra de Dios. *Tenía* que ser consistente. Había escogido su porción del pastel. Él quería a Dios para sí y lo
quería todo.

¿Cuánto se necesita para que *usted* se ofenda? ¿Cuánto se necesita para
desanimarle? ¿Dará marcha atrás usted?

Uno de los ejemplos más grandes de este tipo de consistencia espiritual
nos lo da Job. Ya que estamos hablando de estar rodeado por compañías de
impíos, escuche la historia de Job.

> *Y un día aconteció que sus hijos e hijas comían y bebían vino en casa de su
> hermano el primogénito, y vino un mensajero a Job, y le dijo: Estaban
> arando los bueyes, y las asnas paciendo cerca de ellos, y acometieron los sabeos
> y los tomaron, y mataron a los criados a filo de espada; solamente escapé yo
> para darte la noticia. Aún estaba éste hablando, cuando vino otro que dijo:
> Fuego de Dios cayó del cielo, que quemó las ovejas y a los pastores, y los
> consumió; solamente escapé yo para darte la noticia. Todavía estaba éste
> hablando, y vino otro que dijo: Los caldeos hicieron tres escuadrones, y arre-
> metieron contra los camellos y se los llevaron, y mataron a los criados a filo
> de espada; y solamente escapé yo para darte la noticia. Entre tanto que éste
> hablaba, vino otro que dijo: Tus hijos y tus hijas estaban comiendo y bebien-
> do vino en casa de su hermano el primogénito; y un gran viento vino del
> lado del desierto y azotó las cuatro esquinas de la casa, la cual cayó sobre los
> jóvenes, y murieron; y solamente escapé yo para darte la noticia* (Job 1:13–
> 19).

¿Cómo va a responder Job? ¿Se tornará amargado? ¿Se enojará? ¿Se pro-
pondrá tomar venganza de los sabeos y los caldeos? ¿Se quedará atónito por
la impresión? ¿O se acordará de la ley de Dios? ¿Qué haría usted? «*Entonces
Job se levantó, y rasgó su manto, y rasuró su cabeza, y se postró en tierra y adoró, y
dijo: Desnudo salí del vientre de mi madre, y desnudo volveré allá. Jehová dio, y
Jehová quitó; sea el nombre de Jehová bendito. En todo esto no pecó Job, ni atribuyó
a Dios despropósito alguno*» (Job 1:20–22).

No es posible tener consistencia si no se tiene un corazón fijo en Dios.
Puede programar fielmente su devocional de diez minutos diarios. Usted
puede asistir a todos los cultos de la iglesia. Usted puede mantener
religiosamente sus listas de oración. Puede leer los últimos éxitos de la literatura cristiana que se ofrecen. Pero usted *no* tendrá consistencia en su vida
a menos que usted escoja a Dios como su porción del pastel.

La vida del salmista es un patrón para nosotros. El Señor era su porción.
Esta era una decisión irrevocable de su vida. Esta decisión trajo consigo

compromiso, comunión, corrección, carga y consistencia. La misma decisión puede traer el mismo patrón a su vida. La espada de dos filos está en sus manos, para dejar todo al descubierto. ¿Qué parte escogerá usted?

MI ALABANZA (v. 62)

«A medianoche me levanto para alabarte por tus justos juicios» (Sal. 119:62). El tiempo verbal cambia nuevamente. David escogió al Señor como su porción en su vida y las actitudes resultantes en su vida han formado un patrón para nosotros. Ahora vemos cómo David responderá a toda situación de la vida. Aun a media noche se levantará para ofrecer alabanzas y acciones de gracias al Dios que es su porción.

David pasó muchas noches largas como prófugo. Mientras huía de Saúl o mientras huía de Absalón, siempre pudo dar gracias a Dios. Él sabía que los juicios de Dios eran justos.

Hay un cumplimiento literal de esto en la vida de Pablo. Él y Silas habían sido azotados y encarcelados por predicar el evangelio en Filipos. La mayoría de nosotros nos veríamos tentados a ceder a la depresión, o al menos dejarnos llevar por la autocompasión. Hechos 16:25 nos revela que Pablo y Silas tenían un corazón como el de David. Ellos habían escogido la porción correcta del pastel. *«Pero a medianoche, orando Pablo y Silas, cantaban himnos a Dios; y los presos los oían».*

¿Cómo responde usted en esas horas de la medianoche de su vida? ¿Es verdadera su fe? ¿Le parecen insinceras las palabras de Pablo en 1 Tesalonicenses 5:16 y 18, cuando habla de estar siempre gozosos y dar gracias en todo? Cualquiera puede dejarse llevar por el entusiasmo de un servicio dinámico en la iglesia. Pero es el dar gracias a Dios aun en las horas de la medianoche de nuestras vidas lo que comprueba la realidad de su andar con Él.

Examine cuidadosamente las palabras de 1 Tesalonicenses 5:18. *«Dad gracias en todo, porque esta es la voluntad de Dios para con vosotros en Cristo Jesús».* No se nos dice que demos gracias *por* todo. Se nos dice que demos gracias *en* todo.

La vida no siempre será fácil. Sin embargo, aun *en* esos momentos de oscuridad, la medianoche de la vida, aquellos que han escogido a Dios como su porción pueden levantarse y dar gracias.

Hace muchos años, cuando nos encontrábamos viviendo bajo ley marcial en El Salvador, pude ver un ejemplo increíble de esta verdad. Un hombre de nuestra iglesia era detective de la Policía Nacional. Una noche se le asignó acompañar a un grupo de soldados de las Fuerzas Especiales de los Estados Unidos. No se permitía que nadie anduviera por las calles. Por algún motivo, el vehículo en el cual viajaban no estaba marcado.

Al pasar frente a una embajada como a eso de las once de la noche, los oficiales de policía que hacían guardia no podían distinguir que los ocupantes del vehículo andaban en misión oficial. Siguiendo las órdenes que habían recibido, abrieron fuego. La única persona alcanzada por las balas fue este hermano de nuestra iglesia. Una bala le dio justo entre los ojos.

Fue temprano por la mañana siguiente que recibí una llamada para informarme del fallecimiento y del funeral más tarde en esa mañana. (En El Salvador se acostumbra enterrar los muertos en menos de veinticuatro horas de ocurrida la muerte.) Partí hacia la funeraria, esperando encontrarme con una viuda desconsolada.

Después de estacionar mi automóvil, mientras iba hacia la funeraria, pude escuchar voces de personas cantando en su interior. Confundido por esto, pensé que tal vez habían comenzado los servicios sin mí. Al entrar en la sala quedé asombrado al ver que quien dirigía los cantos era la viuda. Y firme en su rostro podía verse una sonrisa celestial.

Francamente no recuerdo las primeras palabras que le dije, pero recuerdo que quise comunicarle mi preocupación y mi asombro. Ella me respondió más o menos así: «Pastor, espero que no piense que estoy siendo irrespetuosa. Mientras lo estábamos esperando sólo queríamos cantar alabanzas a Dios. Dios me prestó esta joya maravillosa (hablando de su fallecido esposo) por un tiempo corto. Él era un buen esposo y padre. Era todo lo que yo quería. Ahora sé que él está mejor que todos nosotros. Sé que está en la presencia de su Señor. No hay nada que yo pueda hacer para que vuelva, ni tampoco quisiera yo empañar su gozo al estar en la presencia de Cristo. ¿Por qué, pues, no puedo sencillamente gozarme y alabar a Dios?»

Nadie, absolutamente nadie, puede responder de esa manera a menos que Dios mismo sea su porción. Me quedé sin aliento. Jamás olvidaré la lección que esta mujer me enseñó aquella mañana. En medio de una guerra terrible y sangrienta, ella era una luz brillante que reflejaba la gloria del Señor.

Me es preciso contarle el resto de la historia. A la mañana ella fue al cuartel de la policía a recuperar las pertenencias de su esposo. El coronel a cargo pidió hablar con ella. Él le ofreció sus condolencias y expresó su deseo de brindarle la ayuda que necesitara. Hablaron los detalles en cuanto a pensiones y prestaciones. Luego, él le preguntó: «¿Hay algo más que pueda hacer por usted? ¿Cualquier cosa?»

—«Bueno, sí lo hay, Coronel. Quiero hablar con el joven oficial que mató a mi esposo.»

Fue obvio que el Coronel se sintió incómodo. Explicó con paciencia que el joven se encontraba detenido en custodia protectora, como es de rutina en los casos en que un oficial le causa la muerte a otra persona en el cumplimiento de sus obligaciones. No se le había acusado de nada, pero se le mantendría bajo custodia hasta que concluyera la investigación.

La señora insistió: «Pero Coronel, usted me prometió ayudarme con cualquier cosa. Esto es lo que quiero más que nada ahora mismo. No se preocupe. No estoy enojada. Sólo quiero consolar a ese muchacho. Me imagino que él también deberá estar sufriendo.»

Después de hacer todo lo posible por desanimarla en su propósito, el Coronel finalmente accedió. Hizo los arreglos para que ella pudiera visitar al joven, quien se encontraba en una prisión cercana. Ella fue acompañada por algunos amigos cercanos de la iglesia.

Una vez que se encontró cara a cara con el hombre que había dado muerte a su esposo, ella tuvo el gozo de guiarle a Cristo. Las personas del grupo se tomaron de la mano al ir a la presencia de Dios en oración. El joven confesó con su boca que Jesucristo había resucitado de los muertos y que era su Salvador. Mientras oraban, una persona silenciosamente rompió el círculo de manos para unirse al grupo. Cuando todos abrieron sus ojos luego de la oración, se dieron cuenta que el coronel encargado de la prisión se había unido a ellos.

«Yo también quiero esto. Quiero conocer a este Cristo que puede dar tal paz. Dígame cómo puedo ser salvo.»

Esa viuda había tomado una decisión mucho antes. Había escogido a Dios como su porción. En tiempos buenos y en tiempos malos, su corazón estaba fijo. No era sólo teoría, su corazón estaba establecido en las cosas de arriba.

¿Qué habría hecho usted? «*A medianoche me levanto para alabarte por tus justos juicios*» (Sal. 119:62).

MIS COMPAÑEROS (v. 63)

«*Compañero soy yo de todos los que te temen y guardan tus mandamientos*» (Sal. 119:63).

A primera vista esto pareciera estar un tanto fuera de lugar en un pasaje que habla tan íntimamente de la relación del salmista con Dios y con su Palabra. ¿Qué tiene que ver el compañerismo con los demás con esta discusión? Uno de los problemas más difíciles que enfrentamos es el de las relaciones humanas. Siga la progresión de las ideas para ver cómo todo esto encaja en el flujo de la vida del salmista.

En el versículo 57 su corazón está firme en una decisión de por vida: «*Mi porción es Jehová*». Se ha establecido un patrón de vida: compromiso, comunión, corrección, obligación y consistencia. Ante cualquier evento de la vida, un corazón fijo estará listo para dar gracias a Dios, cuyos juicios son justos. Ahora, y sólo ahora, el salmista está listo para tratar con las complejidades de las relaciones humanas. Dejando a un lado las personalidades, los sentimientos y las emociones, declara con confianza: «*Compañero soy yo de todos los que te temen y guardan tus mandamientos*».

La base de la amistad, la base de la comunión, la base para el compañerismo en el ministerio es la misma: la experiencia compartida de aquéllos cuyo corazón ha sido fijado en Dios y cuyo corazón honra su Palabra. Si pudiéramos captar este principio, nos evitaríamos muchas desilusiones. Desperdiciamos muchas horas jugando al «ensayo y error». Nuestros sentimientos son heridos. Fallamos en comunicarnos y nos ofendemos unos a otros.

Si tan sólo pudiéramos entender que el amor a Dios y a su Palabra es la única base verdadera y confiable para las relaciones humanas, nos evitaríamos muchos dolores. Sólo cuando estamos seguros en nuestra relación con Dios podemos estar seguros en nuestras relaciones con los demás.

Esta verdad se aplica aun al matrimonio. La mayoría de los matrimonios se basan únicamente en un capricho. El amor bíblico es algo que se aprende, se cultiva y se hace crecer como un gran árbol. Los jóvenes que llegan a comprender esta verdad debieran buscar pareja entre aquéllos que comparten este amor por Dios y por su Palabra. De esa manera las posibilidades de tener un matrimonio exitoso aumentarían vertiginosamente.

Cuando basamos una amistad en un compromiso mutuo hacia Dios y sus preceptos, de inmediato eliminamos un mar de problemas. Si la relación se desmejora, primero examinamos nuestras propias vidas para ver si hemos causado un mal a la otra persona, o si nos hemos apartado de nuestro compromiso con Dios. Si este es el caso, pedimos perdón y arreglamos el asunto. Si este no es el caso, entonces la ruptura en la relación no es más que el reflejo de problemas espirituales en la vida de la otra persona. En tal caso, no tenemos que tomar el asunto de manera personal. No hay base para tomar venganza, ni para amargarse, ni para sentirse personalmente herido.

Nos dolerá por la otra persona, y habrá un vacío en donde antes hubo esa relación. Sin embargo, no hay necesidad de llevar la herida en lo profundo del corazón y tomarla como una afrenta personal. Cuando la otra persona se arregle con Dios, la base de la relación volverá a estar vigente. Si no se arregla, la amistad entonces carece de sentido si no existe ese compromiso común hacia Dios y su Palabra.

¿Comprende usted cuán profundo y extenso es el alcance de esta verdad? ¿Comprende la angustia que multitudes de creyentes sinceros sufren a diario porque nunca han aprendido la base bíblica de la amistad y el compañerismo? ¿Comprende esta verdad? Cuando las amistades se basan sobre cualquier otra cosa que el amor a Dios y su Palabra, no son más seguras que una casa de paja en medio de un huracán. Usted se está exponiendo al dolor y la desilusión.

Una vez que comprendemos este concepto, todos nuestros rótulos de denominaciones, clubes exclusivos y grupos pierden todo sentido. «*Compañero soy yo de todos los que te temen y guardan tus mandamientos.*» Por aquí es que la política, la avaricia, las ambiciones personales y la corrupción penetran en buenas iglesias, organizaciones y grupos. La gente pone su confianza en estos indicadores artificiales y luego el grupo, el nombre o el título se convierten en la base del compañerismo. Esto deja la puerta abierta al desastre. Los sentimientos se balancean precariamente al borde de un precipicio, listos a desplomarse aparatosamente. La cuestión ya no es si llegará a ocurrir el desastre, sino cuándo ocurrirá el desastre.

¡Cuánto mejor es seguir la Biblia y basar nuestras relaciones sobre una relación que establecimos previamente con Dios y con su Palabra!

MI PERSPECTIVA (v. 64)

«*De tu misericordia, oh Jehová, está llena la tierra; enséñame tus estatutos*» (Sal. 119:64). Las únicas palabras en esta estrofa que pueden igualar la fuerza de la declaración inicial de «*Mi porción es Jehová*» son las siguientes: «*De tu misericordia, oh Jehová, está llena la tierra*». Una es resultado de la otra. Cuando Dios es su porción, usted tendrá una perspectiva nueva. Verá que la tierra está llena de su misericordia.

Perspectiva. Todos tenemos la nuestra. Desafortunadamente, muchos creyentes tienen una perspectiva incorrecta o una perspectiva incompleta. Después de escuchar a muchos predicadores de hoy en día, nos veríamos obligados a concluir que éstos tienen una perspectiva negativa.

Vivimos en los últimos días antes de la segunda venida de Cristo. Se nos ha dicho que los malos hombres irán de mal en peor (2 Ti. 3:13). El Señor Jesucristo, en Lucas 17:26–30, comparó este tiempo a los días de Sodoma y Gomorra y a los días de Noé en Génesis 6.

No hay forma en que podamos cerrar los ojos ante la maldad e iniquidad que nos rodea en este mundo pecaminoso. Sin embargo, no tenemos que dejar que tal inmundicia corrompa nuestra perspectiva. Podemos enfocarnos en la inmundicia, o podemos maravillarnos de la misericordia de Dios. La elección es nuestra. ¿Cómo ocupará usted su mente?

La conclusión del salmista es nada menos que asombrosa. Todo lo que David vio y experimentó en este mundo era suficiente para opacarle el ánimo a cualquiera. ¡Pero Dios era su porción! Esto le consumía. Ardía en su interior continuamente. Toda su vida se vio afectada por ello. Yo quiero tener una perspectiva como la de él. Quiero poder ver este mundo lleno de condenación y de gente necesitada y poder decir: «*De tu misericordia, oh Jehová, está llena la tierra*».

El examinar los efectos del pecado se ha vuelto una industria entre los cristianos. Hay una cantidad de publicaciones cuya única función es la de enfocar al creyente en lo mal que están las cosas en este mundo. Los titulares anuncian a voz en cuello la maldad de este mundo. Los pecados se enumeran, se catalogan y se analizan.

Necesitamos estar conscientes del pecado y nunca tornarnos inmunes a su veneno. Pero *no* necesitamos que tal perspectiva absorba el enfoque de nuestra atención. El pecado ha formado parte de la raza humana desde Adán, y continuará formándola hasta que el postrer Adán (1 Co. 15:45) regrese.

Sí, las cosas andan mal. El pecado es horrible. La sociedad se deteriora a diario. No hay duda de ello. Pero también sé por qué ocurre esto. También sé que será imposible repararlo hasta que el Rey de reyes esté sentado sobre su trono en Jerusalén. Sé por qué Él permite que el pecado continúe abundando. Sé que su Palabra dice: «*El Señor no retarda su promesa, según algunos la tienen por tardanza, sino que es paciente para con nosotros, no queriendo que ninguno perezca, sino que todos procedan al arrepentimiento*» (2 P. 3:9).

Usted puede subir a un avión en un día nublado de invierno sólo para descubrir que una vez que el piloto eleva la nave sobre las nubes el sol brilla radiantemente. Por encima de las nubes del pecado hay un sol brillante que deslumbra. La verdad de Dios nunca ha variado. «*De tu misericordia, oh Jehová, está llena la tierra.*»

Así es como guardo mi perspectiva. Por eso no me he convertido en un hombre duro y amargado que anda por la calle gritándole a todos que el fin del mundo se acerca. Sí proclamo el fin del mundo. Pero lo hago con una perspectiva matizada por el hecho de la misericordia de Dios sobre los creyentes. La tierra está *llena* de ella. Por ello es que todavía Dios me puede enseñar y moldear según estime necesario. «*Enséñame tus estatutos*» (Sal. 119:64*b*).

En mis manos el Señor ha puesto una espada de dos filos. Yo la empuño en el poder del Espíritu y desenvaino su brillante hoja. Ella corta en dos sentidos al usarla. Separa claramente la luz de las tinieblas. Todo lo que cae de un lado reluce con el esplendor radiante de la majestad de Dios. Lo que cae del otro lado no es más que el cieno de la humanidad pecaminosa: toda la colección de iniquidad, enojo, orgullo, filosofía, religión, la «ciencia» que niega a Dios, el materialismo y el resto de cosas afines.

Ahora, me toca escoger. El pastel ha sido cortado. ¿Cuál será mi porción? Más que porción alguna, deseo a Aquel que lo preparó todo. Determino que la vida carece de sentido sin Él. *Dios* es mi pedazo del pastel. ¡Él, y sólo Él, es mi porción!

Mis ojos ya no pueden quedar sobre la oscuridad o el vacío. Sólo se enfocan en las cosas que le conciernen a Él. «*De tu misericordia, oh Jehová, está llena la tierra; enséñame tus estatutos*».

9

LA ESCUELA DE LA AFLICCIÓN

Bien has hecho con tu siervo, oh Jehová, conforme a tu palabra. Enséñame buen sentido y sabiduría, porque tus mandamientos he creído. Antes que fuera yo humillado, descarriado andaba; mas ahora guardo tu palabra. Bueno eres tú, y bienhechor; enséñame tus estatutos. Contra mí forjaron mentira los soberbios, mas yo guardaré de todo corazón tus mandamientos. Se engrosó el corazón de ellos como sebo, mas yo en tu ley me he regocijado. Bueno me es haber sido humillado, para que aprenda tus estatutos. Mejor me es la ley de tu boca que millares de oro y plata.

Salmo 119:65–72

Este era el primer día que Sarah iba a su nueva escuela, y yo me sentía tan impotente como ella se sentía temerosa. El primer día del séptimo grado puede ser intimidante bajo las mejores circunstancias, pero esto era un tanto diferente.

Acabábamos de mudarnos a Kansas City desde El Salvador. Hasta este punto, toda la carrera académica de Sarah se había desarrollado en una pequeña escuela con una sola aula de clases y aproximadamente una docena de alumnos. Una misma maestra la había acompañado desde el jardín de infancia hasta el sexto grado. Todos la llamaban la «tía Hazel».

Este día decisivo cambiaría la vida de Sarah para siempre. Ella estuvo en la acera con otros niños desconocidos, esperando a ser recogida por un autobús amarillo y grande. Ella asistiría a una escuela con cientos de jóvenes de su edad. A cada hora un timbre sonaría y a ella le tocaría abrirse camino por un laberinto de pasillos para llegar al aula de clases siguiente y allí conocer a otro profesor o profesora diferente. Como si esto fuera poco, su vocabulario del idioma inglés no era el mejor. Cuando uno de sus profesores explicó de manera solemne lo que sucedería a aquellos alumnos con tardanza, ella se imaginó que la tardanza era algún tipo de enfermedad rara.

Yo quería pasar lo que sería el horror de este primer día en su lugar, pero sabía que eventualmente ella tendría que encarar un mundo nuevo. Ella sobrevivió. La mayoría de nosotros enfrentamos el primer día de clases en cualquier escuela con cierto grado de ansiedad. La escuela está diseñada para enseñarnos lo que necesitamos saber. Siempre hay un precio que pagar para lograr esa meta. Aun a los adultos se nos pide que nos sometamos a adiestramiento y escuelas especializados para avanzar en nuestras carreras. No nos es posible eliminar la ansiedad de ese primer día de clases, ni tampoco podemos esperar aprender nada valioso sin que haya un sacrificio de parte nuestra.

Dios también tiene su escuela para sus siervos. Las lecciones transforman la vida y tienen valor eterno. Sin embargo, el precio a pagar por ellas puede ser muy alto.

En el Salmo 119:65–72 examinaremos las experiencias de David en lo que yo llamo la «Escuela de la Aflicción» de Dios. En el transcurso de este salmo, David ha expresado repetidamente la pasión que siente por aprender la Palabra de Dios. La única petición que él presenta ante Dios en esta estrofa, y la presenta dos veces, es que Él le enseñe su Palabra. La Escuela de la Aflicción es la respuesta de Dios a la petición de David. Toda esta estrofa tiene que ver con la aflicción.

«¿Qué he hecho yo para merecerme esto?» ¿Responde usted así a la prueba y la aflicción? Tal vez lo que usted hizo para merecerse lo que le está pasando fue orar pidiéndole a Dios que le enseñara su Palabra. En toda vida habrá problemas. Sin embargo, David ha aprendido una verdad que transforma la vida: Dios quiere usar la aflicción en nuestras vidas para educarnos en cuanto a Sus preceptos.

Seguiremos una estructura firme para analizar esta escuela. Aprenderemos la verdad sobre la cual se funda la escuela. Luego, veremos los requisitos necesarios para ser admitidos, la prueba inevitable, la meta de su proceso educativo y la transformación que ocurre en las vidas de sus egresados.

LA VERDAD SOBRE LA CUAL SE FUNDA LA ESCUELA (v. 65)

Toda escuela tiene como propósito enseñar una disciplina particular, una verdad fundamental. Algunas escuelas son más especializadas que otras, pero todas dependen de principios básicos. Sin estos principios, la escuela carecería de propósito. La Escuela de la Aflicción no es la excepción. En el versículo 65, David enuncia un principio que siempre es cierto. Si queremos hacer frente a la aflicción en nuestras vidas, es necesario primero considerar esta verdad.

«Bien has hecho con tu siervo, oh Jehová, conforme a tu palabra» (Sal. 119:65).

Dios hace bien con sus siervos

Este versículo contempla dos verdades. La primera es que Dios hace bien con sus siervos. Cada vez que la aflicción llegue a nuestras vidas, necesitamos asirnos de esta verdad: Dios hace bien con sus siervos. Si no logramos comprender esto, podríamos albergar amargura contra Dios porque Él ha permitido que algo malo nos ocurra.

La mayor parte de nuestras aflicciones ocurren sencillamente porque vivimos en un mundo corrompido por el pecado. La muerte, el sufrimiento, el dolor y la desilusión nunca formaron parte del plan original de Dios, sino que surgieron como consecuencia del pecado del hombre. Otro tipo de aflicción puede ser resultado de nuestra ignorancia, de pecados específicos que hayamos cometido, o de que hayamos violado algún principio fundamental. No podemos culpar a Dios por estas cosas.

En el libro de Job se nos dice que Dios permitió que Satanás atacara a Job con aflicciones. Tal como Dios nunca le dijo a Job la razón de su aflicción, es necesario que reconozcamos la posibilidad de que nuestra aflicción puede ser resultado de la guerra espiritual que ocurre a nuestro alrededor sin que lo percibamos.

Siempre que suframos aflicción, es necesario que volvamos a la misma verdad fundamental: Dios hace bien con sus siervos. Este versículo dice específicamente «*tu siervo*». Por supuesto que Dios es paciente hacia los inconversos (2 P. 3:9). Sin embargo, el día del juicio llegará en el cual la ira de Dios será derramada sobre los que se niegan a creer. Pero con sus siervos, aquellos que han puesto su fe en Él y que se han comprometido a servirle, Dios hace bien.

El preguntarse: «¿Qué he hecho para merecerme esto?» no es necesariamente malo. Cuando usted se encuentre en el medio de la prueba y la aflicción, debiera hacerse una evaluación honesta para determinar si existe algún pecado específico en su vida que haya sido la causa de su problema. Si lo hay, arregle el asunto. Responda de manera bíblica y permita que Dios restablezca las cosas en su vida. Si las circunstancias están verdaderamente fuera de su control, no permita que su corazón albergue amargura. Recuerde que Dios hace bien con sus siervos. Esta es la verdad fundamental para hacer frente a la aflicción.

Es posible hallar evidencia que apoya esta verdad en toda la Biblia. El apóstol Pablo dijo: «*No os ha sobrevenido ninguna tentación que no sea humana; pero fiel es Dios, que no os dejará ser tentados más de lo que podéis resistir, sino que dará también juntamente con la tentación la salida, para que podáis soportar*» (1 Co. 10:13).

Existe otro pasaje en los Salmos que confirma esta verdad. Dios hace bien con sus siervos y jamás permite que pasemos por un fuego que no podamos soportar. Él conoce nuestras limitaciones. «*Como el padre se compadece de los hijos, se compadece Jehová de los que le temen. Porque él conoce nuestra condición; se acuerda de que somos polvo*» (Sal. 103:13, 14).

Dios hace con sus siervos conforme a su Palabra

Una segunda verdad, pero no menos importante, se encuentra en el versículo 65: Dios hace bien con sus siervos «*conforme a*» su Palabra. La manera en que Dios trata con todo asunto de su vida es conforme a su Palabra. Nada le ocurre a usted que no pueda explicarse con la verdad de la Palabra de Dios. No existe situación a la cual no se pueda responder conforme a la Palabra de Dios.

Es un tremendo consuelo para mí el saber que Dios es completamente consistente en su trato conmigo. Todo lo que hace es conforme a su Palabra. Si aprendo Su palabra, puedo anticipar los problemas que enfrentaré. Puedo hallar la salida a través del laberinto de problemas y aflicciones que llena esta vida. Puedo descubrir lo que Él quiere hacer en mí para conformarme a la imagen de mi Salvador.

Antes de dejar atrás el primer versículo de esta sección ya hemos aprendido la verdad básica que nos puede guiar en cualquier aflicción: No importa lo que nos ocurra ni las circunstancias, sabemos que Dios hace bien con sus siervos. También comprendemos que Dios siempre trata con nosotros conforme a su Palabra. Estos principios me protegen contra las malas actitudes, reducen la cantidad de «sorpresas» y me muestran el punto de partida para responder a cualquier prueba: conforme a su Palabra.

LOS REQUISITOS NECESARIOS PARA SER ADMITIDO (vv. 66–68)

La mayoría de las escuelas de enseñanza superior exigen un expediente del candidato a la admisión. El expediente sencillamente certifica que el alumno cumple con los requisitos necesarios para ser admitido al programa de estudios. Los versículos 66–68 nos revelan tres cualidades de la vida del salmista que le permiten cursar exitosamente el programa de estudios. Todo alumno potencial de la Escuela de la Aflicción deberá cumplir con estos requisitos para poder aprender las verdades necesarias para graduarse.

El alumno debe creer en el libro

«*Enséñame buen sentido y sabiduría, porque tus mandamientos he creído*» (Sal. 119:66).

David quiere que Dios le enseñe no sólo qué hacer (sabiduría), sino también cómo hacerlo (buen sentido). Él sabe que para que esto ocurra, él tiene que ser educable. Él debe tener la actitud correcta. Por ello es que el versículo termina diciendo: «*porque tus mandamientos he creído*».

Un buen equipo de fútbol estudia detenidamente sus jugadas preparadas. Con ello básicamente aprenden qué hacer y cuándo y cómo hacerlo. Si dudan de la calidad de la jugada, o si no tienen fe en que lo que el director técnico les dice los llevará al éxito, al llegar al campo de juego tendrán problemas muy serios.

La primera cualidad que hizo de David un alumno de éxito en la escuela de Dios, también puede darle éxito a usted. Él creía que el libro de texto era la verdad. Lo mismo se aplica al alumno que estudia la Palabra de Dios. Ya hemos aprendido que la verdad fundamental de esta escuela es el saber que Dios hace bien con sus siervos conforme a su palabra. Si usted no confía en esa palabra, no existe razón para seguir adelante.

El alumno deberá cargar con el dolor

«Sin pena no hay victoria.» Aunque esta máxima está expresada en el estilo conciso del habla moderna, es tan antigua como la historia del hombre. También resulta ser cierta. El crecimiento conlleva cierto dolor. David lo expresó de esta manera: «*Antes que fuera yo humillado, descarriado andaba; mas ahora guardo tu palabra*» (Sal. 119:67).

La segunda cualidad que permitió a David sobresalir en la escuela de Dios es que él comprendía que Dios usaba la aflicción en su vida para enseñarle la verdad que necesitaba para vivir con éxito. Sin esa aflicción, le faltaba entendimiento y él se descarriaba.

Hay veces que un pastor se ve obligado a quebrarle la pata a una oveja que de continuo se descarría del redil. Esto no lo hace para descargar su enojo o frustración sobre la oveja, sino por el beneficio de ésta. El pastor sabe que si la oveja se aparta demasiado del redil, seguramente será atacada por un animal rapaz. Por amor a la oveja, él le quiebra la pata y luego la lleva en brazos mientras se sana su pata. Para cuando se sana la pata de la oveja, ésta ya se ha acostumbrado a andar con el redil.

Muchos creyentes meramente reaccionan ante los problemas y pruebas que surgen en sus vidas. Sus decisiones y sus acciones son nada más que reflejos naturales. El siervo de Dios que desea ser usado por Dios con poder necesita aprender a responder bíblicamente ante la aflicción. La aflicción está divinamente diseñada para mantenernos cerca de la Palabra de Dios.

El alumno de la escuela de Dios entiende que hay dolor en la aflicción y que él debe estar dispuesto a cargar con ese dolor. Nuevamente, volvemos a la verdad fundamental: si confiamos que Dios hace bien con sus siervos conforme a su palabra, nada tenemos que temer. La Biblia nos dice en 1 Corintios 10:13 que nunca seremos tentados más allá de lo que podamos resistir: «*No os ha sobrevenido ninguna tentación que no sea humana; pero fiel es Dios, que no os dejará ser tentados más de lo que podéis resistir, sino que dará también juntamente con la tentación la salida, para que podáis soportar*».

El alumno deberá doblar su rodilla ante Dios

El versículo 68 es una confesión de fe en la naturaleza misma de Dios: «*Bueno eres tú, y bienhechor; enséñame tus estatutos*».

La tercera cualidad que David representa para los alumnos exitosos de la escuela de Dios es que él comprendía que el alumno debe tener fe en la persona de su maestro. Este es el mismo principio que Cristo enseñó en Juan 15:20. David sabía que para poder aprender las verdades que Dios quería enseñarle a través de la aflicción, él tenía que humillarse delante de su Maestro y aceptar estas aflicciones como algo bueno. «*Acordaos de la palabra que yo os he dicho: El siervo no es mayor que su señor. Si a mí me han perseguido, también a vosotros os perseguirán; si han guardado mi palabra, también guardarán la vuestra.*» Tal como el siervo no es mayor que su señor, el alumno no es mayor que su maestro.

Observe cuán profunda es esta verdad. Cuando David dice: «*Bueno eres tú*», se refiere a la *naturaleza* de Dios. Al decir «*y bienhechor*», se refiere a las *obras* de Dios. Las buenas obras de Dios son la manifestación de su naturaleza buena. Lo que Dios hace es un reflejo de lo que Él es.

Nuevamente volvemos a la verdad fundamental: si Dios hace bien con sus siervos, es porque Él es bueno. Por otro lado, si no aceptamos que Dios hace bien con sus siervos, en efecto estamos diciendo que Dios no es bueno. En medio del ardor de una prueba podemos vernos tentados a exclamar «¡Esto no es justo! ¡No hay razón por la cual me esté sucediendo esto! ¡No lo merezco!» Pero tales comentarios no se limitan a las acciones de Dios. También reflejan lo que pensamos acerca de su persona. Si decimos que Dios no es justo, o que Dios no hace bien con sus siervos, también estamos diciendo que Dios no es bueno.

Recuerde que David dice que Dios es bueno en el contexto de la aflicción que había recibido. Esta es la razón por la cual David está en posición de aprender la verdad de Dios. Él ha expresado su fe en la bondad de la persona de Dios.

Por favor, no piense que estoy discutiendo detalles teológicos. Esto es vital en su relación con Dios y en su respuesta a la aflicción. La importancia de las palabras del salmista resalta en las palabras que Jesús dirigió a un hombre principal. «*Un hombre principal le preguntó, diciendo: Maestro bueno, ¿qué haré para heredar la vida eterna? Jesús le dijo: ¿Por qué me llamas bueno? Ninguno hay bueno, sino sólo Dios*» (Lc. 18:18, 19).

Lucas 18:21 nos revela que este hombre confiaba en sus propias obras como medio de su salvación. Jesús va directamente al asunto real. Él llamó la atención del hombre al cuestionar el título que le había dado. «*¿Por qué me llamas bueno?*» Este era el asunto. ¿Comprendía este hombre lo que estaba diciendo? Su respuesta a Jesús nos demuestra que no.

Esto es lo que Jesús le estaba diciendo: «¿De veras entiendes lo que estabas diciendo cuando me llamaste "bueno"? ¿Comprendes que ninguno hay bueno, sino sólo Dios? ¿Es *esto* lo que me quieres decir? ¿Realmente comprendes que yo soy Dios?»

El materialismo de este hombre principal que era rico impidió que viera la verdad que Jesús enseñaba. Él quería ser justificado por guardar la ley en lugar de por obedecer al Maestro. Jesús reveló la hipocresía de este hombre al decirle que vendiera todo lo que tenía y lo diera a los pobres. Este hombre no pudo hacerlo porque realmente no creía que Jesús era bueno (o que era Dios). Si Jesús fuera bueno, todo lo que dijo sería para bien de este hombre, aun si en el momento tuviera apariencia de aflicción.

David sabía que Dios es bueno y quería que Dios le enseñara sus estatutos. El carácter y las acciones siempre van de la mano. Una enseñanza mala es resultado de un mal carácter; una enseñanza buena es resultado de un buen carácter. David entendió que para recibir la verdad bien enseñada, él necesitaba buscarla en la Palabra de Dios.

¿Cómo está *su* expediente? ¿Cree usted en el Libro? ¿Está dispuesto a cargar con el dolor que sea necesario para graduarse? ¿Ha doblado su rodilla genuinamente ante la bondad de Dios?

LA PRUEBA DADA A TODOS LOS ALUMNOS (vv. 69, 70)

Los exámenes son parte necesaria del proceso educativo. Son un indicador de lo que el alumno ha aprendido. David describe su prueba en los versículos 69 y 70. «*Contra mí forjaron mentira los soberbios, mas yo guardaré de todo corazón tus mandamientos. Se engrosó el corazón de ellos como sebo, mas yo en tu ley me he regocijado.»*

Mentiras forjadas

Parte de la tarea que David recibió en la Escuela de la Aflicción fue el ser víctima de «mentiras forjadas». Observe la afirmación completa: *«Contra mí forjaron mentira los soberbios, mas yo guardaré de todo corazón tus mandamientos»* (Sal. 119:69).

Nadie disfruta el ser blanco de ataques inmerecidos, especialmente cuando los ataques contienen mentiras descaradas. Los soberbios no sólo dicen mentiras, sino que las forjan, les dan forma con especial cuidado. Job experimentó este tipo de aflicción. Sus tres amigos habían venido a consolarlo en este tiempo de prueba. Después de ver todo lo que le había ocurrido, guardaron silencio por siete días (Job 2:13). Cuando finalmente decidieron hablar, habían llegado a la conclusión de que tenía que haber algún pecado vil y terrible sin confesar en la vida de Job para que él hubiera sufrido tal juicio. Ellos rehusaron alterar su posición a pesar de las protestas de Job a favor de su inocencia. En su frustración, Job dice: *«Porque ciertamente vosotros sois fraguadores de mentira; sois todos vosotros médicos nulos»* (Job 13:4).

La soberbia es un factor clave en el forjado de mentiras. Los consejeros de Job no podían tragarse su orgullo y reconocer que su diagnóstico podía ser erróneo. David comprendió esta verdad, y sabía que los soberbios eran los responsables de las mentiras forjadas en su contra.

Corazones engrosados

David no ha terminado la descripción de sus atacantes. No sólo son soberbios, sino que tienen corazones engrosados. Hoy día diríamos que sus corazones están gordos. La imagen de un corazón gordo implica un corazón que no se ha ejercitado apropiadamente. *«Se engrosó el corazón de ellos como sebo, mas yo en tu ley me he regocijado»* (Sal. 119:70a).

Parte del curso de discipulado y liderazgo que enseñamos en nuestra iglesia consiste en adiestramiento físico. Algunas personas han tenido dificultades en comprender la inclusión de este adiestramiento físico, especialmente al ver lo que dice la Biblia acerca del ejercicio corporal. *«Porque el ejercicio corporal para poco es provechoso, pero la piedad para todo aprovecha, pues tiene promesa de esta vida presente, y de la venidera»* (1 Ti. 4:8).

Si estuviéramos obligados a escoger entre la piedad y el ejercicio corporal, no cabría discusión al respecto. Siempre escogeríamos la piedad. Pero, ¿quién dice que hay que escoger? Incluimos ejercicio corporal en nuestro adiestramiento de discipulado y liderazgo porque frecuentemente las mismas actitudes indisciplinadas y hábitos perezosos que causan la obesidad del cuerpo, también causan la obesidad del corazón.

En un retiro de líderes celebrado recientemente en nuestra iglesia, los participantes tuvieron que aprender a bajar en rapel por un precipicio que bordeaba a un lago. Otra actividad involucraba operaciones nocturnas en un bosque, en donde los participantes tenían que trabajar en equipo para lograr ciertos objetivos.

Un hombre se me acercó después del evento para compartirme su testimonio. ¡Estaba jubiloso! Me dijo: «Pastor, hay dos temores que he tenido toda la vida: el miedo a las alturas y el miedo a la oscuridad. Este fin de semana tuve que enfrentar los dos temores. No bajé por el precipicio una vez, sino dos veces. ¡Hasta lo disfruté! Anoche tuve que andar por el bosque en la oscuridad. Aprendí que si podía confiar en el Señor para vencer estos dos obstáculos pequeños, ¡cómo no voy a confiar en Él en las cosas que de veras son importantes!»

Esa es precisamente la conclusión que buscábamos. Hay demasiados cristianos que se sientan en sus cómodos sillones en estudios bíblicos celebrados en algún hogar o en bancas acolchadas en auditorios de iglesias con aire acondicionado, mientras proponen teorías sobre cómo batallar contra demonios imaginarios. En la sociedad materialista en que vivimos, nosotros los cristianos tendemos a aislarnos de la realidad. Nos tornamos descuidados y carecemos de la disciplina necesaria para participar de la verdadera guerra espiritual.

Cuando nuestros corazones se engrosan, estamos a un paso de forjar mentiras. A veces sólo nos engañamos a nosotros mismos. Sean cuales sean las circunstancias, estos versículos nos enseñan que si usted se matricula en la Escuela de la Aflicción, se verá atacado por los soberbios y los de corazón engrosado.

Corazones fieles

Las actitudes negativas que acabamos de considerar contrastan con el corazón fiel y las actitudes positivas del alumno de la aflicción que estamos considerando. Al enfrentar las mentiras forjadas de los soberbios, David dice: «*Mas yo guardaré de todo corazón tus mandamientos*» (Sal. 119:69b).

Después de decir que sus enemigos tienen un corazón engrosado «*como sebo*», el salmista dice: «*Mas yo en tu ley me he regocijado*» (Sal. 119:70b). En ninguno de los casos vemos que él reaccione contra sus atacantes. No intenta ajustar cuentas ni vengarse. Esta es la respuesta clave, y la que todos debiéramos imitar: la aflicción lleva al salmista hacia la Palabra de Dios.

El corazón fiel del salmista contrasta con los corazones engrosados y las mentiras forjadas de los soberbios. Cuando sufre pruebas por la aflicción, el salmista renueva su decisión de guardar la Palabra de Dios: «*Mas yo guardaré de todo corazón tus mandamientos*». Luego, hace una decisión directa y consciente de deleitarse en la Palabra de Dios, en lugar de responder directamente a sus atacantes: «*Mas yo en tu ley me he regocijado*». Él no se deja dominar por sus emociones, sino por la Palabra de Dios.

¿Cuál es *su* respuesta natural ante la aflicción? ¿Maquina usted ajustar cuentas con sus atacantes? ¿Busca cómo justificarse, convenciéndose que *su* posición es la correcta? ¿O permite que la aflicción lo lleve directamente a la Palabra de Dios?

Este capítulo presenta un reto especial para mí. Escribí la primera parte de este capítulo mientras me encontraba de gira predicando en una conferencia bíblica en Bogotá, Colombia. Mientras me encontraba en Bogotá, empecé a sufrir un dolor de cabeza que se sentía como sinusitis y que se concentraba detrás de mi ojo derecho. Al regresar a casa, mi ojo derecho estaba sufriendo de un caso avanzado de iritis, o inflamación del iris. Había sufrido una afección similar en mi ojo izquierdo tres veces anteriores. Pero esta vez, era mi ojo derecho el afectado. Mi ojo derecho es mi ojo más fuerte, es el que uso principalmente para leer. Ahora se encontraba totalmente inmovilizado. Podía ver con suficiente claridad para caminar y desenvolverme, pero el leer y el escribir se tornaron en retos formidables.

Debo confesar que sentí mucha frustración y angustia al inicio de esta aflicción. Mucho de lo que hago depende de leer y de escribir. Era fácil sentir lástima por mí mismo. Entonces recordé la Palabra de Dios. Recordé el pasaje que estamos desarrollando. Dios sencillamente estaba permitiendo que sufriera un poco de aflicción para que pudiera escribir con una convicción verdadera. Yo tenía que dejar que esta aflicción me condujera a la Palabra de Dios.

Aunque ya he estado predicando por un cuarto de siglo, continúo haciendo trabajos de posgrado en la Escuela de la Aflicción. Estoy aprendiendo que no importa cuál sea la aflicción que sufra, siempre habrá algo nuevo que aprender. Mientras escribo estas palabras, me duele el ojo y siento un dolor de cabeza constante. Me siento un tanto mareado y me gustaría acostarme y olvidarme del mundo. Sin embargo, he de ser fiel a la Palabra de Dios. He de decidir nuevamente guardar sus preceptos de todo corazón y deleitarme en su ley por sobre todas las cosas. La aflicción no es nuestro enemigo, sino nuestro maestro. Esa es precisamente la transición que nos lleva al tema siguiente de nuestro estudio.

LA META DEL PROGRAMA DE ESTUDIOS (v. 71)

Tal como toda escuela basa su programa de estudios en una verdad fundamental, su programa de estudios tiene una meta: un objetivo a alcanzar o un cambio a producirse como resultado de culminar con éxito el programa de estudios. En este versículo David identifica la meta del programa de la Escuela de la Aflicción. «*Bueno me es haber sido humillado, para que aprenda tus estatutos*» (Sal. 119:71).

La mayoría de las personas se lamentan por su aflicción, participan de autocompasión y buscan la solidaridad de sus semejantes, pero David declara: «*Bueno me es haber sido humillado*». ¿Puede usted decir eso con sinceridad? Si no puede, no está listo para graduarse.

David vio la aflicción como una ayuda para aprender la Palabra de Dios. Cuando la aflicción lo conduce a la Palabra de Dios, usted aprenderá a aplicar la palabra a su vida. Pero si usted permite que la aflicción desarrolle amargura, deseos de venganza, autocompasión y otras reacciones negativas, la aflicción se torna en un enemigo. Algunas personas malgastan mucho tiempo tratando de decidir si su aflicción proviene de Satanás o de Dios. ¿Y qué diferencia hace? Si la aflicción nos conduce hacia la Biblia, su resultado será el mismo, no importa cuál sea su causa.

Usted nunca sufrirá más aflicción que Job. Al leer el libro de Job podemos ver que Satanás fue el causante de muchas de las aflicciones de Job. Sin embargo, ¿quién mencionó a Job primero? ¿No fue Dios? ¡Por supuesto que lo fue! «*Y Jehová dijo a Satanás: ¿No has considerado a mi siervo Job, que no hay otro como él en la tierra, varón perfecto y recto, temeroso de Dios y apartado del mal?*» (Job 1:8).

Observe algo más acerca del libro de Job. Job *nunca* comprendió el papel que jugó Satanás en su aflicción. Dios nunca consideró necesario explicarle a Job lo que había sucedido. A Dios únicamente le preocupaba la respuesta de Job. Job creció a causa de su aflicción. Él nunca tuvo que comprender la causa ni la fuente.

Una vez que usted domine este concepto sencillo, pero profundo, también podrá crecer como resultado de la aflicción en su vida. No tiene que comprender ni conocer la razón ni la fuente de la aflicción. Sólo necesita aprender una reacción: deje que la aflicción lo conduzca hacia la Palabra de Dios, para aprender de ella y deleitarse en ella.

No importa cuál sea la fuente, no importa la causa, la aflicción forma parte del plan de Dios para su vida. La meta, o el objetivo, de toda aflicción es que aprendamos la Palabra de Dios según se aplica a nuestras vidas. Considere la evidencia que arrojan las Escrituras: «*Hermanos míos, tened por sumo gozo cuando os halléis en diversas pruebas, sabiendo que la prueba de vuestra fe produce paciencia. Mas tenga la paciencia su obra completa, para que seáis perfectos y cabales, sin que os falte cosa alguna*» (Stg. 1:2–4).

Pablo comprendió esta verdad y tenía algo muy similar que decir en su epístola a los Romanos. «*Y no sólo esto, sino que también nos gloriamos en las tribulaciones, sabiendo que la tribulación produce paciencia; y la paciencia, prueba; y la prueba, esperanza; y la esperanza no avergüenza; porque el amor de Dios ha sido derramado en nuestros corazones por el Espíritu Santo que nos fue dado*» (Ro. 5:3–5).

¿Cómo puede usted aprender a perdonar si nadie jamás le hiere? ¿Cómo puede aprender a confiar en Dios si nunca sufre necesidades? La aflicción es una herramienta que Dios usa para enseñarnos su palabra. Una vez que comprendemos esta meta, podemos ver la aflicción como un aliado en lugar de como un enemigo. Sólo entonces podremos decir junto con David: «*Bueno me es haber sido humillado, para que aprenda tus estatutos*».

En el libro de Génesis, Dios consideró toda su obra de creación y llegó a una conclusión: «*Y vio Dios todo lo que había hecho, y he aquí que era bueno en gran manera*» (Gn. 1:31). David consideró todo lo que Dios había hecho en su vida y dijo: «*Bueno es*».

LA TRANSFORMACIÓN DEL SISTEMA DE VALORES (v. 72)

Los estudios superiores tienen por meta tocar no sólo el intelecto del hombre, sino también su carácter. En el instituto bíblico de nuestra iglesia, llamado Escuela para Pastores, que usamos para entrenar a nuestra gente en la Palabra de Dios y en el ministerio, nuestra meta es mucho más que simplemente llenar a nuestros alumnos con información acerca de la Biblia.

Una meta es enseñarles la Palabra, pero al mismo tiempo deseamos ver una transformación en su sistema de valores, un cambio en su carácter.

Este cambio de sistema de valores se produjo en David como resultado de su aflicción. Él concluye esta estrofa diciendo: «*Mejor me es la ley de tu boca que millares de oro y plata*» (Sal. 119:72). La aflicción llevó a David hacia la Palabra de Dios. En los momentos de la prueba, David sabía que no podía asirse a nada más. Él llegó a la conclusión de que nada era más precioso para él que la Palabra de Dios. Recuerde que David fue rey. Hubo una época en su vida en que vivió en esplendor, rodeado de riquezas y siervos. Sin embargo, nunca olvidó que la Palabra de Dios era más valiosa que todo lo demás, más que «*millares de oro y plata*».

¿Comprende usted esta verdad? ¿Entiende que Dios utiliza la aflicción para efectuar un cambio en su sistema de valores? ¿O todavía está quejándose de la cruz que le ha tocado llevar? ¿No dijo Cristo que para seguirle era necesario llevar una cruz? (Mt. 16:24).

Pablo comprendió esta realidad. Usted probablemente nunca tendrá que sufrir lo que Pablo sufrió por causa del evangelio. En 2 Corintios 11:23–28, Pablo abre su corazón y nos revela muchas de las cosas que sufrió durante su ministerio. Preste atención mientras él las enumera.

> *¿Son ministros de Cristo? (Como si estuviera loco hablo.) Yo más; en trabajos más abundante; en azotes sin número; en cárceles más; en peligros de muerte muchas veces. De los judíos cinco veces he recibido cuarenta azotes menos uno. Tres veces he sido azotado con varas; una vez apedreado; tres veces he padecido naufragio; una noche y un día he estado como náufrago en alta mar; en caminos muchas veces; en peligros de ríos, peligros de ladrones, peligros de los de mi nación, peligros de los gentiles, peligros en la ciudad, peligros en el desierto, peligros en el mar, peligros entre falsos hermanos; en trabajo y fatiga, en muchos desvelos, en hambre y sed, en muchos ayunos, en frío y en desnudez; y además de otras cosas, lo que sobre mí se agolpa cada día, la preocupación por todas las iglesias.*

Pablo había aprendido lo que David sabía. Había entendido que la aflicción está destinada para enseñarnos la Palabra de Dios y que en última instancia producirá un cambio en nuestro sistema de valores. Nos permitirá distinguir entre lo que es temporal y lo que es eterno. Esta es exactamente la conclusión a la cual llega Pablo en 2 Corintios 4:17–18. «*Porque esta leve tribulación momentánea produce en nosotros un cada vez más excelente y eterno peso de gloria; no mirando nosotros las cosas que se ven, sino las que no se ven; pues las cosas que se ven son temporales, pero las que no se ven son eternas*».

Varias veces hemos hecho mención del peso de aflicción que Job sufrió. Job también aprendió algunas de las verdades más grandes de Dios a través de su aflicción. Al final del libro, cuando Dios finalmente le habla a Job, no se menciona la causa de la aflicción de éste, como ya dijimos anteriormente. Pero Dios sí le revela a Job algunas de las verdades más profundas en cuanto a la creación que podemos hallar en la Biblia. La aflicción resulta de modo directo en que Job aprende más de la verdad de Dios.

Además, esa aflicción reveló que Job tenía un sistema de valores muy diferente al del mundo, aun cuando él había sido un hombre rico. Job tenía la lucidez como para entender cuáles eran las cosas realmente valiosas, según nos lo reflejan sus palabras en el pasaje siguiente.

De los peñascos cortó ríos, y sus ojos vieron todo lo preciado. Detuvo los ríos en su nacimiento, e hizo salir a luz lo escondido. Mas ¿dónde se hallará la sabiduría? ¿Dónde está el lugar de la inteligencia? No conoce su valor el hombre, ni se halla en la tierra de los vivientes. El abismo dice: No está en mí; y el mar dijo: Ni conmigo. No se dará por oro, ni su precio será a peso de plata. No puede ser apreciada con oro de Ofir, ni con ónice precioso, ni con zafiro. El oro no se le igualará, ni el diamante, ni se cambiará por alhajas de oro fino. No se hará mención de coral ni de perlas; la sabiduría es mejor que las piedras preciosas. No se igualará con ella topacio de Etiopía; no se podrá apreciar con oro fino. ¿De dónde, pues, vendrá la sabiduría? ¿Y dónde está el lugar de la inteligencia? Porque encubierta está a los ojos de todo viviente, y a toda ave del cielo es oculta. El Abadón y la muerte dijeron: Su fama hemos oído con nuestros oídos. Dios entiende el camino de ella, y conoce su lugar. Porque él mira hasta los fines de la tierra, y ve cuanto hay bajo los cielos. Al dar peso al viento, y poner las aguas por medida; cuando él dio ley a la lluvia, y camino al relámpago de los truenos, entonces la veía él, y la manifestaba; la preparó y la descubrió también. Y dijo al hombre: He aquí que el temor del Señor es la sabiduría, y el apartarse del mal, la inteligencia (Job 28:10–28).

Nada era más precioso para Job que la sabiduría de la Palabra de Dios. Su sistema de valores era diferente. Esta, por supuesto, es la razón por la cual Dios le dice a Satanás que considere a Job. La prueba de la aflicción sencillamente reveló lo que Dios ya sabía.

¿Qué sale a relucir cuando usted sufre aflicción? ¿Cuál es su posesión más preciosa? ¿Cuánta aflicción necesitará para aprender esta lección y experimentar este cambio de sistema de valores? Eso es algo que sólo usted puede determinar.

10

CÓMO PERMANECER ESTABLE
EN UN MUNDO INESTABLE

Tus manos me hicieron y me formaron; hazme entender, y aprenderé tus mandamientos. Los que te temen me verán, y se alegrarán, porque en tu palabra he esperado. Conozco, oh Jehová, que tus juicios son justos, y que conforme a tu fidelidad me afligiste. Sea ahora tu misericordia para consolarme, conforme a lo que has dicho a tu siervo. Vengan a mí tus misericordias, para que viva, porque tu ley es mi delicia. Sean avergonzados los soberbios, porque sin causa me han calumniado; pero yo meditaré en tus mandamientos. Vuélvanse a mí los que te temen y conocen tus testimonios. Sea mi corazón íntegro en tus estatutos, para que no sea yo avergonzado.

Salmo 119:73–80

Muy por encima de las aceras de hormigón, una armazón de largueros y vigas de acero está siendo preparada con una habilidad comparable a la de una araña que teje su tela. Otro monumento de acero y vidrio que demuestra el progreso del hombre pronto se dibujará sobre el horizonte.

Es fácil dar por sentado tal tipo de construcción, sin que siquiera nos lleve a echar un vistazo a una construcción nueva. Sin embargo, al hacerlo nos perdemos de uno de los espectáculos más curiosos del mundo. Porque caminando confiadamente por ese laberinto de acero hay un grupo de hombres tan valientes como cualquier héroe. Sus habilidades se asemejan a las de la estrella de un circo, al batallar diariamente contra los vientos, los elementos del clima y un torbellino de actividades para colocar las vigas en su lugar y empezar a ponerle cobertura a esta armazón que pronto albergará a una multitud de trabajadores de oficina.

Estos obreros que trabajan sobre estructuras de acero siempre me han asombrado. La mayoría de los mortales temblaríamos de miedo con tan solo estar parados por donde ellos caminan y trabajan con seguridad y precisión.

Estos hombres me recuerdan de la labor de los cristianos modernos. Nosotros también trabajamos en un mundo que no ha adquirido su forma final todavía. El diseño arquitectónico de Dios es tan complejo que apenas podemos ver cómo encaja todo. Sin embargo, nos toca cumplir diligentemente con nuestras responsabilidades individuales.

No hay mucha estabilidad en este mundo, y a veces se siente como si tuviéramos muy poca cosa sosteniéndonos debajo de nuestros pies. Como cristianos que somos, hemos recibido el llamado de efectuar un acto de equilibrio en medio de toda la actividad de construcción que Dios ha preparado a nuestro alrededor. Como si fuera poco, también tenemos que luchar contra los elementos; no sólo las tormentas terrenales de las nubes del primer cielo, sino también los principados y potestades del segundo cielo. Los vientos de falsas y engañosas doctrinas soplan directamente en nuestros rostros. Aunque nos podamos mover con confianza y destreza, tenemos que estar conscientes que un error de nuestra parte podría ser fatal no sólo para nosotros, sino también para otros a nuestro alrededor.

¿Cómo podemos caminar con confianza en este mundo inestable? ¿Cómo podemos guardar el equilibrio? ¿Cómo evitar esos errores fatales de descuido que amenazan nuestro bienestar? Estas y otras preguntas serán nuestro tema de discusión al examinar la décima estrofa del Salmo 119. Corresponde a la letra *Yod*, la más pequeña del alfabeto hebreo, la cual Cristo llamó una «jota» en Mateo 5:18.

El salmista trató con la aflicción en la estrofa anterior y pronto podremos ver que este contexto continúa. Específicamente, ¿cómo podemos tener estabilidad a la luz de nuestras muchas aflicciones? Observaremos dos componentes principales de las palabras de David que nos demuestran que para lograr estabilidad tenemos que tener un propósito específico y orar con peticiones específicas.

USTED DEBE TENER UN PROPÓSITO ESPECÍFICO (vv. 73–75)

«Tus manos me hicieron y me formaron; hazme entender, y aprenderé tus mandamientos. Los que te temen me verán, y se alegrarán, porque en tu palabra he esperado. Conozco, oh Jehová, que tus juicios son justos, y que conforme a tu fidelidad me afligiste» (Sal. 119:73–75).

David sabe que sus aflicciones son resultado de la fidelidad de Dios y él pone su esperanza en la Palabra de Dios. Él apela al Creador en busca de entendimiento. David no se queja de la aflicción, pero desea tener una idea de para dónde va. Su petición es *«Hazme entender»*.

La fuente de nuestro propósito es el Creador

Cuando dice: *«Tus manos me hicieron y me formaron»*, esto es más que lenguaje poético hermoso. Al desear entendimiento sobre el propósito divino, David apela a su Creador. Aquí tenemos una verdad profunda.

Con frecuencia pasamos por alto el énfasis que se hace sobre la doctrina de la creación en la Biblia. Esta verdad es fundamental para todas las demás. ¿Cómo no va a ser soberano Dios? Él lo hizo todo. En Proverbios 16:4

leemos: «*Todas las cosas ha hecho Jehová para sí mismo, y aun al impío para el día malo*».

Hasta en el Nuevo Testamento es necesario que prestemos atención particular a la doctrina de la creación. Es fundamental en lo que Pablo enseña a los efesios y a los colosenses. «*Y de aclarar a todos cuál sea la dispensación del misterio escondido desde los siglos en Dios, que creó todas las cosas*» (Ef. 3:9). Y también: «*Porque en él fueron creadas todas las cosas, las que hay en los cielos y las que hay en la tierra, visibles e invisibles; sean tronos, sean dominios, sean principados, sean potestades; todo fue creado por medio de él y para él*» (Col. 1:16).

¿Acaso Dios creó este universo sólo para dejarlo que orbitara por sí solo? Si existe algún propósito para esta vida, ¿a quién preguntarle sino a Dios? ¿Acaso nos creó solamente para que pudiéramos respirar, trabajar, comer, sufrir y morir? ¿Es eso todo lo que ofrece esta vida?

Nosotros los creyentes pertenecemos a Dios por derecho doble: por creación y por redención. «*¿O ignoráis que vuestro cuerpo es templo del Espíritu Santo, el cual está en vosotros, el cual tenéis de Dios, y que no sois vuestros? Porque habéis sido comprados por precio; glorificad, pues, a Dios en vuestro cuerpo y en vuestro espíritu, los cuales son de Dios*» (1 Co. 6:19, 20). La idea es esta: «Tú me hiciste, Dios ... ¿Por qué estoy aquí?» No hay maestro que pueda dar mejor respuesta a esa pregunta que el Creador del alumno.

A veces me entretengo observando cómo los críticos de arte o de obras cinematográficas se esfuerzan por entender los distintos matices de significado de una obra de arte o del cine. Después resulta que el artista ni siquiera tenía cosas semejantes en mente. Pareciera que tenemos esta tendencia de querer averiguar las cosas por nosotros mismos, cuando usualmente podemos ir directamente donde el Creador. Afortunadamente, y a diferencia de los artistas del arte clásicos ya fallecidos, en el asunto más crítico de toda la vida el Creador está con nosotros. Podemos pedirle directamente que nos dé entendimiento.

Este era el problema de Job. Él se enfocó tanto en su aflicción que no pudo enfocarse en el creador. ¿No le parece interesante que Dios, tal como dijimos en la sección anterior, nunca le explicó directamente a Job la causa de su aflicción? En lugar de ello, le dio un discurso sobre la creación y la ciencia. ¡Olvídese de la aflicción! El propósito del hombre es dar gloria a su Creador. «*Te alabaré; porque formidables, maravillosas son tus obras; estoy maravillado, y mi alma lo sabe muy bien*» (Sal. 139:14).

¿Qué propósito tiene su vida? ¿Está tan absorto en su aflicción presente que no puede ver más allá de sus narices? Con frecuencia deseamos conocer el propósito de nuestra vida sólo para satisfacer nuestra curiosidad intelectual o nuestro ego carnal. Esto nos lleva a la siguiente declaración que David hace, y a nuestra siguiente lección.

La dirección de nuestro propósito siempre es hacia afuera

David dice algo curioso: «*Los que te temen me verán, y se alegrarán, porque en tu palabra he esperado*» (Sal. 119:74).

A pesar de estar cargado por la aflicción y luchando por hallar entendimiento, David quiere ser de bendición *a otros* David no va a dejar la Palabra de Dios a un lado, no importa cuán mal le esté yendo. Está dispuesto a pagar el precio, porque su esperanza es en la Palabra. Sin embargo, su deseo es que aquellos que temen a Dios se alegren cuando vean a David.

¿Se alegra la gente al ver su actitud al pasar una prueba? La mayoría de nosotros nos tornamos difíciles y desagradables cuando sufrimos. Estamos muy dispuestos a obligar a los demás a que examinen las cicatrices de nuestra cirugía espiritual, o a que contemplen nuestras «glándulas espirituales» en un frasco con cloroformo. Nos gusta escuchar esas palabras de consuelo, aun si son forzadas.

Esto me recuerda lo sucedido en Hechos 16, cuando Pablo y Silas fueron encarcelados en Filipos. Después del terremoto y de la conversión del carcelero y de su familia, los apóstoles regresaron a la casa de Lidia, en donde los demás creyentes con temor hacían oración por ellos. Curiosamente, el capítulo concluye diciendo lo siguiente: «*Y habiendo visto* [los apóstoles] *a los hermanos, los consolaron, y se fueron*» (Hch. 16:40). La mayoría de nosotros hubiéramos pensado que sería al contrario.

Con frecuencia oímos decir que necesitamos madurar como creyentes para poder llegar a ver nuestros problemas como oportunidades para más crecimiento espiritual. El creyente verdaderamente maduro va más allá. Él comprende que nuestras pruebas y aflicciones también afectan a otras personas. Éstas no son sólo para *nuestro* crecimiento espiritual (aunque ello ciertamente ocurre), sino para beneficio de *otros*.

> *Bendito sea el Dios y Padre de nuestro Señor Jesucristo, Padre de misericordias y Dios de toda consolación, el cual nos consuela en todas nuestras tribulaciones, para que podamos también nosotros consolar a los que están en cualquier tribulación, por medio de la consolación con que nosotros somos consolados por Dios. Porque de la manera que abundan en nosotros las aflicciones de Cristo, así abunda también por el mismo Cristo nuestra consolación. Pero si somos atribulados, es para vuestra consolación y salvación; o si somos consolados, es para vuestra consolación y salvación, la cual se opera en el sufrir las mismas aflicciones que nosotros también padecemos* (2 Co. 1:3–6).

La respuesta bíblica a la aflicción produce una realidad y humildad que resulta extremadamente atractiva a aquellos que aman a Dios. Me gusta ilustrar esta idea de la manera siguiente: Los ciudadanos patriotas sienten un respeto y compasión tremendos hacia los soldados que regresan heridos en la guerra. El mito de la invencibilidad se ha desvanecido y la respuesta correcta del soldado produce una humildad que resulta atractiva para aquellos que comparten su causa.

Con seguridad usted conoce a alguna persona cuya sola presencia puede ser incomodante porque todo el mundo sabe que esta persona inmediatamente tratará de hacer que todos le tengan lástima por las muchas pruebas y aflicciones que está sufriendo. Nadie quiere estar alrededor de gente así.

¿Cómo le ven las demás personas? ¿Es usted lo suficientemente honesto consigo mismo para responder?

La dirección de un cristiano siempre debe ser hacia su exterior, nunca hacia su interior. Es por esto que muchos no pueden hallar el propósito que Dios tiene para sus vidas. Sólo quieren averiguar el propósito para cumplir sus propios planes. Luego, pueden recostarse a admirar lo bien planificada que está su vida. El saber dónde pertenecen les sirve para reorganizar sus vidas en torno a sus propios objetivos personales.

El propósito de Dios siempre va hacia afuera: el darle gloria a Él y ser de bendición a los demás. Tal vez usted nunca sepa los motivos tras su aflicción. Tal vez nunca llegue a saber la respuesta a sus preguntas. Eso no obstaculiza el que Dios le dé la respuesta a la pregunta: «¿Por qué estoy aquí?» Usted *puede saber* que la vida vale la pena vivirla. Puede tener un propósito eterno en su vida.

La convicción de nuestro propósito es nuestro refugio

El tener un entendimiento maduro de su propósito sirvió para animar a David. Él no precisaba conocer todos los detalles, siempre y cuando pudiera entender la naturaleza de Dios. «*Conozco, oh Jehová, que tus juicios son justos, y que conforme a tu fidelidad me afligiste*» (Sal. 119:75).

Esto nos lleva nuevamente a la verdad básica sobre la cual se funda la Escuela de la Aflicción. «*Bien has hecho con tu siervo, oh Jehová, conforme a tu palabra*» (Sal. 119:65). Además, «*Bueno eres tú, y bienhechor*» (Sal. 119:68). Si estamos convencidos de que Dios es bueno, no tenemos alternativa más que aceptar que lo que Él hace es bueno, aun si no lo entendemos por completo.

Hay muchos creyentes que están enojados con Dios, pero no quieren reconocerlo. Se rebelan en contra de su aflicción. *No quieren* ver a Dios en medio de su aflicción. Muchos no se atreven a desechar su máscara de piedad y continúan pidiendo oración. Se lamen sus heridas y claman contra la injusticia y lo terrible de su causa. No quieren ver que cuando rechazan las obras de Dios, también están rechazando su naturaleza. ¡Con razón se sienten miserables!

¿Observó usted un hecho significativo en este versículo? El que aflige es el mismo que consuela. David sabe que lo que Dios ha hecho es justo. «*Conozco, oh Jehová, que tus juicios son justos.*» Y sabe que es el Dios que le ama quien le ha afligido: «*Y que conforme a tu fidelidad me afligiste*».

Dios usa la familia como un modelo de esta verdad. El padre de familia que ama al hijo con todo su ser es el mismo padre que algunas veces tiene que optar por una posición dura para corregir e instruir a ese hijo. El mismo padre que administra el castigo es quien mejor puede administrar el consuelo y el amor inmediatamente después.

Tal como un niño halla seguridad en la consistencia de la naturaleza de sus padres, nosotros hallamos seguridad en la naturaleza invariable de Dios. Cuando Dios reprendía amargamente a Israel por sus fornicaciones, Dios clamó: «*Yo os he amado, dice Jehová*» (Mal. 1:2). Ellos no podían comprender el amor de Dios en medio de la tribulación que vivían. «*Y dijisteis: ¿En qué nos amaste?*» (Mal. 1:2). Dios les recordó: «*Porque yo Jehová no cambio*» (Mal. 3:6).

Su manera de responder ante la aflicción es un indicador seguro de su madurez, o falta de ella. Usted puede lloriquear y quejarse como un niño pequeño, o puede hallar refugio en la naturaleza invariable de un Dios que le ama. Puede confiar en que el propósito de Dios se verá cumplido en toda cosa que le suceda a usted. Su propósito, repito, su propósito *para usted* se verá cumplido si usted coopera con Él, le ama y confía en su bondad.

Este es el significado de un versículo, frecuentemente citado y usualmente mal aplicado: «*Y sabemos que **a los que aman a Dios**, todas las cosas les ayudan a bien, esto es, a los que **conforme a su propósito** son llamados*» (Ro. 8:28, énfasis del autor).

La clave está en si nuestro propósito es igual a su propósito. Eclesiastés 12:13 nos define con claridad el propósito que Dios tiene para con el hombre: «*El fin de todo el discurso oído es este: Teme a Dios, y guarda sus mandamientos; porque esto es el todo del hombre*».

Usted nunca saltará por los andamios de la vida sin verse afectado por los cambiantes vientos de doctrina y cumpliendo su labor con confianza a menos que conozca el propósito de Dios para su vida. Sin embargo, este propósito no es lo que la mayoría de la gente cree que es. No lo hallamos en nuestro interior, sino sólo en Dios, el Creador. El verdadero propósito tiene que ver con Él y con los demás. Romanos 12:1 dice: «*...que presentéis vuestros cuerpos en sacrificio vivo, santo, agradable a Dios, que es vuestro culto racional*». Y es nuestra fuente de equilibrio y fortaleza en un mundo inestable.

USTED DEBE ORAR CON PETICIONES ESPECÍFICAS (vv. 76–80)

Los últimos cinco versículos de esta estrofa presentan peticiones específicas de oración. La estabilidad está basada en un entendimiento correcto del propósito para nuestras vidas, en relación con la naturaleza de Dios, y también depende de profundizar nuestra relación de oración con Dios. Con demasiada frecuencia nuestras oraciones son ritualistas y vagas.

David sabe exactamente lo que quiere. Si analizamos estos versículos, hallamos cuatro áreas de petición: la necesidad de tener emociones controladas, una mente controlada, relaciones buenas y un corazón íntegro.

¿Quién no quisiera tener victoria en estas áreas? Por supuesto que hay otras preocupaciones, pero la persona que tenga estabilidad tan sólo en estas áreas ya se encuentra en buen camino para obtener estabilidad en un mundo inestable.

Emociones controladas

En medio de la aflicción, David sólo quería que la misericordia de Dios le consolara. «*Sea ahora tu misericordia para consolarme, conforme a lo que has dicho a tu siervo. Vengan a mí tus misericordias, para que viva, porque tu ley es mi delicia*» (Sal. 119:76, 77).

Antes de tratar con el asunto de las emociones, observe la prominencia que tiene la misericordia en estos dos versículos. Cuarenta y siete veces en los Salmos hallamos a David pidiendo las misericordias de Dios. Setenta y nueve veces él alaba a Dios por sus misericordias.

El Salmo 136 suena como un disco rayado. Cada uno de sus 26 versículos termina con la frase: «*porque para siempre es su misericordia*». El primer versículo de este salmo presenta otro principio importante relacionado con la misericordia de Dios: «*Alabad a Jehová, porque él es bueno, porque para siempre es su misericordia*» (Sal. 136:1).

La verdad hallada en el Salmo 136:1 se repite casi textualmente siete veces en la Biblia: 1 Crónicas 16:34; 2 Crónicas 5:13; 7:3; Esdras 3:11; Salmo 106:1; 118:1; 118:29. Este hecho por sí solo debiera llamar nuestra atención.

Dios da misericordia porque Él es bueno. Otra vez nos encontramos en el punto inicial. No es posible escapar a la importancia de comprender la naturaleza de Dios. ¿Cree usted realmente que Dios es bueno?

Un estudio interesante que usted podría efectuar es ver cuántas veces aparecen la bondad y la misericordia de Dios juntas en el mismo contexto. Son prácticamente inseparables. Una depende de la otra. La implicación de esto para nuestra vida emocional es sencilla. Su consuelo, la manera de aliviar la ansiedad y dolor que causa este mundo cruel, es apoyarse directamente sobre la bondad de Dios, dejando que sus misericordias fieles lo bañen como un bálsamo espeso y reconfortante.

Ahora bien, hay otro elemento importante: la Palabra de Dios. El salmista pide específicamente las misericordias de Dios «*conforme a lo que has dicho*». Él espera que las misericordias vendrán a él «*porque tu ley es mi delicia*». La manera de aliviar unas emociones trastornadas es conforme a la Palabra de Dios.

Hay multitudes que hoy día estudian la Palabra de Dios «conforme a sus emociones». Revolotean por la vida como lo hace un globo al cual se le está saliendo el aire. Son individuos impulsados por sus emociones. Hasta los «consejeros cristianos», con el anzuelo de la psicología humanística firmemente enganchado en su labio superior, han aprendido a decir en sus sesiones de consejería: «Pero, ¿qué *sientes* respecto a esto o aquello?» ¿Quién es el valiente que se atreve a ponerse en pie y decir: «¿Qué es lo que dice la Biblia?»

En el Salmo 119:66, 67, David tenía que aquietar sus emociones. Él anhelaba recibir consuelo. Sabía que la única manera de enfrentar las necesidades emocionales era conforme a la Palabra.

Aquí tenemos una de las razones principales por las cuales muchos cristianos no gozan de estabilidad en este mundo inestable. Su sistema emotivo es como un conmutador telefónico que acaba de recibir la descarga directa de un relámpago. Se preocupan de cómo se *sienten*. A veces se sienten contentos. A veces se sienten mal. ¿Por qué no pueden sentirse contentos todo el tiempo? Cuando tienen sentimientos de culpa, saben que eso es malo. Así que sufren sentimientos de culpa por tener sentimientos de culpa. Se enfocan sólo en sus emociones. Las discuten, las analizan, las sintetizan, las intercambian, las rinden y las vuelven a acomodar. ¡Y nunca tienen resultados perdurables!

El intentar tratar con sus emociones por sí solo y sin la norma absoluta de la Biblia es como tratar de llevar agua en las manos. Nunca es posible retenerla y pronto se ha derramado por todas partes. Parece inofensiva, pero puede dañar todo lo que deja mojado. Usted no puede controlarla hasta que la ponga en un recipiente hermético con bordes bien definidos.

Así son las emociones. Es necesario confinarlas con límites absolutos, o de lo contrario pueden arruinarlo todo. Es imposible retenerlas con las manos. A veces uno se siente contento. ¡Gloria a Dios por ello! A veces uno se siente mal, pero sigue adelante en el ministerio conforme a lo que dice la Biblia. David dijo en repetidas ocasiones que Dios había tratado con él «conforme a» la Palabra de Dios. Hemos de tratar con nuestras emociones «conforme a» la Palabra de Dios.

Por ejemplo, considere este asunto de los sentimientos de culpa. ¿Cómo es que puedo tener un *sentimiento* de culpa? O soy culpable, o no lo soy. Los sentimientos *nada tienen que ver* con el asunto. La única manera de saber si soy culpable es juzgarme por la Palabra de Dios.

David necesitaba consuelo. Después de tal aflicción sus emociones probablemente estaban enviándole toda clase de estímulos. Pero en lugar de prestar atención a sus emociones, él fue directamente a la Palabra de Dios. Él conocía la naturaleza de Dios: él es bueno. Él sabía que Dios da misericordia. Él sabía que si presentaba una petición específica de oración al Dios que le amaba, ello daría por resultado que la misericordia de Dios le consolaría y resultaría en un río de misericordias fieles que le alcanzaría como un aliento de vida a un alma cansada.

¿Dónde busca su consuelo? ¿Es usted un rehén de sus emociones? ¿Antepone lo que dice la Biblia a sus emociones? ¿Está dispuesto a orar de modo específico pidiendo que las misericordias de Dios vengan a usted, que su misericordia le sea de consuelo?

Esos trabajadores de construcción tienen que ser un grupo bien pragmático. Su estabilidad depende de la realidad fría y de las leyes de la física: la gravedad, las vigas de acero, unos pies bien plantados, suelas antideslizantes en botas de buena calidad, atención enfocada. Si pasan mucho tiempo soñando despiertos, o meditando en cómo *se sienten* mientras caminan por esos andamios estrechos, sería fácil que cayeran.

Mente controlada

Unas emociones bajo control son un elemento esencial de la estabilidad, pero también lo es una mente controlada. Si echamos una mirada detenida al versículo siguiente es posible observar una estabilidad mental en David que nos da un gran ejemplo a nosotros. «*Sean avergonzados los soberbios, porque sin causa me han calumniado; pero yo meditaré en tus mandamientos*» (Sal. 119:78).

Los «soberbios» son los mismos que vimos en los versículos 69 y 70. Son la causa de la aflicción experimentada por David. Cuando estudiamos la estrofa anterior vimos que David decidió obedecer la Palabra de Dios en lugar de buscar venganza contra sus enemigos. Este versículo nos describe la reacción de David con más detalle aun.

David no se está ocultando en espera de que sus enemigos desaparezcan, o esperando despertar de un mal sueño. Él está activamente poniendo a sus enemigos en manos de Dios, de modo que Él trate con ellos y los avergüence. Básicamente, él está efectuando el consejo que más tarde Pablo daría a los romanos: «*No os venguéis vosotros mismos, amados míos, sino dejad lugar a la ira de Dios; porque escrito está: Mía es la venganza, yo pagaré, dice el Señor*» (Ro. 12:19).

La respuesta del salmista en realidad tiene dos partes. En primer lugar él pide a Dios que trate con sus enemigos. Luego, para evitar envenenarse la mente con amargura, él resuelve meditar en los preceptos de Dios. El tema de la meditación y la renovación del entendimiento han surgido previamente en el transcurso de nuestro estudio de este gran salmo. La aplicación específica en este caso tiene que ver con la meditación y renovación del entendimiento como medidas que combaten la amargura y los deseos de venganza. David nos describe una mente renovada, como la que el apóstol Pablo describe en Romanos 12:2, por «*la renovación de vuestro entendimiento*».

En la categoría de las emociones controladas, vimos el peligro de ser hechos esclavos de nuestras emociones. Existe un peligro igual de grande de ser hecho esclavo de los enemigos. Cuando permitimos que nuestra mente se enfoque en quienes nos han herido, pronto hallaremos que estos enemigos soberbios ocupan una porción cada vez mayor de nuestros pensamientos.

Es suficientemente terrible el tener que trabajar ocho horas al día para un jefe perverso. Algunos empleados se obsesionan de tal manera al respecto que aún se lo llevan a su propia casa en la mente mientras comen, mientras duermen, y hasta cuando salen de vacaciones. David conocía el precepto que evitaba esta terrible esclavitud: el meditar en la Palabra de Dios evita la intimidación. Su mente es un campo de batalla, y la intimidación es el arma más poderosa del Diablo. Su mente tiene un espacio que de una u otra cosa quedará lleno, ya sea de pensamientos sobre «los soberbios» o de la Palabra de Dios.

Nuevamente, es el apóstol Pablo quien nos amplía el tipo de control mental que Dios ofrece en Filipenses 4:8. «*Por lo demás, hermanos, todo lo que es verdadero, todo lo honesto, todo lo justo, todo lo puro, todo lo amable, todo lo que es de buen nombre; si hay virtud alguna, si algo digno de alabanza, en esto pensad.*»

Tenemos un adversario que anda a nuestro alrededor como león rugiente (1 P. 5:8). El león africano mantiene su posición de «rey de la selva» en gran parte gracias a la intimidación. No hay duda que es un enemigo poderoso y peligroso. Sin embargo, posiblemente su arma más poderosa es su gran rugido, el cual probablemente podría causar un terremoto. Los guerreros de la tribu Masai aprendieron hace muchos siglos a ponerse en pie con confianza en la presencia de un león, sin moverse. Si el león ruge y el guerrero no se mueve, el león queda confundido. El guerrero aprovecha ese instante de titubeo para plantarle su lanza.

No se nos dice que ataquemos al diablo. Se nos dice que lo resistamos y que él huirá de nosotros. El diablo sabe que la mayoría de las veces su rugido, o aquél de alguno de sus títeres, es suficiente para arrojarnos al pánico.

Si él puede intimidarnos, entonces no tiene que invertir mucha energía en neutralizarnos.

No es posible ir muy lejos en este mundo sin ser ofendido por algo o por alguien. Si usted permite que esas ofensas llenen su mente, nunca logrará la estabilidad. Usted será un esclavo. La gente y las cosas controlarán y llenarán su mente.

La alternativa es hacer lo que hizo David. Usted puede orar de manera específica y encomendar a sus atacantes en las manos de Dios. Al mismo tiempo, usted se compromete a meditar en la Palabra de Dios. No hay suficiente espacio en su mente para albergar a la Palabra y a los soberbios. Una de estas dos cosas deberá quedar fuera. La meditación impide la intimidación. Una mente llena de los preceptos divinos no se deja a sí misma caer bajo el control de meros hombres, ni siquiera aquéllos controlados por el príncipe de las tinieblas. Una mente que participa en la meditación es una mente controlada, capaz de evaluar acertadamente las condiciones circundantes, de fijar un rumbo correcto y de mantener un timón firme en medio de aguas tempestuosas.

Antes de seguir adelante, es necesario hacer mención de una frase que aparece en este versículo: «*porque sin causa me han calumniado*». Las palabras «*sin causa*» aparecen ocho veces en las Escrituras. En primer lugar aparecen describiendo a David en 1 Samuel 19:5, cuando Jonatán intercede a su favor delante de Saúl: «*¿Por qué, pues, pecarás contra la sangre inocente, matando a David sin causa?*» Recordemos que David es tipo del Señor Jesucristo y que la «sangre inocente» más notable de todas fue la que derramó Cristo.

David usa la frase «*sin causa*» en los Salmos 35:19 y 69:4. Jesús cita esas mismas palabras para demostrar que en Él tienen su cumplimiento en Juan 15:25. David volverá a utilizarlas en el Salmo 119:161.

Todo esto sirve para demostrarnos que la respuesta de David es una respuesta como la de Cristo. Esa es la meta de una mente controlada y saludable: el ser como Cristo, el pensar como Él. Cuando fue acusado por los soberbios y luego condenado a ser crucificado, nuestro Señor encomendó a sus acusadores a su Padre Celestial, y nunca permitió que su mente fuera ocupada por otra cosa que no fuera la Palabra de Dios.

¿De quién es esclavo usted hoy? ¿Conoce a individuos soberbios que le controlan por medio de la intimidación? Tal vez usted no se percata del efecto que esto tiene sobre su mente. ¿Está dispuesto a orar pidiendo específicamente que Dios se haga cargo de sus enemigos y luego comprometerse a establecer la disciplina necesaria en su mente para meditar en los preceptos de Dios?

Relaciones buenas

Otro ingrediente indispensable de la estabilidad son las buenas relaciones. Algunas personas son esclavas de sus emociones y otras de sus pensamientos obsesivos. Pero otras son esclavas de sus «amigos». Muchas personas han destruido sus vidas debido a amistades corruptas y contaminadas.

David despliega su sabiduría al pedirle a Dios específicamente que le dé amigos que tengan en común ese compromiso hacia Dios y hacia su Palabra que él tiene. «*Vuélvanse a mí los que te temen y conocen tus testimonios*» (Sal. 119:79).

Esta es otra verdad que se repite en este salmo. En el versículo 63 aprendimos que el amor por Dios y por su Palabra es la única base bíblica y verdadera para la amistad. Esta es una verdad que todo creyente debiera repasar frecuentemente y en oración. *No hay* buenas relaciones amistosas salvo aquellas basadas en un amor en común por Dios y por su Palabra.

Los «amigos» que usted escoge siempre le decepcionarán. ¿Por qué no dejar que Dios escoja sus amigos en su lugar? ¡Qué concepto más novedoso! ¿Se atrevería a ir específicamente delante de Dios y pedirle que escoja sus amistades basado en este criterio bíblico? Esta es la *única* manera de evitar ser echado de aquí para allá por las relaciones inestables.

Este fue el error de Adán. Él dejó que su amor por Eva sobrepasara su amor por Dios y por su palabra. Él se permitió a sí mismo el ser llevado bajo el control de su esposa y pecó voluntariamente para mantener su relación con ella. Eva fue engañada; mas él no. Él pecó con los ojos bien abiertos, pero bajo el hechizo de una relación que había perdido la base sólida del compromiso hacia Dios y su palabra.

Basándose sobre un propósito bíblico, David puede orar específicamente por esas cosas que le darán la estabilidad que necesita en un mundo que está en gran parte fuera de su control. Él le ha pedido a Dios que trate bíblicamente con sus emociones, con su mente y con sus relaciones. Pero aún queda otra área importante de la vida que amerita oraciones específicas: su corazón.

Corazón íntegro

Como un clímax en esta lista de peticiones específicas, él ora: «*Sea mi corazón íntegro en tus estatutos, para que no sea yo avergonzado*» (Sal. 119:80). Mientras escribía estas palabras, el salmista comprendía, tal como nosotros, que el corazón representa mucho más que ese órgano vital y complejo que bombea la sangre por nuestro cuerpo para mantenernos con vida.

Con el correr de los siglos, el «corazón» ha sido símbolo de la esencia misma de la vida. La salvación es imposible a menos que el corazón participe fijando una nueva dirección para nuestras vidas. Pablo dijo a los romanos: «*Que si confesares con tu boca que Jesús es el Señor, y creyeres en tu corazón que Dios le levantó de los muertos, serás salvo. Porque con el corazón se cree para justicia, pero con la boca se confiesa para salvación*» (Ro. 10:9, 10).

Las enfermedades del corazón son la primera causa de la muerte en nuestra sociedad moderna. El corazón espiritualmente débil es el primer destructor del andar espiritual con Dios. Espritualmente, nuestro problema es que *nacemos* con un corazón enfermo.

Jeremías describe el corazón que forma parte de nuestro «equipo de fábrica». «*Engañoso es el corazón más que todas las cosas, y perverso; ¿quién lo conocerá?*» (Jer. 17:9). La respuesta obvia a esta pregunta es: ¡Dios! Como vimos en el Salmo 119:73, Él lo hizo, Él sabe cómo es. Pero Dios ha hecho mucho más que sencillamente hacernos entender la naturaleza inicua de nuestro corazón humano. Por medio de la redención que tenemos en Jesucristo, Él nos da un corazón nuevo, uno creado conforme al corazón de Dios.

Ezequiel profetizó acerca de este corazón nuevo que Dios prometió a Israel. «*Os daré corazón nuevo, y pondré espíritu nuevo dentro de vosotros; y quitaré de vuestra carne el corazón de piedra, y os daré un corazón de carne. Y pondré dentro de vosotros mi Espíritu, y haré que andéis en mis estatutos, y guardéis mis preceptos, y los pongáis por obra*» (Ez. 36:26, 27).

Como nación, Israel aun no ha recibido este corazón nuevo, aunque muchos individuos judíos sí lo han hecho en el transcurso de los últimos dos mil años. No tenemos parte en la tierra del Medio Oriente dada a Israel, pero el mensaje que Pablo comunica en Gálatas 3:14–16, 29 es que nosotros los gentiles creyentes en Cristo sí tenemos parte en las promesas espirituales como ésta.

Podemos usar este corazón nuevo que Dios nos ha dado, o podemos abusar de él. En los Estados Unidos se invierte mucho tiempo y dinero en la prevención de las enfermedades del corazón. Todos los días en muchas ciudades hay gente corriendo, sudando en gimnasios, tomando vitaminas y participando de otras actividades diseñadas para ayudar a que el corazón continúe latiendo fuerte. Si tan sólo dedicáramos esa misma clase de esfuerzo a la condición de nuestro corazón espiritual, estaríamos mucho más cerca de entender lo que significa tener estabilidad en un mundo inestable. Esto es precisamente lo que nos dice Proverbios 4:23. «*Sobre toda cosa guardada, guarda tu corazón; porque de él mana la vida*».

Jesús explicó la importancia de este principio. «*Porque de dentro, del corazón de los hombres, salen los malos pensamientos, los adulterios, las fornicaciones, los homicidios, los hurtos, las avaricias, las maldades, el engaño, la lascivia, la envidia, la maledicencia, la soberbia, la insensatez. Todas estas maldades de dentro salen, y contaminan al hombre*» (Mr. 7:21–23). Las cosas contra las cuales luchamos en este mundo perverso provienen de corazones humanos que pertenecen a hombres perdidos y no regenerados, o de los corazones descuidados de creyentes que debieran vivir mejor, pero que sencillamente no se esfuerzan en guardar su corazón «sobre toda cosa».

El perder la comunión con Dios y enfriarse en su vida espiritual es algo que empieza en el corazón. Un corazón no guardado por la Palabra de Dios se descarriará. Proverbios 14:14 dice: «*De sus caminos será hastiado el necio de corazón; pero el hombre de bien estará contento del suyo*». Observe el énfasis puesto en el corazón.

Salomón advierte contra el ser engañado y presenta una verdad que frecuentemente se cita. «*Porque cual es su pensamiento en su corazón, tal es él. Come y bebe, te dirá; mas su corazón no está contigo*» (Pr. 23:7). Lo que nos quiere decir es que hemos de prestar atención al corazón del hombre y no a sus palabras. Es el corazón el que fija la dirección del hombre, a pesar de sus palabras.

¿Cómo, entonces, podemos cuidar de nuestro corazón para «guardarlo» como nos aconseja Salomón? Esa pregunta nos lleva al corazón (por así decirlo) de la petición de David en el versículo 80. «*Sea mi corazón íntegro en tus estatutos, para que no sea yo avergonzado*».

La única manera que usted puede tener un corazón íntegro es pedirle a Dios que lo haga íntegro en sus estatutos, su Palabra. La Biblia es la que alimenta al corazón, lo fortalece y lo guarda de las influencias corruptoras de este mundo, de la carne y del diablo.

Hay personas que mantienen una cuenta minuciosa de su consumo diario de calorías, colesterol y grasa. ¿Conoce usted cuánto es su consumo diario de Escrituras? Usted tal vez piensa que el escuchar un sermón de vez en cuando es todo lo que necesita. Quizás se siente satisfecho con un devocional de diez minutos diario. Si este es su caso, usted no está solo. Una multitud de creyentes cree que esto es todo lo que se necesita para obtener la victoria espiritual.

En verdad, la mayoría de los cristianos estaría satisfechos con sólo mantener todas las cosas espirituales estables, sin cambiar. Pero esto sólo conduce en un sentido: ¡hacia atrás! Usted tendrá un corazón íntegro sólo si toma su andar espiritual con suficiente seriedad como para pedirle específicamente a Dios que le dé un corazón íntegro en Sus estatutos. Esa es una oración que Dios no puede contestar a menos que usted se encuentre *en* Sus estatutos con regularidad.

Jesús dijo algo similar al responder la pregunta de un intérprete de la ley. Mientras intentaba tenderle una trampa al Señor, este intérprete de la ley le preguntó al Señor cuál era el mandamiento más importante en su opinión. Jesús dijo: «*Amarás al Señor tu Dios con todo tu corazón, y con toda tu alma, y con toda tu mente. Este es el primero y grande mandamiento. Y el segundo es semejante: Amarás a tu prójimo como a ti mismo*» (Mt. 22:37–39). El corazón, el alma (donde residen nuestras emociones), la mente y aun las relaciones. Todas se encuentran aquí, las áreas de la vida incluidas en la oración de David.

¿Está usted cansado de llevar una vida inestable? ¿Anhela tener confianza, estabilidad y sentido en su vida? Las claves están aquí mismo. Usted necesita conocer su propósito: un propósito que sólo puede resultar de una relación íntima con Dios y con su Palabra. Usted necesita orar con peticiones específicas, pidiendo por las áreas vitales de su vida que requieren control e integridad: sus emociones, su mente, sus relaciones y su corazón.

Sí, Dios se interesa hasta en los asuntos triviales de nuestras vidas. Pero muchas veces nuestras oraciones son poco más que eso: triviales. Pedimos por esta reunión o por aquella actividad. Oramos que nuestro maestro de escuela dominical se recupere de su resfriado. Pedimos a Dios que bendiga a los misioneros. No quiero decir que estas cosas no sean importantes; lo son. Pero necesitamos venir delante de Dios con seriedad para orar sobre los elementos indispensables de nuestras vidas, de los cuales depende todo lo demás. Es hora de empezar a trabajar, de madurar y de ver las cosas con la perspectiva de Dios. ¿Cómo anda su vida de oración? ¿Qué hará usted al respecto?

11

CASI ECHADO POR TIERRA, PERO SÓLO CASI

Desfallece mi alma por tu salvación, mas espero en tu palabra. Desfallecieron mis ojos por tu palabra, diciendo: ¿Cuándo me consolarás? Porque estoy como el odre al humo; pero no he olvidado tus estatutos. ¿Cuántos son los días de tu siervo? ¿Cuándo harás juicio contra los que me persiguen? Los soberbios me han cavado hoyos; mas no proceden según tu ley. Todos tus mandamientos son verdad; sin causa me persiguen; ayúdame. Casi me han echado por tierra, pero no he dejado tus mandamientos. Vivifícame conforme a tu misericordia, y guardaré los testimonios de tu boca.

Salmo 119:81–88

En las películas el héroe siempre parece escapar en el último momento. Puede encontrarse golpeado, herido y exhausto, pero al final prevalece.

En esta estrofa del Salmo 119, el mensaje que David proclama es que esto no sólo ocurre en las películas. Un creyente que se encuentre en el centro de la voluntad de Dios, habiéndose cedido a Él y sumiso a la Palabra de Dios, es invencible.

En la novena estrofa vimos que la aflicción es una escuela. A través de nuestras pruebas y aflicciones aprendemos la Palabra de Dios. En la décima estrofa vimos cómo podemos mantener el equilibrio en medio de las aflicciones de este mundo inestable. Lo hacemos asiéndonos del propósito que Dios tiene para nosotros y aprendiendo a orar de modo específico que la Palabra de Dios controle nuestras emociones, nuestra mente, nuestras relaciones con los demás y nuestros corazones.

Casi puedo escuchar la queja de alguno por allí: «Pero usted no conoce *mi* aflicción, *mi* problema, *mi* prueba. ¡Es tan enorme que no puedo cargarla! Lo que usted dice está bien en teoría, pero, ¿qué hacer en un caso como el mío?» Anticipando tal tipo de respuesta, la undécima estrofa nos permite ver la situación de David con mayor profundidad y comprender que no importa cuán mal nos vaya, David puede identificarse con nosotros. Él sufrió pruebas tan terribles como las nuestras, pero nunca dejó de asirse de la Palabra de Dios.

Los versículos siguientes describen siete aspectos de la desesperante situación de David. Al examinarlos, veremos un cuadro divino que nos sirve de ejemplo de los sufrimientos de todos los creyentes de la historia. También es un cuadro de la nación de Israel en la tribulación y de lo que el Señor Jesucristo sufrió por nosotros en la cruz. Finalmente, veremos en esos versículos un patrón definitivo que nos enseña cómo enfrentar de manera práctica la aflicción de hoy en día.

¿Cuán mala es *su* situación? Examine en oración lo que tuvo que experimentar David. Él fue llevado hasta el límite mismo de lo que podía soportar, llevado hasta el extremo de su límite humano. Casi fue echado por tierra, pero sólo casi.

¿Cree usted en la Biblia? ¿Cuántas veces hemos corrido a 1 Corintios 10:13 a refugiarnos? «*No os ha sobrevenido ninguna tentación que no sea humana; pero fiel es Dios, que no os dejará ser tentados más de lo que podéis resistir, sino que dará también juntamente con la tentación la salida, para que podáis soportar.*»

No importa el sufrimiento que esté pasando, usted puede esperar ser llevado hasta el punto de sentirse destruido. Llegará al límite mismo de lo que puede soportar. Usted *casi* sucumbirá ante ese límite, pero sólo casi, a menos que olvide o abandone la Palabra de Dios, sus estatutos, sus preceptos.

LA SITUACIÓN DESESPERADA DE DAVID: CASI, PERO SÓLO CASI (vv. 81–87)

Hay siete cosas específicas que podemos discernir en este pasaje y que nos describen lo que David estaba viviendo. Su humanidad es evidente. Casi lo ha perdido todo. Casi, pero sólo casi.

Desfallecimiento del alma

«*Desfallece mi alma por tu salvación, mas espero en tu palabra*» (Sal. 119:81).

La mayoría de nosotros sabe lo que es empujar al cuerpo al punto de flaquear, o lo que es sufrir una enfermedad y experimentar la incomodidad de sentirse débil. Quizás en alguna ocasión usted ha sufrido un desmayo. David no está hablando de su cuerpo físico. La condición que sufre es la debilidad del alma. Está abrumado hasta el límite. Ha sufrido hasta más no poder. Ha llegado al punto de sentirse mental, emocional y espiritualmente exhausto. Se encuentra perdiendo rápidamente su estado de conciencia mental, emocional y espiritual. Esaú fue el primer hombre en la Biblia que experimentó este tipo de debilidad. Al retornar de la cacería se encontraba tan cansado que estuvo dispuesto a vender su primogenitura para poder comer algo del potaje de Jacob. Esaú dijo a Jacob: «*Te ruego que me des a comer de ese guiso rojo, pues estoy muy cansado. Por tanto fue llamado su nombre Edom*» (Gn. 25:30).

Esaú quería rejuvenecer su sangre física para combatir lo que para él era morirse de hambre. Su meta era mantener su vida física. David desea rejuvenecer su vida espiritual, para que el poder de la salvación corra por sus venas. Para acentuar este contraste más aún, recuerde que Esaú es tipo del Anticristo, mientras que David es tipo de Cristo.

Alguna gente está tan embebida en sus problemas físicos que no pueden ver su necesidad espiritual. David está abrumado por lo profundo de su aflicción y por su deseo de ser tocado por Dios.

El libro de los Hebreos resalta la necesidad que tenemos de mantener nuestros ojos puestos en Jesús para que no desmayemos. «*Considerad a aquel que sufrió tal contradicción de pecadores contra sí mismo, para que vuestro ánimo no se canse hasta desmayar*» (He. 12:3).

¿Ha llegado al punto de sentir que su *alma* desfallece en usted? Posiblemente esa es su situación en este momento. David sabía lo que se sentía. Él había llegado justo al límite y casi es llevado más allá, pero sólo casi.

Desfallecimiento de los ojos

«*Desfallecieron mis ojos por tu palabra, diciendo: ¿Cuándo me consolarás?*» (Sal. 119:82).

La vista es uno de nuestros dones más preciosos. En realidad no la apreciamos hasta que por algún motivo la perdamos. En el noveno capítulo mencioné haber sufrido un ataque de iritis. Mientras escribo el presente capítulo, la iritis se ha convertido en uveítis, que es la siguiente etapa de inflamación. En ésta toda la úvea del ojo (la membrana que forma la pared del ojo y que incluye el iris) se ve afectada. En las primeras etapas de la afección el dolor que causaba era agudísimo. El ojo se me ha dilatado y así permanecerá por no menos de dos semanas. Los especialistas ahora me dicen que esta condición recurrente es resultado de la artritis que yo ignoraba que padecía.

El perder temporalmente parte de la vista me ha hecho darme cuenta de mi propia mortalidad. No me enfermo con frecuencia y Dios ha utilizado esta experiencia para recordarme de la fragilidad de mis ojos, de los cuales dependo en gran manera.

El desfallecimiento de los ojos de David no es consecuencia de alguna enfermedad física. La idea de esta afirmación es que los ojos de David han explorado frenéticamente la Palabra de Dios en busca de una respuesta sin hallarla. Él quiere *ver* la respuesta a su condición miserable. No la puede ver, y está buscando con tanto ahínco que sus ojos desfallecen.

¿Está usted así de desesperado? Mucha gente lo está, pero a pocos se les ocurre buscar la respuesta en la Biblia. No importa cuál sea su situación, en última instancia sus ojos desfallecerán.

Este es el problema del hombre. Quiere *ver* la respuesta de Dios. En Isaías 5:19, Dios pronuncia un «ay» sobre aquellos que exigen *ver* algo. «*Los cuales dicen: Venga ya, apresúrese su obra, y **veamos**; acérquese, y venga el consejo del Santo de Israel, para que lo sepamos*» (énfasis del autor).

Dios le llevará a usted por la aflicción hasta que sus ojos desfallezcan, Él quiere que finalmente aprenda a andar por *fe* y no por *vista* (2 Co. 5:7). Es por ello que en Hebreos 11:1 la fe se describe como «*la certeza de lo que se espera, la convicción de lo que **no se ve**»* (énfasis del autor). Es por *fe* que recibimos nuestra vista. «*Y Jesús le dijo: Vete, tu fe te ha salvado. Y en* *seguida recobró la vistata, y seguía a Jesús en el camino*» (Mr. 10:52, énfasis del autor).

Necesitamos que nuestros ojos espirituales sean abiertos. Después de definir la fe en Hebreos 11:1, el versículo 13 nos dice: «*Conforme a la fe murieron todos éstos sin haber recibido lo prometido, sino mirándolo de lejos, y creyéndolo, y saludándolo, y confesando que eran extranjeros y peregrinos sobre la tierra*». Sus ojos físicos podían haber desfallecido, pero aprendieron a mirar con los ojos de la fe.

¿Está usted al punto que ya no ve más? Quizás hasta ha buscado en la Palabra de Dios hasta que sus ojos desfallezcan y todavía no puede hallar la respuesta. Está casi al borde del colapso, pero sólo casi.

Desvanecimiento del ser

«*Porque estoy como el odre al humo; pero no he olvidado tus estatutos*» (Sal. 119:83).

Esta es una ilustración curiosa. ¿Alguna vez se ha comparado usted con una botella (odre) ahumada? Si la imagen que viene a su mente es la de una de esas botellas de vidrio «ahumado» que se utilizan para guardar refrescos y otros líquidos, estaría en un error. El versículo se refiere a esas botas de cuero usadas en el Medio Oriente. Cuando estas botas de cuero se vaciaban, se las colgaba de un hilo en el interior de la tienda. Allí el humo del fuego pronto las ennegrecía y las secaba.

David está diciendo: «Estoy desgastado, vacío, encogido, seco, sucio e inútil». ¿Se ha sentido así alguna vez? ¡Por supuesto que sí! Más adelante hablaremos más acerca de estos odres o botellas.

Hoyos terribles

«*Los soberbios me han cavado hoyos; mas no proceden según tu ley*» (Sal. 119:85).

Sencillamente no hay cuartel. No sólo está David sin energía, sus enemigos no se apartan de él. Continúan asediándolo a cada paso. Han tendido trampas (hoyos) en su camino. David sabía lo que era vivir como un animal cazado. Esta no es la única vez que menciona los hoyos que le habían preparado. «*Porque sin causa escondieron para mí su red en un hoyo; sin causa cavaron hoyo para mi alma*» (Sal. 35:7).

Sabemos que al escribir el Salmo 57:6, David se encontraba huyendo de Saúl. El mismo tema aparece en su corazón. «*Red han armado a mis pasos; se ha abatido mi alma; hoyo han cavado delante de mí; en medio de él han caído ellos mismos. Selah*».

El primer hombre que la Biblia menciona que es puesto en un hoyo es José. Los celos de sus hermanos los llevaron a abandonarlo y darlo por muerto. La historia la hallamos en Génesis 37:20–24.

Ahora, pues, venid, y matémosle y echémosle en una cisterna, y diremos: Alguna mala bestia lo devoró; y veremos qué será de sus sueños. Cuando Rubén oyó esto, lo libró de sus manos, y dijo: No lo matemos. Y les dijo Rubén: No derraméis sangre; echadlo en esta cisterna que está en el desierto, y no pongáis mano en él; por librarlo así de sus manos, para hacerlo volver a su padre. Sucedió, pues, que cuando llegó José a sus hermanos, ellos quitaron a José su túnica, la túnica de colores que tenía sobre sí; y le tomaron y le echaron en la cisterna; pero la cisterna estaba vacía, no había en ella agua.

José es uno de los tipos más puros de Cristo en la Biblia. David también es tipo de Cristo. Esta información tendrá mucha importancia más adelante. Por ahora, guárdela en su corazón.

¿Alguna vez ha sentido que sus enemigos han cavado hoyos y tendido trampas en su camino? Usted definitivamente tiene un enemigo que le acecha. *«Sed sobrios, y velad; porque vuestro adversario el diablo, como león rugiente, anda alrededor buscando a quien devorar»* (1 P. 5:8). Sus enemigos en la oficina, en la familia, en su vecindario o en la escuela que buscan cavar un hoyo para que usted caiga son nada más que títeres en manos de un león rugiente. Sus planes son complejos. Su determinación es legendaria. Él estará pisándole los talones y no se dará por vencido hasta que haya logrado su meta de destruirle: casi.

Descarada persecución

«Todos tus mandamientos son verdad; sin causa me persiguen; ayúdame» (Sal. 119:86).

Todos sabemos lo que es cosechar lo sembrado. Todos hemos sentido el dolor de la herida del aguijón de nuestra propia ignorancia; todos hemos probado el amargo sabor del pecado. Una cosa es ser perseguidos por nuestra propia culpa; pero David es perseguido sin culpa alguna de su parte.

Él comprende que tal persecución se ajusta perfectamente a las fieles palabras de Dios. Nosotros hoy día gozamos de aun más luz que la que David tenía. El Nuevo Testamento acentúa este punto de modo enfático. *«Acordaos de la palabra que yo os he dicho: El siervo no es mayor que su señor. Si a mí me han perseguido, también a vosotros os perseguirán; si han guardado mi palabra, también guardarán la vuestra»* (Jn. 15:20). *«Y también todos los que quieren vivir piadosamente en Cristo Jesús padecerán persecución»* (2 Ti. 3:12).

¿Está usted siendo perseguido sin causa? ¿Le sorprende esto? No debería. ¿Cree usted que es merecedor de lástima? ¿Por qué? Dios le dijo que ocurriría. Si desea servir a Dios, usted *será* perseguido. La Palabra de Dios es fiel. Sus atormentadores le asediarán y le llevarán al borde mismo de la desesperación: casi.

Débil condición

«Casi me han echado por tierra, pero no he dejado tus mandamientos» (Sal. 119:87).

David está en una condición de tal debilidad que sus enemigos casi lo han echado por tierra; pero sólo casi. No pierda de vista toda la frase. Declara un calificativo importante: *«por tierra»*.

Mis enemigos pueden golpear este cuerpo cuanto quieran. Pueden apuñalarlo, golpearlo, cortarlo y despedazarlo. Pueden echarlo *totalmente*, pero sólo por tierra. No pueden tocar mi vida nueva en Cristo.

¿Alguna vez le asalta la duda de que sus enemigos le vencerán? ¿Puede identificarse con las palabras de David? ¿Sabe lo que es decir que mis enemigos «casi me han echado por tierra», pero sólo casi?

Desesperantes preguntas

Otro indicador del alto grado de presión que David experimentaba puede discernirse a través de las preguntas que desesperadamente hace al Señor. David se está asiendo firmemente a la Palabra de Dios. No está a punto de darse por vencido. Pero su estabilidad espiritual no anula su humanidad. Está confiando en Dios, pero está desesperado por recibir respuestas.

Algunas personas tienen la idea errónea de que los «grandes líderes espirituales» como David no luchan con las mismas dudas, temores y tentaciones que asaltan al resto de los mortales. Justo en medio de su estabilidad y su fe, David hace las mismas preguntas que usted y yo nos haríamos. Tres de estas preguntas figuran en esta estrofa.

«¿*Cuándo me consolarás?*» (Sal. 119:82). David acaba de decir que su alma y sus ojos desfallecen. A pesar de su débil condición, ha hecho voto de que esperará en la Palabra de Dios (Sal. 119:81). Él sabe que Dios lo consolará. La pregunta es: ¿cuándo?

La primera vez que en la Biblia aparece la palabra que aquí se traduce «consuelo» es cuando un niño pequeño es llamado «Noé». «*Y llamó su nombre Noé, diciendo: Este nos aliviará de nuestras obras y del trabajo de nuestras manos, a causa de la tierra que Jehová maldijo*» (Gn. 5:29). El nombre «Noé» literalmente significa «consuelo». No fue un evento muy consolador cuando las aguas del diluvio ahogaron a toda la civilización del mundo. Noé probablemente hizo la misma pregunta después de pasar lo que debió parecerle una eternidad encerrado allí con todos esos animales malolientes en el arca. «¿Cuándo me consolarás?»

Los amigos de Job vinieron «*para consolarle*» (Job 2:11). Job no halló consuelo alguno en el «consejo» de sus amigos. Pero, al igual que David y Noé, Job anhelaba el consuelo de Dios. «*Sería aún mi consuelo, si me asaltase con dolor sin dar más tregua, que yo no he escondido las palabras del Santo*» (Job 6:10).

Todos estos hombres hallaron consuelo: después de la tribulación. Los tres fueron casi echados por tierra, pero sólo casi.

David formula una segunda pregunta en medio de su dolor. «¿*Cuántos son los días de tu siervo?*» (Sal. 119:84). El contexto de estas palabras demuestra que David no le está preguntando a Dios cuántos días le quedan de vida, sino «¿Cuánto más tardará esto? ¿Cuánto más tendré que soportarlo?» El salmista comprende que Dios tiene contados los días de su vida. Su preocupación es que los mismos resulten desperdiciados en esta terrible aflicción. «Dios, tú sabes cuántos días me restan. ¿Cuántos de estos días corresponden a tu plan de abrasarme en el fuego de la aflicción?»

En el versículo 84 también está la tercera pregunta: «¿*Cuándo harás juicio contra los que me persiguen?*» David con anterioridad encomendó sus enemigos en las manos de Dios, para que Él tratara con ellos (Sal. 119:78). David sabe que Dios lo hará, pero todavía no ha visto evidencia tangible de ello. Él quiere saber «¿cuándo?»

¿Alguna vez se ha hecho preguntas como éstas? ¡Por supuesto que sí! Si es honesto consigo mismo, usted las ha hecho. El problema que muchos creyentes confrontan es su falta de honestidad con Dios y consigo mismos. Se han imaginado un concepto falso de la santidad y la espiritualidad. Se imaginan que el hacer tal tipo de preguntas es pecado, una violación de la fe.

David *nunca* ha dejado de asirse de la Palabra de Dios. Nunca ha acusado a Dios. Pero en medio de su aflicción casi es llevado más allá del límite— casi. Estas preguntas no son resultado de la falta de fe. Son las preguntas de un hijo hacia su padre amoroso. «Papá, ¿cuándo vamos a llegar?» «Papá, prometiste llevarme al zoológico. ¿Cuándo vamos?» «Papá, sé que vas a castigar a mi hermana por tratarme mal. ¿Cuándo vas a hacerlo?»

Cuando usted se coloca a sí mismo bajo una norma falsa de la santidad, una que ni siquiera se encuentra en la Biblia, usted sufrirá un desencanto. Usted *no* llenará la medida. Sus expectativas no son realistas y usted estará destinado al fracaso.

¿Puede identificarse con parte alguna de lo que David está describiendo aquí? ¿Alguna vez ha sido llevado hasta el límite mismo de sus fuerzas para ser casi echado por tierra, pero sólo casi? No silencie estas preguntas que seguramente salen a la superficie cuando se encuentra bajo el fuego. Sencillamente reconozca que estas tres preguntas que David formula tienen algo en común. No hay lugar en la Biblia que nos indique que Dios jamás respondiera a ellas. Tal como Dios nunca le explicó a Job la razón tras su prueba, ni su fuente, usted, como padre de familia, a veces decide que no es lo mejor el responder a todas las preguntas de su hijo. Usted sabe que pronto la respuesta será evidente.

EL CUADRO DIVINO DE DAVID: CASI, PERO SÓLO CASI

Dios nos dio este diario de oración que llamamos el Salmo 119 por una razón. Él está dándonos un cuadro de las cosas que necesitamos aprender y experimentar. Estas oraciones debieran tornarse en nuestras oraciones. Las actitudes piadosas de David debieran tornarse en nuestras actitudes.

David: Ejemplo del creyente bajo ataque

Son varias las maneras en las que Dios desea usar este hermoso e importante pasaje de las Escrituras para enseñarnos Su verdad. Como acabamos de señalar, él ilustra cómo todos sufrimos aflicción al buscar el crecimiento en Cristo. Nos podemos identificar con las siete condiciones intensas que acabamos de describir.

Sin importar el tipo de ataque que recibamos, ni el pánico que podamos sentir, podemos hallar consuelo en saber que David lo experimentó igual antes que nosotros y ganó la victoria. David no fue sin pecado, como su conspiración exitosa para asesinar a Urías heteo tan vívidamente nos lo hace ver. Pero nunca ha habido otro hombre con un corazón tan sensible a Dios como el de David. Él nos muestra que a pesar de nuestras imperfecciones humanas, es posible vivir una vida en comunión con Dios. Los mismos recursos a disposición de David están a nuestra disposición.

David: Ejemplo de Israel en la tribulación

En sentido doctrinal, David es un cuadro de Israel durante el tiempo de la gran tribulación. El remanente creyente de Israel estará sufriendo la persecución intensa y casi increíble del Anticristo. Estarán contando los días en espera del consuelo que esperan. Estarán esperando que Dios derrame su juicio sobre los soberbios.

David: Ejemplo de Cristo bajo ataque

A menos que usted reconozca que David es tipo del Señor Jesucristo, el valor pleno de este pasaje le quedará oculto. Las aplicaciones devocionales a nuestro sufrimiento son maravillosas. El saber que el remanente creyente de Israel hallará consuelo e instrucción durante el tiempo de la tribulación es importante. El mensaje verdadero es este: Dios nunca le pedirá que usted soporte algo que Él no haya soportado antes. Todos los aspectos del sufrimiento de David en la aflicción son una sombra profética de lo que Cristo soportó por nosotros.

David dijo: «*Desfallece mi alma por tu salvación, mas espero en tu palabra*» (Sal. 119:81). ¿Puede usted ver que esto es lo que sufrió el Señor cuando fue al huerto a orar? «*Entonces Jesús les dijo: Mi alma está muy triste, hasta la muerte; quedaos aquí, y velad conmigo*» (Mt. 26:38).

Isaías profetizó ese momento en Isaías 53:11. «*Verá el fruto de la aflicción de su alma, y quedará satisfecho; por su conocimiento justificará mi siervo justo a muchos, y llevará las iniquidades de ellos.*»

El Señor Jesucristo también supo la frustración del desfallecimiento de los ojos al buscar el consuelo en la Palabra. En otro de los salmos mesiánicos proféticos que hablan de Cristo, David escribió: «*Mis ojos enfermaron a causa de mi aflicción; te he llamado, oh Jehová, cada día; he extendido a ti mis manos*» (Sal. 88:9).

Privado de su visión natural, Cristo soportó con paciencia el ataque del enemigo. El doctor Lucas nos explica la escena en casa del Sumo Sacerdote. «*Y vendándole los ojos, le golpeaban el rostro, y le preguntaban, diciendo: Profetiza, ¿quién es el que te golpeó?*» (Lc. 22:64).

¿Recuerda la ilustración del odre al humo que David usó? Con ella nos decía que estaba agotado, vacío, sucio por el humo y seco. Jesús supo lo que era esa sensación. Ningún otro salmo nos presenta un mejor cuadro profético del Señor en la cruz que el Salmo 22. Nos da los pensamientos de Jesús durante esas horas en la cruz y verdaderamente es un gran pasaje de la Biblia. En el Salmo 22:14, 15 tenemos un vistazo al interior de la mente y del corazón de Cristo en ese momento de aflicción suprema. «*He sido derramado como aguas, y todos mis huesos se descoyuntaron; mi corazón fue como cera, derritiéndose en medio de mis entrañas. Como un tiesto se secó mi vigor, y mi lengua se pegó a mi paladar, y me has puesto en el polvo de la muerte*». En el versículo 17 leemos: «*Contar puedo todos mis huesos; entre tanto, ellos me miran y me observan*».

No hay mejor manera de describir esto que decir que Él fue como una vieja bota de cuero, colgada sobre el fuego del infierno para secarla. Job no podría haber entendido la forma maravillosa en la que él también nos ilustra la angustia de Cristo en la cruz. Él dijo: *«Mi piel se ha ennegrecido y se me cae, y mis huesos arden de calor»* (Job 30:30).

¿Cree que está siendo objeto de trato injusto por parte de su enemigo que cava hoyos para tender trampas en su camino? Considere lo que tuvo que sufrir nuestro Maestro y Señor. En otra profecía mesiánica, David escribió: *«Porque sin causa escondieron para mí su red en un hoyo; sin causa cavaron hoyo para mi alma»* (Sal. 35:7).

Ya vimos que la primera vez que un hombre en la Biblia es echado en un hoyo fue en el caso de José: otro tipo de Cristo. Dos grandes tipos de Cristo, David y José, ilustran la constante batalla que Satanás libra intentando atrapar al Señor.

La persecución descarada no fue algo desconocido para el Señor. Hay muchas referencias bíblicas que vienen a la mente, pero Mateo 26:60, 61 es un ejemplo representativo de ellas. *«Y no lo hallaron, aunque muchos testigos falsos se presentaban. Pero al fin vinieron dos testigos falsos, que dijeron: Este dijo: Puedo derribar el templo de Dios, y en tres días reedificarlo.»*

Cuando estamos justo en el límite de nuestras fuerzas, cuando estamos débiles y a punto de desplomarnos, sólo tenemos que ver el ejemplo de nuestro Señor cuando fue colgado de esa cruz. Isaías nos describe la escena gráficamente. *«Ciertamente llevó él nuestras enfermedades, y sufrió nuestros dolores; y nosotros le tuvimos por azotado, por herido de Dios y abatido. Mas él herido fue por nuestras rebeliones, molido por nuestros pecados; el castigo de nuestra paz fue sobre él, y por su llaga fuimos nosotros curados»* (Is. 53:4, 5).

Ahora bien, no pierda de vista lo siguiente. Aun las preguntas desesperadas de David nos presentan un cuadro profético de lo que el Señor sintió aquella tarde en la cruz. Sí, el Perfecto, Aquel que no conoció pecado, clamó: *«Cerca de la hora novena, Jesús clamó a gran voz, diciendo: Elí, Elí, ¿lama sabactani? Esto es: Dios mío, Dios mío, ¿por qué me has desamparado?»* (Mt. 27:46). Aun esto había sido profetizado palabra por palabra por medio de David en el Salmo 22:1.

Todo lo que David sufrió, todo lo que usted y yo podamos sufrir, todo ello lo sufrió el Señor Jesucristo. *«Porque no tenemos un sumo sacerdote que no pueda compadecerse de nuestras debilidades, sino uno que fue tentado en todo según nuestra semejanza, pero sin pecado»* (He. 4:15).

No es pecado el ser llevado al límite mismo de las fuerzas humanas. El ser llevado hasta el límite no es necesariamente un indicativo de carnalidad. No constituye violar la fe el clamar en angustia ante un Dios que nos ama. ¡Jesús lo hizo! Es por ello que Pedro escribe en 1 Pedro 4:12, 13: *«Amados, no os sorprendáis del fuego de prueba que os ha sobrevenido, como si alguna cosa extraña os aconteciese, sino gozaos por cuanto sois participantes de los padecimientos de Cristo, para que también en la revelación de su gloria os gocéis con gran alegría».*

Nuestro Señor Jesucristo fue llevado hasta el límite, casi echado por tierra, pero sólo casi. El diablo casi lo derrota, pero sólo casi. Las esperanzas estaban casi perdidas, pero sólo casi. Las fuerzas del infierno imaginaron que casi habían logrado una gran victoria. Casi, pero sólo casi. Usted también podría hallarse al borde de sus fuerzas. Casi, pero sólo casi.

EL PATRÓN DEFINITIVO
DE DAVID: CASI, PERO SÓLO CASI (v. 88)

Todos podemos identificarnos con la aflicción sufrida por David. Podemos ver en David el ejemplo de nuestro Señor Jesucristo y refugiarnos en el hecho de que Jesús nunca nos pedirá que suframos algo que él no haya experimentado y vencido antes. El aspecto de este pasaje que verdaderamente nos instruye es la manera en la cual David responde, la manera en la cual continuó manteniendo su equilibrio y perspectiva en medio del fuego de la aflicción. Su actitud y sus acciones forman un patrón que podemos seguir.

La petición de David: Aguardar la gracia de Dios

Nunca debemos perder de vista el hecho que el libro de los Salmos es un libro de oración y de alabanza. En particular, el Salmo 119 registra la vida de oración de David a través de su crecimiento en la Palabra de Dios. Como hemos mencionado varias veces antes, nuestra actitud de corazón hacia la Palabra de Dios es la clave para el crecimiento en nuestras vidas espirituales. Todo este salmo es una oración.

Específicamente, David presenta dos peticiones en esta sección. La primera la hallamos en el versículo 86. «*Ayúdame*». Sencilla, corta, ¡pero muy efectiva! Esto nos recuerda la poderosa oración de Pedro luego de haber caminado con Jesús sobre el agua. Él quitó su mirada del Señor y comenzó a mirar el viento y las olas a su alrededor, y empezó a hundirse. «*¡Señor, sálvame!*» (Mt. 14:30). Nuevamente, no vemos un lenguaje muy florido, pero es muy eficiente. ¡Cumplió su cometido!

Éste es un buen momento para resaltar un principio devocional muy importante. La oración es una relación y es una actitud. Esto es lo que estamos aprendiendo en el Salmo 119. Las peticiones específicas de oración tienden a ser cortas y directas. No se trata de cuánto tiempo pase en oración, ni de las palabras que utilice. Es la actitud de su corazón hacia Dios y su palabra lo que compone una oración efectiva.

La segunda petición de David la hallamos en el versículo 88. «*Vivifícame conforme a tu misericordia*». Nueve veces en este salmo vemos a David pidiéndole a Dios que lo vivifique. Antes aprendimos que «vivificar» es «dar vida». Para comprender el significado de este importante verbo «vivificar», es necesario ir más allá de su significado lingüístico. Es necesario ver cómo es utilizado en las Escrituras.

En el Antiguo Testamento, David pide a Dios que lo vivifique, pero en el Nuevo Testamento, nosotros le pediríamos Su gracia. Observe cómo Dios nos define esta palabra en Efesios 2:4, 5: «*Pero Dios, que es rico en misericordia, por su gran amor con que nos amó, aun estando nosotros muertos en pecados, nos dio vida juntamente con Cristo (por gracia sois salvos)*». Cuando Dios nos dio vida, nos dio gracia para ser salvos. Observe cómo los términos «dio vida» y «gracia» aparecen en paralelo en este versículo.

Usando palabras contemporáneas, la petición de David es «Señor, sé que me amas, por lo tanto dame la gracia que necesito para guardar tu palabra». David tiene suficiente sabiduría y honestidad para reconocer que ha llegado al límite de su capacidad. Está casi echado por tierra: casi. La única manera que podrá seguir adelante es si Dios le otorga su gracia.

El hecho que aceptemos a Cristo como Salvador no significa que nuestra necesidad de la gracia de Dios ha desaparecido. Necesitamos esa misma gracia para vivir. Pedro concluye su segunda epístola amonestando a los lectores a crecer «*en la gracia y el conocimiento de nuestro Señor y Salvador Jesucristo*» (2 P. 3:18).

¿Qué hacer cuando uno está con la espalda contra la pared y no puede seguir adelante, cuando casi está echado por tierra? Uno aguarda la gracia de Dios para que le infunda con nueva vida y poder.

La promesa de David: Asirse de la Palabra de Dios

A través de todo lo ocurrido, David no ha dejado de asirse a la Palabra de Dios. En el versículo 81 dice: «*Mas espero en tu palabra*». En el versículo 82 sus ojos desfallecían «*por tu palabra*». A pesar de estar agotado, vacío y seco como un odre al humo, él concluye el versículo 83 declarando «*pero no he olvidado tus estatutos*».

En el versículo 85 tuvo suficiente lucidez para evaluar a sus enemigos por la Palabra de Dios y hallarlos faltos. De ellos dijo: «*no proceden según tu ley*». Aunque no había recibido las respuestas que ansiaba, todavía tenía una norma absoluta de la cual asirse. En el versículo 86 declaró «*Todos tus mandamientos son verdad*».

En el versículo 87 David dice que casi fue echado por tierra por los soberbios. A pesar de su condición débil, dijo: «*Pero no he dejado tus mandamientos*». Está agarrado por las uñas, pero al menos se está asiendo a algo firme. Si usted estuviera tratando de trepar por un acantilado para llegar a un lugar seguro, usted se aseguraría que cada roca que sujete sea sólida. Con la Palabra de Dios, ¡usted cuenta con una norma absoluta que es inmóvil!

Ahora, en el versículo 88, David pide a Dios que lo vivifique, que le dé gracia. ¿Por qué desea recibir gracia? ¿Para escapar de la aflicción? ¿Para sentirse mejor? ¿Para llenar sus necesidades? ¡No! Luego de pedirle a Dios que lo vivifique, dice: «*Y guardaré los testimonios de tu boca*». ¡Él le pide a Dios de Su gracia para poder guardar Su palabra!

¿De qué cosa está asido y por qué quiere recibir la gracia de Dios? ¿Está usted casi echado por tierra? No se rinda; ¡espere! Aguarde la gracia de Dios y esté asido de la Palabra de Dios. No se preocupe de cuán mal estén las cosas. No se preocupe por sus enemigos. ¡Sólo esté aguardando y asido!

Esta es la clave de la vida de David: su actitud hacia la Palabra de Dios. Él no va a dejar de asirla. Sólo una cosa le sirve para seguir adelante: la Palabra de Dios.

El principio de David: Abandonar el odre viejo

Dé un paso atrás y considere este pasaje detenidamente. Hay una gran verdad allí, un principio que David nos enseña a través de su ejemplo. La ilustración que él usa en el versículo 83 acerca del odre al humo también nos ilustra esta verdad. David estaba usando ese odre al humo para decir que estaba vacío, desgastado, agotado, seco. Ahora, Dios lo tiene justo en el punto donde Él quiere. David ha llegado hasta el final del yo. Ha llegado a reconocer que él nada vale, tal como un viejo odre al humo, seco y agrietado por el humo y el calor del fuego.

¡Cuánto nos toma aprender esta lección! ¡Cuántas pruebas tenemos que experimentar antes que asimilemos esta verdad! Su vieja naturaleza es inservible. Es tan inútil como un odre o bota de cuero secada al fuego. Usted está al final de sus fuerzas. No parece haber vía de escape. ¿Cuánto más podrá soportar? ¿Cuándo experimentará el consuelo de Dios? Usted necesita una inyección fresca de la gracia de Dios, para seguirse asiendo de la única cosa que es inmutable: la Palabra de Dios.

Jesús dijo lo siguiente en cuanto a los odres: «*Ni echan vino nuevo en odres viejos; de otra manera los odres se rompen, y el vino se derrama, y los odres se pierden; pero echan el vino nuevo en odres nuevos, y lo uno y lo otro se conservan juntamente*» (Mt. 9:17).

Es por ello que Dios nos ha dado una nueva naturaleza. La vieja naturaleza no puede retener la vida nueva que recibimos al momento de nuestra conversión. Sólo una nueva naturaleza puede retener esta nueva vida. Abandone el viejo hombre —ese odre viejo, gastado, vacío y seco— y déjelo secar al fuego. Esté asido de la gracia de Dios y siga adelante por Su poder. Esto es lo que Dios quiere que aprendamos en todas nuestras aflicciones. Volvemos a la increíble verdad que David mencionó en el versículo 71: «*Bueno me es haber sido humillado, para que aprenda tus estatutos*».

¿Se identifica usted con la situación de David? ¿Cree usted que casi está echado por tierra? ¿Qué hacer? Usted puede orar, pidiéndole a Dios la gracia para permanecer asido de su Palabra. No hay otro soporte firme en esta vida resbalosa. Reconozca su vieja naturaleza, la cual es tan inútil como una bota de cuero secada al humo. Usted puede estar casi echado por tierra, pero mientras esté asido de la Palabra de Dios, siempre será «casi».

Este es el meollo del asunto, expresado en las palabras de Jeremías cuando éste se lamentaba por la destrucción de Jerusalén. «*Por la misericordia de Jehová no hemos sido consumidos, porque nunca decayeron sus misericordias. Nuevas son cada mañana; grande es tu fidelidad. Mi porción es Jehová, dijo mi alma; por tanto, en él esperaré. Bueno es Jehová a los que en él esperan, al alma que le busca. Bueno es esperar en silencio la salvación de Jehová*» (Lm. 3:22–26).

Sin la gracia de Dios, todos nos veríamos consumidos. Como creyentes, sólo es por la gracia de Dios que casi somos consumidos, pero sólo casi.

No somos nada más que odres vacíos y sin valor. La vida que tenemos proviene de Dios. Pablo dijo: «*Porque habéis muerto, y vuestra vida está escondida con Cristo en Dios*» (Col. 3:3). Al ver que nuestra vida está escondida con Cristo en Dios, habrán ocasiones en que seremos casi consumidos, pero

siempre será «casi». La razón por la cual hemos recibido esta gran seguridad, confianza y gracia de Dios es que Él fue casi consumido. Justo cuando
parecía que el diablo había vencido, nuestro Señor salió de la tumba victorioso. Así que, ¿por qué se preocupa?

Jesús dijo: «*Acordaos de la palabra que yo os he dicho: El siervo no es mayor que
su señor. Si a mí me han perseguido, también a vosotros os perseguirán; si han
guardado mi palabra, también guardarán la vuestra*» (Jn. 15:20). Él también
dijo: «*Y yo les doy vida eterna; y no perecerán jamás, ni nadie las arrebatará de mi
mano. Mi Padre que me las dio, es mayor que todos, y nadie las puede arrebatar de
la mano de mi Padre*» (Jn. 10:28, 29).

Hubo varias ocasiones en la vida de Pablo en las que él seguramente pensó que había llegado su fin. Fue azotado, náufrago, encarcelado, apedreado
al punto de la muerte; fue casi echado por tierra, pero sólo casi. Él siguió
adelante porque confiaba que Dios le daría la gracia para permanecer asido
de la Palabra de Dios. Él sabía que su viejo hombre no era nada más que una
vieja bota de cuero colgada de un hilo para secarla. A los corintios escribió lo
siguiente:

> *Pero tenemos este tesoro en vasos de barro, para que la excelencia del poder
> sea de Dios, y no de nosotros, que estamos atribulados en todo, mas no an-
> gustiados; en apuros, mas no desesperados; perseguidos, mas no desampara-
> dos; derribados, pero no destruidos; llevando en el cuerpo siempre por todas
> partes la muerte de Jesús, para que también la vida de Jesús se manifieste
> en nuestros cuerpos* (2 Co. 4:7–10).

Pablo fue casi consumido, pero sólo casi. Se mantuvo asido de la Palabra
de Dios porque comprendía el mismo principio que David escribe en este
pasaje. En ese mismo capítulo, Pablo dijo:

> *Por tanto, no desmayamos; antes aunque este nuestro hombre exterior se va
> desgastando, el interior no obstante se renueva de día en día. Porque esta
> leve tribulación momentánea produce en nosotros un cada vez más excelen-
> te y eterno peso de gloria; no mirando nosotros las cosas que se ven, sino las
> que no se ven; pues las cosas que se ven son temporales, pero las que no se ven
> son eternas* (2 Co. 4:16–18).

No importa lo que ocurriera al viejo odre de Pablo —aun si sus enemigos
llegaran a pensar que habían vencido— Pablo sabía, al igual que David, que
nunca sería totalmente echado por tierra. Mientras Dios exista, sólo podría
ser casi echado por tierra.

> *¿Quién nos separará del amor de Cristo? ¿Tribulación, o angustia, o perse-
> cución, o hambre, o desnudez, o peligro, o espada? Como está escrito: Por
> causa de ti somos muertos todo el tiempo; somos contados como ovejas de
> matadero. Antes, en todas estas cosas somos más que vencedores por medio
> de aquel que nos amó. Por lo cual estoy seguro de que ni la muerte, ni la*

vida, ni ángeles, ni principados, ni potestades, ni lo presente, ni lo por venir,
ni lo alto, ni lo profundo, ni ninguna otra cosa creada nos podrá separar del
amor de Dios, que es en Cristo Jesús Señor nuestro (**Ro.** 8:35–39).

¿Está usted casi echado por tierra? Aguarde la **gracia** de Dios. Permanezca asido de su Palabra y abandone ese odre viejo. Usted podrá estar casi
echado por tierra, pero sólo casi.

12

LA ABSOLUTA PALABRA DE DIOS

Para siempre, oh Jehová, permanece tu palabra en los cielos. De generación en generación es tu fidelidad; tú afirmaste la tierra, y subsiste. Por tu ordenación subsisten todas las cosas hasta hoy, pues todas ellas te sirven. Si tu ley no hubiese sido mi delicia, ya en mi aflicción hubiera perecido. Nunca jamás me olvidaré de tus mandamientos, porque con ellos me has vivificado. Tuyo soy yo, sálvame, porque he buscado tus mandamientos. Los impíos me han aguardado para destruirme; mas yo consideraré tus testimonios. A toda perfección he visto fin; amplio sobremanera es tu mandamiento.

Salmo 119:89–96

El lanzador mira hacia el plato de «Home». Agudiza su vista y frunce su ceño en concentración. Sacude su cabeza diciendo que no ante la primera seña de su receptor y luego asiente. Echa su brazo hacia atrás y levanta una pierna. El ofrecimiento estalla hacia el plato a más de 140 kilómetros por hora. La bola rápida cruza la esquina exterior del plato, a la altura de las rodillas.

«¡Estraaaaaaik!», grita el árbitro del «Home», levantando su brazo derecho en el aire. Una vez que esa palabra sale de su boca, todo queda establecido. El bateador puede brincar de enojo y arrojar el bate al suelo. Podría patear la tierra alrededor del cajón de bateo. Su entrenador puede salir del banco de suplentes y discutir frente con frente con el árbitro y gritarle en la cara con sus venas hinchadas del disgusto.

Hay una regla absoluta en el béisbol. Cuando el árbitro canta «bola» o «estraik», su decisión no está abierta a discusión. En el béisbol de hoy día, las acciones por parte del jugador y del entrenador que describí arriba serían causa suficiente para que ambos fueran expulsados del juego. Nadie puede discutir la decisión del árbitro en cuanto a los lanzamientos.

Una vez que las cuerdas vocales del árbitro emiten la palabra, todo queda establecido, fijado para siempre. Usted nunca verá al árbitro de segunda base conferir con el árbitro del «Home» para decirle que se equivocó. No importa cuántas veces los comentaristas pasen la repetición instantánea, no importa por dónde digan que pasó la pelota, siempre será lo que el árbitro dijo que era: estraik.

¿Podría usted imaginarse lo que sería el béisbol si el árbitro no contara con esta autoridad absoluta? ¡Sería un caos! La decisión del árbitro nunca se somete a votación o a una segunda opinión. Ni siquiera el Comisionado del Béisbol puede cambiar esa decisión, aun si él ve la repetición y en ella aprecia que la pelota estaba ligeramente fuera del plato. Una vez que el árbitro ha dicho la palabra, está establecido para siempre.

El Salmo 119:89–96 trata acerca de la absoluta Palabra de Dios. Lo que Dios ha hablado es una Palabra establecida y una Palabra salvadora.

UNA PALABRA ESTABLECIDA (vv. 89–91)

«Para siempre, oh Jehová, permanece tu palabra en los cielos» (Sal. 119:89).

Permita que el impacto de esta afirmación penetre en su consciencia. Dios ha hablado, y su Palabra está establecida. Si esto no fuera cierto, la vida carecería de significado.

Sabemos que el hombre es un ser finito. Cada vez que cavamos un hoyo en la tierra y depositamos allí un cuerpo sin vida, recordamos que tenemos límites definitivos. ¡El hombre es un ser increíble! Sus poderes van más allá de lo que nos resta por descubrir. Pero con todo esto, el hombre tiene límites. Es un ser finito.

Si no hubiese nada más allá del hombre, ni más alto que el hombre, entonces la vida no tendría significado alguno. No habría propósito en ella. La vida sería sólo lo que la imaginación del hombre determine.

Si hay un Dios en los cielos, y si es un Dios bueno, Él necesariamente tendría que comunicar el significado de la vida al ser humano. De esto se trata la Biblia. Es la Palabra de Dios para el hombre.

Hay muchos libros de religión. Algunos de ellos hasta contienen buenas ideas. No existe otro libro que afirme ser las mismas palabras de Dios y que esté convalidado por más de 4000 años de profecía cumplida. La Biblia continúa diciéndonos lo que ocurrirá mañana en este mundo, y lo hace con su acostumbrado nivel de 100% de acierto.

Dios ha hablado y su Palabra está establecida. Está establecida en los cielos, está establecida en la tierra y está establecida en el corazón de Dios.

Establecida en los cielos

«Para siempre, oh Jehová, permanece tu palabra en los cielos». ¿Dónde permanece establecida? *«En los cielos»*. ¿De quién es la Palabra? Es la Palabra de Jehová. Él es el Dios infinito, Aquel que habla con autoridad final. Aquel cuya palabra no puede ser contradicha, cambiada ni anulada. ¿Por cuánto tiempo permanece establecida? ¡Para siempre! Compréndalo, o nunca podrá salir adelante.

El fundamento de la vida espiritual de David es su convicción de que Dios ha hablado y que su Palabra es la autoridad final de todo asunto. En este mismo salmo, David nuevamente retorna a la base sólida. «*Hace ya mucho que he entendido tus testimonios, que para siempre los has establecido*» (Sal. 119:152). Y, nuevamente, «*La suma de tu palabra es verdad, y eterno es todo juicio de tu justicia*» (Sal. 119:160).

En el Nuevo Testamento, Pedro cita las palabras de Isaías 40:6–8 cuando dice: «*Porque: Toda carne es como hierba, y toda la gloria del hombre como flor de la hierba. La hierba se seca, y la flor se cae; mas la palabra del Señor permanece para siempre. Y esta es la palabra que por el evangelio os ha sido anunciada*» (1 P. 1:24, 25).

Jesús mismo no dejó duda alguna al respecto. En su Sermón del Monte, dijo: «*Porque de cierto os digo que hasta que pasen el cielo y la tierra, ni una jota ni una tilde pasará de la ley, hasta que todo se haya cumplido*» (Mt. 5:18). Estos son apenas unos cuantos ejemplos de lo que la Biblia afirma de sí misma. Dios ha hablado y su Palabra es final, está establecida. No hay cabida para discusiones.

Usted puede discutir hasta perder el aliento, pero la decisión está hecha. Su profesor de la universidad puede salir corriendo del banco de suplentes con sus venas hinchadas mientras discute a voz en cuello sobre religiones comparativas y conceptos medievales de religión. Un teólogo vestido con las túnicas doctorales puede venir desde la segunda base a decirle a Dios que su decisión es errónea. Puede sacar a relucir las raíces del vocablo hebreo, examinar una cadena de verbos griegos y tener a la mano un puñado de traducciones modernas. Nada de esto sirve. La Palabra de Dios permanece en los cielos para siempre.

Tenemos una norma absoluta. Es la vara con la cual medimos todo asunto y a toda persona en esta vida. Aparte del Libro Divino, todo lo demás sólo es pura opinión humana.

La Palabra de Dios permanece establecida en los cielos para siempre. Sus oraciones *no cambian* lo que dice la Palabra de Dios. Sus buenas obras no ejercen influencia. Su opinión *no* se toma en cuenta, ni se solicita. Su sinceridad, sus creencias, sus ideas, lo que usted siente en su corazón, nada de esto afecta la Palabra de Dios.

Puede que a usted no le guste. Podría estar en desacuerdo. Usted podría rechazarla. Pero la Palabra de Dios permanece establecida en los cielos para siempre y continuará establecida aun cuando el fuego del infierno le esté rodeando. Enójese si quiere. Grite, si cree que de algo le va a servir. Consulte a los eruditos, refúgiese en las opiniones populares de la época. La Palabra de Dios permanece en los cielos para siempre.

No, no se trata de mi interpretación del asunto. «*Entendiendo primero esto, que ninguna profecía de la Escritura es de interpretación privada*» (2 P. 1:20). La Biblia no depende de *su* interpretación ni de *mi* interpretación. *No puede* depender de ello, porque la Palabra de Dios permanece en los cielos para siempre.

Satanás ha logrado neutralizar la fuerza más poderosa del universo al enviarnos a esos estudios bíblicos en los cuales nos tomamos de la mano y «compartimos» unos con los otros lo que *pensamos*, o lo que *sentimos* respecto a la Palabra de Dios. Después de pasar una hora intercambiando nuestras «interpretaciones privadas», nos felicitamos porque es maravilloso tener tal diversidad dentro del cuerpo de Cristo. Felizmente observamos cómo las muchas traducciones diferentes dan un significado distinto al pasaje que estudiamos. No hay un «Así ha dicho el Señor» que tenga autoridad. Todo lo que queda es lo que sentimos respecto a las Escrituras, nuestra «perspectiva», nuestra «interacción» con la palabra.

Entienda una cosa: lo que usted *piensa*, o lo que usted *siente*, o lo que usted *crea* respecto a la Palabra de Dios *nunca* ha sido el asunto; *no* lo es hoy, ni *jamás* lo será. *El único* asunto es, y siempre será: *qué dice Dios en su Palabra*. Lo que Dios ha hablado permanece para siempre en los cielos. Compruebe las anotaciones. El lanzamiento fue estraik, por encima del plato, a la altura de la cintura. ¿No le gusta? Pues váyase a los camarines.

Ahí lo tenemos: la Palabra de Dios permanece establecida en los cielos. ¿Y qué de aquí en la tierra? La respuesta normal, expresada en innumerables «confesiones de fe», es: «Creemos que la Biblia es la Palabra de Dios divinamente inspirada, sin error e infalible, *en los manuscritos originales*». ¿Alguna vez ha visto usted un manuscrito original? No. ¿Podría reconocer uno de ellos si lo viera? Si usted tuviera uno en sus manos, ¿podría leerlo? Probablemente no. ¿Existe algún erudito que haya visto un manuscrito original? No. ¿Existe alguna Biblia que haya sido formada usando sólo manuscritos originales? No. ¿Cree que tenemos un problema aquí? La Palabra de Dios permanece establecida en los cielos, pero ¿qué de aquí en la tierra?

Establecida en la tierra

«*De generación en generación es tu fidelidad; tú afirmaste la tierra, y subsiste*» (Sal. 119:90).

Dios fue fiel en establecer su Palabra en los cielos para siempre. Ahora veremos que su fidelidad se extiende de generación en generación. El mismo Dios que creó el universo con su Palabra y estableció su Palabra para siempre en los cielos es fiel para preservar su Palabra de generación en generación. Él puede hablar su idioma con la misma facilidad con que habla hebreo y griego.

En este punto muchos lectores perderán su «apertura mental cristiana». Hay mucho dinero en juego, por lo cual las diversas casas editoras buscan persuadirnos de los méritos de *su propia* traducción moderna de la Biblia. Muchos eruditos tienen la ambición de avanzar en sus carreras al formar parte de un comité que produzca una traducción moderna.

Una gran parte del dinero en juego ha sido invertida en campañas propagandísticas bien preparadas que pretenden convencernos de los graves errores que existen en la Biblia de la Reforma. Desearían que creyéramos que nuestra Biblia Reina-Valera, aparte de ser absurdamente anticuada, está llena de graves errores.

Una multitud de cristianos ha caído ciegamente en esta vieja trampa de preguntar: «¿Conque Dios os ha dicho?», la cual ha estado en práctica desde que la Serpiente en Génesis 3 logró que Eva dudara de lo que Dios había dicho en el huerto del Edén. La Biblia de la Reforma, que produjo una ola de misioneros que se expandió por todo el mundo a través de veintenas de avivamientos genuinos y de despertares increíbles, y que formó el latido del corazón de la era filadelfiana de la iglesia, hoy día ha sido sustituida por una «Babel» de Biblias. Esta Babel de Biblias ha producido confusión, superficialidad espiritual y una iglesia laodicense tibia (Ap. 3:16) que depende del dinero, de programas y de emociones, en lugar de depender de la establecida Palabra de Dios.

Usted puede decir que soy ingenuo, mal informado, anticuado o lo que quiera. Sólo doy gracias que un día compareceré ante el Tribunal de Cristo y no ante el tribunal *suyo*.

He examinado los asuntos, he considerado la evidencia y he llegado a una conclusión: la Palabra de Dios permanece establecida en los cielos para siempre y su fidelidad permanece de generación en generación, incluyendo la *mía* . Creo que la Palabra de Dios permanece establecida en los cielos y se encuentra registrada fielmente en la Reina-Valera que tengo en mis manos. Al llegar a la conclusión de que la Palabra de Dios permanece establecida y que la fidelidad de Dios se extiende de generación en generación, incluyendo la mía, me rinde un beneficio adicional: un corazón establecido.

El versículo 90 continúa diciendo «*tú afirmaste la tierra*». David también afirmó su fe en el poder creativo de Dios en el Salmo 33:8, 9. «*Tema a Jehová toda la tierra; teman delante de él todos los habitantes del mundo. Porque él dijo, y fue hecho; él mandó, y existió*». La mayoría de las personas conoce las grandes declaraciones de la creación tales como Génesis 1:1 y Juan 1:1–3. Pero hay muchas más. «*En estos postreros días nos ha hablado por el Hijo, a quien constituyó heredero de todo, y por quien asimismo hizo el universo*» (He. 1:2). «*Porque en él fueron creadas todas las cosas, las que hay en los cielos y las que hay en la tierra, visibles e invisibles; sean tronos, sean dominios, sean principados, sean potestades; todo fue creado por medio de él y para él*» (Col. 1:16).

No cabe duda que la Biblia enseña que la creación fue un acto del Señor Jesucristo. Colosenses 1:16 lo dice con claridad. Juan 1:1–3 indica lo mismo, refiriéndose a Cristo como «el Verbo». «*En el principio era el Verbo, y el Verbo era con Dios, y el Verbo era Dios. Este era en el principio con Dios. Todas las cosas por él fueron hechas, y sin él nada de lo que ha sido hecho, fue hecho.*»

Si observa detenidamente lo que dice la Biblia, verá que es muy difícil distinguir entre el Verbo Viviente, el cual es Cristo, y la Palabra de Dios. Aun en la creación, el acto en sí no sólo se le atribuye a Cristo, sino también a la Palabra de Dios. Acabamos de ver el Salmo 33:8, 9. Ahora, considere el Salmo 33:6. «*Por la palabra de Jehová fueron hechos los cielos, y todo el ejército de ellos por el aliento de su boca*».

Sencillamente no hay manera de separar al Verbo Viviente de la Palabra de Dios. Por este motivo es que la Biblia es tan importante. Esto no constituye «bibliolatría», la adoración de la Biblia como si fuera un ídolo, como algunos acusan. Sólo a través de la Palabra escrita de Dios es que podemos llegar a conocer y a amar al Verbo Viviente. Si no fuera por la Biblia, nos veríamos obligados a depender de sentimientos, emociones, experiencias y especulaciones. Y si no tuviéramos la Palabra absoluta de Dios, tal como permanece establecida en los cielos, en forma escrita, nos encontraríamos nuevamente en el predicamento de no tener una norma absoluta para nuestras vidas. Necesitamos tener una norma absoluta para nuestras vidas.

La versión Reina-Valera difiere de las traducciones modernas en que ésta es una traducción fiel de manuscritos que concuerdan con la vasta mayoría de los manuscritos disponibles, los mismos manuscritos que produjeron las Biblias de la línea de la Reforma.

A finales del siglo pasado, el descubrimiento de unos cuantos manuscritos antiguos influyó en la composición de los textos en griego usados para traducir las Biblias «modernas». Estos manuscritos difieren en muchos puntos particulares de la mayoría de los manuscritos existentes, pero se les concedió gran importancia debido a que eran un par de cientos de años más antiguos que el resto. Sin embargo, el que sean más antiguos no significa necesariamente que sean mejores ni más fieles a los «originales». Aun los que critican mi posición reconocen que la mayoría de los manuscritos, de los cuales surgió la Reina-Valera, se desgastaron debido al uso constante y debido a que las copias de los mismos se hicieron en papiros baratos para facilitar la disponibilidad y movilidad de la Biblia. Los manuscritos descubiertos más recientemente se hallaron en lugares de clima seco, en los cuales se preservaron con mayor facilidad. Además, éstos se hallaron copiados en papel vitela más caro, del tipo usado para fines académicos, y generalmente ni siquiera concuerdan entre sí.

Las primeras traducciones de los manuscritos griegos en otros idiomas, hechas en fechas anteriores a las de estos «manuscritos más antiguos», tienden a confirmar la validez de la mayoría de los manuscritos de los cuales surgió la Reina-Valera. Nuevamente, este es un campo de estudios profundamente complejo, pero la información se encuentra disponible para todo aquel que desee tomar el reto de estudiarla.

He aquí un pensamiento para motivar una reflexión profunda: Si Dios no es lo suficientemente fiel para preservar su Palabra de generación en generación, entonces todo el asunto de la inspiración divina no es más que un ejercicio académico. ¿De qué sirve que Dios haya inspirado su Palabra en los «manuscritos originales» si esa Palabra no está a nuestro alcance hoy día?

Si este comentario ha sido de bendición para usted hasta ahora y usted ha sentido que nuestro enfoque es un tanto diferente, tiene razón. En lugar de escarbar las «joyas del hebreo», hemos permitido que la Biblia se defina a sí misma en su propio idioma. Usted ha visto la continuidad de la Palabra de Dios. Usted ha visto cómo encaja. Ha visto que hasta *usted* puede entender la Biblia, sin la ayuda de diez años de estudio en un seminario. No estoy atacando a los seminarios ni a aquellos que cuentan con la capacidad de leer los idiomas hebreo y griego. Yo mismo he cursado estudios a nivel de seminario, he estudiado cursos de griego y de teología y he leído la Biblia en varios idiomas. Esto es lo que he aprendido: Usted *puede* entender la Biblia. No importa si usted es un soldador, un mecánico, un conserje o un físico nuclear.

Continuamos nuestro análisis de este tan importante versículo. Cuando dice que Dios afirmó la tierra, esto implica más que la creación. La idea de la creación queda incluida, pero el «afirmarla» es darle orden, propósito, dirección y firmeza. La creación no fue un acto caprichoso de Dios. Él la creó con un propósito deliberado, de modo que la tierra fuese afirmada, firme y ordenada.

Además de eso, el versículo 90 termina diciendo «*y subsiste*». La tierra subsiste a pesar del pecado del hombre. El orden y propósito permanecen allí, si bien han sido ocultados por la maldición del pecado. Dios es quien impide que la tierra se deshaga.

Regresemos a un par de los pasajes de la creación que acabamos de examinar y veamos este concepto de control en el contexto. «*Y él es antes de todas las cosas, y todas las cosas en él subsisten*» (Col. 1:17). También Hebreos 1:3, que dice: «*el cual, siendo el resplandor de su gloria, y la imagen misma de su sustancia, y quien sustenta todas las cosas con la palabra de su poder, habiendo efectuado la purificación de nuestros pecados por medio de sí mismo, se sentó a la diestra de la Majestad en las alturas*».

Dios es el pegamento que mantiene los elementos atómicos en su lugar debido. Sin Su omnipresencia constante, el universo entero quedaría reducido a un caos cósmico.

El deísmo era un concepto teológico popular en la época del surgimiento de los Estados Unidos como nación. Varios de los líderes estadounidenses se suscribían al deísmo. Esencialmente, esta doctrina enseña que Dios creó el universo y luego lo dejó suspendido en el espacio y sujeto a las leyes naturales de la ciencia, sin que hubiera necesidad que interviniera nuevamente en él de forma activa. Los caricaturistas representan al deísmo como una religión cuyo Dios está ausente. Dios lo hizo todo y luego lo abandonó a la merced de los mejores esfuerzos del hombre, para nunca más intervenir directamente en el proceso.

Sin embargo, los versículos que acabamos de leer en Colosenses y Hebreos, vistos a la luz del Salmo 119:90, presentan un cuadro totalmente diferente. Muestran a un Dios que está intensamente involucrado con su creación. Es un Dios que mantiene unido al universo en todo instante. Él afirmó la tierra, le dio orden, propósito y firmeza. Él se asegura que subsista hasta hoy.

¡Un momento! ¿Cuál es el contexto de este versículo, de este pasaje y de este salmo? ¿Acaso no estamos hablando de la Palabra de Dios? ¿Acaso no se trata de la confesión de fe de David, en la cual afirma que la Palabra de Dios permanece en los cielos? ¿Por qué es que los mismos teólogos que niegan el deísmo hoy invierten su posición cuando se trata de la Biblia?

Esto es lo que estos teólogos dicen cuando aplican su «deísmo moderno» a las Escrituras: «Hace muchos siglos atrás Dios estableció su Palabra en los cielos y la dio al hombre. Dios sólo sabe hablar hebreo y griego y conoce algunas palabras de arameo. Por lo cual Él hizo que la palabra que permanece establecida en los cielos apareciera en 'manuscritos originales' que ningún erudito con vida jamás ha visto, y que nunca se encuadernaron para formar una "Biblia". A partir de ese momento, Dios dejó de ser parte del proceso. Él se hizo a un lado mientras que nosotros los hombres dependemos de los mejores esfuerzos de los eruditos para informarnos acerca de la probabilidad de certidumbre de lo que Él dijo hace mucho tiempo ya. Dios observa desconectado desde el cielo mientras que los eruditos luchan por reconstruir la Palabra de Dios que permanece en los cielos, pero que nunca se estableció en la tierra después de la desaparición de los manuscritos originales». Eso pareciera sugerir que Dios estuviera jugando aquel viejo juego de feria «Encuentre la bola», excepto que ahora se trata de «Encuentre la verdad».

Esta actitud es totalmente diferente a la actitud de Pablo cuando le escribe ese pasaje a Timoteo que siempre se cita cuando se está discutiendo la inspiración de las Escrituras. «*Toda la Escritura es inspirada por Dios, y útil para enseñar, para redargüir, para corregir, para instruir en justicia, a fin de que el hombre de Dios sea perfecto, enteramente preparado para toda buena obra*» (2 Ti. 3:16, 17).

Pablo afirma que toda la Escritura es inspirada por Dios, *theopneustos*, literalmente «respirada» por Dios. Mientras repetimos estos versículos en nuestra confesión de fe, el teólogo/deísta moderno podría verse precisado a añadir «en los manuscritos originales, por supuesto».

Lo extraño es que pocas veces citamos el versículo 15 que precede inmediatamente a esta gran declaración doctrinal. «*Y que desde la niñez has sabido las Sagradas Escrituras, las cuales te pueden hacer sabio para la salvación por la fe que es en Cristo Jesús.*»

Si aceptamos la forma de pensar de estos deístas, entonces sólo nos quedan dos alternativas. O creemos que Dios de alguna manera confió la colección completa de «manuscritos originales» a la abuela y a la madre de Timoteo (1 Ti. 1:5), para que él pudiera conocerlos desde su niñez; o tenemos que creer que la palabra «escritura» cambia misteriosamente de significado entre los versículos 15 y 16, aunque ambos versículos se encuentran en el mismo contexto. Si aceptamos la posición popular de los eruditos de hoy, se nos pide que creamos que las «Escrituras» del versículo 15 son copias falibles de la Palabra de Dios, mientras que en el versículo 16, en el mismo contexto, la palabra «Escritura» es la palabra que Dios inspiró.

Si sencillamente leemos el texto tal cual aparece, entonces tenemos que llegar a la conclusión de que el mismo Dios que inspiró las Escrituras fue fiel hasta la generación de Timoteo, quien era un creyente de segunda generación. El punto del salmista en el Salmo 119:90 es que Dios es igual «*de generación en generación*».

Establecida en el corazón de Dios

Mientras el hombre debate entre lo que es y no es la Escritura, y lo que es y no es error, y lo que es y no es conflación (la mezcla de distintos manuscritos), el salmista declara: «*Por tu ordenación subsisten todas las cosas hasta hoy, pues todas ellas te sirven*» (Sal. 119:91).

No existe la menor duda en el corazón de Dios en cuanto a lo que Él ha

hablado. Ni existe tampoco en el resto de Su creación. Sólo el hombre incrédulo tiene problemas para aceptarlo porque todavía escucha al mismo
diablo que inyectó el pecado en la raza humana sembrando dudas al susu-
rrarle al oído de Eva: «*¿Conque Dios os ha dicho...?*» (Gn. 3:1).

La frase «todas las cosas» del versículo 91 se refiere los cielos y la tierra
mencionados en los dos versículos anteriores. «*Pues todas ellas te sirven*» también se refiere al mismo sistema de cielos y tierra. A pesar de los debates en
cuanto a lo que dicen los «manuscritos mejores y más antiguos», el sol saldrá mañana. La luna continuará reflejando la luz del sol en las noches y las
estrellas brillarán en los cielos. Toda esta actividad ocurre conforme a las
ordenanzas de Dios. Todas estas cosas le sirven.

Considere el testimonio de las Escrituras.

> *Desde los cielos pelearon las estrellas; desde sus órbitas pelearon contra
> Sísara»* (Jue. 5:20). *¿Supiste tú las ordenanzas de los cielos? ¿Dispon-
> drás tú de su potestad en la tierra?* (Job 38:33). *El fuego y el granizo, la
> nieve y el vapor, el viento de tempestad que ejecuta su palabra* (Sal. 148:8).
> *Mi mano fundó también la tierra, y mi mano derecha midió los cielos con
> el palmo; al llamarlos yo, comparecieron juntamente* (Is. 48:13). *Así ha
> dicho Jehová, que da el sol para luz del día, las leyes de la luna y de las
> estrellas para luz de la noche, que parte el mar, y braman sus ondas;
> Jehová de los ejércitos es su nombre: Si faltaren estas leyes delante de mí,
> dice Jehová, también la descendencia de Israel faltará para no ser nación
> delante de mí eternamente* (Jer. 31:35, 36). *Así ha dicho Jehová: Si no
> permanece mi pacto con el día y la noche, si yo no he puesto las leyes del
> cielo y la tierra...* (Jer. 33:25).

¿Tiene usted una autoridad absoluta en su vida? ¿Tiene acceso a esa autoridad absoluta, o se ve precisado de llegar a la Biblia por conducto de in-
termediarios eruditos? ¿Sabe *realmente* qué es lo que Dios ha dicho? ¿Está
seguro? ¿O tiene usted que consultar el consenso de «hombres piadosos»?
La Palabra de Dios permanece establecida en los cielos para siempre. Su
fidelidad es de generación en generación. Toda la creación gira en sus órbi-
tas establecidas en obediencia a su Palabra establecida. La Palabra de Dios
permanece establecida en el corazón de Dios, pero ¿qué hay de su propio
corazón?

UNA PALABRA SALVADORA (vv. 92–96)

El salmista tiene una Palabra establecida de Dios en su corazón. La autoridad absoluta de la Palabra de Dios es el ancla que lo mantiene firme en
medio de cualquier tormenta. Varias de las últimas estrofas introdujeron el
tema de la aflicción. Esta estrofa es la proclamación de la victoria y la explicación de cómo se obtuvo esta victoria.

Los versículos restantes de esta estrofa pueden dividirse en tres partes, en
las cuales David celebra su relación con la Palabra de Dios. Fue la Palabra de
Dios la que le dio la victoria en la aflicción pasada. Es la Palabra de Dios la

que le da vida en su aflicción presente y será la Palabra de Dios la que le dará victoria en cualquier situación que enfrente.

Ha ocurrido antes

«*Si tu ley no hubiese sido mi delicia, ya en mi aflicción hubiera perecido. Nunca jamás me olvidaré de tus mandamientos, porque con ellos me has vivificado*» (Sal. 119:92, 93).

En los versículos 81–88, David se vio empujado hasta el límite mismo de su resistencia. Se vio casi echado por tierra, pero sólo casi. Ahora lo vemos clamando en victoria. ¡La Palabra de Dios permanece en los cielos para siempre!

—David, ¿cómo lo lograste? ¿Puedes compartírnoslo?

—«*Si tu ley no hubiese sido mi delicia, ya en mi aflicción hubiera perecido.*»

La conquista de David surgió a través de la Palabra de Dios. La victoria en *su* propia vida proviene de la misma fuente: la Palabra de Dios.

Existe otra distinción importante que debemos observar en este versículo. No fue el *conocimiento* que David tenía de la Palabra de Dios lo que le dio la victoria, sino su *amor* por ella. «*Si tu ley no hubiese sido mi delicia.*» La palabra delicia enfatiza el gozo intenso que siente. Es su amor por el Libro Divino lo que podrá sacarlo adelante en los momentos de aflicción terrible, cuando usted ha llegado hasta el límite.

Este es el corazón de este gran salmo: el amor por la Palabra de Dios. Observe cómo se enfatiza este aspecto repetidas veces en este salmo. «*Pues tus testimonios son mis delicias y mis consejeros*» (Sal. 119:24). «*Vengan a mí tus misericordias, para que viva, porque tu ley es mi delicia*» (Sal. 119:77). «*He deseado tu salvación, oh Jehová, y tu ley es mi delicia*» (Sal. 119:174).

Debiéramos escuchar lo que dice David, un hombre que sufrió más aflicción que lo que la mayoría de nosotros podríamos imaginar. Él fue un hombre que nunca olvidaría lo que su amor por la Palabra de Dios había hecho en su vida. «*Nunca jamás me olvidaré de tus mandamientos, porque con ellos me has vivificado*» (Sal. 119:93).

En el versículo 88 David le pidió a Dios que lo vivificara. Aquí vemos la respuesta a esa oración. También vemos que su oración fue respondida *a través de la Palabra de Dios*. En toda aflicción de la vida de David, fue la Palabra de Dios la que le dio salvación.

Está ocurriendo ahora

David era lo suficientemente maduro y realista para saber que para el creyente que vive en esta tierra, la aflicción nunca queda totalmente en el pasado. No podemos descansar sobre lo que *ha* ocurrido, porque la aflicción siempre surgirá mientras vivamos esta vida.

Después de hablar sobre lo que Dios hizo para salvarle en el pasado, David cambia su expresión a tiempo presente. Confiesa su fe continua en que la Palabra de Dios le salvará de todo peligro presente. «*Tuyo soy, sálvame, porque he buscado tus mandamientos. Los impíos me han aguardado para destruirme; mas yo consideraré tus testimonios*» (Sal. 119:94, 95).

David apela a la salvación de Dios basándose en la realidad de que él pertenece a Dios. «*Tuyo soy*». David comprendía que su vida no le pertenecía a él, sino a Dios. Esta es la verdadera base de la salvación. Dios nos salva porque le pertenecemos. El saber que pertenece a Dios es lo que realmente motiva al cristiano a amar a Dios y no el vivir más cómodamente, tener una vida más suave o hallar una salida de los problemas.

Si David sabía que pertenecía a Dios, ¿cuánto más debiéramos saberlo con certeza nosotros? Somos propiedad de Dios por siete razones. Somos suyos por creación (Sal. 100:3). Somos suyos por redención (Col. 1:14). Somos suyos por adopción (Ro. 8:15). Somos suyos por matrimonio (2 Co. 11:2). Somos suyos por consagración (Ro. 12:1, 2). Somos suyos por derecho de compra (1 Co. 6:19, 20; 1 P. 1:23). ¡Con razón nos sentimos frustrados cuanto intentamos tomar las cosas en nuestras propias manos!

Puesto que le pertenecemos a Él, podemos clamar con confianza a nuestro Amo: «¡Sálvame!» Nuevamente recordamos la oración de Pedro en Mateo 14:30, la cual consideramos en el capítulo anterior. Las oraciones bíblicas pueden ser breves puesto que empiezan con una relación correcta. Pertenecemos a Dios y por lo tanto podemos recurrir a Él en momentos de aflicción.

¿Cómo podemos saber esto? De la misma manera que David lo supo en el Salmo 119:94: «*porque he buscado tus mandamientos*». A través de nuestra relación con la Palabra de Dios aprendemos nuestra relación correcta hacia Dios.

Todo esto encaja. Al verse llevado hasta el límite de lo que podía soportar, David halló refugio y salvación en la Palabra de Dios. Él podía asirse a una norma absoluta en su vida. A través de su relación con esa autoridad absoluta, David llegó a entender su relación correcta con Dios. Él no tuvo que consultar a un «consejero cristiano» para «comprender sus emociones». Su salvación no dependió de compartir interpretaciones privadas de la Palabra de Dios en un estudio bíblico en grupo. Ni siquiera fue su conocimiento de la Palabra de Dios, sino su *amor* por la Palabra de Dios lo que lo sacó adelante en medio de las pruebas.

David dijo: «*Los impíos me han aguardado para destruirme*» (Sal. 119:95*a*). Ciertamente hay un impío que está buscando cómo destruirnos a usted y a mí. «*Sed sobrios, y velad; porque vuestro adversario el diablo, como león rugiente, anda alrededor buscando a quien devorar*» (1 P. 5:8).

Usted no puede escapar de la atención de Satanás. Él siempre estará cavando hoyos en su camino para tenderle una trampa. No se dará por vencido sólo porque usted haya obtenido algunas victorias a través de la Palabra de Dios. ¡Él le está esperando *ahora*!

El camino de la victoria es el camino que David aprendió. «*Mas yo consideraré tus testimonios*» (Sal. 119:95*b*). Hemos visto esta verdad varias veces a estas alturas. La vimos en el versículo 69 y nuevamente en los versículos 78 y 87. David aprendió a no buscar venganza, a no cobrárselas. Aprendió a entregar a sus enemigos en manos de Dios y dedicar sus energías a la Palabra de Dios. Nos convendría hacer lo mismo.

¿Cuánto tiempo desperdicia usted preocupándose por sus enemigos? En lugar de ello, entréguelos a Dios. Trate con el asunto. Obedezca la Palabra de Dios. Haga lo que sea necesario conforme a las Escrituras para tratar con aquellos que se le opongan y luego olvídese del asunto. Vierta su corazón y su alma en las páginas de la santa Palabra de Dios y permita que Él le transforme. Permita que Él le libre del mal. ¿Considerará usted sus testimonios?

Ocurrirá siempre y en toda situación

El salmista lo había visto antes. Está ocurriendo ahora, en el presente. Por lo tanto, él podía tener la seguridad de que la Palabra de Dios lo libraría de cualquier situación, en cualquier lugar, al margen de las circunstancias.

«*A toda perfección he visto fin; amplio sobremanera es tu mandamiento*» (Sal. 119:96). Es necesario observar que este versículo es una muestra del paralelismo prevalente en la poesía hebrea. En otras palabras, la primera frase del versículo contrasta con la segunda. Por lo tanto, la perfección a la cual se refiere David no es la perfección divina. Él está contrastando lo que los hombres llaman perfección con la amplitud infinita de la Palabra de Dios.

David dice: «*A toda perfección he visto fin*». Sencillamente quiere decir que ha llegado a comprender que toda «perfección» humana tiene límites. Tiene un fin. Dios proveyó al hombre de poder y habilidades de tremenda magnitud. Aun en su pecado, rebelión y muerte, hay una cantidad increíble de semejanza divina que se ve reflejada en el hombre. Sus logros en la ciencia, filosofía, educación y las artes son impresionantes. Dios lo creó con tales habilidades. Pero todo ello tiene su fin.

David sabía que en un tiempo de prueba él no podía apoyarse en un brazo de carne. Entendía que todo lo que el hombre ofrece se ve limitado por la naturaleza finita del hombre. La psicología es fascinante. Ofrece algunos descubrimientos interesantes que en ocasiones resultan útiles. Sin embargo, es limitada. Sólo llega hasta cierto punto.

La ciencia está experimentando una explosión de conocimiento. La tecnología moderna ofrece maneras para facilitar y mejorar la calidad de vida en este planeta. Pero la ciencia no es absoluta. Hasta el gran Alberto Einstein comprendió esto. Él nunca llegó a descubrir a Dios, pero comprendió que aun nuestras «leyes» básicas de la física y la matemática son relativas. *no son* absolutas. La ciencia tiene límites. Tiene un fin.

La educación es el medio por el cual muchos han mejorado su suerte en la vida. Ofrece grandes ventajas. Abre puertas de oportunidades. Sin embargo, tiene límites. Tiene un fin, aun en su «perfección».

Todas las ciencias, todas las «ologías» y todos los «ismos» en última instancia fracasan. *No pueden* dar respuesta a la vida. *No pueden* ofrecer un puerto seguro en tiempos tempestuosos. *No pueden* salvar un alma perdida. Toda perfección *tiene* fin.

Escuche cuidadosamente lo que Dios dice a través del salmista. «*Amplio sobremanera es tu mandamiento*» (Sal. 119:96*b*).

La Palabra de Dios es «amplia». ¡Todo lo cubre! No hay *nada* —circunstancias, problemas, situaciones, dolor, emergencia, individuos, actitud, amenaza, peligro— que no se contemple en la Palabra de Dios.

Esta amplitud es lo que hace falta en la iglesia laodicense tibia, porque los eruditos, los escépticos y hasta los pastores *restan* autoridad a la Biblia. Consecuentemente, la Biblia se torna en sólo la versión más reciente producida por un comité de eruditos, quienes discuten sobre miles de variables para ofrecernos una traducción razonablemente precisa: una que difiere en miles de puntos de la versión anterior. Los editores podrán usar la excusa de una nueva iluminación como la justificación tras todos los cambios. Pero las diferencias ayudan a evitar infringir en los derechos de autor de otra casa editora y protegen los derechos de autor de la versión más reciente.

A esta palabra adulterada y diluida le *añadimos* lo mejor de la supuestamente llamada ciencia y la educación, lo más fino de los «ismos» y las «ologías». Luego los miembros del clero se paran detrás de hermosos púlpitos con una copia de la Biblia «nueva» y proclaman que es la palabra inspirada e infalible de Dios (en los manuscritos originales, por supuesto) que tiene la respuesta a todos nuestros problemas. Luego, si alguien se le acerca con un problema, dicen: «¡Vaya! ¡Usted sí que tiene un problema serio! Tendrá que consultar a un psicólogo cristiano.»

El espíritu de nuestra era ha llegado a nosotros. Las condiciones descritas en Apocalipsis 3:14–22 nos rodean. Para poder vivir en avivamiento en medio de un cristianismo tibio que hasta al Señor le provoca el vómito, necesitamos recibir un «Así ha dicho el Señor» claro y real: no falsificado. La Biblia *tiene* la respuesta a todo problema porque ella es «amplia sobremanera».

La Palabra de Dios permanece establecida en los cielos y en la tierra. Usted nada puede hacer para cambiar ese hecho. Los eruditos nada pueden hacer para cambiar ni para iluminar ese hecho. Está establecida en el corazón de Dios. A veces pienso que nuestros teólogos se imaginan que Dios mismo espera que ellos le expliquen qué fue lo que Él dijo y lo que no dijo. ¡Su Palabra permanece para siempre!

Cuando usted establece esa Palabra en su corazón, tendrá un ancla en las tormentas. Experimentará lo que es llegar al borde, al límite del desmayo, y ser rescatado del peligro porque ha hecho de la Palabra de Dios su delicia. Aprenderá que usted siempre puede depender de la Palabra de Dios.

Lo que Dios hizo a través de su Palabra en el pasado, lo está haciendo hoy día y continuará haciéndolo, porque su palabra es amplia sobremanera. *Nada* hay en su vida que no se encuentre contemplado en la Palabra de Dios.

13

VIVIENDO LA PALABRA DE DIOS

¡Oh, cuánto amo yo tu ley! Todo el día es ella mi meditación. Me has hecho más sabio que mis enemigos con tus mandamientos, porque siempre están conmigo. Más que todos mis enseñadores he entendido, porque tus testimonios son mi meditación. Más que los viejos he entendido, porque he guardado tus mandamientos; de todo mal camino contuve mis pies, para guardar tu palabra. No me aparté de tus juicios, porque tú me enseñaste. ¡Cuán dulces son a mi paladar tus palabras! Más que la miel a mi boca. De tus mandamientos he adquirido inteligencia; por tanto, he aborrecido todo camino de mentira.

Salmo 119:97–104

Alos veinte años de edad y en busca de respuestas, asistí a una conferencia para obreros entre la juventud en un intento de hallar la manera de vencer los obstáculos del ministerio. Yo era nuevo en el ministerio y nuevo en la fe, pues había aceptado a Cristo como Salvador apenas dos años antes. En el celo ardiente de todo nuevo creyente, había dejado los estudios universitarios para trabajar con los jóvenes de mi iglesia.

Mi entusiasmo tempranero se estaba empezando a disipar. Me hallé a mí mismo con el tanque vacío, deseando ministrar a otros, pero teniendo un vacío en mi interior. Por espacio de dos días escuché un desfile constante de «expertos» que compartían sus secretos para tener una obra exitosa entre los jóvenes. Uno discutió la importancia de arreglar las sillas de manera correcta en las reuniones de jóvenes para crear la atmósfera correcta, mientras que otro cuidadosamente describió el procedimiento necesario para establecer un «concilio de jóvenes» que animara a la participación de los miembros. Un pastor de jóvenes de la Florida explicó con mucho detalle cómo la creación de un grupo de «Títeres evangelísticos» en la feria estatal había revolucionado su grupo de jóvenes.

Estos eran hombres buenos y sinceros. Luego de dos días enteros de soportar estos detalles triviales, me encontraba a punto de llegar a la

conclusión de que si esto era todo lo que abarcaba el ministerio, entonces yo
prefería tomar otro rumbo. Justo cuando yo daba todo por perdido, un pastor
de jóvenes «más viejo» tomó la palabra. (Probablemente tenía unos 40 años
de edad.) Lo que dijo cambió mi vida para siempre.

Conocí a Mel Sabaka por primera vez cuando predicó en nuestro campamento de jóvenes, pocos meses antes de mi conversión. Me sentí cautivado
por la fuerza, realidad y contenido de su predicación. Él era diferente. Era
evidente que él consideraba que su mensaje era el mensaje más importante
del universo. En esta ocasión, tuve la oportunidad de conocer la razón por la
cual era tan diferente.

Él no se preocupó por los concilios de jóvenes, grupos de títeres, ni por
crear el «banana split más grande del mundo». (En las tempestuosas décadas de los 60 y los 70 hicimos muchas tonterías con grupos de jóvenes de
muchas iglesias de los EE.UU.) Como si fuera un cepillo de alambre de
acero inoxidable limpiando lodo seco, este hombre limpió a fondo la coraza
piadosa de nuestro profesionalismo en el ministerio. Él repitió con insisten-
cia el hecho de que la única manera en que la Biblia dice que se obtiene el
éxito es meditando día y noche en la Palabra de Dios (Jos. 1:8). Esta —decía
con voz rugiente— es la clave de un ministerio fructífero, ¡sea con los jóvenes o con cualquier otro grupo!

Mel continúa siendo uno de mis mejores amigos hasta hoy. Ha sido una
fuente de inspiración y ánimo. Lo que dijo aquel día me llevó a tener una
conversación seria con Dios. Decidí hacer de la Biblia mi vida, y no verla
sólo como un libro de devocionales. Durante los años siguientes me sometí
a un calendario de lectura para leerla de tapa a tapa en treinta días. Sus
páginas empezaron a pasar por mi mente. Podía ver el lugar donde quedaban ciertos versículos y palabras con los ojos cerrados. El Libro comenzó a
definirse a sí mismo. Lo que leía en una porción respondía a alguna pregunta surgida al leer otra porción. Aprendí que la clave para entender la Biblia
no es consultar a un erudito, sino consultar al Autor.

Estoy seguro que David nunca escuchó predicar a Mel. (Mel podrá haberle
parecido viejo a un muchacho de veinte años en aquel entonces, ¡pero hasta yo
sabía que no era *tan* viejo!) Sin embargo, David había aprendido esta misma
lección. Había pasado más allá del estudio de la Biblia. Había aprendido a
vivir la Palabra de Dios. Después de dedicar una extensa sección de este salmo
a describir las lecciones de la aflicción, David estalla en alabanza, al contarnos
su relación con la Palabra de Dios. Nos dice lo que él era, lo que obtuvo, lo
que hizo, lo que comía y lo que consecuentemente vivía.

LO QUE ERA (v. 97)

«*¡Oh, cuánto amo yo tu ley! Todo el día es ella mi meditación*» (Sal. 119:97).

De David se dijo que era un hombre conforme al corazón de Dios. Aquí
podemos ver el corazón de David. El amor que David sentía por la Palabra
de Dios, como hemos dicho repetidas veces, era la clave de su vida. La Palabra de Dios era más que un interés intenso, más que un pasatiempo, más que
una curiosidad, más que un objeto de mucho estudio: era su vida.

David profesaba amar la Palabra de Dios. ¿Puede usted profesar lo mismo? Nuevamente, muchos temen caer en lo que se denomina «bibliolatría», la adoración de la Biblia. Ciertamente, esto *no es* de lo que estamos hablando. La pregunta queda en pie, sin embargo: ¿ama la Palabra de Dios?

No es difícil determinar la respuesta. Usted pasa tiempo con el objeto de su amor. Si usted ama la Palabra de Dios, usted invertirá tiempo valioso en conocer el Libro.

David no se avergonzaba de declarar su amor por la Palabra de Dios. Esto lo vemos más de una vez en el Salmo 119. «*Aborrezco a los hombres hipócritas; mas amo tu ley*» (Sal. 119:113). «*Por eso he amado tus mandamientos más que el oro, y más que oro muy puro*» (Sal. 119:127). «*La mentira aborrezco y abomino; tu ley amo*» (Sal. 119:163). «*Mucha paz tienen los que aman tu ley, y no hay para ellos tropiezo*» (Sal. 119:165).

Preste atención particular al versículo 165. El amor por la Palabra de Dios no sólo nos da paz de corazón sino que también nos protege contra el tropiezo. ¡Cuántos creyentes no han visto obstruido su crecimiento al tropezar por sentirse ofendidos por otros hermanos! Un amor creciente por la Palabra de Dios le protege contra tal tipo de amargura y dolor.

Todas las cosas creadas por Dios se dividen en grupos de tres, lo cual refleja el patrón de la imagen de Dios: Padre, Hijo y Espíritu Santo. Usted tiene cuerpo, alma y espíritu. El tiempo se divide en pasado, presente y futuro. Hay tres colores primarios. Todo objeto tiene tres dimensiones.

Hay tres tipos de amor imposibles de separar: el amor por Dios, el amor por la Palabra de Dios y el amor por la gente. Los tres tipos de amor pueden verse en la vida de David. El Nuevo Testamento nos enseña la relación entre los tres.

Jesús dio una respuesta profunda a aquel intérprete de la ley que intentó tenderle una trampa al preguntarle cuál era el mandamiento más grande de la ley.

> *Y uno de ellos, intérprete de la ley, preguntó por tentarle, diciendo: Maestro, ¿cuál es el gran mandamiento en la ley? Jesús le dijo: Amarás al Señor tu Dios con todo tu corazón, y con toda tu alma, y con toda tu mente. Este es el primero y grande mandamiento. Y el segundo es semejante: Amarás a tu prójimo como a ti mismo. De estos dos mandamientos depende toda la ley y los profetas* (Mt. 22:35–40).

Toda la ley y los profetas (lo que nosotros llamamos el Antiguo Testamento) se resume en el amor por Dios y el amor por la gente. Este es un amor que se aprende y se desarrolla en la Palabra de Dios. Pablo sabía esto.

> *No debáis a nadie nada, sino el amaros unos a otros; porque el que ama al prójimo, ha cumplido la ley. Porque: No adulterarás, no matarás, no hurtarás, no dirás falso testimonio, no codiciarás, y cualquier otro mandamiento, en esta sentencia se resume: Amarás a tu prójimo como a ti mismo. El amor no hace mal al prójimo; así que el cumplimiento de la ley es el amor* (Ro. 13:8–10).

En Gálatas 5:14 hallamos la misma verdad. «*Porque toda la ley en esta sola palabra se cumple: Amarás a tu prójimo como a ti mismo*». Santiago también establece esta relación. «*Si en verdad cumplís la ley real, conforme a la Escritura: Amarás a tu prójimo como a ti mismo, bien hacéis*» (Stg. 2:8).

Los tres encajan entre sí: el amor por Dios, el amor por su Palabra y el amor por su gente. Tal como un objeto necesita tener tres dimensiones para existir, usted no puede tener uno de estos tipos de amor sin tener los otros dos. ¿Cree usted que realmente se puede amar a Dios y odiar a la gente? No se puede mientras 1 Juan 4:20 esté en la Biblia. «*Si alguno dice: Yo amo a Dios, y aborrece a su hermano, es mentiroso. Pues el que no ama a su hermano a quien ha visto, ¿cómo puede amar a Dios a quien no ha visto?*»

¿Puede un hombre genuinamente amar a Dios y no amar su Palabra? Considere lo que dice Juan 8:47. «*El que es de Dios, las palabras de Dios oye; por esto no las oís vosotros, porque no sois de Dios.*»

Estas tres expresiones de amor se hicieron evidentes en la vida de David porque él había hecho de la Palabra de Dios su vida. ¿Cómo pudo hacer esto? ¿Acaso fue tan sencillo como sólo decidirse a hacerlo? Obviamente, el momento llega en el cual es necesario decidir hacer de la Biblia su vida. Compartí anteriormente el ejemplo de mi propia vida. Pero esto es más que sólo tomar una decisión. Requiere mantener de forma constante una relación de toda la vida con la Biblia. David lo puso en estas palabras: «*Todo el día es ella mi meditación*».

Esta es precisamente la razón por la cual muchos cristianos toman una decisión, pero nunca llegan a tener el poder de Dios ni rebosan con Su amor. No están dispuestos a pagar el precio necesario para ello. No les molesta tener un pequeño devocional al inicio o al final del día: leer un pasaje de la Biblia, leer unas cuantas palabras de una guía devocional, seguir una lista de oración bien preparada y luego guardarlo todo hasta el día siguiente. Algunos hasta llegan a tener un sistema para memorizar versículos. Escuche cuidadosamente lo que David dijo: «*Todo el día es ella mi meditación*».

Quince veces se menciona el tema de la meditación en el libro de los Salmos. Esto no es meramente parte de la cultura del Medio Oriente. Es también una norma para los gentiles del Nuevo Testamento. Pablo instruyó a Timoteo diciéndole: «*Entre tanto que voy, ocúpate en la lectura, la exhortación y la enseñanza. No descuides el don que hay en ti, que te fue dado mediante profecía con la imposición de las manos del presbiterio. Ocúpate en estas cosas; permanece en ellas, para que tu aprovechamiento sea manifiesto a todos*» (1 Ti. 4:13–15).

Anteriormente hemos discutido la meditación como parte de nuestro estudio del Salmo 119. La meditación es más que una actividad, más que acumular información. La meditación consiste en tomar las Escrituras de modo personal y llevarlas en oración delante de Dios como si fueran sus propias palabras, guardarlas continuamente en su conciencia. Es por esto que David fue la clase de hombre que fue.

Cuando consideramos el versículo 78, dijimos que la meditación impide la intimidación. En lugar de enfocarnos en nuestros enemigos, hemos de enfocarnos en tomar las Escrituras de manera personal. Ahora, agreguemos otra dimensión: la meditación genera admiración. A través de meditar en la Palabra de Dios llegamos a amarle más y más, y a amar a los demás también.

LO QUE OBTUVO (vv. 98–100)

«Me has hecho más sabio que mis enemigos con tus mandamientos, porque siempre están conmigo. Más que todos mis enseñadores he entendido, porque tus testimonios son mi meditación. Más que los viejos he entendido, porque he guardado tus mandamientos» (Sal. 119:98–100).

Dos beneficios sobresalen como resultado del compromiso de David con la Palabra de Dios: sabiduría y entendimiento. Estas cualidades son resultado directo de su relación con la Palabra de Dios, como puede verse en el versículo 98: *«Me has hecho más sabio que mis enemigos con tus mandamientos»*. La Palabra de Dios es el objeto de la meditación, como se observa en el versículo 99: *«tus testimonios son mi meditación»*. La obediencia a la Palabra de Dios también forma parte importante de esta ecuación, según se evidencia en el versículo 100: *«porque he guardado tus mandamientos»*.

Acabamos de considerar la simetría en la creación, específicamente, cómo Dios todo lo creó en grupos de tres. En este caso, la sabiduría y el entendimiento usualmente se ven acompañadas de una tercera cualidad: el conocimiento. Si usted busca estas tres palabras en las Escrituras, hallará que usualmente aparecen juntas en un mismo contexto. Un ejemplo clásico lo tenemos en Proverbios 2:1–6.

> *Hijo mío, si recibieres mis palabras, y mis mandamientos guardares dentro de ti, haciendo estar atento tu oído a la sabiduría; si inclinares tu corazón a la prudencia, y clamares a la inteligencia, y a la prudencia dieres tu voz; si como a la plata la buscares, y la escudriñares como a tesoros, entonces entenderás el temor de Jehová, y hallarás el conocimiento de Dios. Porque Jehová da la sabiduría, y de su boca viene el conocimiento y la inteligencia.*

La última oración de este pasaje tiene importancia particular. Sabemos por lo que dice Santiago 1:5 que la sabiduría es un don de Dios. Ese hecho se confirma aquí. Luego, vemos que el conocimiento y la inteligencia (entendimiento) provienen de su palabra, *«de su boca»*.

Si estas tres cualidades frecuentemente aparecen juntas, ¿por qué no se menciona el conocimiento en esta estrofa? La respuesta yace en la siguiente regla de estudio bíblico: Si algunas cosas usualmente aparecen juntas en la Biblia, hemos de prestar atención inmediata a las pocas veces en que no aparecen juntas y preguntarnos: «¿por qué?» Es obvio que la sabiduría y el entendimiento requieren que antes se tenga conocimiento. Por ello, David da por sentado que ya el conocimiento está presente y enfatiza el papel que juegan la sabiduría y el entendimiento.

Este es un punto principal para los creyentes modernos porque vivimos en la era de la información. El mundo nos dice que tener información es tener poder. Tenemos computadoras increíblemente poderosas que nos dan acceso a más información de la que jamás podremos manejar. Somos expertos en coleccionar inmensas bases de datos sobre cualquier tema. ¿Se ha resuelto alguno de los problemas básicos del hombre con esta montaña de información? ¿Acaso hay más amor, paz, armonía, buena voluntad, abundancia, etc.? Obviamente, la respuesta es «no».

Desafortunadamente, este falso énfasis sobre la información se ha infiltrado en el cristianismo. Somos una generación de adictos a la información. Ahora contamos con programas de la Biblia en computadora que ponen una vasta cantidad de datos al alcance de nuestras manos. Podemos saber exactamente cuántas veces aparece cierta palabra en la Biblia. Podemos hallar todos los versículos en los cuales aparecen dos palabras determinadas. Podemos oprimir un botón y ver los vocablos griegos y hebreos de los cuales se tradujeron las palabras. Si oprimimos otro botón aparecen las definiciones de estas palabras, junto con todas las veces que aparecen en las Escrituras.

¿Acaso esta gran base de datos de conocimiento de las Escrituras ha causado un avivamiento, o provocado la conversión de grandes masas de gente a Cristo? ¿Nos ha ayudado a obtener una mayor victoria en nuestro andar personal con Dios? Nuevamente, la respuesta es obviamente «no».

El conocimiento *es* importante. No podemos seguir adelante sin él. Pero el conocimiento por sí solo nunca es suficiente para darnos victoria. Siempre debe venir acompañado de sabiduría y entendimiento. Estas tres cosas van juntas. No sirven por sí solas. El entender cómo se puede aplicar el conocimiento de nada sirve si no se tiene la sabiduría para saber cuándo, cómo y con quién aplicarlo. Hay gente que tiene mucha sabiduría y sin embargo no viven de acuerdo a la sabiduría que tienen. Carecen de entendimiento. Las tres cosas deben trabajar en conjunto; de lo contrario no sirven.

¿Qué es la sabiduría? Vea lo que dice Job 28:28. «*Y dijo al hombre: He aquí que el temor del Señor es la sabiduría, y el apartarse del mal, la inteligencia*». La sabiduría se define como el temor del Señor. Tiene que ver con nuestra relación con Él y es un don según lo que dice Proverbios 2:6 y Santiago 1:5. La inteligencia (entendimiento) es apartarse del mal, y tiene que ver con la obediencia a la Palabra de Dios. El conocimiento se obtiene estudiando la Palabra y el entendimiento mediante la aplicación de ese conocimiento. La sabiduría constituye el uso correcto de ese conocimiento y su aplicación a través de nuestra relación con Dios.

Específicamente, en el Salmo 119:98 David dice: «*Me has hecho más sabio que mis enemigos con tus mandamientos, porque siempre están conmigo*». Los que estudian las artes marciales entienden que mediante el aprendizaje de ciertas técnicas y principios de combate, hasta un individuo físicamente pequeño puede vencer a múltiples contrincantes que físicamente sean más grandes y fuertes. En sentido espiritual, este es el mismo beneficio que nos da la sabiduría divina a través de la Palabra de Dios. Enfrentamos a un adversario mucho más fuerte que nosotros. La sabiduría de Dios nos permite tener victoria sobre el mismo diablo.

El diablo conoce más información acerca de la Biblia que la que usted llegará a aprender en toda su vida. ¡Él ha tenido mucho tiempo para aprender! Él apareció en el huerto de Edén citando las Escrituras. Él fue a encontrarse con nuestro Señor para tentarle, y lo hizo citando las Escrituras. Aun con una computadora poderosa y el mejor de los programas de la Biblia, usted nunca llegará a saber más de la Biblia que el diablo.

Sin embargo, su amor por la Palabra de Dios puede hacerle más sabio que sus enemigos, ¡hasta que el diablo! La razón es sencilla. Recuerde lo que dice Job 28:28: la sabiduría es el temor de Dios, y si hay algo que el Diablo no tiene es temor de Dios. La inteligencia (entendimiento) es apartarse del mal y el diablo *es* el mal. El diablo tiene mucho conocimiento de la Palabra de Dios. No tiene absolutamente *nada* de sabiduría ni de entendimiento. *¡Nada!* A través de la Palabra de Dios, *usted* puede ser más sabio que el mismo diablo, y eso incluye a cualquiera de sus títeres que pudiera llegar a amenazar su vida.

Otro beneficio es el entendimiento. David dice que su meditación en la Palabra de Dios y su obediencia a ella le permitieron entender más que sus «*enseñadores*» y que «*los viejos*». Es fantástico tener experiencia. Pero hay algo que es más importante que la experiencia.

Como creyente, usted nunca debiera sentirse intimidado porque no tiene tanto conocimiento o experiencia como otra persona. Puede ser que usted admire a un maestro de la Biblia porque tiene tanto conocimiento bíblico. Pero el conocimiento no es la clave: es el entender cómo se aplica el conocimiento que tiene. Hay muchos grandes maestros de la Biblia que nunca han llegado a entender cómo aplicar el conocimiento bíblico que tienen a sus propias vidas.

Puede ser que usted admire a un santo que ha andado con el Señor por más de cincuenta años. Pero algunos amados santos que han conocido al Señor por muchos años jamás han llegado a aprender cómo crecer en su andar espiritual. No se trata de cuánto tiempo lleva en el camino, sino de cuánto ha avanzado por el camino. Hay veces que un nuevo creyente tiene más entendimiento que un creyente de muchos años porque sencillamente cree y obedece lo que conoce acerca de la Biblia.

Hay otra aplicación. Su entendimiento puede ser mayor que aquél de un santo anciano, aun uno que *sí* llegó a entender. Todo buen maestro desea ver que sus alumnos *le sobrepasen*. Usted puede edificar sobre lo que entendieron los ancianos mediante el guardar la Palabra de Dios. Cuando usted tenga la edad de ellos, tendrá más entendimiento porque edificó sobre lo que ellos ya tenían.

En nuestra iglesia el ministerio del discipulado se divide en dos etapas. En la primera, nuestro programa de Discipulado I, una persona es discipulada uno a uno por un creyente de mayor madurez. Se cubre la doctrina básica de la vida cristiana. Este proceso dura no menos de seis meses. Luego, se anima al discípulo a tomar un curso de nueve meses que hemos titulado «Discipulado II». Este curso le da a la persona más conocimiento sobre los detalles de la vida cristiana, al igual que enseña las reglas de estudio bíblico.

Con mucha frecuencia, un individuo pasa apresuradamente por Discipulado I para poder llegar al conocimiento jugoso de Discipulado II. Esta actitud es característica de nuestra era ebria de información. Queremos la información sin la sabiduría ni el entendimiento. El asunto nunca es cuánta información de la Biblia usted posea, sino qué hace con la información que posee, sea ésta poca o mucha.

Si una persona tan solo dominara la información básica del curso de primer nivel de nuestro sistema de discipulado, estaría equipada con todo lo que se necesita para desarrollar una vida fructífera de servicio al Señor Jesucristo. La clave es tomar esta información básica y añadir sabiduría y entendimiento. Equivocadamente pensamos que la clave es tener más información, más conocimiento. No me es posible enfatizar excesivamente lo que digo a continuación: Si su nivel de conocimiento excede su nivel de sabiduría y de entendimiento, entonces ese conocimiento es inservible. El tener más información es muy bueno, siempre y cuando la sabiduría y el entendimiento aumenten de manera igual.

Este es el punto que señala el salmista. A través de la Palabra de Dios usted puede llegar a tener más sabiduría y entendimiento que los enemigos, los enseñadores y los viejos. Tome el conocimiento que ya tiene, medite en él, personalícelo, vívalo y llévelo en oración a Dios, y pronto tendrá más sabiduría y entendimiento del que jamás haya soñado.

LO QUE HIZO (vv. 101, 102)

«De todo mal camino contuve mis pies, para guardar tu palabra. No me aparté de tus juicios, porque tú me enseñaste» (Sal. 119:101, 102).

Un cristiano armado de la verdadera sabiduría y entendimiento bíblico se verá afectado en su diario andar. Este es el punto siguiente en la progresión de David. Hay un énfasis tanto positivo como negativo en estos dos versículos.

Primero, el salmista ha aprendido a contener sus pies de todo mal camino. ¿Por qué? *«Para guardar tu palabra.»* Esta no es una obligación legalista de guardar un conjunto de reglas. Este es el testimonio de un hombre que ama la Palabra de Dios con desesperación y que está dispuesto a hacer todo ajuste necesario en su vida para evitar violar esa Palabra.

¿Por qué obedece usted la Palabra de Dios? ¿Acaso porque tiene un sentido del deber muy desarrollado? ¿O porque teme que otros se den cuenta? ¿Acaso porque teme lo que otros dirán o pensarán si no la obedece? ¿O porque teme el castigo que Dios le impondría? Este tipo de motivación produce una generación de fariseos, a quienes Jesús condenó llamándolos «sepulcros blanqueados» y quienes estaban limpios en lo externo, pero inmundos en lo interno.

Su amor por la Palabra de Dios naturalmente lo llevará a hacer ajustes en su camino (por donde pisan sus pies). Usted no tiene que memorizar una lista de reglas o una lista de normas. Usted reconocerá todo mal camino, porque no es igual al camino de santidad de Dios.

Junto con el énfasis negativo de contener sus pies de todo mal camino aparece el énfasis positivo de mantenerse cerca de la Palabra de Dios. *«No me aparté de tus juicios»*. David había decidido estar siempre cerca de la Palabra de Dios. ¿Por qué? ¡Porque la amaba! (Sal. 119:97). Todo vuelve a la relación de amor entre el hombre y la Biblia.

En el versículo 102 hallamos una lección principal. David dice: «*Porque tú me enseñaste*». ¿Quién le enseñó la Biblia *a usted?* David obtuvo sabiduría y entendimiento porque dejó que Dios le enseñara la Palabra. Algunos son seguidores de un maestro o predicador particular. Son «admiradores espirituales».

No cabe duda que Dios utiliza a hombres para enseñar su Palabra. Los maestros son un don de Dios al cuerpo de Cristo, según nos dice Efesios 4:11. Cuando Felipe preguntó al eunuco etíope si entendía lo que leía, éste preguntó: «*¿Y cómo podré, si alguno no me enseñare?*» (Hch. 8:31).

No importa cuán efectivo sea un maestro humano, en última instancia es Dios quien nos enseña su Palabra. Pablo aclara este asunto en su epístola a los corintios.

> *Antes bien, como está escrito: Cosas que ojo no vio, ni oído oyó, ni han subido en corazón de hombre, son las que Dios ha preparado para los que le aman. Pero Dios nos las reveló a nosotros por el Espíritu; porque el Espíritu todo lo escudriña, aun lo profundo de Dios. Porque ¿quién de los hombres sabe las cosas del hombre, sino el espíritu del hombre que está en él? Así tampoco nadie conoció las cosas de Dios, sino el Espíritu de Dios. Y nosotros no hemos recibido el espíritu del mundo, sino el Espíritu que proviene de Dios, para que sepamos lo que Dios nos ha concedido, lo cual también hablamos, no con palabras enseñadas por sabiduría humana, sino con las que enseña el Espíritu, acomodando lo espiritual a lo espiritual* (1 Co. 2:9–13).

Un maestro humano puede guiarle hacia una relación con Dios y con su Palabra. Pero él no puede *constituirse* en esa relación. Nuevamente, ¿quién le enseña a usted la Biblia? ¿Repite usted como loro lo que un maestro le ha dicho, o ha aprendido usted a desarrollar su propia relación con Dios y con su Palabra?

Seguimos volviendo al mismo tema en este salmo: su amor por la Palabra de Dios. Debido a la motivación que surge en su interior, en el hombre interior, usted ajustará el camino de sus pies para estar en el camino estrecho y angosto. Usted verá a todo maestro humano usado por Dios como una bendición. Podrá tener una relación maravillosa con ese maestro humano, pero no permitirá que esa relación humana se interponga entre usted y su amor por la Palabra de Dios.

Empezamos nuestro estudio observando que el amor que David sentía por la Palabra de Dios lo moldeó, lo formó en el hombre que era. Hemos visto cómo su amor por la Palabra de Dios afectó lo que hizo en su vida diaria. Ahora necesitamos ver que su amor por la Palabra de Dios no fue un asunto de una sola ocasión. Él se alimentaba continuamente con la Palabra de Dios, la cual mantenía su relación con Dios.

LO QUE COMÍA (v. 103)

«*¡Cuán dulces son a mi paladar tus palabras! Más que la miel a mi boca*» (Sal. 119:103). Dos veces en esta sección David ha mencionado la meditación en la Palabra de Dios. Él inició esta estrofa proclamando su amor por la Palabra de Dios. Ahora no puede contenerse. Entre más crece en la Palabra de Dios, más dulce se torna ésta.

En el Salmo 104:34 David declara: «*Dulce será mi meditación en él; yo me regocijaré en Jehová*». La Palabra de Dios debería ser dulce a nuestro paladar. Si no lo es, es porque existe algún problema.

¿Ha observado que cuando uno está enfermo, a veces esto afecta el sentido del gusto? Sus platillos favoritos no saben igual. La comida es la misma; es la enfermedad de su cuerpo la que temporalmente ha afectado su sentido del gusto. Cuando la Palabra de Dios no le sea dulce a su paladar, recuerde que el problema no está en la Biblia.

Al profeta Ezequiel le fue dado un rollo que contenía las palabras de Dios y le fue ordenado que lo comiera. Él también descubrió la dulzura de tener las palabras de Dios en su boca.

> *Me dijo: Hijo de hombre, come lo que hallas; como este rollo, y ve y habla a la casa de Israel. Y abrí mi boca, y me hizo comer aquel rollo. Y me dijo: Hijo de hombre, alimenta tu vientre, y llena tus entrañas de este rollo que yo te doy. Y lo comí, y fue en mi boca dulce como miel. Luego me dijo: Hijo de hombre, ve y entra a la casa de Israel, y habla a ellos mis palabras* (Ez. 3:1–4).

Sencillamente no hay sabor tan dulce como el de las palabras de Dios. Jeremías sabía esto. «*Fueron halladas tus palabras, y yo las comí; y tu palabra me fue por gozo y por alegría de mi corazón; porque tu nombre se invocó sobre mí, oh Jehová Dios de los ejércitos*» (Jer. 15:16).

Job no podía dejar de desear las palabras de Dios. Él dijo: «*Del mandamiento de tus labios nunca me separé; guardé las palabras de su boca más que mi comida*» (Job 23:12).

Hay algo más que usted necesita saber acerca de darse un festín en la increíblemente rica Palabra de Dios. Como todo alimento rico, a veces empieza a hacer efecto horas más tarde, cuando uno empieza a digerirlo.

Juan experimentó esto en el libro del Apocalipsis. La escena se desarrolla cuando Juan recibe las palabras de Dios que deberá profetizar.

> *La voz que oí del cielo habló otra vez conmigo, y dijo: Ve y toma el librito que está abierto en la mano del ángel que está en pie sobre el mar y sobre la tierra. Y fui al ángel, diciéndole que me diese el librito. Y él me dijo: Toma, y cómelo; y te amargará el vientre, pero en tu boca será dulce como la miel. Entonces tomé el librito de la mano del ángel, y lo comí; y era dulce en mi boca como la miel, pero cuando lo hube comido, amargó mi vientre* (Ap. 10:8–10).

La Biblia tiene un sabor dulce para todo aquel que le tenga amor. Pero es un libro que es necesario digerir, y a veces esa digestión puede causar un caso serio de indigestión espiritual. Nuevamente, el problema no está en la

Biblia, sino en el proceso que la Biblia desarrolla para arreglar los problemas de nuestra vida.

En 2 Samuel 12, David es amonestado por el profeta Natán por el pecado que cometió al causar la muerte de Urías para cubrir su adulterio con Betsabé. Natán sabiamente empezó a decirle a David la historia de un rico que tomó la única oveja que poseía un hombre pobre. David disfrutaba de una maravillosa amistad con Natán, y se gozaba en escucharle decir las palabras de Dios. Juntos pasaron momentos muy dulces. Al escuchar la historia de este desconsiderado hombre rico, David se enojó al punto de declarar que era digno de muerte por su crimen. David no tenía problema alguno con las palabras de Dios hasta que Natán les dio carácter personal al señalar a David y proclamar: «*Tú eres aquel hombre*» (2 S. 12:7). Sus palabras habían sido dulces al comerlas, ¡pero se tornaron muy amargas al digerirlas! Pero, como resultado de esta experiencia, surgió el Salmo 51, el gran salmo del arrepentimiento.

¿Qué sabor tiene para usted la Palabra de Dios? Si su alimentación diaria de la Palabra de Dios tiene un sabor como de avena seca, esto podría indicar que hay un problema espiritual en su vida. El amor por la Biblia es igual a cualquier otro tipo de amor. Usted pasa tiempo con sus seres queridos. Tal vez su amor por la Biblia se ha enfriado porque hay otro amor en su vida. Esto genera una reacción en cadena, ya que su amor por Dios depende de su relación con su Palabra.

LO QUE VIVÍA (v. 104)

«*De tus mandamientos he adquirido inteligencia; por tanto, he aborrecido todo camino de mentira*» (Sal. 119:104).

En el versículo 101, David dice que su amor por la Palabra de Dios le motivó a contener sus pies de todo mal camino. Aquí aprendemos que esto es más que una respuesta aprendida. En este versículo David dice que *aborrece* todo camino de mentira. Más que manifestarse sólo en acciones externas, el amor que David sentía por la Palabra de Dios determinó su estilo de vida y sus actitudes internas.

El camino de mentira incluye más que el mal camino. Un mal camino es obviamente malo. Un camino de mentira puede tener la apariencia de pureza moral y sin embargo ser falso. Lo falso es todo aquello que no se ajusta a la verdad de la Palabra de Dios.

Esta es una declaración muy fuerte. David tiene una norma: la Palabra de Dios. Él evaluaba todo asunto conforme a esa norma. Si un camino no cumplía con la norma, ¡él lo aborrecía!

Muchos cristianos de la actualidad han aprendido a sentirse cómodos con la mentira. Oh, sus vidas parecen inmaculadas. No beben, no fuman y son fieles a sus cónyuges. Protestan con vehemencia contra el aborto y luchan contra el movimiento de otorgarle derechos especiales a los homosexuales. Pero cuando alguien llega a su iglesia con una doctrina extraña que no corresponde a las Escrituras, ellos se excusan en la «diversidad que existe dentro del cuerpo de Cristo». Cuando un evangelista por la televisión predica que Dios prosperará a aquellos que donen dinero a su ministerio, temen pararse firmes en su contra. Cuando otro predicador impone sus manos sobre alguno para ponerlo «en el Espíritu», ellos aducen que no desean criticar a los hermanos en el cuerpo de Cristo que tienen puntos de vista divergentes.

Algunos evangelistas andan por allí poniendo a gente «en el Espíritu», tocándoles en la frente y haciendo que caigan inconscientes en brazos de asistentes para que supuestamente queden «en brazos del Espíritu». Algunas personas, llevadas a un frenesí desbocado mediante una sutil manipulación psicológica por medio de música y control mental por sugestión, hacen «danzas santas» en los pasillos, o corren alrededor de la muchedumbre «reclamando promesas» o «reprendiendo a los poderes del mal». Los excesos se ven limitados únicamente por la imaginación y poderes creativos de aquellos cuyos «ministerios» dependen del control de las mentes vacías de las masas. Parece no haber fin a los disparates absurdos que se hacen «en el nombre del Señor».

Todo esto se justifica, por supuesto, rociando unos cuantos versículos de la Biblia tomados fuera de su debido contexto. Las mismas personas que están dispuestas a tomar una posición contraria en asuntos tales como el aborto, al punto de dejarse arrestar y ser llevado a la cárcel por ello, curiosamente se encuentran ausentes cuando es el momento que alguien a voz en cuello rechace tales disparates. Ellos humildemente responden que no quieren criticar a sus hermanos en el cuerpo de Cristo que tienen puntos de vista divergentes.

El problema de tales creyentes tibios es su falta de amor por la Palabra de Dios. Cuando la Biblia se vuelve el objeto de nuestro amor y devoción, seremos como David y *aborreceremos* todo camino de mentira. David dijo: «*De tus mandamientos he adquirido inteligencia; **por tanto**, he aborrecido todo camino de mentira*» (Sal. 119:104, énfasis del autor).

David vivió una vida de verdadera justicia y santidad porque amaba la Palabra de Dios. La santidad bíblica no depende de lo que usted hace. Es un resultado de que la Palabra de Dios more en usted. La santidad bíblica entonces se vuelve lo que usted *vive* como resultado de que *ama* la Palabra de Dios.

¿Cuál es su definición de santidad? ¿Se encuentra usted engañado por la trampa de intentar *hacer* cosas para llevar una vida santa? Si es así, está condenado al fracaso y la frustración. El único camino a la santidad bíblica es aprender a amar la Palabra de Dios. Y este amor sólo puede darse desde adentro hacia afuera: el amor por la Palabra de Dios deberá estar operando sobre el hombre interior antes de que pueda cambiar las obras del hombre exterior.

14

UNA LUZ EN LA NIEBLA

Lámpara es a mis pies tu palabra, y lumbrera a mi camino. Juré y ratifiqué que guardaré tus justos juicios. Afligido estoy en gran manera; vivifícame, oh Jehová, conforme a tu palabra. Te ruego, oh Jehová, que te sean agradables los sacrificios voluntarios de mi boca, y me enseñes tus juicios. Mi vida está de continuo en peligro, mas no me he olvidado de tu ley. Me pusieron lazo los impíos, pero yo no me desvié de tus mandamientos. Por heredad he tomado tus testimonios para siempre, porque son el gozo de mi corazón. Mi corazón incliné a cumplir tus estatutos de continuo, hasta el fin.

Salmo 119:105–112

Mi pasión por el esquiar me llevó a Salt Lake City por primera vez un mes de enero. Anticipaba ver la ciudad que goza de tal reputación por la belleza de sus parajes, anidada entre las montañas y el gran Lago Salado (Salt Lake).

Sin embargo, ha sido precisamente esa ubicación ideal que se ha combinado con la sociedad moderna para crear un problema horrible: el smog. Hay veces que el aire contaminado de la ciudad no puede escapar del valle. Tuve tan mala suerte que llegué a la ciudad en uno de esos días. En toda la semana que pasé allí, no pude ver ni una sola vez las montañas circundantes desde mi habitación de hotel en la ciudad. Pocas veces alcancé ver más que unos cuantos metros delante mío. Los vuelos desde el aeropuerto sufrieron retrasos o cancelaciones constantes durante la semana. Los medios de comunicación emitían advertencias respecto al ambiente. Como dicen allí, la ciudad estaba «golpeada».

No había problema para esquiar. Al viajar por la carretera que conducía hacia las montañas, había un punto como mágico en donde la carretera emergía del smog y podía verse un cielo brillante y azul. Mirando atrás hacia la ciudad cubierta por una manta gris negruzca, era difícil comprender la vasta diferencia entre ambas perspectivas: por un lado una hermosa pendiente para esquiar bajo un cielo azul despejado, y por otro una ciudad en donde casi no podía distinguirse para dónde quedaba el cielo.

Así es la vida. Gran parte del tiempo estamos bajo una niebla, sin idea de hacia dónde ir. Otras veces algo nos eleva por encima de las nubes y alcanzamos a ver las cosas desde la perspectiva de Dios. Todo está claro y brillante. En cuanto a nuestra posición, sabemos que estamos sentados en los lugares celestiales con Cristo Jesús (Ef. 2:6). En cuanto a la práctica, pasamos la mayoría de nuestro tiempo aquí en la tierra sumidos en una niebla.

Paradójicamente, parecería que cuanto más avanza nuestra tecnología moderna, más se pierden nuestras grandes ciudades en el smog: Los Ángeles, Londres, Nueva York, y tantas otras que podríamos mencionar. El smog es un símbolo maravilloso de cuán perdido está el hombre. Cuanto más avanzamos, menos alcanzamos a ver.

Como creyentes en el Señor Jesucristo comprendemos que nuestra ciudadanía está en los cielos. La realidad del asunto es que estamos sobre esta tierra por un lapso que sólo el Señor conoce. Tal vez usted tiene la bendición de vivir en una zona rural, en donde el smog no representa problema alguno. Aún así, puede comprender mi analogía porque probablemente sabe lo que es estar en un bosque denso en una noche sin luna, o el caminar en una caverna totalmente oscura. De uno u otro modo, todos sabemos la ansiedad que produce el no poder ver con claridad lo que hay delante nuestro. ¿Qué hacer en esos momentos que parece que estamos perdidos en la niebla?

David era un gran rey, pero era no menos humano que el resto de nosotros. No tuvo que enfrentar la maldición del smog, pero vivió momentos que parecieron terriblemente oscuros. Aprendió a abrirse camino en la oscuridad y aquí nos lo describe en la decimocuarta estrofa del Salmo 119. Cinco palabras describen lo que él halló: instrumento, integridad, iluminación, inversión e inclinación.

EL INSTRUMENTO DE LA PALABRA DE DIOS (v. 105)

«Lámpara es a mis pies tu palabra, y lumbrera a mi camino» (Sal. 119:105).

La Biblia es el instrumento que Dios le ha dado para alumbrar su camino. El vivir la Palabra de Dios contribuye a guardar sus pies en el camino de Dios.

Una gran regla de estudio bíblico es el recordar que las dos palabras más importantes de la Biblia son «así» y «como». Dios nos enseña con el uso constante de comparaciones. Comprendemos una verdad teológicamente profunda porque es «como» otra cosa que nos es familiar. Es por ello que la Biblia es un libro que se define a sí mismo.

Hay una adición a esa regla. El verbo «ser» en las Escrituras es otra de esas «palabritas» importantes. El verbo «ser» precede al predicado nominal. Para nosotros los que necesitamos repasar la gramática, el predicado nominal consiste en un sustantivo o adjetivo que equivale al sujeto de la oración. Aquí, por ejemplo, el salmista no dice que la Palabra de Dios es «como» una lámpara. Declara que la Palabra de Dios *es* una lámpara a sus pies.

Con frecuencia hablamos de nuestro «andar en Cristo». Consideremos algunas de las Escrituras que tratan sobre este tema. Hemos de *andar* en nuestra nueva vida en Cristo. «*Porque somos sepultados juntamente con él para muerte por el bautismo, a fin de que como Cristo resucitó de los muertos por la gloria del Padre, así también nosotros andemos en vida nueva*» (Ro. 6:4).

Este *andar* debe ser conforme al Espíritu y en el Espíritu. «*Ahora, pues, ninguna condenación hay para los que están en Cristo Jesús, los que no andan conforme a la carne, sino conforme al Espíritu*» (Ro. 8:1). «*Digo, pues: Andad en el Espíritu, y no satisfagáis los deseos de la carne*» (Gá. 5:16). «*Si vivimos por el Espíritu, andemos también por el Espíritu*» (Gá. 5:25).

Nuestro *andar* ha de ser digno. «*Yo pues, preso en el Señor, os ruego que andéis como es digno de la vocación con que fuisteis llamados*» (Ef. 4:1). «*Para que andéis como es digno del Señor, agradándole en todo, llevando fruto en toda buena obra, y creciendo en el conocimiento de Dios*» (Col. 1:10). «*Y os encargábamos que anduvieseis como es digno de Dios, que os llamó a su reino y gloria*» (1 Ts. 2:12).

Hay otras cosas que deben ser parte de nuestro *andar*. «*Andemos como de día, honestamente; no en glotonerías y borracheras, no en lujurias y lascivias, no en contiendas y envidia*» (Ro. 13:13). «*Porque somos hechura suya, creados en Cristo Jesús para buenas obras, las cuales Dios preparó de antemano para que anduviésemos en ellas*» (Ef. 2:10). «*Y andad en amor, como también Cristo nos amó, y se entregó a sí mismo por nosotros, ofrenda y sacrificio a Dios en olor fragante*» (Ef. 5:2). «*Porque en otro tiempo erais tinieblas, mas ahora sois luz en el Señor; andad como hijos de luz*» (Ef. 5:8). «*Mirad, pues, con diligencia cómo andéis, no como necios sino como sabios*» (Ef. 5:15).

Todo esto está bien, pero ¿qué hacemos cuando no podemos ver por dónde andamos? ¿Qué hacemos cuando nos rodea la niebla de la vida? La Biblia nos enseña que vivimos en un mundo de tinieblas. Cuando las tinieblas a nuestro alrededor son tan densas que no podemos ver el camino que tenemos por delante, ¿qué hacemos?

El salmista dijo: «*Lámpara es a mis pies tu palabra*». Observe cuidadosamente que el versículo dice «pies» y no «ojos». ¿Ha intentado alguna vez atravesar un bosque oscuro en una noche sin luna armado sólo con una linterna de bolsillo? Esta no emite suficiente luz para iluminar el bosque, pero apenas emite suficiente para iluminar un buen lugar en donde poner nuestro pie al dar el paso siguiente.

La vida en este mundo de tinieblas es así. No habrá luz suficiente para iluminar al mundo entero hasta que el Sol de justicia salga (Mal. 4:2). Pero sí tenemos una lámpara que emite más que suficiente luz para iluminar nuestro paso siguiente: es la Palabra de Dios.

Recuerde, la lámpara es para nuestros pies, no para nuestros ojos. Hemos de andar por fe y no por vista (2 Co. 5:7). Cuando ponemos nuestra fe en lo que la Biblia dice, las palabras de Dios se tornan en una lámpara a nuestros pies que nos muestra dónde dar el paso siguiente: el paso *siguiente*, no necesariamente todos los pasos que daremos en el resto de nuestras vidas. Y sin embargo, cuando aplicamos esa lámpara a nuestros pies, tenemos lo que David llama una «*lumbrera a mi camino*». Cuando nuestros pies andan según lo que la Biblia dice, Dios iluminará el camino delante nuestro a través de este mundo tenebroso.

La Biblia es el instrumento que Dios ha provisto para darnos luz en las tinieblas y oscuridad del presente mundo. Nuestra lámpara es la Palabra de Dios. Nuestra lámpara no es el consejo sabio de varones piadosos. Éstos podrían ayudarle a encender la lámpara, pero ellos no son la lámpara. Muchas veces intentamos sustituir la lámpara con una multitud de cosas, pero sólo hay una lámpara: la Palabra de Dios.

Por esto es que Juan dijo: «*Pero si andamos en luz, como él está en luz, tenemos comunión unos con otros, y la sangre de Jesucristo su Hijo nos limpia de todo pecado*» (1 Jn. 1:7). Él enfatiza este principio en sus otras dos epístolas, usando las palabras «mandamiento» y «verdad» como sinónimos de «luz». «*Y este es el amor, que andemos según sus mandamientos. Este es el mandamiento: que andéis en amor, como vosotros habéis oído desde el principio*» (2 Jn. 6). «*No tengo yo mayor gozo que este, el oír que mis hijos andan en la verdad*» (3 Jn. 4).

¿Se comprometerá *usted* a andar en la luz? Dios ha provisto luz para su camino. Para recibir esa luz es necesario que aplique la lámpara a sus pies. Nuevamente, como dijimos anteriormente, la Biblia es el instrumento que Dios utiliza y nuestros pies son los instrumentos que nosotros usamos para andar en Su luz. El hacer un compromiso semejante es un asunto serio. David comprendió esto.

LA INTEGRIDAD DE LA PALABRA DE DAVID (v. 106)

«*Juré y ratifiqué que guardaré tus justos juicios*» (Sal. 119:106).

El jurar tiene una connotación mayormente negativa en nuestra sociedad. Hoy día el jurar normalmente significa maldecir. También comprendemos que podemos jurar que algo es cierto: «Lo juro». Sin embargo, el valor de la palabra de un individuo se ha devaluado tanto que pocas veces damos mucho crédito a algo «jurado». Aún las declaraciones juradas en las cortes de hoy día no son mucho más que maniobras legales.

David vivió en una época en la que la palabra de un individuo era tan válida como el individuo mismo. Hoy día, el único valor de la palabra de muchos individuos es lo que diga su abogado. La norma de Dios no ha cambiado. Él siempre ha tomado los juramentos muy en serio. El hijo de David, Salomón, el «Predicador» del libro de Eclesiastés, comprendió este punto con claridad. «*Cuando a Dios haces promesa, no tardes en cumplirla; porque él no se complace en los insensatos. Cumple lo que prometes. Mejor es que no prometas, y no que prometas y no cumplas*» (Ec. 5:4, 5).

Dios mismo ha hecho algunos juramentos significativos. Él hizo una promesa a Amalec que continúa guardando hasta hoy. «*Y dijo: Por cuanto la mano de Amalec se levantó contra el trono de Jehová, Jehová tendrá guerra con Amalec de generación en generación*» (Ex. 17:16).

Dios juró tener compasión de Israel. «*Sino por cuanto Jehová os amó, y quiso guardar el juramento que juró a vuestros padres, os ha sacado Jehová con mano poderosa, y os ha rescatado de servidumbre, de la mano de Faraón, rey de Egipto*» (Dt. 7:8).

Además tenemos otros juramentos que Dios hizo a Israel. «*Y si Jehová tu Dios ensanchare tu territorio, como lo juró a tus padres, y te diere toda la tierra que prometió dar a tus padres*» (Dt. 19:8). «*Te confirmará Jehová por pueblo santo suyo, como te lo ha jurado, cuando guardares los mandamientos de Jehová tu Dios, y anduvieres en sus caminos*» (Dt. 28:9). «*Y llamó Moisés a Josué, y le dijo en presencia de todo Israel: Esfuérzate y anímate; porque tú entrarás con este pueblo a la tierra que juró Jehová a sus padres que les daría, y tú se la harás heredar*» (Dt. 31:7).

Cuando Israel desobedeció a Dios, él aún juró traer mal sobre ellos. «*Por dondequiera que salían, la mano de Jehová estaba contra ellos para mal, como Jehová había dicho, y como Jehová se lo había jurado; y tuvieron gran aflicción*» (Jue. 2:15).

Dios guarda sus juramentos. ¿Y qué hay de *usted*? ¿Cuántas veces ha ofrecido un voto solemne a Dios, sólo para retractarse del mismo unos cuantos días después? ¡Con razón tenemos problemas para comprender la Biblia! No tomamos en serio sus palabras.

La clave para comprender la Biblia es el prestar atención a las palabras individuales de la misma. Si no damos valor a nuestras propias palabras, ¿por qué habríamos de valorar las palabras de Dios? Es que las palabras ya no tienen tanta importancia para nosotros hoy día, pero deberían tenerla.

David hizo una afirmación notable en uno de sus otros salmos. «*Júzgame, oh Jehová, porque yo en mi integridad he andado; he confiado asimismo en Jehová sin titubear*» (Sal. 26:1).

Puede confiar en su propia integridad de tal manera que se atreva a decirle a Dios: «*Júzgame, oh Jehová, porque yo en mi integridad he andado?*» ¡Tenga cuidado con lo que dice: Dios responde a la oración! ¡Qué asombrosa expresión de confianza hace David en su propia integridad personal!

David añadió: «*sin titubear*». Tal vez usted es una de esas personas que titubea en su andar porque su vida tiene falta de ese ingrediente importante llamado integridad. ¿Guarda sus votos? ¿Puede Dios confiar en usted? ¿Promete cosas que no puede cumplir?

Unos cuantos versículos más adelante, David dijo: «*Mas yo andaré en mi integridad; redímeme, y ten misericordia de mí*» (Sal. 26:11). ¿Qué hay de *usted*? ¿Anda en su integridad? El andar en luz significa andar en verdad, como vemos en el Salmo 119:105, 1 Juan 1:7 y en 3 Juan 4. ¿Cómo puede andar en la luz de la Palabra de Dios si su propia palabra carece de valor alguno? Su pequeña linterna no le servirá de mucho si la apunta en una dirección y camina en otra. Para tener luz en su camino, necesita sujetar la lámpara de la Palabra de Dios a sus pies. Asegúrese que sus pies se dirijan en la dirección correcta. Diga la verdad. Guarde sus votos. Haga lo que dice que va a hacer.

LA ILUMINACIÓN DEL CAMINO DE LA VIDA (vv. 107–110)

El salmista sabía que no importa cuán densa fuera la oscuridad a su alrededor, él tenía una lámpara que alumbraría el camino que tenía por delante. La Palabra de Dios permanece como la única luz para los hombres en la presente era de oscuridad.

En Juan 8:12, Jesús dijo: «*Otra vez Jesús les habló, diciendo: Yo soy la luz del mundo; el que me sigue, no andará en tinieblas, sino que tendrá la luz de la vida*». No hay contradicción aquí con lo que dice el Salmo 119. Cristo, el Sol de justicia (Mal. 4:2), era luz entre tanto que estaba en el mundo. Aquél que dijo ser la luz del mundo también dijo: «*Me es necesario hacer las obras del que me envió, entre tanto que el día dura; la noche viene, cuando nadie puede trabajar. Entre tanto que estoy en el mundo, luz soy del mundo*» (Jn. 9:4, 5).

Entonces, ¿cómo podemos ver en la oscuridad de la noche? Con la lámpara que Dios nos ha dado. Nuevamente, como aprendimos en capítulos anteriores, es sumamente difícil distinguir el Verbo viviente de Dios con la Palabra escrita de Dios. Si no fuera por la Palabra escrita que nos ilumina el camino, nunca llegaríamos a conocer a la Luz del mundo, ese Sol de justicia que pronto retornará a este mundo.

Una luz en la aflicción

«*Afligido estoy en gran manera; vivifícame, oh Jehová, conforme a tu palabra*» (Sal. 119:107).

David tiene un problema: está afligido en gran manera. La mayoría de nosotros no tenemos dificultad alguna para identificarnos con esta afirmación. Sea que estemos o no estemos realmente afligidos, *creemos* estarlo.

David le pide a Dios que lo «vivifique». En el capítulo 11 aprendimos que el vivificar no sólo se refiere a la vida que recibimos por la fe, sino que también señala a la vida que nos sostiene como creyentes. En el sentido del Nuevo Testamento, hablamos de recibir la gracia de Dios. La gracia de Dios nos salva y la gracia de Dios nos sustenta a través de las pruebas de la vida. Esto es lo que David pide.

¿Cómo podemos recibir esta vivificante gracia de Dios en medio de nuestra aflicción? David nos da la respuesta: «*conforme a tu palabra*». No es posible apartarse de este hecho.

Esta es la razón por la cual tanta gente se siente perdida en sus aflicciones. No tienen idea de qué hacer ni de adónde ir. No tienen luz porque no están en la Palabra de Dios. En su aflicción corren a su pastor, su consejero, o su mejor amigo. Estos últimos gustosamente brindan su ayuda y pueden brindar ayuda genuina si lo dirigen en la dirección correcta. Sin embargo, en última instancia, usted mismo debe estar en la Palabra de Dios.

¿Alguna vez ha usado uno de esos cascos de minero? La luz del casco apunta directamente en frente de uno. Ilumina *su* camino, no el de su mejor amigo. Dios le ha dado una lámpara a sus pies, no a su cabeza, pero el principio que se aplica es el mismo. La lámpara ilumina hacia adelante para alumbrar *su* camino. Cuando nos reunimos, nos hablamos y apuntamos nuestras lámparas en la misma dirección, ambos podremos ver mejor. Sin embargo, *su* lámpara alumbrará *su* camino.

Una luz en testimonio

«*Te ruego, oh Jehová, que te sean agradables los sacrificios voluntarios de mi boca, y me enseñes tus juicios*» (Sal. 119:108).

Un elemento importante del sistema mosaico fue la disposición de sacrificios voluntarios. También habían sacrificios obligatorios, los cuales trataban con el pecado. Los sacrificios voluntarios eran las llamadas ofrendas de «olor grato». El libro de Levítico describe las instrucciones para tres de éstas en sus capítulos 1 al 3. Ningún miembro de la sociedad quedaba excluido pues las ofrendas podían ser desde becerros, carneros, ovejas y machos cabríos hasta tórtolas y palominos, para los pobres. Las ofrendas de alimentos («oblaciones») también podían ofrecerse además de los holocaustos. Éstas simbolizaban una dedicación total y reconciliación con Dios, al igual que una ofrenda a Dios del fruto de su labor. Éstas se llamaban ofrendas de «olor grato» precisamente porque para Dios tenían olor grato. Él se agrada por las ofrendas voluntarias de su pueblo, motivadas por su amor a Él.

Aquí, David está hablando de algo diferente. Él ofrece a Dios los sacrificios voluntarios *«de mi boca»*. Sólo hay un lugar además de éste en la Escritura en donde se menciona semejante cosa. Israel se había engrosado en la «religión». Los sacrificios a Dios se habían tornado más importantes que el mismo Dios. En el Antiguo Testamento en repetidas ocasiones Dios reprende a su pueblo por tener esta actitud. David estudiaba la Palabra de Dios con tanta dedicación que vio algo que nadie más parece haber notado, escondido en las instrucciones de la ley.

Esto es lo que David vio:

> *Cuando haces voto a Jehová tu Dios, no tardes en pagarlo; porque ciertamente lo demandará Jehová tu Dios de ti, y sería pecado en ti. Mas cuando te abstengas de prometer, no habrá en ti pecado. Pero lo que hubiere salido de tus labios, lo guardarás y lo cumplirás, conforme a lo que prometiste a Jehová tu Dios, pagando la ofrenda voluntaria que prometiste con tu boca* (Dt. 23:21–23).

Aun el contexto de este pasaje es el mismo: la seriedad de los votos ofrecidos a Dios. Lo que a Dios más le concierne es la sinceridad y pureza de las palabras que le ofrecemos de nuestra boca.

¿Qué cosas ofrece usted a Dios en los himnos y cantos que canta? ¡Tenga cuidado! ¿Está prometiendo algo que de veras no siente? Si este es el caso, sus ofrendas no tienen valor alguno. *«Así que, ofrezcamos siempre a Dios, por medio de él, sacrificio de alabanza, es decir, fruto de labios que confiesan su nombre»* (He. 13:15).

Cuando testificamos a otros de Cristo, usamos nuestras bocas como Dios quiso desde un principio. Ofrecemos alabanza a Él al contar su gloria a las naciones. Esta era la petición de oración de Pablo. *«Y por mí, a fin de que al abrir mi boca me sea dada palabra para dar a conocer con denuedo el misterio del evangelio»* (Ef. 6:19). Él presentó la misma petición de oración a los colosenses: *«Orando también al mismo tiempo por nosotros, para que el Señor nos abra puerta para la palabra, a fin de dar a conocer el misterio de Cristo, por el cual también estoy preso, para que lo manifieste como debo hablar»* (Col. 4:3, 4).

Cuando afuera está oscuro, ¿cómo saber cuándo, y cómo, y a quién hemos de testificar? Muchos corren ciegamente por la oscuridad, gritando las buenas nuevas de la salvación. No hay duda de su sinceridad ni de su propósito. Sin embargo, con frecuencia echan abajo cosas en la oscuridad y alguien sale lastimado. A menudo su eficacia no es la mejor. Es por esto que Dios nos ha provisto una lámpara en la oscuridad. Es por esto también que David le pide a Dios que «*me enseñes tus juicios*». Él sabía que tenía que sujetarse la lámpara a los pies.

En el siguiente versículo muy conocido, observe la conexión entre los pies y el testimonio de la boca: «*¿Y cómo predicarán si no fueren enviados? Como está escrito: ¡Cuán hermosos son los pies de los que anuncian la paz, de los que anuncian las buenas nuevas!*» (Ro. 10:15). Dios nos da una lámpara para nuestros pies, para que sepamos dónde ponerlos al andar por el camino anunciando las nuevas de gran gozo.

Una luz en el peligro

«*Mi vida está de continuo en peligro, mas no me he olvidado de tu ley*» (Sal. 119:109).

David conocía lo que era estar en peligro. Él vivió una parte de su vida huyendo de sus enemigos, quienes buscaban hacerle daño. Su vida había estado en peligro más de una vez. El príncipe de los predicadores, Charles Haddon Spurgeon, dijo: «El hombre que lleva su vida en sus manos debe llevar la ley en su corazón». Este es el sentido que David da en este versículo. Pero él entendía que la vida era mucho más que su cuerpo físico, y que el peligro que enfrentaba era mucho más que el de unos cuantos hombres. Sabía que había un peligro que podía dañar todo su ser: el de andar por el camino sin la luz de la Palabra de Dios.

La vida comprende tres áreas: el cuerpo, el alma (la mente, voluntad y emociones del hombre) y el espíritu. Dios nos ha dado la responsabilidad de ser buenos mayordomos de nuestra vida. «*¿O ignoráis que vuestro cuerpo es templo del Espíritu Santo, el cual está en vosotros, el cual tenéis de Dios, y que no sois vuestros? Porque habéis sido comprados por precio; glorificad, pues, a Dios en vuestro cuerpo y en vuestro espíritu, los cuales son de Dios*» (1 Co. 6:19, 20). Aunque nuestro cuerpo pertenece a Dios, Él nos lo ha confiado. Es responsabilidad suya lo que usted haga con él.

Nos rodea el peligro en este mundo y la manera en la cual enfrentamos ese peligro es la clave para vivir una vida confiada en medio del peligro. La voluntad de Dios es que nos apartemos para Él. «*Y el mismo Dios de paz os santifique por completo; y todo vuestro ser, espíritu, alma y cuerpo, sea guardado irreprensible para la venida de nuestro Señor Jesucristo*» (1 Ts. 5:23).

Usted es mayordomo de su vida. Tendrá que rendir cuentas ante Dios, quien se la ha confiado a usted. ¿Qué hará con ella? Si usted es sabio, responderá como David: «*Mas no me he olvidado de tu ley*».

Vivimos en un mundo peligroso. Nuestros tres grandes enemigos: el mundo, la carne y el diablo (Ef. 2:2, 3) están listos para destruirnos. Nuestras vidas están continuamente en peligro. Está oscuro y no podemos *ver* qué hacer. ¿A dónde podremos ir? Necesitamos encender la lámpara que Dios nos ha dado para saber dónde podemos poner nuestros pies al andar por el camino.

Usted ni pensaría en caminar en medio de cables de alta tensión caídos en plena oscuridad. Sin embargo muchos corren ciegamente a través de la oscuridad de esta era sin tener luz. No tienen idea del peligro al cual exponen sus vidas. Cuánto más seguro (y más fácil) es encender la luz. La Palabra de Dios es lámpara a nuestros pies y lumbrera a nuestro camino en medio de cualquier peligro.

Una luz ante los engaños

«Me pusieron lazo los impíos, pero yo no me desvié de tus mandamientos» (Sal. 119:110).

La vida está llena de lazos y trampas. Pablo sabía lo que era tener enemigos que le pusieran lazos. En su discurso de despedida a los ancianos de Éfeso él mencionó sus muchas lágrimas y pruebas causadas por las «asechanzas de los judíos» (Hch. 20:19).

Esto es especialmente cierto en aquéllos que desean ser usados grandemente por Dios. Pablo advirtió a Timoteo del peligro de los lazos de los impíos. «También es necesario que tenga buen testimonio de los de afuera, para que no caiga en descrédito y en lazo del diablo» (1 Ti. 3:7). «Porque los que quieren enriquecerse caen en tentación y lazo, y en muchas codicias necias y dañosas, que hunden a los hombres en destrucción y perdición» (1 Ti. 6:9). «Que con mansedumbre corrija a los que se oponen, por si quizá Dios les conceda que se arrepientan para conocer la verdad, y escapen del lazo del diablo, en que están cautivos a voluntad de él» (2 Ti. 2:25, 26).

Las fuerzas armadas de los Estados Unidos en la guerra de Vietnam pagaron un precio muy alto para aprender acerca de los engaños del enemigo, el cual ponía muchas trampas y lazos en la jungla. Las trampas no representan peligro alguno si uno sabe dónde están. Es por esto que Pablo dijo: «Para que Satanás no gane ventaja alguna sobre nosotros; pues no ignoramos sus maquinaciones» (2 Co. 2:11). Desafortunadamente, muchos cristianos sí ignoran sus maquinaciones, porque se han apartado de los preceptos de Dios.

¿Cómo podemos evitar caer en los lazos engañosos que nos ha tendido el enemigo en nuestro camino? Está oscuro afuera, y no podemos ver el camino delante nuestro. ¿Qué haremos? La respuesta es sencilla. Aprenda los preceptos de Dios y no se aparte de ellos.

INVERSIÓN EN HERENCIAS ETERNAS (v. 111)

«Por heredad he tomado tus testimonios para siempre porque son el gozo de mi corazón» (Sal. 119:111).

Una heredad es lo mismo que una herencia. Es una posesión que recibimos de nuestros padres, o de algún otro pariente. Tenemos un Padre celestial que nos da una herencia celestial. «Bendito el Dios y Padre de nuestro Señor Jesucristo, que según su grande misericordia nos hizo renacer para una esperanza viva, por la resurrección de Jesucristo de los muertos, para una herencia incorruptible, incontaminada e inmarcesible, reservada en los cielos para vosotros» (1 P. 1:3, 4).

Israel había recibido una tierra como su herencia. «*Y os meteré en la tierra por la cual alcé mi mano jurando que la daría a Abraham, a Isaac y a Jacob; y yo os la daré por heredad. Yo JEHOVÁ*» (Éx. 6:8).

En los días de Josué, la Tierra Prometida fue dividida por suertes entre las tribus de Israel, cada una de las cuales recibió su herencia. Hubo una excepción notable: la tribu de Leví, la cual era la tribu de los sacerdotes. «*Mas a la tribu de Leví no dio Moisés heredad; Jehová Dios de Israel es la heredad de ellos, como él les había dicho*» (Jos. 13:33). La tribu de Leví recibió una herencia espiritual, no terrenal. De este modo, la tribu de Leví se torna en tipo de la Iglesia. Nosotros también hemos recibido una herencia que no es de este mundo.

Si bien 1 Pedro 1:3, 4 dice claramente que nadie puede tocar nuestra herencia celestial, también hay un aspecto de nuestra herencia que nosotros podemos escoger. «*Y todo lo que hagáis, hacedlo de corazón, como para el Señor y no para los hombres; sabiendo que del Señor recibiréis la recompensa de la herencia, porque a Cristo el Señor servís*» (Col. 3:23, 24).

Si bien tenemos una herencia que es incorruptible e inmarcesible, también tiene un aspecto de recompensa. Véalo de esta manera: Nuestro Padre celestial ha depositado una herencia a favor nuestro en el banco del cielo. No hay manera que ese banco pueda ir a la bancarrota ni que pueda ser robado. Podemos hacer inversiones sabias con esta herencia, o sencillamente dejarla allí sin tocar.

Hay coronas que ganar e inversiones que hacer en el banco del cielo. «*No os hagáis tesoros en la tierra, donde la polilla y el orín corrompen, y donde ladrones minan y hurtan; sino haceos tesoros en el cielo, donde ni la polilla ni el orín corrompen, y donde ladrones no minan ni hurtan*» (Mt. 6:19, 20).

David estaba muy consciente de su herencia judía, y él fue el instrumento que Dios usó para extender los límites de Israel a su máxima extensión. Pero David no se conformó con sólo tener una herencia terrenal. Él escogió invertir en otra herencia: los testimonios de Dios.

Sólo hay dos cosas que durarán para siempre: la Palabra de Dios y las almas de los hombres. ¿Qué cosas hay en su cartera de inversiones? Muchos creyentes están tan ocupados tratando de amasar cosas en esta tierra que no han hecho inversión en la Palabra de Dios ni en la gente. A veces ni siquiera invierten en los miembros de su propia familia.

El lugar donde usted haga sus inversiones eternas, la heredad que escoja, es un asunto que lo decide la dirección de su corazón. David dijo: «*Porque son el gozo de mi corazón*». Su corazón determina en dónde hace sus inversiones y cuánto invierte. Justo después de Mateo 6:19, 20, hallamos estas palabras: «*Porque donde esté vuestro tesoro, allí estará también vuestro corazón*» (Mt. 6:21).

¿Cuál es el gozo de *su* corazón? ¿Se *goza* usted en la Palabra de Dios, o persevera en su lectura bíblica sólo porque sabe que es algo que se supone que debe hacer? ¿Qué clase de heredad escogerá usted para sí? Se ha hecho un depósito a su favor en su cuenta en el cielo. ¿Hará algo con ella? ¿O escogerá el desperdiciar su tiempo y labor para llegar a un gran total de cero ante el Tribunal de Cristo? (1 Co. 3:12–15).

LA INCLINACIÓN DEL CORAZÓN DE DAVID (v. 112)

«Mi corazón incliné a cumplir tus estatutos de continuo, hasta el fin» (Sal. 119:112).

Por versículos como Jeremías 17:9 y una multitud de otras Escrituras, sabemos que el corazón del hombre natural está inclinado a pecar. Al momento de ser salvos, recibimos un corazón nuevo. A partir de ese entonces, depende de nosotros cómo programamos, o inclinamos ese nuevo corazón.

Esta situación es muy similar al asunto de nuestra heredad que vimos en el versículo 111. Dios nos da el equipo básico y después nos permite escoger cómo lo hemos de usar. Nuevamente, es un asunto de mayordomía.

El creyente en Cristo tiene un nuevo corazón. En el capítulo 4 discutimos la necesidad de tener un corazón ensanchado, mientras que en el capítulo 10 vimos la necesidad de tener un corazón íntegro.

Su corazón fija la dirección de su vida. Usted puede inclinarlo a servir las demandas de su carne, o puede inclinarlo a obedecer la Palabra de Dios de modo natural. La elección es suya.

Josué dio este mandamiento a los hijos de Israel poco antes de su muerte. *«Quitad, pues, ahora los dioses ajenos que están entre vosotros, e inclinad vuestro corazón a Jehová Dios de Israel»* (Jos. 24:23).

¿Alguna vez ha hecho usted semejante compromiso? Si lo ha hecho, es posible que haya sufrido un tremendo fracaso. Los israelitas que estuvieron delante de Josué y que prometieron quitar los dioses ajenos de entre ellos e inclinar sus corazones hacia Dios no guardaron su compromiso por mucho tiempo.

¿Cuál es el secreto de guardar un compromiso delante de Dios? ¿Cómo puedo llegar a tener un corazón que naturalmente se incline a obedecer la Palabra de Dios? ¿Acaso será por descubrir una verdad escondida de la Biblia? ¿Acaso habrá algo de la Biblia que no he aprendido? El libro de los Hebreos trata este asunto. *«No os dejéis llevar de doctrinas diversas y extrañas; porque buena cosa es afirmar el corazón con la gracia, no con viandas, que nunca aprovecharon a los que se han ocupado de ellas»* (He. 13:9).

No es la «vianda» de la carne la que inclinará su corazón a obedecer la voluntad de Dios, sino sencillamente la gracia de Dios, la misma gracia que le salva y le sustenta. Esto es consistente con el mensaje del Antiguo Testamento. Algunos creyentes del Antiguo Testamento comprendieron que la única manera para que el corazón se incline a la Palabra de Dios es tomar una decisión y después ponerla en manos de Dios.

Este tema lo tratamos en el capítulo 5, cuando David le pidió a Dios a inclinar su corazón. *«Inclina mi corazón a tus testimonios, y no a la avaricia»* (Sal. 119:36). ¿Acaso hemos descubierto una contradicción? Allí David pidió a Dios que inclinara su corazón y después dijo en el versículo que él (David) inclinó su corazón a cumplir los estatutos de Dios. La respuesta es que la inclinación del corazón requiere un acto de la voluntad del hombre y un acto de la gracia de Dios. Nosotros decidimos inclinar nuestro corazón y después pedimos a Dios que nos dé la gracia para hacerlo.

Esta fue la petición de Salomón cuando oró durante la dedicación del templo. «*Incline nuestro corazón hacia él, para que andemos en todos sus caminos, y guardemos sus mandamientos y sus estatutos y sus decretos, los cuales mandó a nuestros padres*» (1 R. 8:58). El salmista dijo «*No dejes que se incline mi corazón a cosa mala, a hacer obras impías con los que hacen iniquidad; y no coma yo de sus deleites*» (Sal. 141:4).

También hay un elemento de tiempo de mucha importancia presente en el Salmo 119:112: «*de continuo, hasta el fin*». Esto indica un hábito permanente, un cambio duradero.

¿Cuál es la inclinación de *su* corazón? La Palabra de Dios es el instrumento que usa para iluminar nuestro camino. Nosotros necesitamos proporcionar y mantener nuestra integridad para guardar su Palabra. Esta es la única manera que podremos tener luz en cualquier circunstancia de la vida, ya sea en la aflicción, en oportunidades de dar testimonio, en peligros o en lazos.

Sin embargo, la Palabra de Dios no es un salvavidas al cual recurrimos sólo para que nos rescate de los líos en los que nos enredamos. Necesitamos escoger la Palabra de Dios como nuestra heredad. La Palabra de Dios debe ser el gozo de nuestro corazón. Para guardarnos en el camino correcto hasta el fin, necesitamos que nuestro corazón inclinado a obedecer la Palabra de Dios. Una vez que tomamos esa decisión, necesitamos pedir que Dios nos dé Su gracia para inclinar nuestro corazón a su Palabra. ¿Se comprometerá *usted* a hacerlo?

15

EL VERDADERO ESCONDEDERO

Aborrezco a los hombres hipócritas; mas amo tu ley. Mi escondedero y mi escudo eres tú; en tu palabra he esperado. Apartaos de mí, malignos, pues yo guardaré los mandamientos de mi Dios. Susténtame conforme a tu palabra, y viviré; y no quede yo avergonzado de mi esperanza. Sosténme, y seré salvo, y me regocijaré siempre en tus estatutos. Hollaste a todos los que se desvían de tus estatutos, porque su astucia es falsedad. Como escorias hiciste consumir a todos los impíos de la tierra; por tanto, yo he amado tus testimonios. Mi carne se ha estremecido por temor de ti, y de tus juicios tengo miedo.

Salmo 119:113–120

Corrie ten Boom ha sido una inspiración para millones de creyentes. En los postreros años de su vida, esta mujer holandesa viajó por el mundo entero para compartir las experiencias vividas por ella y por su familia durante la segunda guerra mundial. Ella, su hermana y su padre, quien era relojero, habían vivido todas sus vidas en una modesta casa en la ciudad de Haarlem. Durante la ocupación alemana en la segunda guerra mundial, ellos se unieron a una red secreta de resistencia holandesa dedicada a refugiar a judíos. Su hogar se volvió un eslabón importante en el esfuerzo por rescatar a los miembros del pueblo de Dios, quienes de otra manera se verían enviados a los campos de muerte alemanes.

Corrie y su familia eventualmente fueron capturados y enviados a un campo de concentración, en el cual su hermana y su padre murieron. Sus esfuerzos posteriores a la guerra por ministrar a su gente y su ministerio de conferencista se describen en un libro éxito de ventas titulado *El refugio secreto.*

En este capítulo examinaremos el *verdadero* escondedero, el refugio real que dio fortaleza y protección a la familia ten Boom. Es el mismo escondedero que está listo para recibirle en momentos de peligro y de prueba. Este es el escondedero que aparece en el libro más vendido de todos: la Biblia. David expresa este principio dos veces en los Salmos. En el Salmo 119:114 dice:

«Mi escondedero...eres tú». En el Salmo 32:7 aparece en forma similar: *«Tú eres mi refugio»*.

Para organizar nuestras ideas, primero pondremos atención al enfoque de la vida de David. Luego incursionaremos en el interior del refugio de David. En ambos temas veremos tanto su fe como su temor.

EL ENFOQUE DE DAVID (v. 113)

«Aborrezco a los hombres hipócritas; mas amo tu ley» (Sal. 119:113).

Esta es una declaración poderosa. Por favor, no pase este versículo por encima. Tómese el tiempo de reflexionar sobre las implicaciones de lo que David dice. El contraste entre las dos ideas es completo, total y definitivo. Nunca podríamos agotar la profundidad del significado de lo expresado en estas palabras, pero dirijamos nuestros pensamientos hacia dos áreas: Lo que usted ama determina lo que aborrece; y lo que usted ama define el enfoque de su vida.

Lo que usted ama determina lo que aborrece

Nos encanta hablar del amor. Pero si alguien habla de «aborrecer», todos lo miran con desdén por semejante atrevimiento, como diciendo: «¡Cómo se atreve a destruir la santidad de esta atmósfera de amor!»

Hoy día está de moda participar en nuestros estudios bíblicos en grupo, tomarnos de la mano y cantar coritos que celebran el amor de Dios, nuestro amor, el amor de nuestro prójimo, *¡el amor de todo el mundo!* Tenemos el compromiso de compartir el amor de Cristo, por lo cual ingenuamente creemos que no hay cabida para el odio, o aborrecimiento, en la vida del creyente.

Tal modo de pensar demuestra una profunda falta de entendimiento de la naturaleza del amor. El verdadero amor es incondicional. Es un compromiso total. El amor es lo que Dios tiene para con nosotros, amándonos aun cuando éramos pecadores (Ro. 5:8). Pero un compromiso tan completo como este por necesidad demanda un rechazo de todo lo que no sea conforme a ese amor perfecto.

Si Dios ama la verdad y la justicia, necesariamente tiene que aborrecer la falsedad y la injusticia. Si hace menos que aborrecer la falsedad y el pecado, esto significaría que su amor por la verdad y la justicia sería menos que perfecto. Usted *necesita* comprender esta premisa básica. Es esencial para entender lo que Dios quiere comunicarle en este pasaje.

El salmista describe su compromiso total hacia la Palabra de Dios. Nos ha dicho repetidas veces que ama la ley de Dios. Pero en este salmo también menciona cuatro cosas que aborrece a causa de su amor por la ley. Aparte del versículo que estamos considerando en esta oportunidad, David dice: *«De tus mandamientos he adquirido inteligencia; por tanto, he aborrecido todo camino de mentira»* (Sal. 119:104). También dice: *«Por eso he amado tus mandamientos más que el oro, y más que oro muy puro. Por eso estimé rectos todos tus mandamientos sobre todas las cosas, y aborrecí todo camino de mentira»* (Sal. 119:127, 128). Y también: *«La mentira aborrezco y abomino; tu ley amo»* (Sal. 119:163).

Esta verdad es irrefutable y es relevante en todo aspecto de nuestras vidas. Si genuinamente amamos la Palabra de Dios, necesariamente hemos de aborrecer y rechazar completamente todo lo que no va de acuerdo a su verdad. Si el mundo ama el pecado y la vanidad, éste necesariamente aborrecerá a quienes amen la verdad de Dios.

El amor y compromiso que David profesa hacia la Palabra de Dios ha quedado bien demostrado. Ahora, examinemos lo que aborrece. «*Aborrezco a los hombres hipócritas.*» En este versículo, la frase «hombres hipócritas» es la traducción al castellano de una sola palabra hebrea. Hay varias palabras hebreas que se traducen «hipócrita» en la Biblia en castellano. Este es el único caso en el cual aparece esta palabra hebrea en particular, y usted no necesita poseer un doctorado en hebreo para averiguarlo. Usted puede obtener esta información examinando con detenimiento un buen léxico del hebreo bíblico y una concordancia. Armado con sólo estas herramientas, una Biblia, un léxico y una concordancia, las cuales cualquier lector puede comprender, usted también puede averiguar que la palabra hebrea que se traduce «hombres hipócritas» proviene de una palabra cuya raíz aparece en una sola ocasión en el Antiguo Testamento. Es en Isaías 10:33. «*He aquí el Señor, Jehová de los ejércitos, desgajará el ramaje con violencia, y los árboles de gran altura serán cortados, y los altos serán humillados*». En este caso, esa raíz hebrea se traduce «desgajará», dando la idea de decapitar a los altos o soberbios.

Ahora bien, la palabra que se traduce «hipócrita» significa ambivalente, dividido, poco entusiasta e indiferente. Esto es lo que David aborrece. Los «hombres hipócritas» son los que causan divisiones, son ambivalentes y son indecisos. Son aquellos que «desgajan» o interrumpen nuestra relación con la Palabra de Dios, los que están llenos de pensamientos vanos y faltos de significado.

Diariamente usted se encuentra con la necesidad de mantener una relación con las personas a su alrededor. Dios le ha puesto en este mundo para ser un testigo, no para que sea un ermitaño. Pero cuando la relación con alguien nos lleva a pensamientos que distraen nuestra atención y apartan nuestro enfoque de la Palabra de Dios, hemos de aborrecer tal influencia.

Esta es la misma idea que nos expresa Santiago. «*El hombre de doble ánimo es inconstante en todos sus caminos*» (Stg. 1:8). Si usted verdaderamente ama la Palabra de Dios, aborrecerá toda cosa que le cause un doble ánimo. Usted aborrecerá toda cosa que cause una división en su mente en cuanto a su enfoque hacia la Palabra de Dios. Tales pensamientos son «hipócritas». La palabra en el Salmo 119:113 está correctamente traducida y corresponde con las demás veces que aparece la palabra «hipócrita» en el Antiguo Testamento. La única diferencia es la fuerza que la palabra tiene en este contexto. Todo pensamiento que cause división en su atención, toda relación personal que amenace su relación de amor por la Palabra de Dios no sólo no debe tolerarse, sino debe aborrecerse.

¿Qué cosas ocupan su mente? ¿Sufre usted de doble ánimo? ¿Tiene pensamientos sin convicción acerca de la Palabra de Dios? Si quiere saber realmente cuánto *ama* la Palabra de Dios, eche una mirada detenida a las cosas que usted *aborrece*. En su corazón, David ha decidido lo siguiente: Él está determinado a amar lo que Dios ama y aborrecer lo que Dios aborrece.

Lo que usted ama determina el enfoque de su vida

«*Mas amo tu ley*». Si usted siente amor genuino, el objeto de su amor se vuelve el enfoque de su vida. Si entendemos que amar es aceptar totalmente, necesariamente nos enfocaremos en lo que amamos. ¡Cuán dulce es saber que Dios nos ama! El se enfoca en Su amor por nosotros, ¡aun con todas nuestras fallas!

¿Ama usted la Palabra de Dios de esa manera? El dejar que la Palabra de Dios sea el enfoque de su vida no significa que usted tiene que tener una personalidad unidimensional. Sencillamente significa que usted ve todas las dimensiones de su vida en relación con su amor por el Libro Divino.

Hay un versículo en el libro de Isaías que es una hermosa ilustración de este concepto. «*¡A la ley y al testimonio! Si no dijeren conforme a esto, es porque no les ha amanecido*» (Is. 8:20). Isaías dice que todas las cosas de la vida deben examinarse y compararse con la ley y el testimonio de Dios. Cuando algo no es conforme a la Palabra de Dios «*es porque no les ha amanecido*».

¿Acaso es malo irse de pesca de vez en cuando? Compárelo con lo que dice la Biblia. ¿Le distrae este pensamiento o esta actividad de su amor por la Biblia? ¿Viola la verdad de la Palabra de Dios? Aun el Señor y sus discípulos disfrutaron de tiempos de descanso, momentos en los cuales se apartaban de las multitudes para recargar sus baterías. Pero nuestro Señor jamás perdió su enfoque. Nunca tuvo doble ánimo. Siempre estaba a tono con Su Padre Celestial.

Pedro dijo: «*Tenemos también la palabra profética más segura, a la cual hacéis bien en estar atentos como a una antorcha que alumbra en lugar oscuro, hasta que el día esclarezca y el lucero de la mañana salga en vuestros corazones*» (2 P. 1:19).

En el capítulo anterior al presente, aprendimos la importancia de dejar que la Palabra de Dios fuera una lámpara a nuestros pies y una lumbrera a nuestro camino. El tener una lumbrera a nuestro camino enfoca nuestra atención hacia el rumbo que debemos seguir. No debiera existir actividad ni pensamiento alguno en nuestras vidas que nos llevara a desviarnos de este camino. Podemos detenernos y descansar, disfrutar de la compañía mutua en el camino y disfrutar a fondo de la vida que Dios nos ha dado. Pero nunca hemos de abandonar el camino. Nuestro enfoque debe estar fijado de manera definitiva. Por ello, debiéramos poder decir como David: «*Aborrezco a los hombres hipócritas; mas amo tu ley*».

LA FORTALEZA DE DAVID (vv. 114, 115)

«*Mi escondedero y mi escudo eres tú; en tu palabra he esperado. Apartaos de mí, malignos, pues yo guardaré los mandamientos de mi Dios*» (Sal. 119:114, 115).

Dios mismo era el escondedero de David. David se escondía en Él. Cuando éramos niños con frecuencia cubríamos nuestros rostros con las sábanas, pensando que así estábamos a salvo de los monstruos que entraban en nuestras habitaciones por la noche. Desafortunadamente, aunque la mayoría de las personas crece hasta alcanzar un mayor nivel de sofisticación, sus escondederos no son más seguros que esas sábanas que usaron en su infancia. Usted puede refugiarse en su educación superior, en su psicología, en su activismo político o en su ciencia.

Los creyentes tenemos el mismo problema. Tenemos nuestros escondederos de fantasía. Algunos intentan esconderse en actividades de la iglesia. Algunos huyen de problemas en el hogar. Hay dulces señoras casadas con monstruos egoístas que corren a involucrarse en toda clase de actividades de la iglesia. Con ello no sólo logran pasar tiempo en la iglesia en lugar de estar en casa con un marido desagradable, sino que lo hacen todo en el nombre del Señor y por ello se sienten bien al respecto. ¡Es una gran excusa para escapar de sus responsabilidades!

Otros utilizan las actividades de la iglesia como excusa para no hacer la verdadera obra del ministerio: ministrar la Palabra de Dios a otras personas. Tienen miedo de involucrarse con la Biblia o con gente, pero por otro lado desean servir a Dios. Muchos han estado escondiéndose por años al manejar la consola de sonido, al trabajar en al cocina de la iglesia o al pasar el plato de la ofrenda. Todas esas actividades son importantes y constituyen necesidades reales en el cuerpo de Cristo. Sin embargo, ninguna de ellas es excusa para no ministrar la Palabra de Dios a otras personas.

Hay aquellos que encuentran su seguridad en desarrollar el ministerio verdaderamente bíblico de tomar la Biblia e inyectar su verdad en las vidas de otras personas. El problema con este tipo de creyente no es su ministerio, sino que usan su ministerio como refugio, como escondedero. ¿Qué pasa si repentinamente ese ministerio les es quitado? Si allí está su seguridad, entonces con frecuencia descubren que su espiritualidad también desaparece. Descubren demasiado tarde que el hacer el ministerio no es excusa para no establecer una relación personal con Dios y con su Palabra.

¿Dónde se esconde *usted* cuando las cosas se ponen difíciles? ¿Dónde está su seguridad? Pablo nos da una verdad que debiera aclarar este asunto para siempre. «*Porque habéis muerto, y vuestra vida está escondida con Cristo en Dios*» (Col. 3:3).

Durante los años de guerra civil en El Salvador, los encuentros frecuentemente llegaron a ocurrir directamente frente a nuestra casa. Desde un punto de vista humano, hubo ocasiones en que nos sentimos desamparados. Nos acostábamos a dormir, sin saber si despertaríamos en el Cielo o en el Salvador. Cuando las tensiones empezaron a aumentar, un miembro de la iglesia preocupado por nosotros me dio una pistola para proteger a mi familia contra los muchos ladrones que aprovechaban el caos. Miré con mucho aprecio su interés por mi seguridad, pero al encarnizarse la lucha le devolví la pistola. Si una banda de una docena de guerrilleros irrumpía por la puerta de mi casa portando armas automáticas, pistola hubiera resultado tan inútil como una pistola de agua.

Fue en esos tiempos difíciles que mi familia aprendió que Dios es nuestro escondedero. ¿Quién puede irrumpir a través de Dios? Nuestros cuerpos pueden ser destruidos, pero no hay ejército en la tierra que pueda sitiar a

Dios y atacarnos a los que estamos escondidos en Cristo. Una vez que aprendimos esa verdad, pudimos relajarnos y disfrutar de la vida, aun en medio de una guerra. Tal vez la razón por la cual usted está tan tenso es que no tiene lugar donde esconderse.

En el mismo aliento en que David dice que Dios es su escondedero, él afirma que Dios es su escudo. Piénselo. No sólo podemos escondernos *en* Dios, también podemos escondernos *detrás* de Él. Si Dios es nuestro escudo, el que quiera llegar a nosotros tendrá que vencer primero a Dios. ¡Y eso no va a pasar!

Dios le enseñó esta verdad a Abram. Abram acababa de rescatar a su sobrino Lot de una confederación de reyes que habían capturado a Sodoma y Gomorra y habían tomado prisioneros. A su regreso de la batalla en la cual liberó a Lot, Abram se encontró con un sacerdote llamado Melquisedec, a quien le entregó diezmos y adoró al Dios Altísimo. El rey de Sodoma ofreció a Abram el botín de la batalla, pero Abram reconoció que todo lo que él necesitaba era a Dios. En este contexto, Dios le dijo: «*Después de estas cosas vino la palabra de Jehová a Abram en visión, diciendo: No temas, Abram; yo soy tu escudo, y tu galardón será sobremanera grande*» (Gn. 15:1).

David llegó a entender esta verdad a temprana edad. Es posible que estuviera pensando en su victoria sobre Goliat, registrada en 1 Samuel 17, cuando escribió estas palabras del Salmo 119:114. Él había *vivido* las palabras del Salmo 119 desde joven.

> *Entonces dijo David al filisteo: Tú vienes a mí con espada y lanza y jabalina; mas yo vengo a ti en el nombre de Jehová de los ejércitos, el Dios de los escuadrones de Israel, a quien tú has provocado. Jehová te entregará hoy en mi mano, y yo te venceré, y te cortaré la cabeza, y daré hoy los cuerpos de los filisteos a las aves del cielo y a las bestias de la tierra; y toda la tierra sabrá que hay Dios en Israel. Y sabrá toda esta congregación que Jehová no salva con espada y con lanza; porque de Jehová es la batalla, y él os entregará en nuestras manos* (1 S. 17:45–47).

David se refugió en el Señor y detrás de Él. Esto pudo hacerlo porque aun en su juventud había puesto su esperanza en la Palabra de Dios, y años más tarde escribiría: «*Mi escondedero y mi escudo eres tú; en tu palabra he esperado*» (Sal. 119:114). Con esta confianza, dijo: «*Apartaos de mí, malignos, pues yo guardaré los mandamientos de mi Dios*» (Sal. 119:115). Nuevamente, pareciera ser que todo lo que necesitamos aprender, lo aprendemos en nuestra niñez. Esto es como el niño que dice: «Mi papá es más grande que el tuyo». La diferencia es que en este caso sabemos que es cierto, porque esperamos en su Palabra.

En sentido doctrinal, estos versículos tienen una aplicación profética tremenda en cuanto a Israel en la Tribulación que se avecina. A la mitad de la Tribulación, un remanente de judíos creyentes será escondido en la roca de Petra para refugiarlo de los impíos seguidores del Anticristo. Muchos salmos tienen una aplicación profética similar a los judíos en el tiempo de la

Tribulación. Ellos estarán a salvo siempre y cuando permanezcan en el escondedero seguro.

Esta verdad puede aplicarse a todos nosotros. Dios es nuestro refugio y estamos escondidos *en Él* y podemos escondernos *detrás* de Él. No hay nada que el enemigo pueda hacer que nos haga daño, siempre y cuando no demos lugar al diablo (Ef. 4:27). El diablo hará todo lo que esté a su poder para sacarnos de nuestro refugio. No se trata de perder la salvación, sino de ser sacado de la posición que nos protege contra los ataques del enemigo.

Usted puede entender de modo intelectual que Dios es su escondedero, pero cuando desobedece la Palabra, usted ha quedado desprotegido. La confianza de David ante sus enemigos proviene del compromiso que declara al decir «*guardaré los mandamientos de mi Dios*». ¿Será que su falta de confianza en los momentos de prueba es resultado de que usted no es consistente al obedecer la Palabra de Dios? Si esa es su situación, entonces ésta puede remediarse de manera sencilla si usted se «enamora» de la ley de Dios, como vimos en el versículo 113.

LA FE DE DAVID (vv. 116–119)

El enfoque de la vida de David está claro. Él ama la Palabra de Dios de modo apasionado. Esta inmersión en la Palabra de Dios le dio una fortaleza ante todo peligro. Tal compromiso con los preceptos de Dios es una expresión de fe. En los versículos siguientes, David detalla cuatro aspectos de su fe.

Fe en que Dios sustenta

«*Susténtame conforme a tu palabra, y viviré; y no quede yo avergonzado de mi esperanza*» (Sal. 119:116).

El sustentar algo es darle alimento o fuerzas. La primera vez que aparece esta palabra hebrea en la Biblia se traduce «provisto», cuando Isaac describe a Esaú lo que le ha dado a Jacob. «*Isaac respondió y dijo a Esaú: He aquí yo le he puesto por señor tuyo, y le he dado por siervos a todos sus hermanos; de trigo y de vino le he provisto; ¿qué, pues, te haré a ti ahora, hijo mío?*» (Gn. 27:37).

En Jueces 16:29 la misma palabra hebrea aparece describiendo cómo la gran casa en la cual Sansón era prisionero «descansaba» sobre sus columnas. «*Asió luego Sansón las dos columnas de en medio, sobre las que descansaba la casa, y echó todo su peso sobre ellas, su mano derecha sobre una y su mano izquierda sobre la otra*» (Jue. 16:29).

Cuando usted está débil y piensa que no puede resistir más, es Dios sobre quien usted descansa, el que le sustenta. Este era un hecho importante para David. «*Porque los brazos de los impíos serán quebrados; mas el que sostiene a los justos es Jehová*» (Sal. 37:17). «*Cuando el hombre cayere, no quedará postrado, porque Jehová sostiene su mano*» (Sal. 37:24). «*Sostiene Jehová a todos los que caen, y levanta a todos los oprimidos*» (Sal. 145:14).

Todo el mundo busca algo que lo levante cuando se siente caído. Para algunos puede ser la bebida o una droga. Otros se apoyan en amigos o familiares. ¿Qué ocurre si un día no están al alcance? El que sustenta al creyente está de turno las veinticuatro horas del día.

El motivo por el cual muchos creyentes no experimentan este poder sustentador de Dios en medio de sus pruebas es que no entienden lo que David entendió. Él pidió a Dios que lo sustentara «*conforme a tu palabra*». Hay multitudes de cristianos que genuinamente han aceptado al Señor, pero nunca han avanzado más allá de tener «sentimientos dulces y cálidos» porque no han incursionado en la Palabra de Dios. Esos «sentimientos dulces y cálidos» se tornan fríos y duros al momento de la prueba.

David también entendió otra cosa que muchos pasan por alto. Él sabía que su «esperanza» era buena para vivir. Dijo: «*Y viviré; y no quede yo avergonzado de mi esperanza*».

Sabemos que la segunda venida del Señor Jesucristo es la esperanza del creyente. «*Aguardando la esperanza bienaventurada y la manifestación gloriosa de nuestro gran Dios y Salvador Jesucristo*» (Tit. 2:13). Hay creyentes que se sienten avergonzados de su esperanza. No quieren identificarse abiertamente con el Señor. Esa vergüenza es resultado de una vida que no es conforme a la Palabra de Dios. Por el contrario, el creyente que se regocija en esta esperanza halla una motivación para vivir una vida pura. «*Y todo aquel que tiene esta esperanza en él, se purifica a sí mismo, así como él es puro*» (1 Jn. 3:3).

Aun armados con esta gran esperanza, hay creyentes que consideran que la venida del Señor es un beneficio futuro que no ofrece nada en las pruebas de la vida presente. David vio una conexión. Él se preocupó de *cómo vivía*. Hay aquellos que están dispuestos a *morir* por el Señor, lo cual no es pérdida porque tenemos la seguridad de la vida eterna. Sin embargo, hoy día necesitamos más cristianos que estén dispuestos a *vivir* para el Señor. David quería vivir en el poder de Dios y no quedar avergonzado por haber puesto su fe en esta esperanza. Su adherencia a la Palabra de Dios le sustentaba en toda situación y también puede sustentarle a usted, conforme a su Palabra.

Fe en que Dios sostiene

«*Sosténme, y seré salvo, y me regocijaré siempre en tus estatutos*» (Sal. 119:117).

El sostener y el sustentar son cosas similares, pero diferentes. Dios nos sustenta, da lugar de descanso, nos alimenta y nos apuntala, en cualquier prueba o debilidad. Pero también nos sostiene por encima de todo peligro, por encima de la lucha, por encima de los problemas.

Este versículo me hace pensar en cuando Pedro caminó sobre el agua con Jesús. El cuadro es hermoso. Ahí tenemos a Pedro, caminando sobre las aguas tempestuosas de la vida, por encima del peligro, por encima de la tempestad. Mientras camine con Jesús, se encuentra a salvo. Es una posición que demanda una obediencia continua a la Palabra de Dios. David dice en la parte final del Salmo 119:117: «*Me regocijaré siempre en tus estatutos*». Esta es la razón por la cual Pedro eventualmente comenzó a hundirse. Él quitó sus ojos del Señor Jesucristo y empezó a prestar atención al viento y a las olas. Pedro clamó por la misericordia del Señor, y la recibió.

Cuando estamos en posición de debilidad y necesidad, el Señor comparte nuestra debilidad y necesidad y nos extiende su misericordia para animarnos. Pero Él no nos deja en esa posición. Él quiere darnos poder al darnos gracia. «*Tú, pues, hijo mío, esfuérzate en la gracia que es en Cristo Jesús*» (2 Ti. 2:1).

¿Está *usted* sufriendo las sacudidas de las olas tempestuosas de las pruebas de esta vida? El lugar seguro es ser sostenido por los brazos de Dios, quien le ama. Sin embargo, Dios por su parte espera que usted se regocije siempre en sus estatutos.

Fe en que Dios holla

«*Hollaste a todos los que se desvían de tus estatutos, porque su astucia es falsedad*» (Sal. 119:118).

Después de la expectativa muy positiva de fe en que Dios sustenta y sostiene, nos encontramos con dos expectativas absolutamente negativas. Mientras David pide a Dios que lo sostenga, él está seguro que Dios ha hollado a aquellos que se desvían de sus estatutos.

¡Qué destino más terrible para los inconversos: el ser hollados por Dios mismo! Dios pisotea la desobediencia. Este es un tema difícil, pero poderoso en las Escrituras. Israel era la viña de Dios, pero su desobediencia hizo que fuera hollada. «*Os mostraré, pues, ahora lo que haré yo a mi viña: Le quitaré su vallado, y será consumida; aportillaré su cerca, y será hollada*» (Is. 5:5).

Esta es la suerte del mismo Lucero, representado por el rey de Babilonia. «*Pero tú echado eres de tu sepulcro como vástago abominable, como vestido de muertos pasados a espada, que descendieron al fondo de la sepultura; como cuerpo muerto hollado*» (Is. 14:19). La misma imagen se usa para hablar de Moab. «*Porque la mano de Jehová reposará en este monte; pero Moab será hollado en su mismo sitio, como es hollada la paja en el muladar*» (Is. 25:10).

Esto no es crueldad por parte de Dios, sino sencillamente Dios honrando su palabra, la cual dice que el hombre rebelde y no arrepentido segará exactamente lo que ha sembrado. El hombre ha hollado el santuario de Dios. «*Por poco tiempo lo poseyó tu santo pueblo; nuestros enemigos han hollado tu santuario*» (Is. 63:18). Y el hombre ha hollado la ciudad de Dios. «*Y caerán a filo de espada, y serán llevados cautivos a todas las naciones; y Jerusalén será hollada por los gentiles, hasta que los tiempos de los gentiles se cumplan*» (Lc. 21:24).

Cuando mi esposa emite un grito, eso sólo significa una cosa: hay un insecto en la casa. Un minúsculo bicho ha logrado paralizar de temor a una mujer adulta. Esto no me molesta, porque me da una oportunidad de dar un espectáculo de masculinidad. ¡Vengo corriendo a su rescate! Efectivamente, hay un bichito arrastrándose por la alfombra. Rápida e instintivamente pongo en práctica mis años de experiencia, entrenamiento en las artes marciales y valentía pura y coloco mi pie sobre el desvalido bicho. Deposito mis 91 kg de peso completamente sobre el insecto. El pobre bicho no tenía posibilidad de escape. No he enfrentado a uno que haya podido resistir mi poder.

¡Imagínese cómo será cuando Dios pisotee el mal! Observe que David define quiénes estarán sujetos al juicio de Dios: «*todos los que se desvían de tus estatutos*». La condenación de la humanidad no radica en que el hombre no tenga la *religión* correcta. Dios no discrimina en contra de ninguna religión en particular. ¡Él las aborrece todas! El asunto es tener *vida* y *comunión* con Él, y no cuál es su religión o su denominación.

El asunto es la verdad de los estatutos de Dios. El hombre está condenado porque su naturaleza pecaminosa viola la verdad de la santidad de Dios. El problema es que el hombre se desvía de los estatutos divinos y no que se equivoque de religión. Por ello David define la astucia de los impíos como *«falsedad»*. Una falsedad es todo lo que no es verdad, lo que no es conforme a la Palabra de Dios. Usted puede ser una persona maravillosa, ser un ciudadano modelo, tener sensibilidad espiritual, asistir a la iglesia regularmente, ser caritativo y añadir a esta lista la virtud que desee. A Dios sólo le preocupa una cosa: la verdad de su Palabra y si usted vive conforme a ella.

Fe en que Dios consume

«Como escorias hiciste consumir a todos los impíos de la tierra; por tanto, yo he amado tus testimonios» (Sal. 119:119).

Este no es el tipo de mensaje que a uno lo deja con esos sentimientos dulces y cálidos que mencionamos antes. Dios hollará a aquellos que no vivan conforme a su verdad. Luego los consumirá como escorias.

Pedro utilizó el proceso mediante el cual se refina el oro para ilustrar cómo Dios utiliza las pruebas y la aflicción en nuestras vidas para conformarnos a su voluntad. *«Para que sometida a prueba vuestra fe, mucho más preciosa que el oro, el cual aunque perecedero se prueba con fuego, sea hallada en alabanza, gloria y honra cuando sea manifestado Jesucristo»* (1 P. 1:7).

Durante ese proceso de refinamiento, el oro se calienta hasta llevarlo a su estado líquido para quemar las impurezas. Este proceso se repite hasta haber eliminado todas las impurezas. Cuando el refinador puede ver su rostro reflejado en el oro derretido, sabe que el oro ha llegado a su grado de máxima pureza. Del fuego del refinador sale oro puro y sólido.

Por supuesto, esto es lo que Dios hace con nosotros a través de las diversas pruebas. Cuando su imagen se ve reflejada en nuestras vidas de manera clara y consistente, Él sabe que el proceso de refinamiento ha logrado su objetivo.

La horrible realidad de lo que dice el Salmo 119:119 es que ese mismo fuego que refina el oro también consume a los impíos. Ellos son la escoria, las impurezas que se queman durante el proceso de refinamiento.

Observe la actitud de David. Él no está turbado. Esta horrible realidad del juicio venidero de Dios ni siquiera le perturba. ¡Al contrario! Él dice: *«Por tanto, yo he amado tus testimonios»*. En primer lugar, él no tiene duda en cuanto a su relación personal con Dios. Él está seguro en cuanto a su posición. En segundo lugar, en esto él puede ver la justicia y equidad de Dios. Él no necesita desmoronarse cuando es atacado injustamente por sus enemigos. Él sabe que el mismo fuego que sirve para ponerlo a prueba hará que los impíos que lo atacan sean hollados y consumidos. Él ama la Palabra de Dios porque no deja duda en cuanto a cómo son las cosas y cómo han de ser.

¿Se encuentra constantemente preocupado, turbado, deshecho emocionalmente cuando es objeto de una prueba? Su primera acción debería ser asegurarse que usted es el oro y no la escoria. Entonces podrá descansar en la seguridad de las promesas de la Palabra de Dios. Nunca hay duda sobre el resultado si usted conoce y ama la Palabra de Dios.

EL TEMOR DE DAVID (v. 120)

«Mi carne se ha estremecido por temor de ti, y de tus juicios tengo miedo» (Sal. 119:120).

David ha aprendido a no tener temor de sus enemigos. Pero sí tenía temor de dos cosas. Tenía temor de Dios y temor de su Palabra. Por favor, considere la naturaleza del temor de David: *«mi carne se ha estremecido»*. ¡Este es un temor grande!

Hoy día hemos abaratado el temor de Dios. Hoy día es popular enseñar que el «temor de Dios» no es un miedo paralizante, sino un respeto reverente a Dios. Sí, deberíamos tener un «respeto reverente» hacia nuestro Señor y Dios. También debiéramos respetar a nuestros padres terrenales (Ef. 6:2) y a las autoridades gubernamentales (Ro. 13:1–7). Pues, llegamos a la conclusión de que debemos respetar a Dios. Pero, ¿cuál es la diferencia? ¿Es nuestro respeto hacia Dios diferente sólo en cuanto al grado de respeto, o también en cuanto a su naturaleza?

Un estudio cuidadoso de la frase «temor de Jehová» en el Antiguo Testamento, buscando las ocasiones en las cuales aparece esta frase, revela que la Biblia habla de un *temor* genuino de Dios. David muy enfáticamente establece su amor por Dios y no duda del amor de Dios por él. Pero dice: *«Mi carne se ha estremecido por temor de ti»*. Quiero que comprenda que esto abarca más, mucho más, que un mero «respeto o confianza reverente». No existe conflicto entre amar a Dios y ser temeroso de Dios.

Aun en el contexto que estamos considerando vemos el mismo énfasis. El salmista acaba de describir que Dios decididamente hollará y consumirá a los impíos. Hasta la lectura superficial de pasajes tales como Apocalipsis 19 es impactante debido a su descripción vívida de la realidad y el horror del juicio de Dios. No cabe duda que David tiene respeto de Dios. Pero tampoco cabe duda que David tiene *temor* de Dios. Pero ese temor se encuentra perfecta y bíblicamente equilibrado con amor.

David es temeroso de Dios y es temeroso de la Palabra de Dios. Un pasaje en Deuteronomio establece la conexión entre ambos. *«El día que estuviste delante de Jehová tu Dios en Horeb, cuando Jehová me dijo: Reúneme el pueblo, para que yo les haga oír mis palabras, las cuales aprenderán, para temerme todos los días que vivieren sobre la tierra, y las enseñarán a sus hijos»* (Dt. 4:10).

En primer lugar, observamos que el temor de Dios es algo que se aprende. También vemos que este temor se aprende al oír la Palabra de Dios.

David dijo: *«de tus juicios tengo miedo»*. A través de su relación íntima con la palabra, David aprendió a tener temor de Dios. Esto, a su vez, le dio un temor de esa misma Palabra de Dios. Él estaba agudamente percatado de la horrible realidad de los juicios de Dios. Lo que hay registrado en la Palabra de Dios es cierto. David sabía que los juicios de Dios son justos, equitativos y ciertos. Esto le dejó con miedo de violar la Palabra.

Como de costumbre, nosotros hemos invertido las cosas. Tenemos temor de los hombres y temor del diablo, mientras que sentimos respeto reverente por Dios. Debiéramos respetar a los hombres y al diablo, y tener temor de Dios.

¿Cuál es su relación con Dios? ¿Realmente teme a Dios? ¿Realmente tiene temor de la Palabra de Dios a tal grado que la obedece? Esto nos trae de vuelta al enfoque de la vida. ¿Cuál es el enfoque de su vida? ¿Es la Palabra de Dios?

Si la Palabra de Dios es su enfoque, usted cuenta con un escondedero y un escudo ante los enemigos. Su creciente fe en la Palabra de Dios se torna en una fe en que Dios le sustentará y le sostendrá. Usted no temerá a sus enemigos, porque ha aprendido en la Palabra que Dios los hollará y los consumirá. Esta conciencia produce un temor genuino de Dios y de su Palabra.

16

EN POSICIÓN DE AVALUAR
LA PALABRA DE DIOS

Juicio y justicia he hecho; no me abandones a mis opresores. Afianza a tu siervo para bien; no permitas que los soberbios me opriman. Mis ojos desfallecieron por su salvación, y por la palabra de tu justicia. Haz con tu siervo según tu misericordia, y enséñame tus estatutos. Tu siervo soy yo, dame entendimiento para conocer tus testimonios. Tiempo es de actuar, oh Jehová, porque han invalidado tu ley. Por eso he amado tus mandamientos más que el oro, y más que oro muy puro. Por eso estimé rectos todos tus mandamientos sobre todas las cosas, y aborrecí todo camino de mentira.

Salmo 119:121–128

La compra o el refinanciamiento de una casa puede ser una experiencia tediosa que requiere tramitar una montaña de papeles. Uno de los primeros pasos de este proceso es obtener un avalúo de la casa. Se contrata a un avaluador profesional, quien compara la casa con otras casas comparables de la vecindad para determinar su valor en el mercado.

Las casas no son los únicos objetos que se avalúan. Antes de dar un automóvil en canje, queremos conocer su valor en el mercado. Los mismo puede decirse de la joyería, piedras preciosas, objetos de arte y artículos de colección. En cada caso se requiere la ayuda de un experto que realice el avalúo.

Un amigo mío tiene una mesa única fabricada en el Medio Oriente. Es de un tipo que ya no se fabrica. Vale una buena cantidad de dinero, sin embargo, él no puede ampararla bajo un seguro porque no puede hallar a un avaluador calificado que fije un valor monetario a la mesa. Para él puede valer mucho por razones sentimentales u otras razones. Es posible que él logre venderla a algún individuo que esté dispuesto a pagar el precio que pida, si así lo quisiera. Pero no le es posible asegurarla hasta encontrar a un experto imparcial que pueda verificar su valor en el mercado al compararla con otros objetos similares.

En nuestro estudio del Salmo 119, hemos discutido el valor incalculable de la Palabra de Dios. ¿Quién pudiera estar lo suficientemente calificado como para avaluar la Palabra de Dios? ¿A qué se le compararía? La Palabra de Dios es sin igual. ¿Qué experto podría ponerle valor?

En esta decimosexta estrofa, David se atreve a avaluar la Palabra de Dios. Él dice: «*Por eso he amado tus mandamientos más que el oro, y más que oro muy puro. Por eso estimé rectos todos tus mandamientos sobre todas las cosas, y aborrecí todo camino de mentira*» (Sal. 119:127, 128).

¿Qué pudo haber calificado a David para declarar tal valoración de los preceptos divinos? Si examinamos esta estrofa en detalle, nos revela que David enumera dos cualidades de su vida: cualidades que lo pusieron en posición de avaluar la Palabra de Dios. En el versículo 121 dice: «*Juicio y justicia he hecho*». Más tarde, en el versículo 125, confiesa: «*Tu siervo soy*».

Estas dos declaraciones colocaron a David en una posición apropiada para estimar acertadamente el valor de la Palabra de Dios. Ellas pueden colocarlo a usted en la misma posición.

Si observa con cuidado, verá que estas dos son las mismas cualidades que todo buen padre de familia lucha por desarrollar en su hijo. Son dos cualidades que el hijo aprende para poder darle a la vida el valor correcto. Primero le enseñamos a nuestros hijos la obediencia. «*Juicio y justicia he hecho*». A medida que el niño se acerca a la adolescencia, laboramos para infundirle una actitud correcta de respeto. «*Tu siervo soy*».

Estas dos cualidades nos colocan en posición para entender y apreciar el valor correcto de la Palabra de Dios en nuestras vidas. Éstas forman la base de nuestro estudio.

UNA POSICIÓN DE OBEDIENCIA (vv. 121–124)

«*Juicio y justicia he hecho; no me abandones a mis opresores*» (Sal. 119:121).

David gozaba de un testimonio de obediencia. Muchos podrían decir lo mismo, pero la Biblia nos da evidencia de que el testimonio de David es verdadero. El comentario divino lo hallamos en 2 Samuel 8:15. «*Y reinó David sobre todo Israel; y David administraba justicia y equidad a todo su pueblo.*» Este mismo hecho aparece registrado en 1 Crónicas 18:14.

La dicha de hacer juicio y justicia

La justicia en la Biblia se refiere a un entendimiento de lo que es correcto, o justo. El juicio consiste en tomar una decisión basándose en la justicia, o en lo justo. Estas dos palabras, justicia y juicio, aparecen juntas unas veinte veces en el Antiguo Testamento.

Comprenda por qué estas dos palabras aparecen juntas. En teoría, una corte de un sistema judicial ofrece juicios basados en la justicia. Un juez juzga basándose en preceptos judiciales, o dogmas de la justicia.

Nuestra vida se compone de juicios. A diario, y de modo continuo, nos vemos en la necesidad de tomar decisiones basándonos en nuestros valores. El creyente busca tomar estas decisiones, o juicios, según la justicia de Dios expresada en la Biblia. Esta es la razón por la cual la vida no es justa. La mayoría de las personas hace juicios que no tienen relación alguna con la verdad de Dios. Operan siguiendo sentimientos, instintos, rumores, opiniones o emociones. Si se usan estas cosas como fundamento para la toma de una decisión, frecuentemente llevarán a decisiones equivocadas. Pero así es el mundo en el que vivimos: no es justo, ni tampoco correcto.

Nuestra esperanza consiste en aprender a hacer juicio y justicia. Un entendimiento sólido de la Biblia nos equipa con las bases de la justicia y nosotros hemos de tomar decisiones justas.

Dios también ve esto como una clave básica de la vida. «*Hacer juicio y justicia es a Jehová más agradable que sacrificio*» (Pr. 21:3). Muchas generaciones de judíos se equivocaron en cuanto a esto. Pusieron toda su esperanza en el ofrecer sacrificios, pero no le ofrecieron a Dios sus corazones. Aun una actividad correcta (el ofrecer sacrificios) se torna incorrecta cuando la decisión de hacerla (juicio) es resultado de la motivación equivocada (todo lo que no sea la justicia).

Hay mucha evidencia en las Escrituras que apoya esta afirmación. Escuche este majestuoso pasaje del libro de Amós.

Aborrecí, abominé vuestras solemnidades, y no me complaceré en vuestras asambleas. Y si me ofreciereis vuestros holocaustos y vuestras ofrendas, no los recibiré, ni miraré a las ofrendas de paz de vuestros animales engordados. Quita de mí la multitud de tus cantares, pues no escucharé las salmodias de tus instrumentos. Pero corra el juicio como las aguas, y la justicia como impetuoso arroyo (Am. 5:21–24).

Otros pasajes clave incluyen 1 Samuel 15:22, Isaías 1:11 y Oseas 6:6. Todos establecen el mismo punto: Dios se preocupa más por qué hagamos *su Palabra* que por qué hagamos *buenas obras*. El asunto de la vida se enfoca en la Palabra de Dios. Hay muchas buenas obras que uno puede hacer, pero es más importante que éstas se hagan conforme a la Palabra de Dios. El sacrificio de animales no tenía valor en sí mismo. Éste cobraba valor cuando se ofrecía conforme a lo expresado en la Palabra de Dios.

Un análisis de valor consiste en evaluar honestamente las muchas obras y actividades que usted hace en el nombre del Señor. ¿*Por qué* las hace? ¿Cuántas de estas obras y actividades se ajustan perfectamente a la Palabra de Dios? Si no lo hacen, entonces ¿por qué ocuparnos en hacer tantas cosas que realmente no importan, a pesar de cuán «buenas» puedan ser? ¿Cuánto tiempo pasa usted *haciendo lo que dice la Palabra de Dios?*

El Salmo 89:14 contiene un pensamiento solemne. «*Justicia y juicio son el cimiento de tu trono; misericordia y verdad van delante de tu rostro.*» Para tener verdadera comunión con Dios, usted necesita estar donde Dios está. Dios está rodeado de justicia y juicio.

Muchos creyentes gozan de buena comunión con otros creyentes, con su iglesia, con sus grupos de estudio o con sus organizaciones cristianas. Sin embargo, carecen de comunión con Dios. Están extremadamente ocupados haciendo «buenas cosas», pero tienen poco o ningún entendimiento de lo que la Palabra de Dios dice al respecto. La posición de comunión y bienaventuranza requiere hacer juicio y justicia.

La confianza de hacer juicio y justicia

Las palabras que siguen a esta declaración inicial de testimonio en el Salmo 119:121 expresan una serie de peticiones. Todas manifiestan una gran confianza e intimidad en la relación que David tenía con Dios.

La primera vez que las palabras justicia y juicio aparecen juntas es en Génesis 18:19. «*Porque yo sé que mandará a sus hijos y a su casa después de sí, que guarden el camino de Jehová, haciendo justicia y juicio, para que haga venir Jehová sobre Abraham lo que ha hablado acerca de él.*»

Dios tiene una condición para hacer lo que Él ha hablado: hemos de hacer juicio y justicia. Un amigo mío una vez definió el éxito bíblico diciendo que consistía en llevar una vida tal que viviéramos lo que está escrito de nosotros en la Palabra de Dios. La voluntad de Dios se encuentra expresada en su palabra. El éxito consiste en vivir conforme a la voluntad expresa de Dios.

Muchos nunca llegamos a experimentar este tipo de éxito por que no vivimos conforme a la Palabra de Dios. La respuesta de Dios a nuestras oraciones es iniciada cuando hacemos juicio y justicia. Esta es nuestra fuente de confianza e intimidad que nos permite pedirle confiadamente aquellas cosas que están escritas en su Palabra.

Juan expresó este mismo principio de oración. «*Y esta es la confianza que tenemos en él, que si pedimos alguna cosa **conforme a su voluntad,** él nos oye. Y si sabemos que él nos oye en cualquiera cosa que pidamos, sabemos que tenemos las peticiones que le hayamos hecho*» (1 Jn. 5:14, 15, énfasis del autor).

David tiene suficiente confianza como para pedir a Dios que lo proteja. «*No me abandones a mis opresores*» (Sal. 119:121b). En el versículo siguiente dice: «*no permitas que los soberbios me opriman*» (Sal. 119:122b). Hemos venido siguiendo este tema de la persecución a lo largo de nuestro estudio. David menciona la persecución de una u otra manera unas sesenta y seis veces en este salmo.

El creyente sufrirá persecución. Recuerde que en esta vida nunca se llegará al punto de estar exento de problemas. Sin embargo, a medida que usted crece en su relación con Dios y con su palabra, también crecerá su confianza en que Dios es su escondedero y su escudo (Sal. 119:114).

David tiene suficiente confianza como para pedir que Dios le afiance. «*Afianza a tu siervo para bien*» (Sal. 119:122). Esto equivale hoy día a pedirle a alguien que sea su codeudor, un fiador por la deuda de otra persona.

En el libro de Proverbios, Salomón advierte seis veces contra el ser fiador (6:1–5; 11:15; 17:18; 20:16; 22:26; 27:13). El serlo es poco sabio, a menos que usted esté dispuesto a pagar gustosamente la deuda de la otra persona. Sólo debería usted tomarlo en consideración cuando se trate del caso de uno de sus hijos, o alguien tan cercano a usted como ellos, que necesita ayuda para la adquisición de una casa, un auto o alguna compra grande. Aun en ese caso, asegúrese que financieramente usted sea capaz de pagar la deuda en su caso, y de pagarla voluntariamente por el amor que siente hacia la persona en cuestión.

Si usted tiene algo de carácter, nunca soñaría en pedirle a alguien que salga por fiador suyo a menos que esa persona fuera como un padre o un hermano para usted. ¿Puede imaginarse la confianza que David sentía como para pedirle a Dios que fuera su fiador? En realidad, él le pide a Dios que *sea* su fianza. Dios iba a garantizar el bien de David.

Después que José había llegado a ser un gran mandatario en Egipto, tuvo un encuentro, divinamente preparado con sus hermanos, quienes le habían vendido como esclavo años atrás. Ellos aún no habían descubierto su identidad. José les pidió que trajeran a su hermano menor, Benjamín, junto con ellos a Egipto. Jacob, su padre, no quería arriesgarse a perder a Benjamín, pero José había pedido que éste viajara a Egipto como condición para venderles más alimento para sobrevivir al hambre. Judá salió adelante para garantizar que Benjamín le sería devuelto a Jacob. Observe el lenguaje.

> *Entonces Judá dijo a Israel su padre: Envía al joven conmigo, y nos levantaremos e iremos, a fin de que vivamos y no muramos nosotros, y tú, y nuestros niños. Yo te respondo por él; a mí me pedirás cuenta. Si yo no te lo vuelvo a traer, y si no lo pongo por delante de ti, seré para ti el culpable para siempre; pues si no nos hubiéramos detenido, ciertamente hubiéramos ya vuelto dos veces* (Gn. 43:8–10).

Judá no podría haber sabido que él estaba siendo un cuadro profético de un descendiente suyo, el Señor Jesucristo. Él es nuestro fiador. «*Por tanto, Jesús es hecho fiador de un mejor pacto*» (He. 7:22).

Proverbios 11:15 dice: «*Con ansiedad será afligido el que sale por fiador de un extraño; mas el que aborreciere las fianzas vivirá seguro*». Nosotros fuimos hechos extraños delante de Él por nuestro pecado, y Él ciertamente fue afligido al llevar la ira de Dios cuando murió en nuestro lugar para ser nuestro fiador.

El Salmo 119:123 nos muestra que David tiene confianza suficiente para expresar sus sentimientos delante de Dios abierta y honestamente. Muchas veces nuestras oraciones consisten sólo en decir aquellas cosas que pensamos que Dios quiere oír. Es por ello que nuestras palabras frecuentemente de nuestros labios caen directamente al piso.

David tiene confianza, pero también siente inquietud. Él sabe que Dios le librará, ¡pero quiere ser librado ya! «*Mis ojos desfallecieron por su salvación, y por la palabra de tu justicia*» (Sal. 119:123). Por favor, no interprete la exclamación de David como algo impropio, o peor, como algo insolente o irrespetuoso. Esto equivale a lo que en el Nuevo Testamento significa decir: «*Amén; sí, ven, Señor Jesús*» (Ap. 22:20). No hay duda de que el Señor viene. Sabemos que así es y hemos apostado nuestro destino eterno sobre esa verdad. Pero no es pecado sentir inquietud en anticipación de ese dichoso evento. «*Amén; sí, ven, Señor Jesús*».

David también tiene suficiente confianza como para pedirle a Dios que le dé misericordia y conocimiento. *«Haz con tu siervo según tu misericordia, y enséñame tus estatutos»* (Sal. 119:124).

Nosotros no tenemos temor al ponernos a la merced de aquellos a quienes amamos y en quienes confiamos. Cuando sentimos debilidad, como David en manos de sus opresores soberbios, necesitamos la misericordia de Dios. David le pide a Dios que le enseñe su palabra. Ya hemos tratado el hecho de que Dios es el mejor maestro de su palabra (Sal. 119:102). El aprendizaje ocurre cuando existe un espíritu educable. El compromiso fiel de David de hacer juicio y justicia lo ha puesto en una relación apropiada con Dios, permitiendo así que Él le enseñe sus estatutos.

Todo depende de hacer juicio y justicia. La obediencia bíblica no consiste en una adherencia ciega, irracional y mecánica a un conjunto de leyes y ordenanzas. La obediencia que Dios desea resulta de hacer juicios basados en justicia. El hombre o la mujer que vive de esta manera es educable y se encuentra en una posición de confianza para recibir la misericordia de Dios en cualquier situación.

UNA POSICIÓN DE SUMISIÓN (vv. 125–128)

La obediencia es esencial para aprender a vivir una vida por juicio y justicia. Sin embargo, para crecer espiritualmente se necesita algo más. Una actitud correcta de respeto y sumisión hacia Dios deberá estar firmemente establecida. La sumisión que David tenía hacia Dios ahora se vuelve el enfoque de los versículos restantes de esta estrofa y es el eslabón necesario que coloca a David en una posición apta para avaluar la Palabra de Dios. *«Tu siervo soy yo»* (Sal. 119:125*a*). Veremos que al ponerse en la posición de siervo de Dios, David pudo determinar varias cosas de su vida.

Fijando la meta

«Tu siervo soy yo, dame entendimiento para conocer tus testimonios» (Sal. 119:125).

El conocimiento es necesario para el crecimiento espiritual en todos los niveles. Pero el conocimiento por sí solo es apenas una puerta hacia el entendimiento y la sabiduría. Él quiere entendimiento para *«conocer»* los testimonios de Dios. Hay varias palabras hebreas cuyo significado es «conocer». En este caso, la palabra «conocer» traduce un verbo muy poderoso, el cual implica mucho más que la recopilación intelectual de información. Uno de sus significados es conocer por experiencia en carne propia. Por ejemplo, los homosexuales querían «conocer» a los ángeles forasteros que visitaron a Sodoma en Génesis 19:5.

David quiere mucho más que sólo satisfacer su curiosidad intelectual en cuanto a la Palabra de Dios. Él quiere *vivir* la Palabra de Dios. La experiencia es lo que separa la mera información del verdadero conocimiento bíblico.

La falta de un espíritu genuinamente sumiso al señorío de Cristo es lo que impide a muchos creyentes el experimentar la plenitud de las bendiciones de Dios. En lugar de decir como David: *«Tu siervo soy yo»*, quieren que Dios sea siervo de *ellos*. Llegan a la vida cristiana con grandes expectativas de lo que pueden *recibir* de Dios. ¿Comprende realmente lo que significa ser siervo de Dios? ¿Sería su siervo aunque Él no contestara sus oraciones? ¿Sería su siervo a pesar de no sentirse feliz? El responder honestamente a estas preguntas revela sus verdaderos motivos y metas en la vida.

Fijando el tiempo

«*Tiempo es de actuar, oh Jehová, porque han invalidado tu ley*» (Sal. 119:126). Dios siempre tiene su tiempo, y siempre está a tiempo. Nunca anda tarde. Dios determinó el tiempo para el nacimiento de Cristo. «*Pero cuando vino el cumplimiento del tiempo, Dios envió a su Hijo, nacido de mujer y nacido bajo la ley, para que redimiese a los que estaban bajo la ley, a fin de que recibiésemos la adopción de hijos*» (Gá. 4:4, 5). Dios también tiene un día y una hora para la Segunda Venida de Cristo. Él llegará justo a tiempo.

¿Qué significa este versículo? ¿Está David intentando decirle a Dios qué es lo que debe hacer? ¿O no será que David está intentando decir que es tiempo de que él se aparte del camino para permitir que Dios trabaje? Esta parece la mejor opción.

Los opresores de David habían invalidado la ley de Dios. A ellos poco les importaba Su verdad. El ver cómo otros no toman en cuenta la Palabra de Dios puede ser algo frustrante. David recuerda que él es siervo de Dios. Los opresores no son problema de David, ¡sino de Dios! Dios no necesita ayuda para defender su ley. Él pelea sus propias batallas. Es tiempo que David se aparte del camino y permita a Dios actuar. ¿Alguna vez se ha tornado usted en un estorbo al tratar de hacer la obra de Dios en lugar de dejar que Él trabaje?

Fijando el corazón

«*Por eso he amado tus mandamientos más que el oro, y más que oro muy puro*» (Sal. 119:127).

Con frecuencia son las palabras aparentemente insignificantes de la Biblia las que resultan ser las más importantes para entender su contexto y mensaje de forma correcta. En este caso las palabras son «por eso». David señala con claridad que él ha llegado a una conclusión. Su posición de obediencia y sumisión le ha llevado a esta conclusión. Ahora se encuentra en posición de avaluar la Palabra de Dios correctamente.

Un avalúo empieza con la opinión del experto, basado en un estudio comparativo y en su experto conocimiento. Luego, ese valor adjudicado se aplica a toda situación que requiera consideración, ya sea al fijar un precio de venta, al obtener una póliza de seguro o al obtener un préstamo.

El avalúo de David proviene de lo profundo de su corazón. En este caso, el avaluador ha descubierto que la Palabra de Dios no tiene igual. No hay nada con que se pueda comparar la Palabra de Dios. No es posible fijar su precio. Es el corazón el que debe fijarse en el valor incomparable de este libro. El valor incalculable de la Palabra de Dios determina el valor relativo de todo lo demás en esta vida.

En todas las edades el oro ha establecido el patrón de valores en casi todas las culturas. ¿A quién no le gustaría tener una abundante reserva de oro fino? Pero David ha encontrado algo cuyo valor estima como aun mayor: *«Por eso he amado tus mandamientos más que el oro, y más que oro muy puro».*

La obediencia a los mandamientos de Dios y la sumisión a Dios expresada en sus preceptos dio por resultado esta determinación del corazón: *«he amado tus mandamientos».* Él concluye que no podría existir nada en esta vida que tenga más valor.

Esta es la misma conclusión que hallamos en otras partes de la Biblia. Job se encontraba más herido, golpeado y tan confundido y deprimido que cualquiera. Pero en medio de su aflicción (el mismo contexto en el cual se encuentra el salmista) permanecía asido al valor incomparable de la sabiduría de Dios. Lea lenta y detenidamente estas palabras tomadas de la última respuesta que Job da a sus tres consejeros. Estas palabras fueron habladas por una persona que tenía todas las razones del mundo para sentir amargura.

> *Mas ¿dónde se hallará la sabiduría? ¿Dónde está el lugar de la inteligencia? No conoce su valor el hombre, ni se halla en la tierra de los vivientes. El abismo dice: No está en mí; y el mar dijo: Ni conmigo. No se dará por oro, ni su precio será a peso de plata. No puede ser apreciada con oro de Ofir, ni con ónice precioso, ni con zafiro. El oro no se le igualará, ni el diamante, ni se cambiará por alhajas de oro fino. No se hará mención de coral ni de perlas; la sabiduría es mejor que las piedras preciosas. No se igualará con ella topacio de Etiopía; no se podrá apreciar con oro fino. ¿De dónde, pues, vendrá la sabiduría? ¿Y dónde está el lugar de la inteligencia? Porque encubierta está a los ojos de todo viviente, y a toda ave del cielo es oculta. El Abadón y la muerte dijeron: Su fama hemos oído con nuestros oídos. Dios entiende el camino de ella, y conoce su lugar. Porque él mira hasta los fines de la tierra, y ve cuanto hay bajo los cielos. Al dar peso al viento, y poner las aguas por medida; cuando él dio ley a la lluvia, y camino al relámpago de los truenos, entonces la veía él, y la manifestaba; la preparó y la descubrió también. Y dijo al hombre: He aquí que el temor del Señor es la sabiduría, y el apartarse del mal, la inteligencia* (Job 28:12–28).

Hemos hecho referencia a Job 28:28 varias veces en el transcurso de nuestro estudio. Este versículo nos da una definición maravillosa de la sabiduría y la inteligencia (entendimiento). Job no contaba con la palabra *escrita* de Dios. Aún así, él valoraba la sabiduría muy por encima de las riquezas de este mundo. En el versículo 12 del pasaje arriba citado él pregunta dónde puede hallarse la sabiduría y dónde está el lugar de la inteligencia. Él sabía que Dios entendía el camino y el lugar de la sabiduría y la inteligencia, lo cual lo lleva a su gran conclusión en el versículo 28. Las buenas nuevas para nosotros hoy día es que el camino y lugar de la sabiduría está al alcance de la mano, en la Biblia.

David tiene acceso a una mayor porción de la Biblia que sus predecesores. En el Salmo 19:7–10 dijo:

> *La ley de Jehová es perfecta, que convierte el alma; el testimonio de Jehová*

es fiel, que hace sabio al sencillo. Los mandamientos de Jehová son rectos,
que alegran el corazón; el precepto de Jehová es puro, que alumbra los ojos.
El temor de Jehová es limpio, que permanece para siempre; los juicios de
Jehová son verdad, todos justos. Deseables son más que el oro, y más que
mucho oro afinado; y dulces más que miel, y que la que destila del panal.

El libro de Proverbios nos ofrece otro pasaje sobresaliente que describe
el valor de la Palabra de Dios.

Bienaventurado el hombre que halla la sabiduría, y que obtiene la inteli-
gencia; porque su ganancia es mejor que la ganancia de la plata, y sus
frutos más que el oro fino. Más preciosa es que las piedras preciosas; y todo
lo que puedes desear, no se puede comparar a ella. Largura de días está en
su mano derecha; en su izquierda, riquezas y honra. Sus caminos son cami-
nos deleitosos, y todas sus veredas paz. Ella es árbol de vida a los que de ella
echan mano, y bienaventurados son los que la retienen. Jehová con sabidu-
ría fundó la tierra; afirmó los cielos con inteligencia. Con su ciencia los
abismos fueron divididos, y destilan rocío los cielos (Pr. 3:13–20).

Comprenda que en este pasaje la palabra «sabiduría» es la personifica-
ción de la Palabra de Dios: la Palabra escrita y la Palabra viviente (1 Co. 1:24;
2:7; Lc. 11:49; Col. 3:16). No hay valor humano ni material que pueda estimar el valor de la Palabra de Dios, salvo el reconocer que ésta sobrepasa por
amplio margen todo lo que pudiéramos imaginar.

Ante esta revelación, considere otro gran pasaje del libro de Proverbios.

Yo, la sabiduría, habito con la cordura, y hallo la ciencia de los consejos. El
temor de Jehová es aborrecer el mal; la soberbia y la arrogancia, el mal
camino, y la boca perversa, aborrezco. Conmigo está el consejo y el buen
juicio; yo soy la inteligencia; mío es el poder. Por mí reinan los reyes, y los
príncipes determinan justicia. Por mí dominan los príncipes, y todos los
gobernadores juzgan la tierra. Yo amo a los que me aman, y me hallan los
que temprano me buscan. Las riquezas y la honra están conmigo; riquezas
duraderas, y justicia. Mejor es mi fruto que el oro, y que el oro refinado; y
mi rédito mejor que la plata escogida. Por vereda de justicia guiaré, por en
medio de sendas de juicio (Pr. 8:12–21).

¿Qué le dice su propio corazón respecto al valor de la Palabra de Dios?
¿Hay alguna cosa que su corazón estima de mayor valor? Otra vez regresa-
mos a la actitud de corazón hacia la Palabra de Dios. ¿Cuántas veces nos
hemos encontrado en este camino? No es lo que *conocemos* de la Palabra de
Dios lo que hace la diferencia, sino la actitud de nuestro *corazón*.

Frecuentemente se utiliza el pasaje Mateo 6:19–21 para predicar en cuanto
al dar, pero consideremos este pasaje en el contexto de la actitud del corazón. *«No os hagáis tesoros en la tierra, donde la polilla y el orín corrompen, y donde*
ladrones minan y hurtan; sino haceos tesoros en el cielo, donde ni la polilla ni el orín

corrompen, y donde ladrones no minan ni hurtan. Porque donde esté vuestro tesoro, allí estará también vuestro corazón» (Mt. 6:19–21).

Su corazón estará donde usted tenga su tesoro. ¿Qué cosa atesora usted por sobre todas las demás? ¿Qué valor ha estimado en su corazón para la Palabra de Dios? Si atesora la Biblia como la posesión más preciosa que usted tiene, habrá fijado su corazón para exclamar: *«Por eso he amado tus mandamientos más que el oro, y más que oro muy puro».*

Fijando el valor

Luego de haber fijado su corazón para valorar la Palabra de Dios por encima de todas las cosas, David ahora se encuentra en posición de avaluar la Palabra de Dios según se aplica correctamente en todo aspecto de la vida. Él dice: *«Por eso estimé rectos todos tus mandamientos sobre todas las cosas, y aborrecí todo camino de mentira»* (Sal. 119:128).

Nuevamente vemos esa frase *«por eso»*. Este versículo forma parte de la conclusión de David. Él se colocó en posición para avaluar la Palabra de Dios de modo correcto, y esta es su conclusión.

Empezamos con la palabra *«estimé»*. Estimar es valorar, considerar, concluir, juzgar, llegar a una decisión en cuanto al valor de algo. El sentido de la palabra *«estimar»* aparece en Romanos 14:5 cuando Pablo habla de la forma en que juzgamos los asuntos de la vida. *«Uno hace diferencia entre día y día; otro juzga iguales todos los días. Cada uno esté plenamente convencido en su propia mente».* En el contexto del pasaje, Pablo describe cómo tratar con las opiniones de creyentes inmaduros. Algunos de ellos aún consideraban que ciertos días eran muy importantes. Otros habían madurado y comprendido que no existe diferencia entre un día y otro. En este caso, el *«juzgar»* (estimar) se define como estar plenamente convencido de algo en su propia mente. Es llegar a una conclusión, o valorar, avaluar.

Este es el mismo sentido en el cual se usa la palabra en Filipenses 2:3. *«Nada hagáis por contienda o por vanagloria; antes bien con humildad, estimando cada uno a los demás como superiores a él mismo».* Hemos de dar mayor valor a los demás que el valor que nos damos a nosotros mismos. La mayoría de las veces consideramos que *nosotros* somos más importantes que los demás. Esto es evidencia de un sistema de valores torcido.

Por esta razón Dios nos dio la Biblia. Él quiere que desarrollemos un sistema de valores diferente. Nosotros valoramos cosas que para Dios nada valen. Por ejemplo, en los EE.UU. es común coleccionar tarjetas de jugadores de béisbol. Un coleccionista podría asignar un valor de cientos de dólares a la tarjeta de novato de un jugador de béisbol como George Brett, quien fue un excelente jugador de los Royals de Kansas City. Esa tarjeta no vale nada para Dios. ¡No estoy criticando a George Brett! Sencillamente quiero ilustrar que el sistema de valores de Dios es diferente al nuestro.

Esto es lo que Jesús dijo: *«Entonces les dijo: Vosotros sois los que os justificáis a vosotros mismos delante de los hombres; mas Dios conoce vuestros corazones; porque lo que los hombres tienen por sublime, delante de Dios es abominación»* (Lc. 16:15).

Una vez colocado en una posición de obediencia, de hacer juicio y justicia y de sumisión como siervo de Dios, David ahora puede asignar el valor correcto a la Palabra de Dios. Ahora puede hacer que sus propios valores correspondan con los valores de Dios.

Otros personajes llegaron a la misma conclusión. «*Del mandamiento de sus labios nunca me separé; guardé las palabras de su boca más que mi comida*» (Job 23:12). «*Teniendo por mayores riquezas el vituperio de Cristo que los tesoros de los egipcios; porque tenía puesta la mirada en el galardón*» (He. 11:26).

El hombre inconverso no está en la posición correcta para estimar el valor de las cosas de modo correcto. Sólo cuando se está en una relación correcta con Dios y con su Palabra se puede entender el valor de las cosas tal como Dios las ve. Considere las palabras de Isaías. «*Ciertamente llevó él nuestras enfermedades, y sufrió nuestros dolores; y nosotros le tuvimos por azotado, por herido de Dios y abatido*» (Is. 53:4). Si no entendemos bíblicamente lo que Jesús hizo en la cruz, esto nos lleva a estimar a Cristo de manera equivocada y a sufrir consecuencias eternamente desastrosas.

Israel cometió el error fatal de estimar equivocadamente a Dios. Dios le volteó la situación a ellos. «*Por tanto, Jehová el Dios de Israel dice: Yo había dicho que tu casa y la casa de tu padre andarían delante de mí perpetuamente; mas ahora ha dicho Jehová: Nunca yo tal haga, porque yo honraré a los que me honran, y los que me desprecian serán tenidos en poco*» (1 S. 2:30). David concluyó: «*Por eso estimé rectos todos tus mandamientos sobre todas las cosas, y aborrecí todo camino de mentira*» (Sal. 119:128).

¿Acaso estimó David sólo aquellas porciones de las Escrituras que encajaban con su propia teología u opiniones? ¡No! Él estimó rectos *todos* los mandamientos de Dios. ¿Acaso estimó sólo aquellos versículos que correspondían con los hallazgos de los eruditos de su época y que se encuentran en los versículos «más antiguos y confiables»? ¡No! Él estimó rectos *todos* los mandamientos de Dios.

Algunos dirán: «Por supuesto, no tenemos que aceptar lo que la Biblia dice cuando trata de asuntos de las ciencias o de la historia. Sabemos que la Biblia nunca tuvo el propósito de enseñarnos ciencias ni historia. Por lo tanto, cuando se trata de asuntos de la fe, aceptamos la autoridad de la Biblia; pero cuando se trata de asuntos de las ciencias o de la historia, reconocemos que habrán errores.» ¿Cuál es la respuesta bíblica ante tal argumento? «*Por eso estimé rectos **todos** tus mandamientos **sobre todas las cosas**»* (énfasis del autor).

El avalúo acertado de David dio por resultado el establecimiento de una autoridad absoluta en su vida: los mandamientos de Dios; todos ellos, no sólo los que le gustaban. Él ahora posee una norma con la cual puede evaluar todas las cosas. El avalúo de David produjo una autoridad absoluta. Debido a que estimó la palabra por sobre todas las cosas, él estableció el asunto de la autoridad en su vida.

¿Cuál es la autoridad final en *su propia* vida? ¿Cómo hace para evaluar todas las cosas? Es imposible asignar un valor monetario a la Palabra de Dios. Una vez que usted la establece en su vida como la autoridad final y absoluta, usted se hallará en posición de avaluar y evaluar de forma acertada todas las cosas de la vida.

Usted podrá darle el valor que merece a todo, porque se encuentra en el Libro. Esto le da una nueva dimensión de significado al «valor según los libros» que tienen muchos objetos. Una vez que usted fija su corazón en la Palabra de Dios, y estima su valor de modo correcto, usted cuenta con un Libro que le permite avaluar y evaluar todas las demás cosas.

Observe que nuevamente David concluye: «*y aborrecí todo camino de mentira*». Como vimos en el capítulo anterior, lo que usted ama siempre determinará lo que aborrece. Si usted está totalmente comprometido con la verdad de Dios, aborrecerá toda forma de falsedad, aun cuando tenga apariencia religiosa y «cristiana».

Esta estrofa presenta una multitud de cosas a considerar. ¿Por qué estudia la Biblia? ¿Es usted sólo un coleccionista de información? ¿Busca sólo limar las asperezas de la vida? ¿O está genuinamente comprometido a *hacer* juicio y justicia?

¿Tiene usted un fundamento bíblico en su vida de oración? ¿Está *haciendo* juicio y justicia? ¿O utiliza la oración sólo para pedir según sus deseos, en lugar de orar conforme a la Palabra de Dios?

¿Está usted verdaderamente en una posición de sumisión, como siervo de Dios? ¿Ora porque espera que Dios sea *su* siervo? ¿O entiende que sólo a través de ser un siervo sumiso se puede llegar a la posición de entender los valores como los entiende Dios?

¿Qué valor tiene para usted la Palabra de Dios? ¿Existe algo en su vida que sea más valioso? ¿Considera que vale más que todo el oro del mundo? Una buena manera de comprobarlo es preguntarse qué cosa aborrece usted por sobre todas las cosas. Jesús reservó sus palabras más duras para los líderes religiosos de su tiempo, porque eran falsos. Su amor por la Palabra de Dios produjo un aborrecimiento de la falsedad religiosa.

¿Tiene realmente una autoridad absoluta en su vida? Usted tiene que decidir a quién le va a creer, qué va a creer y cómo valorará las cosas de la vida. Tiene que decidir si se someterá a la autoridad absoluta de la Biblia.

17

CÓMO EL HOMBRE COMÚN
LLEGA A SER POCO COMÚN

Maravillosos son tus testimonios; por tanto, los ha guardado mi alma. La exposición de tus palabras alumbra; hace entender a los simples. Mi boca abrí y suspiré, porque deseaba tus mandamientos. Mírame, y ten misericordia de mí, como acostumbras con los que aman tu nombre. Ordena mis pasos con tu palabra, y ninguna iniquidad se enseñoree de mí. Líbrame de la violencia de los hombres, y guardaré tus mandamientos. Haz que tu rostro resplandezca sobre tu siervo, y enséñame tus estatutos. Ríos de agua descendieron de mis ojos, porque no guardaban tu ley.

Salmo 119:129–136

El filósofo Platón creía que una élite pequeña debía controlar al populacho general por el bien de la república. Esta idea ha salido a la superficie en muchas formas diferentes a lo largo de la historia humana. Si bien las luchas por el poder entre grupos elitistas distintos surgen, siempre resulta ser el hombre común el que pelea, sufre y muere.

Es poca sorpresa entonces ver que cuando los políticos prometen regresar el poder al hombre común, la gente los recibe con entusiasmo. El problema es que esto nunca llega a concretarse. El comunismo prometía poner el poder en manos del pueblo. En este siglo, millones han muerto en la lucha por darle el poder al proletariado. Pero el testimonio de las últimas décadas ha demostrado que nuevamente el hombre común no ha sido más que un peón en manos de sus gobernantes. Mientras la élite comunista vivía como reyes en palacios, aunque vestían uniformes militares para tener aspecto de hombres comunes, los pobres seguían siendo pobres.

En toda la historia sólo ha habido una manera realmente efectiva de darle poder al hombre común: entregarle una Biblia en sus manos, decirle que ésta es la Palabra de Dios y equiparlo para atacar las puertas mismas del infierno.

Han habido muy pocos cristianos con el trasfondo elitista del apóstol Pablo. Él mismo da testimonio de ello.

> *Pues mirad, hermanos, vuestra vocación, que no sois muchos sabios según la carne, ni muchos poderosos, ni muchos nobles; sino que lo necio del mundo escogió Dios, para avergonzar a los sabios; y lo débil del mundo escogió Dios, para avergonzar a lo fuerte; y lo vil del mundo y lo menospreciado escogió Dios, y lo que no es, para deshacer lo que es, a fin de que nadie se jacte en su presencia* (1 Co. 1:26–29).

En los primeros años del cristianismo, un grupo de hombres ordinarios que incluía pescadores y recaudadores de impuestos trastornó el mundo con el poder de Dios. Armados con la Palabra de Dios, ellos proclamaban con poder el evangelio a gente de todo estilo de vida. Cuando la Biblia fue quitada de las manos del hombre común, el mundo se vio sumergido en mil años de oscuridad, los cuales se conocen como la época de la Edad Media o del oscurantismo.

Aun antes de la Reforma, los participantes de movimientos tales como los valdenses y los pietistas estaban convencidos de que el hombre común era capaz de entender la Biblia en su propio idioma. Los moravos enviaron trabajadores comunes como misioneros por todo el mundo. Los primeros misioneros a Groenlandia fueron sepultureros. Los moravos eran carpinteros, albañiles y granjeros. Partieron en viajes de una vía hasta lo último de la tierra, usando sus vocaciones para hallar empleo y nunca pensando en volver a casa. Fueron hombres comunes que se hicieron poco comunes cuando recibieron el poder de la Palabra de Dios.

Saúl era líder por naturaleza. Él podía inspirar al pueblo con su sola presencia. «*Y tenía él un hijo que se llamaba Saúl, joven y hermoso. Entre los hijos de Israel no había otro más hermoso que él; de hombros arriba sobrepasaba a cualquiera del pueblo*» (1 S. 9:2). Aparentemente, David no tenía una apariencia particularmente especial. Era bien parecido y rubio, o rojizo, literalmente «terroso» (1 S. 16:12). Cuando Samuel fue guiado por Dios para ungir a uno de los hijos de Isaí por rey, a nadie se le ocurrió que pudiera ser David. Mientras sus hermanos desfilaban frente a Samuel, David permanecía en el campo, cuidando del redil.

Pero Dios vio en David algo que nadie más podía ver. Él vio un compromiso profundo y un amor por la Palabra de Dios. Este es el tema de este salmo y de toda la vida de David. David fue un hombre común que fue hecho poco común por el poder de la Palabra de Dios.

El Salmo 119:129–131 muestra tres principios de la vida práctica. El Salmo 119:129–131 nos da un patrón maravilloso para la vida de oración, demostrando cómo un hombre común puede orar para experimentar el poder verdadero de Dios en su vida. Luego, en el último versículo, vemos el producto de esta vida de oración.

PRINCIPIOS DE LA VIDA PRÁCTICA (vv. 129-131)

Hemos visto tantas verdades maravillosas en nuestro estudio de este salmo. En esta oportunidad encontramos tres de las lecciones más prácticas imaginables. Estas tres lecciones transformarán su andar diario.

El secreto de la verdadera motivación

«*Maravillosos son tus testimonios; por tanto, los ha guardado mi alma*» (Sal. 119:129).

La maravillosa Palabra de Dios ha sido el empuje tras cada versículo de este salmo. Tal como su Palabra es maravillosa, su nombre es maravilloso o admirable (Is. 9:6).

Aquí tenemos una verdad que no debemos pasar por alto. Nuevamente, observamos esa pequeña frase «*por tanto*». Este versículo nos presenta una causa y su efecto. La admiración que siente David por la Palabra de Dios es lo que lo motiva a obedecerla: «*Por tanto, los ha guardado mi alma*».

Éste es el secreto de la verdadera motivación. Su actitud de corazón hacia la Palabra de Dios determina si usted la obedecerá o no. Si usted llega a la Biblia sólo para llenar alguna necesidad apremiante de su vida, o para escapar de algún problema, su motivación finalmente se agotará. Usted quedará «quemado».

Jesús describió esta condición en la parábola del sembrador. «*Y el que fue sembrado en pedregales, éste es el que oye la palabra, y al momento la recibe con gozo; pero no tiene raíz en sí, sino que es de corta duración, pues al venir la aflicción o la persecución por causa de la palabra, luego tropieza*» (Mt. 13:20, 21).

Esta escena es tan trágica y frecuente hoy día como lo fue en los días de Jesús. Los individuos descubren el gran poder de la Biblia, y se emocionan al saber que es la Palabra de Dios. Pero nunca maduran espiritualmente más allá de ver la Biblia como un libro devocional, una muleta, un objeto de interés o un pasatiempo. La clave para evitar tal tipo de actitud es amar fervientemente la Palabra de Dios.

Es imposible separar el amor de la obediencia. Jesús comentó algo en cuanto a esta verdad. «*Respondió Jesús y le dijo: El que me ama, mi palabra guardará; y mi Padre le amará, y vendremos a él, y haremos morada con él*» (Jn. 14:23).

Si usted siente que el obedecer la Palabra de Dios es una tarea tediosa, debiera examinarse su propio corazón. ¿*Ama* usted la Palabra de Dios? ¿Considera que sus testimonios son maravillosos? Si usted ama la Biblia, la obedecerá.

El secreto del verdadero entendimiento

«*La exposición de tus palabras alumbra; hace entender a los simples*» (Sal. 119:130).

Hubo un momento específico en la vida de David en el cual él llegó a entender la verdad de Dios y el lugar que ésta debía ocupar en su propia vida para que él llegara a ser la persona que Dios quería que fuera. En mi vida hubo un momento años atrás en el cual yo acepté al Señor Jesucristo como mi salvador personal. La Palabra de Dios es el instrumento divino mediante el cual podemos entender cómo relacionarnos con Dios y cómo Él ha tratado con nuestro pecado. En este momento, la luz de Dios entra en nuestra vida.

Pablo describió este momento en su segunda carta a los corintios. «*Porque Dios, que mandó que de las tinieblas resplandeciese la luz, es el que resplandeció en nuestros corazones, para iluminación del conocimiento de la gloria de Dios en la faz de Jesucristo*» (2 Co. 4:6).

En el Salmo 119:105 aprendimos que la Palabra de Dios es una lámpara a nuestros pies y una lumbrera a nuestro camino. Ya que Jesucristo es la luz del mundo, el dejar que su palabra more en nuestras vidas nos dará la luz que necesitamos. En los momentos tenebrosos de nuestras vidas, cuando no podemos ver nuestro camino, acudimos a la Biblia. La exposición de la Palabra de Dios inunda nuestra alma con el brillo de Su ser.

Tenga cuidado cuando encienda la luz de la Palabra de Dios. La Palabra de Dios podría sacar a la luz ciertas cosas que usted no quiere ver. Hay restaurantes que crean una atmósfera romántica al bajar las luces. Yo he estado en restaurantes caros en los cuales el mesero tiene que entregar una linterna de mano para poder leer el menú. Muchas veces me he preguntado si todavía querría comer allí si el lugar estuviera iluminado con una luz brillante. ¿Acaso la luz revelaría algo menos que agradable?

Jesús dijo: «*Y esta es la condenación: que la luz vino al mundo, y los hombres amaron más las tinieblas que la luz, porque sus obras eran malas*» (Jn. 3:19). En este caso la luz condena el pecado del hombre. En un contexto similar, Pablo dijo: «*Y no participéis en las obras infructuosas de las tinieblas, sino más bien reprendedlas; porque vergonzoso es aun hablar de lo que ellos hacen en secreto. Mas todas las cosas, cuando son puestas en evidencia por la luz, son hechas manifiestas; porque la luz es lo que manifiesta todo*» (Ef. 5:11–13).

Es la segunda parte del versículo 130 la que nos da la verdad que guía el presente estudio. «*Hace entender a los simples*». En la Biblia, una persona «simple» es una persona que carece de entendimiento. «*Vi entre los simples, consideré entre los jóvenes, a un joven falto de entendimiento*» (Pr. 7:7). También es una persona que es ingenua. «*El simple todo lo cree; mas el avisado mira bien sus pasos*» (Pr. 14:15).

Usted puede ser una persona muy sofisticada y bien educada, pero si no conoce la Biblia, Dios dice que usted es un «simple». Es la Palabra de Dios la que puede tornar a un simple en sabio. Aparte del texto que consideramos en esta oportunidad, tenemos el testimonio del Salmo 19:7. «*La ley de Jehová es perfecta, que convierte el alma; el testimonio de Jehová es fiel, que hace sabio al sencillo*».

¿Cómo pudo un pescador comercial como Pedro enfrentar el reto de los hombres mejor educados y más poderosos de su generación? Sólo cabe una explicación: la Palabra de Dios convirtió a ese hombre común (simple) en un hombre fuera de lo común. No importa *cuál* sea su trasfondo, la Biblia puede convertirlo en un individuo poseedor de gran conocimiento, sabiduría y entendimiento.

Anteriormente comentamos que cuando la Biblia fue quitada de las manos del hombre común el mundo se vio sumido en mil años de oscuridad. Estamos en el umbral de ver repetirse la historia. Hay abundantes profecías bíblicas que nos advierten que en estos postreros días el mundo se dirige a un período de oscuridad cual nunca ha habido antes. Este período de siete años de duración tiene diversos nombres en la Biblia, siendo la «Tribulación» el más fácilmente reconocible de ellos. Dios tuvo su remanente de creyentes durante la época del oscurantismo y nos dice que también tendrá uno en la Tribulación venidera. Sin embargo, los únicos que tendrán luz en ese tiempo de oscuridad serán aquellos que posean la Palabra de Dios.

Aun hoy día vemos la estrategia sutil empleada por Satanás para quitar la Biblia de las manos del hombre común. Vemos el surgimiento de una élite académica entre las filas de los «cristianos que creen la Biblia», quienes intentan convencer al hombre común que él es incapaz de entender realmente la Biblia. Enseñan que para verdaderamente participar de las riquezas de las cosas profundas de Dios, es necesario en primer lugar tener un dominio de los idiomas hebreo y griego, o poseer un posgrado en teología. *Ellos*, y no la Biblia, le dirán al hombre común lo que necesita saber para vivir la vida cristiana. Repentinamente, el hombre común se ve forzado a acercarse a Dios por medio de un mediador.

Otra estrategia empleada por Satanás es hacer que la Palabra de Dios sea supuestamente más accesible al hombre común por medio de una lluvia de «traducciones modernas» fáciles de leer. Ya que las diversas traducciones difieren entre sí, muchos versículos ahora tienen notas de pie de página que los identifican como poco confiables (¡y algunos versículos hasta han sido omitidos!). Según las normas de los eruditos modernos, se considera que estos versículos son de origen dudoso porque no se encuentran en lo que los eruditos modernos han determinado que son los «manuscritos más antiguos y confiables». Por ello, existe confusión entre muchos creyentes.

¡Y ellos dicen que no hemos de preocuparnos! «Después de todo, nada de esto afecta el mensaje esencial de la Biblia, y eso es lo que realmente importa. Lo que importa es comunicar la idea principal de lo que Dios dijo; las palabras individuales no son tan importantes. No se afecta ninguna de las doctrinas principales (salvo la doctrina de la inspiración y preservación de las Escrituras). Además, tal diversidad es saludable para el cuerpo de Cristo». Se nos dice que aquellos que pueden entender los idiomas originales, y que pueden leer los «manuscritos originales», harán su mejor esfuerzo por identificar lo que Dios dijo y lo que no dijo.

El efecto final de este plan satánico es robarle al hombre común la única autoridad absoluta de su vida. La Biblia es quitada de sus manos y es colocada bajo el control de comités de eruditos bíblicos que le dirán lo que él necesite saber. El hombre común permanece siendo «simple» y ahora se ve intimidado por la Biblia. Sabe que no tiene tiempo para tomar vacaciones de su trabajo y aprender hebreo, griego, teología sistemática, psicología cristiana y la multitud de otras disciplinas supuestamente necesarias para usar bien la Palabra de Dios. Así que se conforma con leer una guía devocional cada mañana y comparar el «pensamiento del día» con la traducción de su preferencia. Ahora él espera el momento en el cual pueda escuchar la enseñanza de alguien quien supuestamente sabe de lo que está hablando.

Desaparecido está el empuje interno que motivó a Adoniram Judson a trabajar siete años en Burma sin ver a un solo convertido, o el empuje que llevó a un zapatero «simple» como Guillermo Carey a llevar el evangelio a la India. El hombre simple ya no se siente «calificado» para entender la voluntad de Dios para su vida por medio del estudio de la Biblia.

La verdad que Satanás no quiere que sepamos es que *no existe* razón alguna por la cual un creyente en Cristo Jesús deba considerarse insuficiente, inepto, carente de calificación o inadecuado. El Salmo 119:130 nos asegura que la exposición de sus dichos (sus palabras mismas y no sólo sus ideas) en la vida de *cualquier* persona alumbra y hace entender al simple.

El secreto de la verdadera necesidad

«*Mi boca abrí y suspiré, porque deseaba tus mandamientos*» (Sal. 119:131).

Cuando un hombre común entiende que tiene libre acceso a las palabras mismas de Dios, ¡no puede saciarse de ellas! La imagen que se evoca en esta oportunidad es la de un animal que corre hasta casi perder el aliento y suspira. David usó el mismo ejemplo en el Salmo 42:1. «*Como el ciervo brama por las corrientes de las aguas, así clama por ti, oh Dios, el alma mía*».

El salmista ha llegado a la conclusión de que el mundo nada puede ofrecerle que satisfaga los deseos de su alma. Está tan deseoso de las palabras de Dios que ha perdido el aliento y suspira como un animal. Ha definido correctamente la verdadera necesidad de su vida. ¿Qué es lo que usted necesita? ¿Qué es lo que *realmente* necesita? Un psicólogo de apellido Marlow creó una «jerarquía de necesidades» que todos los hombres tienen para vivir. Las necesidades de alimento, de refugio y de protección son prioritarias para todos. Si el creyente en Cristo se ve privado de alguno de estos elementos básicos de la vida física, ¡su vida espiritual continúa eternamente! Con la exposición de la Palabra de Dios, tiene todo lo que necesita, incluyendo la necesidad de satisfacción, una de las necesidades que incluyó Marlow en su jerarquía.

Cuando reconocemos nuestra necesidad básica de la Palabra de Dios, suspiramos, anhelando las palabras eternas del Dios eterno.

PATRONES PARA UNA ORACIÓN PODEROSA (vv. 132–135)

Desde el inicio de este estudio le he animado a ir más allá de desarrollar una relación meramente intelectual con este gran salmo. Hemos hablado de la memorización, la meditación y la oportunidad de llevar en oración estos versículos a Dios. Si usted ejecuta estos ejercicios espirituales, su actitud de corazón hacia la Biblia nunca volverá a ser la misma.

Nunca hemos de olvidar que este salmo es el diario de oración de David, el registro del anhelo desesperado de un ser humano por la Palabra de Dios. El objetivo es hacer que este salmo se convierta en algo *suyo*. Al meditar estos versículos y aplicarlos personalmente al llevarlos en oración ante Dios, su vida será transformada. Su actitud de corazón hacia la Biblia no seguirá siendo igual.

Lo que sigue es un gran modelo para la oración. Estos versículos siguientes constituyen un patrón que el hombre común puede seguir diariamente para desarrollar una vida de conocimiento, sabiduría y entendimiento. Hay siete peticiones individuales. Si estas siete áreas de oración llegan a formar parte de su propia vida, usted siempre gozará de una vida poderosa de oración.

Pedir comunión

«*Mírame*» (Sal. 119:132*a*).

Esta es una petición de comunión con Dios. Un niño pequeño dice: «¡Mírame, papito!» El amor y la confianza en su papá lleva a ese niño a desear ser objeto de su atención. Ya sea al batear una pelota, o mecerse en un columpio, o manejar bicicleta por primera vez, el niño quiere una sola cosa: «¡Mírame, papito!»

Israel también quería gozarse en la bendición y favor de Dios y clamó a Él en el desierto. «*Mira desde tu morada santa, desde el cielo, y bendice a tu pueblo Israel, y a la tierra que nos has dado, como juraste a nuestros padres, tierra que fluye leche y miel*» (Dt. 26:15).

La comunión con Dios es petición de todo aquel que tenga un corazón recto delante de Dios. El sentimiento de culpa llevó a Adán y Eva a esconderse de Dios y evitar la dulce comunión con la Voz que se paseaba con ellos en el huerto. Un creyente que suspira por la Palabra de Dios en su vida puede decir confiadamente: «¡Mírame, papito!»

Nada llena de más satisfacción a un niño, o a un creyente en Jesucristo, que el gozar de la aprobación de su Padre amante. ¿Puede usted decir que este aspecto forma parte de su vida de oración? Con demasiada frecuencia nuestras oraciones son poco más que una visita relámpago para comunicarle a Dios lo que queremos.

El ser cristiano es una relación, no una religión. La oración es parte de la relación con Dios. Un entendimiento correcto de la Biblia le dará un entendimiento correcto de esa relación. A medida que usted crezca en su relación con Él, el tiempo que usted pasa con su Padre celestial aumentará, tan solo para disfrutar de la bendición de Su aprobación. Es la confianza que infunde el tener una relación sólida con Dios lo que nos permite decir: «¡Mírame!»

Pedir misericordia

«*Y ten misericordia de mí, como acostumbras con los que aman tu nombre*» (Sal. 119:132*b*).

Un niño siempre está consciente de que no importa cuán bien haga cualquiera de sus actividades, su padre siempre las hace mejor. Esto debería animar al niño, y no atemorizarle, al saber que su padre está allí para enseñarle las cosas que necesita.

A medida que continuamos nuestra relación con nuestro Padre celestial, nos hacemos más conscientes de nuestra naturaleza pecaminosa. No importa cuán duro trabajemos, nunca llegaremos a tener el nivel de santidad de

Dios. La comunión con Él revela nuestros fracasos y pecados. Una parte importante de la vida de oración es el valernos de la misericordia de Dios. Cristo pagó el precio de nuestro pecado en la cruz y cuando aceptamos a Cristo, aceptamos su perdón basado en su resurrección. Nos acercamos a Dios con la esperanza que Él será misericordioso en su trato hacia nosotros. Más que un perdón de tipo legal, buscamos su misericordia.

Lot se había apropiado de la misericordia de Dios. Habiendo venido de la misma cultura idólatra de Mesopotamia que su tío Abraham, Lot llegó a conocer a Jehová Dios. Dios no *tenía* que librar a Lot el desobediente cuando destruyó a Sodoma, pero lo hizo por su misericordia. «*He aquí ahora ha hallado vuestro siervo gracia en vuestros ojos, y habéis engrandecido vuestra misericordia que habéis hecho conmigo dándome la vida; mas yo no podré escapar al monte, no sea que me alcance el mal, y muera*» (Gn. 19:19).

El siervo de Abraham recibió la misericordia de Dios cuando Dios le guió a la mujer correcta para esposa de Isaac. «*Y dijo: Bendito sea Jehová, Dios de mi amo Abraham, que no apartó de mi amo su misericordia y su verdad, guiándome Jehová en el camino a casa de los hermanos de mi amo*» (Gn. 24:27).

José fue rescatado de la muerte segura por la gracia de Dios, pero Su misericordia fue aun más allá. «*Pero Jehová estaba con José y le extendió su misericordia, y le dio gracia en los ojos del jefe de la cárcel*» (Gn. 39:21).

Nadie entendió la gracia de Dios mejor que Pablo, pero fue la misericordia de Dios la que le evitó el dolor de ver la muerte de Epafras. «*Pues en verdad estuvo enfermo, a punto de morir; pero Dios tuvo misericordia de él, y no solamente de él, sino también de mí, para que yo no tuviese tristeza sobre tristeza*» (Fil. 2:27).

Tal vez su vida fuera más rica si usted aprendiera a buscar la misericordia de Dios en oración. Judas 21 nos da una gran guía. «*Conservaos en el amor de Dios, esperando la misericordia de nuestro Señor Jesucristo para vida eterna*» (Jud. 21).

Toda esta estrofa, Salmo 119:129–136, trata sobre el guardarse a sí mismo en el amor de Dios mediante la exposición de sus palabras en el corazón. Luego, a través de la oración buscamos su misericordia en nuestra vida diaria al buscar completar los beneficios de nuestra salvación. ¿Cuándo fue la última vez que én oración usted pidió la misericordia de Dios?

Cuando usted pide la misericordia de Dios puede tener la plena certeza que Él le responderá favorablemente, si usted genuinamente ama su Nombre. Esto es lo que vemos en la última frase del versículo 132: «*como acostumbras con los que aman tu nombre*».

El verbo «*acostumbras*» significa que Dios tiene por costumbre hacer las cosas de esta manera. En otras palabras, Dios acostumbra extender Su misericordia a aquellos que aman Su nombre.

Pedir dirección

«*Ordena mis pasos con tu palabra*» (Sal. 119:133*a*).

El ordenar, o dirigir, los pasos del hombre es responsabilidad de Dios. David también dijo: «*Por Jehová son ordenados los pasos del hombre, y él aprueba su camino»* (Sal. 37:23). Nos metemos en problemas serios cuando intentamos ordenar nuestros pasos por nosotros mismos.

El versículo 133 no deja duda sobre cómo hace Dios para ordenar nuestros pasos: *«con tu palabra»*. La manera en que Dios ordena nuestros pasos es una verdad que frecuentemente abusamos en el cristianismo de hoy día. Decimos que hemos recibido una «impresión» del Señor, o que hemos «oído su voz». Buscamos recibir una «palabra de ciencia» o «sentir en nuestro corazón» lo que Dios quiere que hagamos. Pero aquí se nos dice claramente que Dios ordena nuestros pasos *con su Palabra*.

Esto es parte del proceso de metamorfosis de un hombre simple a un hombre sabio. *«El simple todo lo cree; mas el avisado mira bien sus pasos»* (Pr. 14:15). Si usted quiere mirar bien sus pasos, usted dejará que Dios ordene sus pasos.

El pedir que Dios dirija nuestros pasos con su Palabra debiera formar parte vital de nuestra vida diaria de oración. Al leer y estudiar la Biblia, Dios hará que sus pasajes cobren vida delante de nuestros ojos, mostrándonos claramente la aplicación de su Palabra al evaluar nuestra situación presente con las palabras de Dios. Él ordenará nuestros pasos cuando vayamos a su Palabra para recibir nuestras órdenes de batalla.

La planificación deberá iniciarse con Dios. No hemos de planificar para luego pedirle a Dios que bendiga *nuestros* planes. Hemos de pedirle a Él que ordene nuestros pasos, de modo que sepamos cómo planificar como Él quiere que lo hagamos.

Pedir victoria

«Y ninguna iniquidad se enseñoree de mí» (Sal. 119:133*b*).

David pide a Dios que le dé victoria. Él pide en oración que el pecado no prevalezca en su vida. En su relación adúltera con Betsabé él aprendió lo que es dar rienda suelta al pecado en su vida. No sabemos con exactitud cuándo escribió David este salmo (o siquiera si David lo escribió, como dijimos en la introducción), pero es seguro que el salmista no quiere caer en esta trampa carnal.

Jesús nos enseñó a orar en la oración de los discípulos. *«Y no nos metas en tentación, mas líbranos del mal»* (Mt. 6:13). Si pasáramos más tiempo pidiendo en oración el ser librados de la tentación y de la iniquidad, pasaríamos mucho menos tiempo orando para ser limpios y perdonados.

¿Acaso es posible pasar siquiera un día sin pedir a Dios que nos limpie y nos perdone como parte de nuestra vida de oración? Creo que no. También creo que muy pocos de nosotros realmente oramos de esta manera. La evidencia está claramente visible en nuestras vidas. Aquí nuevamente vemos cómo nos es necesario hacer de este salmo un patrón para nuestras oraciones. En particular, esta porción del versículo 132 al 135 es un modelo para nuestra oración diaria hacia Dios.

Pedir liberación

«Líbrame de la violencia de los hombres, y guardaré tus mandamientos» (Sal. 119:134).

Los temas de la aflicción, la opresión y la tribulación permean el Salmo 119, como hemos visto repetidas veces. Entendemos de manera intelectual que podemos contar con Dios para que nos ayude a resolver nuestros problemas. ¿Pero cuántas veces oramos genuinamente pidiendo ser librados?

Otro aspecto crucial de este versículo es la motivación que genera la oración de David. Al pedirle a Dios que lo libre de sus opresores, David dice: «*y guardaré tus mandamientos*». Esta expresión denota un compromiso serio. No es una promesa vana hecha por David. Él dice: «*¡Guardaré* tus mandamientos, Señor!*»

Frecuentemente oramos pidiendo liberación para poder escapar de nuestros problemas, para sentirnos más cómodos, para sentirnos más seguros, o por una multitud de otras razones de tipo *personal*. David tiene en su corazón los intereses de Dios.

Pablo elevó la misma oración. Este vistazo a la vida de oración de Pablo lo hallamos en su segunda epístola a los tesalonicenses. «*Por lo demás, hermanos, orad por nosotros, para que la palabra del Señor corra y sea glorificada, así como lo fue entre vosotros, y para que seamos librados de hombres perversos y malos; porque no es de todos la fe*» (2 Ts. 3:1, 2).

La petición de Pablo de ser librado de «hombres perversos y malos» obedece a su deseo de que la Palabra de Dios corra libremente. ¿Qué lo motiva a ser librado de su opresión? ¿Será que su vida de oración no tiene efectividad debido a que su motivación no es la correcta?

Pedir gloria

«*Haz que tu rostro resplandezca sobre tu siervo*» (Sal. 119:135*a*).

Al orar esta oración, David repite una expresión que indudablemente había escuchado toda su vida. La misma forma parte de la famosa bendición de Aarón hallada en Números 6. «*Jehová habló a Moisés, diciendo: Habla a Aarón y a sus hijos y diles: Así bendeciréis a los hijos de Israel, diciéndoles: Jehová te bendiga, y te guarde; Jehová haga resplandecer su rostro sobre ti, y tenga de ti misericordia; Jehová alce sobre ti su rostro, y ponga en ti paz. Y pondrán mi nombre sobre los hijos de Israel, y yo los bendeciré*» (Nm. 6:22–27).

Es difícil exagerar la importancia que esta oración cobró para los judíos. Desafortunadamente, ellos frecuentemente repetían esta oración con un sentir vano y ritualista o en desesperación cuando sufrían las consecuencias de su propio pecado. ¡Cuánto mejor es pedir a Dios que resplandezca su rostro sobre nosotros *antes* de estar metidos en problemas!

Sin embargo, vemos que esta expresión aparece en varios salmos. Se encuentra en Salmo 31:16; 67:1 y 80:3, 7 y 19. Daniel también la usó en oración en Daniel 9:17.

Esta oración se ve respondida en Mateo 17:1, 2 cuando el Señor Jesucristo se transfiguró delante de los ojos de sus tres discípulos más íntimos. «*Seis días después, Jesús tomó a Pedro, a Jacobo y a Juan su hermano, y los llevó aparte a un monte alto; y se transfiguró delante de ellos, y resplandeció su rostro como el sol, y sus vestidos se hicieron blancos como la luz.*»

La incredulidad de los líderes judíos impidió que participaran de esta bendición. En lugar de ello, entregaron a Jesús para que fuera crucificado. ¿Cuántas veces no ha deseado Dios dejar que su rostro resplandeciera sobre nosotros con bendición, pero nuestro pecado ha impedido que ello ocurra?

Dios hizo resplandecer su rostro sobre Moisés y el rostro de Moisés brilló reflejando esa gloria, aunque el efecto sólo fue temporal. «*Y si el ministerio de muerte grabado con letras en piedras fue con gloria, tanto que los hijos de Israel no pudieron fijar la vista en el rostro de Moisés a causa de la gloria de su rostro, la cual había de perecer*» (2 Co. 3:7).

Nosotros tenemos la posibilidad de brillar de modo permanente si permanecemos en su presencia con los ojos bien fijos sobre Él. Esta fue la respuesta de Pablo en 2 Corintios 3. «*Por tanto, nosotros todos, mirando a cara descubierta como en un espejo la gloria del Señor, somos transformados de gloria en gloria en la misma imagen, como por el Espíritu del Señor*» (2 Co. 3:18).

Las palabras de Pablo describen una reacción en cadena. Dios hace resplandecer su rostro sobre nosotros para que nosotros podamos brillar en su gloria. Pero brillamos en su gloria para que la luz de Dios alcance a otros. «*Porque Dios, que mandó que de las tinieblas resplandeciese la luz, es el que resplandeció en nuestros corazones, para iluminación del conocimiento de la gloria de Dios en la faz de Jesucristo*» (2 Co. 4:6).

En el Salmo 119:132 aprendimos a orar pidiendo comunión y misericordia. En esa oportunidad, usé la ilustración de un niño que anhela la atención de su padre y que busca a su padre para recibir misericordia y enseñanza. Ahora, en el versículo 135, vemos que hemos de buscar a nuestro Padre Celestial para recibir de su favor. Todo niño se goza en las palabras alentadoras de aprobación que recibe de sus padres.

Algunas instrucciones muy prácticas sobre el resplandecer del rostro las hallamos en Eclesiastés 8:1. «*¿Quién como el sabio? ¿y quién como el que sabe la declaración de las cosas? La sabiduría del hombre ilumina su rostro, y la tosquedad de su semblante se mudará.*»

La sabiduría ilumina el rostro del hombre. Oramos pidiendo que Dios haga resplandecer su rostro sobre nosotros, luego ponemos nuestro rostro en la Palabra de Dios para hallar la sabiduría de Dios, de modo que nuestro rostro pueda reflejar Su sabiduría a otros. ¿Tiene usted un rostro que brilla?

Pedir crecimiento

«*Y enséñame tus estatutos*» (Sal. 119:135*b*).

David nunca perdió su deseo de aprender más acerca de Dios a través de su Palabra. Este ha sido un tema consistente en este salmo, expresado plenamente en el versículo 18. «*Abre mis ojos, y miraré las maravillas de tu ley.*»

David nunca dejó de aprender la Palabra de Dios porque tenía una mente abierta y un espíritu educable. Muchos creyentes dicen que quieren aprender, pero no son educables. Usted nunca puede aprender nada si cree que ya lo sabe todo. Una actitud sumisa de corazón es la clave para el crecimiento en el Señor.

El pedirle a Dios que le enseñe su Palabra debiera ser parte de su vida diaria de oración. Nunca llegamos al punto de avanzar tanto que ya no necesitamos crecer. Pedro advirtió: «*Antes bien, creced en la gracia y el conocimiento de nuestro Señor y Salvador Jesucristo. A él sea gloria ahora y hasta el día de la eternidad. Amén*» (2 P. 3:18).

¿Qué ha aprendido usted últimamente de la Biblia? Es una buena idea el mantener un registro, o un diario, de lo que aprende de la Biblia. Algunas personas tienen facilidad para llevar un diario detallado. Otras podrían preferir un medio más simplificado de registrar lo que aprenden. Tengo un amigo que anima a los nuevos creyentes a leer una porción específica de la Biblia cada día. Luego, les dice que escriban la cosa más importante que Dios dijo a través de su Palabra en esa lectura diaria. De esta manera, la persona está continuamente consciente de su necesidad de estar «escuchando» a Dios mientras lee el Libro. Otro amigo mío escribe la fecha en los márgenes de su Biblia junto a versículos o pasajes y una pequeña nota indicando qué le enseñó Dios a través de ese versículo o pasaje. No importa cuál método utilice, el orar que Dios le enseñe su Palabra debiera ser una petición diaria en su vida.

Si usted consistentemente hace que estas siete peticiones de oración formen parte de su diario andar con Dios, su vida se verá transformada. Usted será un hombre común que ha dejado de ser común al ser investido del poder de Dios.

EL PRODUCTO DE UNA VIDA DE ORACIÓN (v. 136)

«*Ríos de agua descendieron de mis ojos, porque no guardaban tu ley*» (Sal. 119:136).

Esta estrofa nos ha llevado cara a cara con algunos principios valiosos para la vida. Hemos visto a través del ejemplo de David algunos patrones para nuestra vida de oración. El tipo de vida de oración de David es lo que produce la tierna sensibilidad de corazón que sostiene su compasión. David no está llorando en el Salmo 119:136 a causa de la opresión que ha sufrido. No es un problema personal el que lo lleva a derramar lágrimas, sino la violación de la ley de Dios.

En una ocasión anterior utilicé la familia de Corrie ten Boom para ilustrar a creyentes que reclamaron para sí la gracia de Dios en tiempos de presión terrible durante la segunda guerra mundial. Mientras escribía este capítulo tuve la oportunidad de visitar la ciudad de Amsterdam, Holanda, para participar en una conferencia. Tuve el gusto de visitar la residencia de la familia ten Boom en la ciudad vecina de Haarlem, en donde nuevamente escuché la historia de esta notable familia, cuyo testimonio continúa aun después de su muerte. Recordé cómo, mientras se encontraban prisioneras, Corrie y su hermana vieron a un guardia Nazi que golpeaba violentamente a una prisionera. Las hermanas se pusieron a orar. Corrie repentinamente se dio cuenta que su hermana no estaba orando por la víctima, sino por el opresor Nazi. Sólo Dios puede producir tal grado de compasión.

El Señor Jesucristo fue movido a expresar su dolor por la falta de arrepentimiento que halló en Jerusalén. La violación de la ley de Dios por parte de los líderes religiosos llevó a Cristo a exclamar: «*¡Jerusalén, Jerusalén, que* *matas a los profetas, y apedreas a los que te son enviados! ¡Cuántas veces quise juntar a tus hijos, como la gallina junta sus polluelos debajo de las alas, y no quisiste!»* (Mt. 23:37).

David, como tipo del Señor Jesucristo, presenta un cuadro profético del Señor movido a derramar lágrimas a causa del pecado. El corazón tierno que se vacía a través de ojos de compasión se describe proféticamente en el Cantar de los Cantares. *«Sus ojos, como palomas junto a los arroyos de las aguas, que se lavan con leche, y a la perfección colocados»* (Cnt. 5:12).

¿Qué siente cuando ve este mundo lleno de pecado y distorsión? ¿Está tan enfrascado en sus propios problemas que no puede ver los verdaderos asuntos en cuestión? ¿Le importa a usted que los hombres se burlen de la Palabra de Dios y la pisoteen?

Si hay ríos de agua viva que fluyen desde su hombre interior (Jn. 7:37–39), habrán ríos de lágrimas fluyendo por sus mejillas. ¿Sabe usted lo que es sufrir carga por el amor de Dios? Al poner en práctica estos tres principios de motivación, iluminación y necesidad, y acoplándolos con una vida de oración poderosa y bíblica, usted obtendrá un corazón que está a tono con la Palabra de Dios.

18

¿QUÉ ES LA JUSTICIA?

Justo eres tú, oh Jehová, y rectos tus juicios. Tus testimonios, que has recomendado, son rectos y muy fieles. Mi celo me ha consumido, porque mis enemigos se olvidaron de tus palabras. Sumamente pura es tu palabra, y la ama tu siervo. Pequeño soy yo, y desechado, mas no me he olvidado de tus mandamientos. Tu justicia es justicia eterna, y tu ley la verdad. Aflicción y angustia se han apoderado de mí, mas tus mandamientos fueron mi delicia. Justicia eterna son tus testimonios; dame entendimiento, y viviré.

Salmo 119:137–144

Después de examinar la triste situación de este mundo, una preocupada pareja cristiana decide matricular a su hijo en una escuela cristiana de buena reputación. Aman a su hijo, y por ello deciden no dejarlo caer en las muchas trampas de la adolescencia.

Hallan mucho consuelo al saber que la escuela cristiana mantiene normas muy altas de justicia. Su hijo pasa por toda la escuela sin ir una sola vez al cine, sin ir a bailes, sin meterse en problemas con la policía y sin usar drogas.

A veces, cuando ellos visitan algún centro comercial de la localidad, logran ver a jóvenes con el cabello pintado de colores vivos, o peinados estrafalarios y usando ropa escandalosa. Escuchan las palabrotas que dicen estos adolescentes y observan su comportamiento desmejorado. Aterrorizados por lo que ellos interpretan como influencia demoníaca entre los jóvenes, le dan gracias a Dios que su hijo se encuentra seguro en una fortaleza de justicia.

Sin embargo, una vez que el muchacho se gradúa de esta escuela, su falso sentimiento de seguridad se desvanece cuando su hijo inexplicablemente se involucra en todo tipo de perversiones. Lo que más temían se ha hecho realidad. ¿Qué puede haber salido tan mal?

Desafortunadamente, esta tragedia se repite incontables veces en el cristianismo moderno de los Estados Unidos y en otros lugares. El problema no se debe a la falta de preocupación de los padres de familia y los maestros. La mayoría de las veces se debe a que un falso entendimiento de lo que es la justicia trae por consecuencia un resultado opuesto al que se buscaba. La justicia no es algo que una persona puede producir en otra, ni siquiera con la mejor de las intenciones. La justicia no puede legislarse mediante mantener «normas altas».

Un joven puede aprender a «jugar» según las reglas del sistema mientras se encuentra atrapado en un ambiente legalista. Aunque algunos jóvenes están dispuestos a rebelarse abiertamente desde un principio, la mayoría sencillamente «juegan según las reglas» obedeciendo con sus acciones, mas no con su corazón. Sus padres descubren demasiado tarde que la conformidad externa a las normas más estrictas no garantiza la transformación del corazón.

Muchos adultos también luchan con una falsa idea de lo que es la justicia. Desesperadamente quieren hacer lo que es correcto, lo que es piadoso, lo que es espiritual. Pero con mucha frecuencia sus ideas en cuanto a lo que es piadoso y espiritual no son bíblicas. Debido a que ignoran las Escrituras, escuchan lo que la gente dice y siguen las últimas «modas de santidad» que surgen en el cristianismo.

¿Qué es la justicia? ¿Es unirse a una protesta contra el aborto? ¿Es usar el tipo de ropa adecuada? ¿Es deshacerse de la televisión, no poner árboles de Navidad, no poner conejitos de Semana Santa, eliminar las cruces y todo tipo de imagen que ilustre aves inmundas? ¿O es mantener religiosamente su «tiempo devocional» diario, leer la Biblia completa una vez al año y testificar ante todos sus vecinos?

La palabra clave de la decimoctava estrofa del Salmo 119 es «justicia». Los términos «justo» y «justicia» aparecen cinco veces en estos ocho versículos. Nuestro enfoque hacia esta sección será sumamente práctico. Consideraremos exactamente qué es lo que dice cada versículo. Pero esta vez pondremos énfasis sobre el significado y la aplicación de la justicia en nuestras vidas.

Ya que todo el Salmo gira en torno a la Palabra de Dios, veremos cómo la Biblia se relaciona con la justicia. David establecerá dos hechos principales. En primer lugar, que la Palabra de Dios es una Palabra justa. En segundo lugar, esta Palabra justa es también una Palabra eterna. Al estudiar estos dos puntos haremos nuestro mejor esfuerzo por ver qué significa la justicia y cómo juega un papel vital para nuestras vidas.

UNA PALABRA JUSTA (vv. 137–141)

Al examinar el Salmo 119:137–144, podemos observar varios hechos clave acerca de la naturaleza de Dios, de la naturaleza de la Palabra de Dios y de la naturaleza de David. También podremos aprender algunas cosas acerca de la naturaleza de la justicia.

La naturaleza de Dios

«*Justo eres tú, oh Jehová*» (Sal. 119:137*a*).

La justicia forma parte de la naturaleza misma de Dios, la esencia de quién es Dios. La justicia de Dios contrasta agudamente con nuestra propia naturaleza pecaminosa. Cuando Esdras enfrentaba el pecado del remanente judío en Jerusalén y predicaba sobre la necesidad de un avivamiento, dijo: «*Oh Jehová Dios de Israel, tú eres justo, puesto que hemos quedado un remanente que ha escapado, como en este día. Henos aquí delante de ti en nuestros delitos; porque no es posible estar en tu presencia a causa de esto*» (Esd. 9:15).

Es significativo observar que cuando el Señor Jesucristo elevó su gran oración intercesora al Padre en Juan 17:25, Él lo identifica como el «*Padre justo*». De los muchos títulos que Jesús pudo haber escogido, éste es el que utilizó.

En otro de sus salmos, David habla de la naturaleza justa de Dios. «*Justo es Jehová en todos sus caminos, y misericordioso en todas sus obras*» (Sal. 145:17).

Usted puede guardar todas las normas que quiera, pero su propia justicia nunca será como la de Dios. Entre más intente actuar con justicia, más cuenta se dará de que usted no tiene tal justicia. La justicia es la naturaleza de Él, y no la suya ni la mía.

En una de sus profecías acerca de la segunda venida de Cristo, Jeremías vio la restauración futura de Judá e Israel. «*En sus días será salvo Judá, e Israel habitará confiado; y este será su nombre con el cual le llamarán: Jehová, justicia nuestra*» (Jer. 23:6). Un hecho significativo acerca del tiempo de la segunda venida de Cristo es que Israel reconocerá que su propia justicia de nada vale. Sólo Dios puede ser nuestra justicia.

Este también es un concepto clave que el creyente neotestamentario necesita entender. Su justicia personal no tiene peso alguno delante de Dios. A Dios no le importa que usted ya no escucha música del mundo. El hecho de que dedique hora y media cada mañana a leer la Biblia no mueve al Dios Todopoderoso. Usted no tiene justicia que pueda compararse con la justicia de Dios. Observe cómo esta verdad forma parte de las instrucciones que Juan nos da para tratar con nuestro pecado. «*Hijitos míos, estas cosas os escribo para que no pequéis; y si alguno hubiere pecado, abogado tenemos para con el Padre, a Jesucristo el justo*» (1 Jn. 2:1).

Su justicia es la única que vale. ¡Gloria a Dios porque Él es justo! Por ello es que Cristo murió por nosotros, para que nosotros, que no éramos justos, pudiésemos ser vestidos de *su* justicia, para poder estar delante de la presencia de un Dios justo. Aprenderemos más sobre esto más adelante, cuando describamos la naturaleza de la justicia.

La naturaleza de la Palabra

«*Justo eres tú, oh Jehová, y rectos son tus juicios. Tus testimonios, que has recomendado, son rectos y muy fieles*» (Sal. 119:137, 138).

La primera cosa que llama nuestra atención en estos dos versículos es que los testimonios de Dios son rectos. Si Dios es justo, como vemos en el versículo 137, entonces por consecuencia lo que Él dice será recto, o justo. Esa es precisamente la conclusión a la que llega el salmista en el versículo 138.

El versículo 137 nos dice que los juicios de Dios también son rectos. La Palabra de Dios es recta porque es una extensión de su naturaleza, como ya vimos. Ya que su Palabra es recta (justa), ella goza de rectitud. Esto es, no hay nada torcido, ni cambiado, ni «bajo cuerdas» en la Palabra de Dios.

Algunas veces el hombre se queja de que Dios no es justo. En el contexto de la necesidad de predicar sobre una vida justa, Dios habla a través de su profeta Ezequiel: «*Y si dijereis: No es recto el camino del Señor; oíd ahora, casa de Israel: ¿No es recto mi camino? ¿no son vuestros caminos torcidos?*» (Ez. 18:25).

Ser justo es ser equitativo. Dios siempre es equitativo en su trato con la humanidad. Él no hace acepción de personas (Hch. 10:34). Dios es equitativo, justo y recto en todo lo que dice y hace. En el versículo 138 hallamos otra característica de la Palabra de Dios. «*Tus testimonios, que has recomendado, son rectos y muy fieles*». No sólo dice David que la Palabra de Dios es fiel, dice que es *muy* fiel. Esta es una afirmación extremadamente enfática y es la única vez que en la Biblia aparece la frase «muy fieles».

Las cosas o son justas o no lo son; o son rectas o no lo son. Pero algunas veces hay cristianos que describen la Biblia como una copia, traducción o versión razonablemente fiel. La Palabra de Dios no es «razonablemente fiel»; es *muy* fiel. Es 100% fiel. Dicho de otra manera, está llena de fe. Usted puede depender de manera absoluta de todo lo que Dios ha dicho.

Aun en medio del horror de la destrucción de Jerusalén, Jeremías reconoció que Dios y su Palabra eran muy fieles. «*Por la misericordia de Jehová no hemos sido consumidos, porque nunca decayeron sus misericordias. Nuevas son cada mañana; grande es tu fidelidad*» (Lm. 3:22, 23).

Otro atributo de la Palabra de Dios aparece en el Salmo 119:140*a*.:«*Sumamente pura es tu palabra*».

El oro usado en la joyería de «oro puro» en realidad no es puro. No podría serlo, porque en ese caso no retendría su forma. Pero la Palabra de Dios es *sumamente* pura. Es 100% pura. No contiene ingredientes artificiales y carece totalmente de agentes preservativos. Es la Palabra de Dios pura y no adulterada.

Los teólogos discuten, debaten y alteran las palabras de la Biblia siguiendo las tendencias, teorías o corrientes políticas más recientes. Más de 80 traducciones diferentes de la Biblia han surgido en el idioma inglés en el presente siglo. Mientras los teólogos nos dicen que las múltiples diferencias entre las diferentes traducciones no son importantes siempre y cuando se comunique el mensaje principal, Dios mismo dice algo muy diferente. «*Toda Palabra de Dios es limpia; él es escudo a los que en él esperan*» (Pr. 30:5).

En el Salmo 19:8 David dice: «*Los mandamientos de Jehová son rectos, que alegran el corazón; el precepto de Jehová es puro, que alumbra los ojos*» (Sal. 19:8). La Palabra de Dios es una palabra recta y justa porque Dios es un Dios recto y justo. La justa Palabra de Dios es recta, fiel y pura. *Muy* fiel y pura.

Los versículos 137–141 también nos dan información acerca del salmista. Podemos ver cómo esta justa Palabra de Dios echó raíces en la vida de David y la transformó para siempre.

La naturaleza del salmista

«*Mi celo me ha consumido, porque mis enemigos se olvidaron de tus palabras*» (Sal. 119:139).

Un buen padre naturalmente busca proteger a su esposa y sus hijos. Un joven se levanta para defender a su patria. Todos deseamos proteger lo que amamos. David ha aprendido a amar la Palabra de Dios y debido a ello siente un gran celo por la Palabra. Se molesta inmensamente cuando ve a alguien violar la Palabra de Dios.

David menciona ese mismo celo por Dios en el Salmo 69:9. «*Porque me consumió el celo de tu casa; y los denuestos de los que te vituperaban cayeron sobre mí.*» En este caso él representa en sentido profético al Señor Jesucristo, quien también se veía consumido por su celo por Dios y por su Palabra cuando echó del templo a los cambistas. «*Y haciendo un azote de cuerdas, echó fuera del templo a todos, y las ovejas y los bueyes; y esparció las monedas de los cambistas, y volcó las mesas; y dijo a los que vendían palomas: Quitad de aquí esto, y no hagáis de la casa de mi Padre casa de mercado. Entonces se acordaron sus discípulos de que está escrito: El celo de tu casa me consume*» (Jn. 2:15–17).

Este es el tipo de celo que Pablo experimentó en Atenas. «*Mientras Pablo los esperaba en Atenas, su espíritu se enardecía viendo la ciudad entregada a la idolatría*» (Hch. 17:16).

¿Qué experimenta usted al ver el estado de la sociedad de nuestros días? ¿Le molesta ver cómo las personas ridiculizan, quebrantan, menosprecian e ignoran la Palabra de Dios? Como dijo Jeremías, lamentándose de la destrucción de la ciudad de Jerusalén: «*¿No os conmueve a cuantos pasáis por el camino?*» (Lm. 1:12).

El amor que David tenía por la Palabra de Dios provocó en él un celo por la Palabra. Él no podía permanecer inmóvil mientras que el mundo se lanzaba en contra de la verdad divina.

En este pasaje también podemos apreciar el gran amor que David tiene por la Palabra de Dios. «*Sumamente pura es tu palabra, y la ama tu siervo*» (Sal. 119:140).

David señala que la pureza de la Palabra de Dios es el factor que lo motiva en su amor. Diez veces en este salmo David exclama su amor por la Palabra de Dios.

Esta debe ser la razón por la cual muchos hoy día no aman la Biblia. No aprecian su pureza. Tal vez ni siquiera comprenden su pureza.

Hoy día tenemos una multitud de Biblias de estudio y de referencia que están repletas de anotaciones que ponen en tela de duda la confiabilidad, aun la verdad de muchas de las palabras de Dios. ¡Con razón la gente se escandaliza cuando alguien da testimonio de su amor por la Palabra de Dios!

Aquellos de entre nosotros que hemos podido ver la pureza de la Palabra de Dios, hemos llegado a amar la Palabra de Dios. Sin este bendito Libro no podríamos conocer a nuestro bendito Salvador. La pureza de la Palabra de Dios exalta la pureza de nuestro Señor y Salvador.

¿Comprende usted lo que significa amar la Palabra de Dios? ¿Qué entiende usted de la pureza de la Biblia? ¿Cree usted realmente lo que dice en Proverbios 30:5, que toda Palabra de Dios es limpia?

El amor genuino por la Biblia no produce la arrogancia que frecuentemente vemos en algunas personas. Con gran gusto dan una palmada en la tapa de cuero de su Biblia y a voz en cuello proclaman su compromiso de «creer la Biblia». Desafortunadamente su «hablar» muy frecuentemente se ve apagado por lo que las demás personas ven en su «andar». La piedad no es lo mismo que la pureza.

La persona que realmente cree la Biblia es aquella que no sólo se ha enamorado de la pureza del Libro, sino que también se ha enamorado del Dios puro de quien habla el Libro y quien dijo las palabras del Libro. Esta es la relación con la Biblia que produce una humildad dada por Dios.

«Pequeño soy yo, y desechado, mas no me he olvidado de tus mandamientos» (Sal. 119:141).

En el capítulo anterior vimos cómo el hombre común puede tornarse en fuera de lo común por medio de la Palabra de Dios. David fue literalmente *«pequeño y desechado»* en la casa de su padre. Su propio padre ni siquiera lo trajo ante Samuel al principio como candidato a ser ungido rey. *«Entonces dijo Samuel a Isaí: ¿Son éstos todos tus hijos? Y él respondió: Queda aún el menor, que apacienta las ovejas. Y dijo Samuel a Isaí: Envía por él, porque no nos sentaremos a la mesa hasta que él venga aquí»* (1 S. 16:11).

Cuando David fue rey de Israel, nunca se avergonzó de demostrar públicamente el amor que tenía por Dios y por su Palabra. Esto lo hizo parecer «pequeño y desechado» ante los ojos de su esposa Mical. Cuando regresó a Jerusalén con el arca del pacto, David danzó delante del pueblo en alabanza y acción de gracias mientras los guiaba en la adoración. *«Volvió luego David para bendecir su casa; y saliendo Mical a recibir a David, dijo: ¡Cuán honrado ha quedado hoy el rey de Israel, descubriéndose hoy delante de las criadas de sus siervos, como se descubre sin decoro un cualquiera!»* (2 S. 6:20).

David no es el único héroe en la Biblia que poseía humildad. *Todos* los héroes de la Biblia que lo son debido a su amor por Dios y por su Palabra manifiestan una humildad genuina. A veces nombramos a hombres como Sansón y como el rey Saúl entre los héroes de la Biblia. Si bien, ellos son figuras importantes en la historia bíblica, no son héroes en el sentido de amar a Dios y a su Palabra. Ellos descuidaron, pasaron por alto y violaron la Palabra. Permitieron que el orgullo tuviera la victoria en sus vidas y sufrieron las consecuencias de esa falta de fe. Sin embargo, vez tras vez la Biblia nos muestra que los hombres que crecieron en su amor por la Palabra también crecieron en su humildad.

El apóstol Pablo es un buen ejemplo de uno que tenía toda razón por la cual sentirse orgulloso, pero que creció en su humildad. En Filipenses 3 Pablo nos enumera sus impecables credenciales. Desde un punto de vista humano, él tenía todo motivo por el cual sentirse orgulloso, pero sus palabras nos dicen lo contrario. *«A mí, que soy menos que el más pequeño de todos los santos, me fue dada esta gracia de anunciar entre los gentiles el evangelio de las inescrutables riquezas de Cristo»* (Ef. 3:8).

A los corintios, Pablo dijo lo siguiente: *«Porque yo soy el más pequeño de los apóstoles, que no soy digno de ser llamado apóstol, porque perseguí a la iglesia de Dios»* (1 Co. 15:9). Él no se avergonzó de admitir delante de Timoteo que

«Palabra fiel y digna de ser recibida por todos: que Cristo Jesús vino al mundo para salvar a los pecadores, de los cuales yo soy el primero» (1 Ti. 1:15).

¿Está usted dispuesto a personificar la justicia por medio del amor que tiene por Dios y por su Palabra? Si no lo está, ¿podría ser esto una evidencia de que usted tiene un problema de orgullo? ¿No es hora ya de dejar que Dios trabaje en su vida y produzca en usted una humildad genuina?

El versículo 141 nos da un vistazo final al carácter del salmista. *«Mas no me he olvidado de tus mandamientos.»* Él tenía un compromiso hacia la Palabra de Dios.

El obtener la perspectiva correcta sobre quién era ante los ojos de Dios, el obtener esta humildad, es lo que mantuvo a David en línea. En contraste con sus enemigos, quienes habían olvidado la Palabra de Dios (Sal. 119:139), David podía decir con honestidad: *«Mas no me he olvidado de tus mandamientos»* (Sal. 119:141*b*). Su celo por la Palabra, su amor por la Palabra y su humildad genuina producida por la Palabra mantuvieron su compromiso con la Palabra.

Esto no significa que David vivió una vida libre de pecado. Él es el mismo hombre que cometió adulterio, mintió y aun mandó a asesinar a uno de sus mejores súbditos. El concepto romántico y muy poco bíblico que tenemos de la justicia es que ésta consiste en llegar a un punto en nuestras vidas en el cual ya no tenemos problemas con la atracción del mundo y de la carne.

David nunca perdió su naturaleza carnal. Pero David tenía algo que pocos hombres tienen. Él nunca se olvidó de los mandamientos de Dios, aun cuando sucumbió temporalmente al pecado. Algunos pueden entusiasmarse con la Biblia por un tiempo breve, caer nuevamente en pecado, y nunca volver a echar una mirada hacia la Palabra de Dios.

David podía pecar igual que cualquiera, pero *nunca* escapó de la atracción que la Palabra de Dios ejercía sobre su corazón. Nunca se involucró tanto en el pecado que llegara a olvidarse de la Palabra. Él pecó y se sintió miserable por ello. Pero nunca olvidó el lugar de la Palabra en su corazón. Permaneció comprometido con la Palabra de Dios.

¿Cómo es que un pecador como David podía llegar a ser tan sensible a la Biblia? ¿Cómo podría haber llegado a entender la justicia de Dios? Hasta ahora hemos discutido la naturaleza de Dios, la naturaleza de Su palabra y la naturaleza del salmista. Si bien este pasaje no trata este tema de modo directo, nos sería útil dedicar un tiempo a describir la verdadera naturaleza bíblica de la justicia, un concepto tan frecuentemente malentendido.

La naturaleza de la justicia

En el sermón del monte, Jesucristo dijo: *«Bienaventurados los que tienen hambre y sed de justicia, porque ellos serán saciados»* (Mt. 5:6). Apenas unos momentos más tarde dijo: *«Porque os digo que si vuestra justicia no fuere mayor que la de los escribas y fariseos, no entraréis en el reino de los cielos»* (Mt. 5:20).

Los escribas y fariseos eran hombres cuya «justicia» era legendaria. ¡Hasta diezmaban de sus especias! (Mt. 23:23). Hablando de normas alta, *nadie* podía tener normas morales más altas que estos hombres. Sin embargo, fueron el

blanco de los ataques verbales más fuertes de Cristo. Y en este versículo el
Señor nos dice que nuestra justicia deberá ser mayor que la de ellos para
entrar en el reino de los cielos. Si *ellos* no cumplían con las normas de Dios,
¿cómo podremos hacerlo nosotros?

Para empeorar las cosas, considere lo que Pablo dijo a los romanos. «*Como
está escrito: No hay justo, ni aun uno*» (Ro. 3:10). Si esto es cierto (y sabemos
que lo es), ¿cómo puede ser justo Dios al demandar que nosotros seamos
justos?

Empecemos a aclarar algunos de estos temas difíciles. El significado de
las palabras «justo» y «justicia» no es difícil de entender. Tienen que ver
con la calidad de derecho o razón.

Noé es el primer hombre que en la Biblia es llamado justo. «*Dijo luego
Jehová a Noé: Entra tú y toda tu casa en el arca; porque a ti he visto justo delante
de mí en esta generación*» (Gn. 7:1). Dios vio a Noé justo. ¿Qué quiere decir
esto? Para muchos, la respuesta a esta pregunta se halla en Génesis 6:22. «*Y
lo hizo así Noé; hizo conforme a todo lo que Dios le mandó*» (Gn. 6:22). La conclusión a la que llegan es que la justicia consiste en sencillamente hacer todo
lo que Dios mande.

Muchas iglesias crean un conjunto de normas que incluyen todo, desde la
forma de vestir hasta el tipo de actividades que se consideran «piadosas».
Estas «normas» usualmente se derivan de algún pasaje de las Escrituras,
tomado dentro o fuera de su debido contexto. En estas iglesias, a mayor
norma que se cumpla, mayor es la espiritualidad lograda. En lugar de alimentar y nutrir a su redil, el pastor golpea a sus ovejas para que se conformen exteriormente a estas normas. Todo esto parece bueno y espiritual, pero
sencillamente no es bíblico. Es resultado de ignorar el contexto en el cual se
hallan estas palabras. Sólo toma en cuenta parte de la historia. Veamos qué
es lo que dice la Palabra de Dios al respecto.

Los primeros siete versículos de Génesis 6 nos cuentan cómo Dios decide destruir al hombre por su maldad. Dios ve que el hombre no tiene justicia
en sí mismo. En medio de esta triste situación, había un hombre que era
diferente. Pero no era diferente por lo que hacía, ni porque se había confor-
mado a las normas de Dios. Era diferente como resultado de la gracia de
Dios. «*Pero Noé halló gracia ante los ojos de Jehová*» (Gn. 6:8).

La gracia de Dios siempre estuvo disponible. Los otros hombres no la
buscaron y por lo tanto no la hallaron. Noé halló la gracia de Dios y se asió
de ella. Se apropió de ella como si fuera suya. No fue porque se conformó a
las normas de Dios. Fue porque la gracia de Dios estaba disponible para
quien la buscara, ¡y él la halló! Fue la gracia de Dios lo que hizo diferente a
Noé, no sus obras. Debido a que Noé halló gracia ante los ojos del Señor, el
Señor estableció un pacto con Noé. «*Mas estableceré mi pacto contigo, y entrarás en el arca tú, tus hijos, tu mujer, y las mujeres de tus hijos contigo*» (Gn. 6:18).
Noé hizo todo lo que Dios le mandó porque había reclamado la gracia de
Dios para sí. Dios había establecido un pacto con Noé.

El comentario divino sobre esta historia lo hallamos en Hebreos 11:7.
«*Por la fe Noé, cuando fue advertido por Dios acerca de cosas que aún no se veían,*

con temor preparó el arca en que su casa se salvase; y por esa fe condenó al mundo, y fue hecho heredero de la justicia que viene por la fe» (He. 11:7). ¿Cómo se obtiene la justicia? ¿Conformándose externamente a un conjunto de normas? *¡No!* Se obtiene «*por fe*». Esta es la «*justicia que viene por fe*». Existe otra clase de justicia. Es la justicia que se obtiene por conformarse externamente a un conjunto de normas. Estas normas pueden ser aun las normas de Dios, normas bíblicas. Mas esta no es la justicia que viene por fe. Esto es lo que llamamos la «justicia propia» y fue la maldición que por mucho tiempo sufrió la nación de Israel.

Este fue el mensaje que Pablo envió a su pueblo, los judíos. «*Hermanos, ciertamente el anhelo de mi corazón, y mi oración a Dios por Israel, es para salvación. Porque yo les doy testimonio de que tienen celo de Dios, pero no conforme a ciencia. Porque ignorando la justicia de Dios, y procurando establecer la suya propia, no se han sujetado a la justicia de Dios»* (Ro. 10:1–4).

Escuchemos la conclusión del asunto. La justicia no es resultado de lo que usted hace para conformarse externamente a un conjunto de normas, aunque éstas sean las normas correctas. La justicia es un don que le es dado por la gracia de Dios a través de un pacto que se establece con Él, al cual se entra por fe.

La justicia no puede provenir del interior del hombre. Esto lo vimos en la declaración de Pablo en Romanos 3:10. ¿De dónde proviene la verdadera justicia de Dios? Pablo nos da la respuesta correcta en el capítulo siguiente, Romanos 4:1–6:

> *¿Qué, pues, diremos que halló Abraham, nuestro padre según la carne? Porque si Abraham fue justificado por las obras, tiene de qué gloriarse, pero no para con Dios. Porque ¿qué dice la Escritura? Creyó Abraham a Dios, y le fue contado por justicia. Pero al que obra, no se le cuenta el salario como gracia, sino como deuda; mas al que no obra, sino cree en aquel que justifica al impío, su fe le es contada por justicia. Como también David habla de la bienaventuranza del hombre a quien Dios atribuye justicia sin obras.*

Usted *nunca* cumplirá todos los requisitos de la norma de justicia de Dios, no importa cuán duro lo intente. ¡Deje de intentarlo! Aprenda lo que Pablo dijo a los corintios cuando éstos se encontraban jugando sus juegos tontos. «*Así que, somos embajadores en nombre de Cristo, como si Dios rogase por medio de nosotros; os rogamos en nombre de Cristo: Reconciliaos con Dios. Al que no conoció pecado, por nosotros lo hizo pecado, para que nosotros fuésemos hechos justicia de Dios en él»* (2 Co. 5:20, 21).

Sólo Dios es justo. Su Palabra es justa, porque proviene de Él. Usted es justo únicamente si decide asirse de su gracia por fe. Habrá momentos en su vida en los cuales vivirá conforme a las normas de Dios. Habrá momentos en que fracasará en ese intento. Pero en todo momento, usted es la justicia de Dios en Cristo, porque Él es justo y usted está en Él.

Con mis comentarios añadidos entre paréntesis, considere nuevamente ese bien conocido pasaje de Efesios 2. «*Porque por gracia sois salvos* [hechos justos] *por medio de la fe; y esto no de vosotros, pues es don de Dios* [su pacto con usted]; *no por obras* [el conformarse a unas normas], *para que nadie se gloríe*» (Ef. 2:8, 9).

Hemos sido justificados por nuestra fe en la gracia de Dios. Esta es la promesa que Dios nos hace a nosotros, al igual que lo hizo con Abraham, según Pablo explica en Romanos 4:9–14.

> *¿Es, pues, esta bienaventuranza solamente para los de la circuncisión, o también para los de incircuncisión? Porque decimos que a Abraham le fue contada la fe por justicia. ¿Cómo, pues, le fue contada? ¿Estando en la circuncisión, o en la incircuncisión? No en la circuncisión, sino en la incircuncisión. Y recibió la circuncisión como señal, como sello de la justicia de la fe que tuvo estando aún incircunciso; para que fuese padre de todos los creyentes no circuncidados, a fin de que también a ellos la fe les sea contada por justicia; y padre de la circuncisión, para los que no solamente son de la circuncisión, sino que también siguen las pisadas de la fe que tuvo nuestro padre Abraham antes de ser circuncidado. Porque no por la ley fue dada a Abraham o a su descendencia la promesa de que sería heredero del mundo, sino por la justicia de la fe. Porque si los que son de la ley son los herederos, vana resulta la fe, y anulada la promesa.*

Luego, Pablo dice nuevamente: «*Sino también con respecto a nosotros a quienes ha de ser contada, esto es, a los que creemos en el que levantó de los muertos a Jesús, Señor nuestro, el cual fue entregado por nuestras transgresiones, y resucitado para nuestra justificación*» (Ro. 4:24, 25).

Somos hechos justos por fe, y el justo por la fe vivirá (Ro. 1:17). La justicia es vivir por fe según aquello en lo que nos transformamos cuando aceptamos a Cristo como Salvador, porque hemos sido hechos participantes de la naturaleza divina (2 P. 1:3, 4).

Todo lo que no proviene de fe es pecado. «*Pero el que duda sobre lo que come, es condenado, porque no lo hace con fe; y todo lo que no proviene de fe, es pecado*» (Ro. 14:23). *Aun* el intentar conformarse a las «normas» de su iglesia, o a la misma Biblia.

Si usted realmente ama a sus hijos, no se dejará caer en el engaño de pensar que puede aislarlos de la maldad de este mundo. Usted no esperará que ellos se conformen a un conjunto de normas que usted o que otra persona ha confeccionado. Usted les enseñará con su vida que ellos han de amar a Dios y a su Palabra por encima de todas las cosas. Usted les enseñará que nadie cumple la norma de justicia de Dios y que por ello es que Jesucristo murió en nuestro lugar en la cruz. Usted les enseñará que el Dios de justicia nos ha dado una palabra de justicia por la cual hemos de vivir. Aun cuando pecamos, no debemos olvidar su Palabra. El hijo que aprende estas lecciones a partir de su ejemplo quedará amparado contra la maldad del mundo y quedará mejor protegido que con el aislamiento más estricto que se pudiera proveer.

¿No se alegra de que el Dios de justicia nos ha dado una palabra de justicia con la cual podemos hallar su gracia y ser hechos justicia de Dios en Él?
Tome las cosas con más calma. Deje que Dios sea Dios y déjese de intentar
comprobar lo bueno que usted es ante Él. Lo único que logrará comprobar
es cuán desesperadamente perverso usted realmente es y que si no fuera por
su gracia, usted se quemaría eternamente en el fuego del infierno.

UNA PALABRA ETERNA (vv. 142–144)

A la verdad de que Dios es justo y que nos ha dado una Palabra justa,
David añade una ampliación. La Palabra de justicia también es una Palabra
eterna, porque Dios es eterno y su justicia es eterna. Este concepto de eternidad permea los últimos tres versículos de la decimoctava estrofa del Salmo
119.

Justicia eterna

En el versículo 142, David declara: «*Tu justicia es justicia eterna*». Luego,
en el versículo 144, él concluye que «*justicia eterna son tus testimonios*».

Este es el mismo tipo de conclusión lógica que vimos en los versículos
137 y 138. En aquellos versículos David estableció que el Señor era justo.
Puesto que Él es justo, David concluye que Sus palabras son palabras justas.
En este caso, David establece que la justicia de Dios es eterna: Él es un Dios
eterno, ¿verdad? Por lo tanto, la justicia de sus palabras también es eterna.

Lo que es justo hoy será justo por la eternidad. Las normas de Dios jamás
cambian. Su justicia es eterna. Puesto que Él no puede rebajar sus normas,
Él nos eleva a nuevas cumbres. Esto no es resultado de nuestras obras, sino
sólo de su gracia.

Nos acercamos rápidamente al día en el cual el Señor Jesucristo mismo
reinará sobre esta tierra. Sólo entonces entenderán todos que únicamente
Él es justo. Toda justicia que haya en nuestras vidas proviene directamente
de Él por su gracia.

Verdad eterna

Acabamos de ver cómo David declara la justicia eterna de Dios en el versículo 142. En el mismo versículo, David evoca una verdad paralela. «*Y tu
ley la verdad*» (Sal. 119:142).

Tal como la justicia de Dios es eterna, también lo es su verdad. Su ley es la
verdad. Esto es lo mismo que dijo Jesús en Juan 17:17, en su oración intercesora: «*Santifícalos en tu verdad; tu palabra es verdad*». Es interesante observar que el contexto de Juan 17 también trata con nuestra necesidad de vivir
la justicia de Dios al ser conformados a Su norma de justicia.

Es por la gracia de Dios por medio de la fe que somos hechos justos. Esto
es lo que los teólogos denominan justificación. La santificación es el término utilizado para describir el proceso de ser hechos conformes a las normas
de Dios. Este proceso no se logra por nuestras obras. Se logra por la verdad:
la Palabra de Dios es verdad.

Lo que es verdad hoy será verdad un millón de años en el futuro. Lo que es verdad, es verdad en todo tiempo y bajo todas las circunstancias. La naturaleza de Dios no admite una moral que varía según las situaciones. Su justicia es eterna, y su verdad también lo es.

Delicia eterna

«*Aflicción y angustia se han apoderado de mí, mas tus mandamientos fueron mi delicia*» (Sal. 119:143).

Nuevamente nos encontramos con nuestras viejas amigas: la aflicción y la angustia. En esta vida nunca podemos apartarnos mucho de ellas. En el contexto de la eterna Palabra de Dios, David menciona la aflicción y la angustia. Ellas siempre nos acompañarán en esta vida, pero *no son* eternas. Sin embargo, la Palabra de Dios *sí es* eterna.

Una vez que esta verdad penetra en nuestra conciencia, una luz aparece. No hay aflicción, no hay angustia que dure para siempre. Pero la Palabra de Dios permanece para siempre. Por lo tanto, yo escojo deleitarme en la Palabra de Dios.

Todos tenemos problemas. Usted no es diferente de los demás. Puede escoger enfocarse en sus problemas y en su angustia, o puede escoger deleitarse en la Palabra de Dios.

Es su decisión. ¿Qué escoge usted? Sólo una de las alternativas durará para siempre. «*Bienaventurado el varón que no anduvo en consejo de malos, ni estuvo en camino de pecadores, ni en silla de escarnecedores se ha sentado; sino que en la ley de Jehová está su delicia, y en su ley medita de día y de noche. Será como árbol plantado junto a corrientes de aguas, que da su fruto en su tiempo, y su hoja no cae; y todo lo que hace, prosperará*» (Sal. 1:1–3).

Fortaleza eterna

«*Justicia eterna son tus testimonios; dame entendimiento, y viviré*» (Sal. 119:144).

Esta estrofa tiene una sola petición de oración. En las garras de la aflicción y la angustia, David pide a Dios entendimiento. Él sabe que tiene una Palabra eterna y justa que proviene de un Dios eterno y justo. Lo que le falta es entendimiento para guardar esa Palabra hasta el fin.

Su vida, su supervivencia, depende de entender la Palabra de Dios. La fortaleza de David en medio de la aflicción se encuentra en lo que perdura para siempre: la Palabra de Dios. David tiene una fortaleza eterna a su disposición, porque tiene una Palabra eterna.

Cuando llegamos a entender la verdadera naturaleza de la justicia, y vemos la eternidad de esa justicia, de Dios y de su Palabra, descubrimos una fuente que nunca se seca (Jn. 4:14). Hallamos una fortaleza que nunca se agota.

¿Cuál es la fuente de su fortaleza? Si es una persona o una cosa, usted está en problemas. La única fuente de fortaleza eterna es el Dios eterno y su Palabra eterna.

«*Torre fuerte es el nombre de Jehová; a él correrá el justo, y será levantado*» (Pr. 18:10). «*Pero la salvación de los justos es de Jehová, y él es su fortaleza en el tiempo de la angustia*» (Sal. 37:39).

¿Está cansado de intentar establecer su propia justicia? ¿No se ha dado cuenta de que nunca lo logrará? A veces toma años aprender esta verdad sencilla. Algunos nunca la aprenden.

¿Por qué no dejar a un lado sus débiles intentos de impresionar a Dios? Reciba su gracia y dése cuenta que sólo su gracia y su justicia pueden guardarle de ir al fuego del infierno. Apóyese sólo en su justicia. Es una justicia eterna que le sacará adelante en toda su aflicción y su angustia.

19

EL PRECIO DEL PODER PARA CON DIOS

Clamé con todo mi corazón; respóndeme, Jehová, y guardaré tus estatutos. A ti clamé; sálvame, y guardaré tus testimonios. Me anticipé al alba, y clamé; esperé en tu palabra. Se anticiparon mis ojos a las vigilias de la noche, para meditar en tus mandatos. Oye mi voz conforme a tu misericordia; oh Jehová, vivifícame conforme a tu juicio. Se acercaron a la maldad los que me persiguen; se alejaron de tu ley. Cercano estás tú, oh Jehová, y todos tus mandamientos son verdad. Hace ya mucho que he entendido tus testimonios, que para siempre los has establecido.

Salmo 119:145–152

En los Estados Unidos de América, el día después de la fiesta de Acción de Gracias que se celebra en noviembre es el día de mayor actividad comercial en todo el año. Los centros comerciales y las calles de la ciudad se atestan de compradores en busca de las gangas previas a la Navidad, sean éstas reales o imaginarias. La mayoría de las personas tienen presupuestos limitados, y tratan de respetar ese límite al comprar sus regalos de Navidad. Las etiquetas de precios cobran mayor importancia. Todos quieren comprar las cosas a buen precio.

Entre más años tengo encima, más me convenzo de lo cierto que es el viejo adagio: «Lo barato sale caro». Muchas veces me ha salido el tiro por la culata cuando por ahorrar un par de dólares compro un producto inferior que no dura. Todos queremos una ganga, pero a veces es mejor gastar un poco más y comprar un producto que no sólo satisfaga sino que también perdure. Es mucho más barato comprar algo una sola vez, aunque su precio sea mayor, que comprar un modelo más barato dos o tres veces. Todo tiene su precio, y la mayoría de las veces lo barato sale caro.

La ganga más grande de toda la historia es la salvación que Dios ofrece. Es absolutamente gratuita, es de la más alta calidad, nadie puede romperla, perderla ni robarla y durará por toda la eternidad. Sin embargo, nuestra salvación sí tuvo un precio. Aunque a nosotros no nos costó nada, a Dios, el Dador, le costó todo.

Una vez que el creyente recibe el don gratuito de la salvación, tiene a su disposición poder para con Dios. El poder para con Dios es algo que no puede comprarse a ningún precio. No puede obtenerse por fama o por influencia. Sin embargo, también tiene un precio muy elevado.

Esta estrofa muestra el precio que David pagó para tener poder para con Dios. Vemos apenas un vistazo de la intensidad espiritual que caracterizaba la vida de David. Vemos que su búsqueda no era un deseo informal, era una obsesión.

Hay cinco ingredientes en la vida del salmista que podemos discernir al leer este pasaje con detenimiento. Veremos que él sabía cómo clamar a Dios con tanto su corazón como su alma. Veremos cómo buscaba a Dios de día y de noche. Él aprendió a confiar en Dios al sentirse débil y al sentirse fuerte y a estar atento a Dios de cerca y de lejos. Por encima de todo, él estaba comprometido a creer la Palabra de Dios por siempre y para siempre.

CLAMAR A DIOS CON EL CORAZÓN Y EL ALMA (vv. 145, 146)

«Clamé con todo mi corazón; respóndeme, Jehová, y guardaré tus estatutos. A ti clamé; sálvame, y guardaré tus testimonios» (Sal. 119:145, 146).

En el versículo 145 vemos a David clamando con todo su corazón. Este no es un clamor personal y silencioso. Es un grito de gran intensidad. Esta expresión era una que los hebreos utilizaban para describir un clamor o grito que se originaba desde lo profundo del diafragma. Es la expresión que se usa en Génesis 39:14, cuando la esposa de Potifar acusa falsamente a José de querer acostarse con ella y dice que da grandes voces. *«Llamó a los de casa, y les habló diciendo: Mirad, nos ha traído un hebreo para que hiciese burla de nosotros. Vino él a mí para dormir conmigo, y yo di grandes voces»* (Gn. 39:14).

Es el mismo tipo de expresión que se utiliza más adelante para describir el anuncio de cuando José asciende a ser el segundo en el poder en Egipto. *«Y lo hizo subir en su segundo carro, y pregonaron delante de él: ¡Doblad la rodilla!; y lo puso sobre toda la tierra de Egipto»* (Gn. 41:43).

Muchos de nosotros clamamos a Dios a medias. Deseamos su poder, su protección y sus bendiciones. Lo que no queremos es pagar el precio que ello implica. No queremos consagrar nuestro corazón a Él por completo. Con razón hemos creado una subcultura completa de «consejeros cristianos» que luchan por reforzar nuestras inestabilidades e inseguridades. *«El hombre de doble ánimo es inconstante en todos sus caminos»* (Stg. 1:8).

Cuando estamos menos que completamente consagrados en nuestros corazones hacia Dios, manifestaremos una inconstancia al mismo grado en nuestras vidas. Nuestro Señor entendió la importancia de tal nivel de compromiso y consagración. Cuando fue desafiado por un intérprete de la ley a citar el mandamiento más grande, Él respondió: *«Jesús le dijo: Amarás al Señor tu Dios con todo tu corazón, y con toda tu alma, y con toda tu mente»* (Mt. 22:37).

David clamó: *«respóndeme, Jehová»*. Este es el clamor de un niño para obtener la atención de su padre. Un niño pequeño puede ser muy ingenioso para llamar la atención de su padre. No importa que su padre se encuentre hablando con gente importante sobre asuntos importantes. Cuando el hijo necesita al padre, él clama. Tal es la libertad que gozamos con nuestro Padre Celestial.

¿Cuándo fue la última vez que usted clamó a Dios con todo su corazón? ¿Lo hizo realmente con *todo su corazón?*

El salmista no emite un clamor vacío. El mismo se ve acompañado de una decisión de guardar Sus estatutos. Observe las palabras del versículo 145: «*Y guardaré tus estatutos*». La decisión de David no depende de que Dios le responda. Él dice: «*Respóndeme, Jehová, y guardaré tus estatutos*». David quiere llamar la atención de Dios de una manera osada y fuerte. El verbo «guardaré» en su tiempo futuro implica un compromiso serio.

¿Puede usted decir honestamente que tiene un compromiso semejante de guardar la Palabra de Dios? ¿Está decidido a obedecer la Palabra de Dios? ¿O alberga dudas al respecto en su mente?

En el versículo 145 vemos *cómo* oraba David. El versículo 146 nos dice *qué pedía* David en su oración. «*A ti clamé; sálvame, y guardaré tus testimonios*» (Sal. 119:146). El versículo 145 nos muestra que David clamaba con todo su corazón. El versículo 146 nos muestra que oraba con toda su alma dirigida en el sentido correcto. David dice: «*A ti clamé*» (énfasis del autor).

La intensidad de su clamor sigue allí. Pero aquí tenemos el detalle de *a quién* clamaba David. Esto es importante porque nosotros los creyentes frecuentemente clamamos con gran intensidad a nuestros pastores, maestros, consejeros o amigos. ¿A quién clama usted en tiempo de necesidad? ¿Clama a todo el mundo, menos a Dios, acudiendo a Él sólo como último recurso?

El versículo 146 nos da la esencia de esta oración: «*Sálvame*». Hemos de recordar que esta petición surge en el contexto del Antiguo Testamento. David no está elevando una «oración de penitente» pidiendo ser salvo del infierno como hoy día se hace en respuesta a una invitación evangelística. David nuevamente está sufriendo ataques del enemigo. Está sufriendo persecución y opresión. Él desesperadamente quiere experimentar la mano y el poder de Dios en su vida. Para él, esto es asunto de vida o muerte, lo cual explica la intensidad de su oración.

Frecuentemente queremos limitar el significado de la «salvación» al contexto de la conversión. Esto es algo desafortunado porque esta palabra tiene muchos usos diferentes. Pedro ya había puesto su fe en la gracia salvadora de Cristo cuando estaba caminando sobre el agua con el Señor. Pero cuando quitó sus ojos del Salvador, empezó a hundirse y clamó: «*¡Señor, sálvame!*» (Mt. 14:30). Pedro se encontraba en un problema serio y se dio cuenta que no tenía esperanza a menos que Dios interviniera. Nosotros también hemos de entender esta oración de esa manera. Cuando nos encontramos en medio de nuestros problemas, debiéramos clamar al Señor con gran intensidad: «*¡Sálvame!*»

Al momento de nuestra conversión, es nuestro espíritu el que nace de nuevo (Jn. 3:6, 7). Durante nuestra vida presente nuestra alma (mente, emociones y voluntad) es la que se ve renovada por la aplicación de la Palabra de Dios. Nuestro cuerpo físico espera la aplicación plena de esta salvación que ocurrirá en la segunda venida de Cristo, cuando recibiremos un cuerpo glorificado (Ro. 8:17–25).

Pablo dos veces menciona la renovación de la mente. La primera vez lo hace a los romanos. «*Así que, hermanos, os ruego por las misericordias de Dios, que presentéis vuestros cuerpos en sacrificio vivo, santo, agradable a Dios, que es vuestro culto racional. No os conforméis a este siglo, sino transformaos por medio de la renovación de vuestro entendimiento, para que comprobéis cuál sea la buena voluntad de Dios, agradable y perfecta*» (Ro. 12:1, 2). La segunda vez es en su carta a los efesios. «*Y renovaos en el espíritu de vuestra mente*» (Ef. 4:23).

¿Ha cooperado usted con Dios, permitiéndole que por su Palabra Él le renueve su mente? En el Nuevo Testamento, esto equivale a clamar a Dios diciendo: «¡Señor, sálvame!» Cuando estamos en medio de nuestras pruebas y problemas, sólo una mente renovada puede equiparnos para ver las cosas como Dios las ve y para responder bíblicamente como Él quiere que respondamos.

Resumiendo estas dos ideas, podemos decir que David clamó al Señor con tanto su corazón como su alma. Cuán débiles resultan nuestras oraciones a medias comparadas con las de David. Debiéramos preguntarnos a nosotros mismos qué es lo que realmente deseamos de la vida. ¿Estamos dispuestos a clamar a Dios con nuestro corazón y nuestra alma? ¿Estamos dispuestos a comprometernos a obedecer su palabra, sin importar cuál sea Su respuesta? Esta es la razón por la cual David tenía poder para con Dios y muchos de nosotros no lo tenemos.

BUSCAR A DIOS DE DÍA Y DE NOCHE (vv. 147, 148)

«Me anticipé al alba, y clamé; esperé en tu palabra. Se anticiparon mis ojos a las vigilias de la noche, para meditar en tus mandatos» (Sal. 119:147, 148).

En este versículo David dice que se levantaba antes del amanecer para clamar a Dios. Esta es la tercera vez en esta estrofa que David dice que clama a Dios. Las doce horas de la noche judía, desde las seis de la tarde hasta las seis de la mañana, se dividían en cuatro vigilias de tres horas cada una. Los nombres comunes de estas cuatro vigilias aparecen en Marcos 13:35. *«Velad, pues, porque no sabéis cuándo vendrá el señor de la casa; si al anochecer, o a la medianoche, o al canto del gallo, o a la mañana.»*

Cada mañana David fijaba su compromiso y su propósito para ese día. Las vigilias de la noche eran un tiempo de reflexión, un tiempo para meditar en la Palabra de Dios y evaluar el día y sus actividades. Los ojos de David se anticipaban a las vigilias de la noche, cuando estaba libre de las responsabilidades del día y podía meditar en la Palabra de Dios. En otras palabras, él no dejaba que sus ojos se cerraran porque estaba anticipando usar las vigilias de la noche para meditar en la Palabra de Dios. El buscar a Dios en oración y en su Palabra era un ejercicio continuo para David y no sólo un devocional de quince minutos al día.

Tanto la mañana como la noche son tiempos para buscar a Dios. Considere las bendiciones de buscar a Dios temprano por la mañana. David se levantaba antes del alba para estar con Dios.

En mis años de juventud yo era el típico trasnochador. Permanecía alerta hasta tarde por la noche. Sin embargo, el levantarme por la mañana era otro tema diferente. Me convencí a mí mismo que estar con Dios de noche era tan espiritual como estarlo de día. Eso es cierto, pero eso no es todo el asunto. El precio del poder para con Dios es buscarle día y noche. El paso de los años ha modificado algunos de mis hábitos, mas no todas mis inclinaciones. Ahora me levanto antes del amanecer, pero sigue sin gustarme el madrugar. Todavía permanezco despierto hasta tarde, pero he aprendido a buscar a Dios en todo tiempo.

Es imposible explicar las recompensas de levantarse antes del amanecer para pasar tiempo con Dios. Pero por otro lado nunca he perdido la fascinación de reflexionar en la Palabra de Dios al final de un largo día. David entendió estas dos cosas.

> *Salmo de David, cuando estaba en el desierto de Judá. Dios, Dios mío eres tú;* **de madrugada te buscaré;** *mi alma tiene sed de ti, mi carne te anhela. En tierra seca y árida donde no hay aguas, para ver tu poder y tu gloria, así como te he mirado en el santuario. Porque mejor es tu misericordia que la vida; mis labios te alabarán. Así te bendeciré en mi vida; en tu nombre alzaré mis manos. Como de meollo y de grosura será saciada mi alma, y con labios de júbilo te alabará mi boca, cuando me acuerde de ti en mi lecho, cuando medite en ti* **en las vigilias de la noche** (Sal. 63:1–6, énfasis del autor).*

Considere otras fuentes de evidencia.

> *Nunca se apartará de tu boca este libro de la ley, sino que* **de día y de noche** *meditarás en él, para que guardes y hagas conforme a todo lo que en él está escrito; porque entonces harás prosperar tu camino, y todo te saldrá bien* (Jos. 1:8, énfasis del autor). *Bienaventurado el varón que no anduvo en consejo de malos, ni estuvo en camino de pecadores, ni en silla de escarnecedores se ha sentado; sino que en la ley de Jehová está su delicia, y en su ley medita* **de día y de noche.** *Será como árbol plantado junto a corrientes de aguas, que da su fruto en su tiempo, y su hoja no cae; y todo lo que hace, prosperará* (Sal. 1:1–3, énfasis del autor).

¿Está confiando en la falsa seguridad que da un corto devocional cómodo y estructurado? ¿Ha permitido que su tiempo en la Palabra de Dios se torne en un mero ritual? ¿O ha llegado a entender que necesita meditar en la Palabra de Dios de día y de noche?

Por favor, no piense que estoy diciendo que usted debe renunciar a su trabajo, colocar sus materiales de estudio sobre la mesa del comedor y pasar veinticuatro horas al día en un estudio formal de la Biblia. Sencillamente me estoy refiriendo a la necesidad que todos tenemos de estar a tono con Dios a través de su Palabra, buscando el tiempo para estar en su Palabra en la mañana, en la noche y en el transcurso del día, según surjan las oportunidades. Aproveche esos momentos de espera en el consultorio del doctor, mientras espera que le asignen su tarea siguiente, antes de su próxima cita, o durante sus tiempos de descanso para pasar unos cuantos minutos en la Palabra. Siempre mantenga su mente y su corazón abiertos ante Dios, al meditar sobre lo que ha visto en su Palabra.

Además, observe *qué* era lo que clamaba David por las mañanas. «*Esperé en tu palabra*» (Sal. 119:147*b*). David iniciaba su día afirmando delante de Dios que había puesto sus esperanzas en su Palabra.

En la Biblia, la esperanza no es un deseo. La esperanza es la certeza de algo que todavía no ha ocurrido. Antes de los eventos de cada día, David ponía su confianza en la Palabra de Dios. Su dirección se fijaba hacia un objetivo lleno de certeza: el cumplimiento de la Palabra de Dios.

Aunque él desconocía lo que el día le traería, sabía dónde había puesto su confianza. ¡Qué manera más práctica de iniciar el día! Cualquier día puede traernos una gama pletórica de circunstancias. Frecuentemente no tenemos control sobre esos eventos. Sin embargo, sí podemos anticipar los eventos, los buenos y los malos, al declarar nuestro compromiso con la Palabra de Dios. No sabemos *qué* ha de acontecer, pero *sí* sabemos *cómo* habremos de responder.

El salmista concluía su día de una manera tan práctica y beneficiosa que su manera de iniciarlo. «*Se anticiparon mis ojos a las vigilias de la noche, para meditar en tus mandatos*» (Sal. 119:148). Hemos tenido mucho que decir acerca de la meditación durante nuestro estudio del Salmo 119. No hay necesidad de repetir lo dicho aquí, salvo para decir que el patrón que David establece de meditar en las vigilias de la noche es un buen patrón.

También vale la pena mencionar la aplicación doctrinal de este pasaje, que habla de ese tiempo justo antes de que salga el Sol de justicia (Mal. 4:2). Varias veces hemos indicado que muchos salmos tienen una aplicación profética directamente relacionada con el tiempo de la Tribulación o el del Milenio. La aflicción de David y su clamor de corazón a Dios presentan un cuadro profético de sus descendientes futuros quienes clamarán a Dios pidiendo salvación durante la oscuridad de la aflicción de la Tribulación, el «tiempo de angustia para Jacob».

Si bien la Iglesia no ha sido puesta para pasar por la Tribulación (1 Ts. 5:9), hemos de estar atentos al hecho de que vivimos en las vigilias de la noche que preceden la inminente venida de Cristo, la cual Malaquías describe como la salida del Sol de justicia. Nosotros también tenemos gran necesidad de meditar en la Palabra de Dios durante la noche.

Este fue el consejo que ofreció Pedro: «*Tenemos también la palabra profética más segura, a la cual hacéis bien en estar atentos como a una antorcha que alumbra en lugar oscuro, hasta que el día esclarezca y el lucero de la mañana salga en vuestros corazones*» (2 P. 1:19).

CONFIAR EN DIOS AL SENTIRSE
DÉBIL Y AL SENTIRSE FUERTE (v. 149)

«Oye mi voz conforme a tu misericordia; oh Jehová, vivifícame conforme a tu juicio» (Sal. 119:149).

El confiar en Dios desde una posición de fuerza es tan fácil como determinar la táctica ganadora de un partido de fútbol que se jugó ayer. David está orando desde una posición de debilidad en medio de su aflicción. La victoria espiritual consiste en aprender a confiar en Dios cuando nos sentimos fuertes y cuando nos sentimos débiles. Esto implica una relación continua con Él, semejante al aprender a clamar a Dios con tanto el corazón como el alma, y el aprender a buscarle de día y de noche.

Este breve versículo contiene dos peticiones. La primera es que Dios escuche al salmista conforme a su misericordia. Esta es la base de la comunión: *«conforme a tu misericordia»*. En oportunidades anteriores David ha pedido la misericordia de Dios (Sal. 119:41, 58, 76, 77, 124, 132). Dios nos ha provisto de mucho más que sólo la salvación del infierno. Nos ha abierto la puerta de la comunión con Él en base a su misericordia. Él no estaba obligado a hacerlo. Ni siquiera estaba obligado a salvarnos del infierno.

En el versículo 145 David pide a Dios que le responda. En el versículo 149 nos da la base de nuestra comunión, por la cual Él nos escucha y responde: la misericordia de Dios.

Debido a que Dios es quien es, damos por sentado que Él es amante y misericordioso. Esperamos esto de Él. Desafortunadamente, esto frecuentemente significa que nos volvemos desagradecidos. Es lo inesperado lo que frecuentemente propicia nuestro agradecimiento de corazón. Pero ¿no cree usted que debiéramos dar un mayor valor a ese amor y misericordia que fluyen como un poderoso río que nunca se seca? ¿Realmente apreciamos la misericordia de Dios?

Mi madre es una santa. Nunca he conocido a una persona más dulce y poco egoísta que ella. Nunca la he visto ser otra cosa que amorosa y gentil. La he observado en toda clase de circunstancias y ella nunca me ha decepcionado por la consistencia de su naturaleza maravillosamente dulce. Tal vez es por eso que doy por sentado mi relación con ella y frecuentemente olvido decirle cuánto es que realmente la amo y aprecio.

¿No es esto lo que hacemos con Dios? Sencillamente suponemos que su misericordia estará allí para nosotros. ¡Y lo está! Pero eso no es excusa para dejar de reconocer que esa es la base por la cual nos escucha cuando clamamos a Él. ¿Por qué se levanta una madre a media noche para atender a su hijo que llora? Es su misericordia natural de madre. Esa es la base de su comunión con ese hijo.

Cuando consideramos los versículos 147–148, también consideramos el Salmo 63:1–6 para ver el gran valor que David había puesto sobre meditar en la Palabra de Dios de día y de noche. En el Salmo 63 David menciona la relación con la misericordia de Dios, tal como lo hizo aquí en el Salmo 119.

«Porque mejor es tu misericordia que la vida; mis labios te alabarán. Así te bendeciré en mi vida; en tu nombre alzaré mis manos» (Sal. 63:3, 4).

¿Bendice usted a Dios en su vida? ¿O será necesario que experimente la muerte física para que se dé cuenta de la deuda de amor que debe? Usted se dará cuenta algún día de que sólo es la misericordia de Dios la que lo mueve a escucharle cuando usted clama.

El paralelismo existente en la poesía hebrea puede apreciarse en el versículo 149 por la repetición de la frase «*conforme a*». En cuanto a la segunda petición, la segunda mitad del versículo dice: «*Oh Jehová, vivifícame conforme a tu juicio*».

Hemos visto el verbo «vivificar» muchas veces en este salmo y hemos determinado que su significado es «dar vida». También hemos visto que el equivalente de esta oración en el Nuevo Testamento es pedir a Dios Su gracia. (Por ejemplo, vea la discusión sobre el versículo 88 en el capítulo 11.) La conexión entre el «dar vida» y la «gracia» la establece Pablo en Efesios 2:5. «*Aun estando nosotros muertos en pecados, nos dio vida juntamente con Cristo (por gracia sois salvos)*».

Este vivificamiento, o gracia de Dios, es «*conforme a tu juicio*». Si tenemos en mente los muchos términos que se usan en este salmo para referirse a la Palabra de Dios, en lenguaje del Nuevo Testamento, David está diciendo: «Dios, dame gracia conforme a tu palabra». Es en la Biblia donde aprendemos a acercarnos al trono de Dios para hallar la gracia que necesitamos en las pruebas. «*Acerquémonos, pues, confiadamente al trono de la gracia, para alcanzar misericordia y hallar gracia para el oportuno socorro*» (He. 4:16).

Esta no es la única ocasión en la cual la misericordia de Dios y el deseo del salmista de ser vivificado aparecen en el mismo pasaje. Observe estos ejemplos: «*Vivifícame conforme a tu misericordia, y guardaré los testimonios de tu boca*» (Sal. 119:88). «*Mira, oh Jehová, que amo tus mandamientos; vivifícame conforme a tu misericordia*» (Sal. 119:159). «*Hazme oír por la mañana tu misericordia, porque en ti he confiado; hazme saber el camino por donde ande, porque a ti he elevado mi alma ... Por tu nombre, oh Jehová, me vivificarás; por tu justicia sacarás mi alma de angustia*» (Sal. 143:8, 11).

Este corto versículo es poderoso porque nos da un gran patrón para obtener poder para con Dios. Mantenemos nuestra comunión basados en su misericordia; pedimos su gracia poderosa basados en su Palabra.

¿Comprende por qué la oración no se trata de sencillamente lanzar nuestros deseos a Dios? ¿Puede ver que nuestra oración debe basarse en Dios, su naturaleza y su Palabra? El comprender esta verdad es la clave de una vida de oración efectiva, y el principio del poder para con Dios. Usted halla la gracia para el oportuno socorro cuando se acerca al trono de Dios basándose en su Palabra.

Nuevamente veamos el trasfondo de este versículo. Empezamos nuestro comentario diciendo que necesitamos aprender a confiar en Dios, ya sea que nos sintamos fuertes o nos sintamos débiles. Frecuentemente, cuando nos encontramos en medio de una prueba grande, nos desanimamos, en lugar de ser motivados a buscar la gracia de Dios. Nuestras oraciones son elocuentes y altisonantes cuando las cosas nos van bien, pero necesitamos aprender a confiar en Dios siempre y en toda circunstancia.

Pablo hasta llegó a aprender que la debilidad es una gran herramienta para enseñarnos a confiar en Dios. Él le comunicó esto a los corintios. «*Y me ha dicho: Bástate mi gracia; porque mi poder se perfecciona en la debilidad. Por tanto, de buena gana me gloriaré más bien en mis debilidades, para que repose sobre mí el poder de Cristo*» (2 Co. 12:9, 10).

ESTAR ATENTO A DIOS DE CERCA Y DE LEJOS (vv. 150, 151)

«*Se acercaron a la maldad los que me persiguen; se alejaron de tu ley. Cercano estás tú, oh Jehová, y todos tus mandamientos son verdad*» (Sal. 119:150, 151).

Para nosotros es fácil perder nuestra perspectiva de las distancias. En este libro he mencionado varias veces una enfermedad que sufro en un ojo. Cuando sólo puedo usar un ojo, mi percepción de la profundidad es muy pobre. Mi esposa se pone muy nerviosa cuando conduzco el auto. (A mí no me da la cabeza por ponerme nervioso, ni por dejar que ella conduzca si vamos a alguna parte juntos.)

Hay veces que pareciera que Dios está muy cerca, aquí en la habitación, junto a nosotros. Hay otras veces que pareciera que Dios está a un millón de kilómetros de distancia. El creyente maduro necesita aprender a no confiar en sus sentimientos, sino en lo que la Palabra de Dios dice. Jesús dijo lo siguiente: «*Enseñándoles que guarden todas las cosas que os he mandado; y he aquí, yo estoy con vosotros todos los días, hasta el fin del mundo. Amén*» (Mt. 28:20).

Aquí tenemos la promesa específica que el Señor estará con nosotros todos los días. *Él nunca* está lejos de nosotros, aun cuando *pareciera* que lo está. Pero a veces perdemos nuestra percepción de las distancias.

En el estudio de las artes marciales es extremadamente importante comprender la distancia que hay entre usted y su contrincante. Las distintas disciplinas de lucha tienen su propia percepción de la distancia que debe mantenerse durante un combate. Las disciplinas que ponen énfasis en el manejo de los pies y las patadas típicamente guardan una mayor distancia entre los contrincantes. Los luchadores que dependen más de técnicas con las manos guardarán una distancia menor. Una no es necesariamente mejor ni peor que la otra. El asunto es conocer la distancia apropiada que deberá existir entre usted y su contrincante para que usted pueda desarrollar una técnica de lucha efectiva y defenderse.

El guerrero espiritual también necesita tener un conocimiento adecuado de la distancia a guardar en la lucha. Este es el tema de David en los versículos 150, 151. Él sabía que sus enemigos se acercaban. Esto puede causar mucho temor en aquellos que no comprenden el arte de la lucha. Frecuentemente es ventajoso para un luchador que su contrincante se acerque. De esta manera, la fuerza del contrincante puede usarse en su contra. El efecto de una patada fuerte puede anularse si uno se acerca con una técnica de bloqueo sólida.

¿Por qué David no siente temor? Él sabe que aunque los enemigos se están acercando a él, están lejos de la ley de Dios. Lo que ellos perciben como una posición de fuerza en realidad es una posición de gran debilidad. Están cerca de su objetivo, pero están lejos de Dios y cerca del infierno. No importa cuán cerca se encuentren sus enemigos, siempre y cuando estén lejos de la Palabra de Dios. Si su contrincante está apegado a la Palabra de Dios y se le está acercando, ¡usted es el que está en problemas! Esto significa que *usted* está lejos de la Palabra. No se preocupe por si Dios está o no está de su lado. Preocúpese por estar del lado de Dios.

En el versículo 151 David explica otro elemento importante en la lucha contra el enemigo. Él nos da evidencia de que entiende correctamente las distancias comprendidas. El enemigo se acerca, pero «*cercano estás tú, oh Jehová*» (Sal. 119:151*a*).

Cuando los enemigos se acercan, recuerde que Dios siempre está más cerca. ¿Cómo sabe esto David? De la misma manera que lo sabemos nosotros: por la Palabra de Dios. El compromiso que David tiene hacia ella lo coloca en la posición correcta. Está a la distancia correcta de sus enemigos y a la distancia correcta de Dios. Su fundamento para enfrentar todo conflicto y combate espiritual es su convicción de que «*Todos tus mandamientos son verdad*» (Sal. 119:151*b*).

David está haciendo más que sólo afirmar que la Biblia es cierta. ¡Por supuesto que lo es! Pero David dice: «*Y todos tus mandamientos son verdad*» Son *verdad* y no sólo ciertos. Podemos decir que Dios ama, y eso es cierto. Pero es más profundo saber que Dios *es amor* (1 Jn. 4:8). La Palabra de Dios es más que cierta, *es la verdad*.

¡Las implicaciones de esto son asombrosas! El decir que la Biblia es verdad es correcto, por supuesto, pero no es suficiente. Porque entonces tendríamos que decir: ¿verdad comparada con qué? El asunto es «¿con qué norma la evaluamos?» ¿Es verdad conforme a la ciencia? ¿Es verdad conforme a la historia? ¿Es verdad conforme a lo que dicen todos los otros «ismos» y «ologías»?

He aquí el corazón del asunto: La Biblia *es* la verdad. Ella *es* la norma por la cual todas las verdades y falsedades pueden evaluarse. Esta es la posición de lucha de David. Así es que guarda su percepción de la profundidad, de la distancia apropiada de combate.

Permita que su enemigo se acerque, siempre y cuando esté alejado de la Palabra de Dios. ¡Dios siempre está más cerca que el enemigo! Nos apoyamos firmemente sobre el Libro que es la norma de toda verdad, la única verdad absoluta de todo el universo.

No importa cuál sea su posición, esté atento a Dios y a su Palabra, ya sea que Él parezca estar cerca o estar lejos. No importa lo que *parezca*, si usted se basa sobre el hecho de que los mandamientos de Dios son verdad, usted siempre sabrá que Dios está más cerca que sus enemigos.

CREER LA PALABRA DE DIOS
POR SIEMPRE Y PARA SIEMPRE (v. 152)

«*Hace ya mucho que he entendido tus testimonios, que para siempre los has establecido*» (Sal. 119:152).

Como es de esperarse en esta gran celebración de la Palabra de Dios, el salmista retorna a la razón principal que lo lleva a escribir: la Palabra de

Dios. Este es el versículo que resume el tema de esta estrofa, y de este salmo. Él proclama el tema con claridad: «*tus testimonios*». No hay duda respecto al tema de discusión. El Salmo 119 menciona la Biblia en todos sus versículos, salvo tres de ellos (Sal. 119:90, 122, 132).

Una y otra vez hemos visto tanto la profundidad como la certeza del compromiso que David tiene con la Palabra de Dios. La decisión está hecha. David no piensa volver atrás. Aun en medio de su pecado y desobediencia, David estaba dispuesto a cumplir su compromiso con la Palabra de Dios. Él iba a creerla por siempre y para siempre.

La declaración que hace en el versículo 152 muestra el corazón de su vida y el secreto de su poder para con Dios. «*Hace ya mucho que he entendido tus testimonios, que para siempre los has establecido*». David sabe que Dios ha establecido sus testimonios para siempre. ¿Qué quiere decir David al afirmar «*hace ya mucho que he entendido*»? Existen dos maneras de entender esta afirmación. Las dos son correctas. Usualmente, si el lenguaje bíblico es ambiguo, más de uno de los significados admisibles de una palabra o frase es correcto. En un sentido muy literal, David dice que desde los días de su juventud, «hace ya mucho», él ha tenido la convicción de que los testimonios de Dios han sido establecidos para siempre. Esta es indudablemente una afirmación cierta, la cual es admitida por la construcción gramática de la frase.

Existe otro sentido en el cual se puede entender esta frase, si nos percatamos de que la palabra hebrea que David usa para decir «hace mucho» se traduce de diversas maneras en la Biblia, siendo unas de ellas «antiguo», como en las frases «tiempos antiguos» o «días antiguos». Esta palabra usualmente se refiere a generaciones pasadas de personas. Es este segundo sentido el que pienso que probablemente David tenía en mente cuando dijo estas palabras. Lo que quiere decir David es que él ha entendido a través del conocimiento transmitido por las generaciones anteriores de los tiempos antiguos, que la Palabra de Dios ha sido establecida para siempre.

Este es el sentido que normalmente tienen la palabra «antiguo» y las frases «tiempos antiguos» y «días antiguos» cuando figuran en la Biblia. Aquí hay unos cuantos ejemplos de las decenas de veces que aparece este tipo de expresión en la Biblia. «*En la heredad que poseas en la tierra que Jehová tu Dios te da, no reducirás los límites de la propiedad de tu prójimo, que fijaron los antiguos*» (Dt. 19:14). «*Acuérdate de los tiempos antiguos, considera los años de muchas generaciones; pregunta a tu padre, y él te declarará; a tus ancianos, y ellos te dirán*» (Dt. 32:7).

Este tipo de expresión ocurre múltiples veces en los salmos. «*Oh Dios, con nuestros oídos hemos oído, nuestros padres nos han contado, la obra que hiciste en sus días, en los tiempos antiguos*» (Sal. 44:1). «*Abriré mi boca en proverbios; hablaré cosas escondidas desde tiempos antiguos*» (Sal. 78:2).

Isaías también sabía que había una verdad establecida desde el tiempo de los «antiguos». «*Jehová, tú eres mi Dios; te exaltaré, alabaré tu nombre, porque has hecho maravillas; tus consejos antiguos son verdad y firmeza*» (Is. 25:1). «*Acordaos de las cosas pasadas desde los tiempos antiguos; porque yo soy Dios, y no hay otro Dios, y nada hay semejante a mí*» (Is. 46:9).

Hasta en el Nuevo Testamento hallamos una verdad establecida desde «tiempos antiguos». *«Estos ignoran voluntariamente, que en el tiempo antiguo fueron hechos por la Palabra de Dios los cielos, y también la tierra, que proviene del agua y por el agua subsiste»* (2 P. 3:5). ¿Entiende lo que le ha sido transmitido desde los «tiempos antiguos»? ¿O está buscando usted algo *nuevo* que resuelva todos sus problemas? No hay ninguna solución mágica nueva que resuelva las pruebas de su vida. La misma verdad que sirvió a Abraham, a Moisés y a David es la misma verdad que puede colocarle en posición de recibir el poder de Dios.

Hay un precio que pagar para tener poder para con Dios. Usted deberá clamar a Él con todo su corazón y toda su alma. Un esfuerzo a medias no sirve. Deberá declarar su deseo. Deberá decidir lo que realmente quiere de la vida.

También necesita buscar a Dios de día y de noche. Esto es a lo que Pablo se refería cuando dijo: *«Orad sin cesar»* (1 Ts. 5:17). Es tener comunión ininterrumpida con Dios.

Usted deberá confiar en Él cuando se sienta fuerte y cuando se sienta débil. Deberá reconocer que aunque Él parezca estar lejano o cercano, Él siempre está más cerca a usted que sus enemigos. Por encima de todo, deberá tener el mismo fundamento en su vida que el que tenía la vida del salmista. Usted deberá saber desde «hace mucho tiempo» que la Palabra de Dios ha sido establecida para siempre. El cielo y la tierra pasarán, pero la Palabra de Dios permanecerá igual (Mt. 5:18; 24:35).

No hemos recibido una religión que fue inventada en el siglo pasado. No tenemos una fe que depende del razonamiento de un líder con carisma. No tenemos una «idea nueva». Lo que tenemos no es el intento de hombres por alcanzar a sus contemporáneos con una religión relevante. Hemos recibido una verdad eterna que proviene desde «hace mucho tiempo». Somos parte del flujo de la historia. Tenemos un Libro que no será movido. Si nos asimos de éste, nosotros tampoco seremos movidos.

El poder para con Dios está a su disposición, pero tiene su precio. Lo que resta es que *usted* decida si quiere una solución temporal, o si quiere poder eterno.

20

CÓMO ENFRENTAR PROBLEMAS DEMASIADO GRANDES

Mira mi aflicción, y líbrame, porque de tu ley no me he olvidado. Defiende mi causa, y redímeme; vivifícame con tu palabra. Lejos está de los impíos la salvación, porque no buscan tus estatutos. Muchas son tus misericordias, oh Jehová; vivifícame conforme a tus juicios. Muchos son mis perseguidores y mis enemigos, mas de tus testimonios no me he apartado. Veía a los prevaricadores, y me disgustaba, porque no guardaban tus palabras. Mira, oh Jehová, que amo tus mandamientos; vivifícame conforme a tu misericordia. La suma de tu palabra es verdad, y eterno es todo juicio de tu justicia.

Salmo 119:153–160

Nunca es una experiencia agradable el recibir documentos de notificación del inicio de cursos legales en contra de uno. Sea culpable o no, la mayoría de las personas experimenta una sensación de desesperación y zozobra cuando descubre que alguien ha levantado una acusación en su contra.

Todos enfrentamos problemas a diario. Eso es parte de la vida. Pero ¿qué hacer cuando uno se enfrenta a esos problemas que realmente son demasiado grandes para resolverlos uno solo? ¿Cómo se manejaría usted si tuviere un caso legal en su contra? La mayoría de las personas buscaría la ayuda de un abogado competente. Hacemos muchas bromas respecto a los abogados, pero nadie puede negar que cuando uno realmente necesita un abogado, realmente lo necesita.

Hay una frase en esta vigésima estrofa que me llama la atención. En el versículo 154 David dice: «*Defiende mi causa*». David se encontraba en una situación que escapaba a su control.

Más de ochenta veces en el Salmo 119, David hace alguna referencia a la persecución o a la opresión que experimentaba. En sentido profético, David representa a los judíos en el tiempo de la Gran Tribulación. Éstos descubrirán, al igual que David lo hizo, que sólo si confían completamente en la Palabra de Dios podrán salir de la hora de la prueba.

Ya sea que usted esté enterado o no de ello, hay cargos en su contra que han sido presentados en la corte celestial. Nuestro adversario, el diablo, es un acusador que trabaja como un abogado acusador. Esta es la imagen que evoca Apocalipsis 12. «*Entonces oí una gran voz en el cielo, que decía: Ahora ha venido la salvación, el poder, y el reino de nuestro Dios, y la autoridad de su Cristo; porque ha sido lanzado fuera el acusador de nuestros hermanos, el que los acusaba delante de nuestro Dios día y noche*» (Ap. 12:10).

Tenemos una cantidad increíble de detalles en cuanto a este proceso en la historia de Job. Los primeros dos capítulos describen una escena que ocurre en el cielo, cuando Dios y Satanás discuten sobre el carácter de Job.

Probablemente es buena cosa que no entendemos a fondo la gravedad de esta situación, ¡porque entonces viviríamos aterrorizados! Si nos es molesto el ser llamados a comparecer ante un tribunal terreno, ¡imagínese lo que sería el comprender realmente los cargos que se presentan en nuestra contra en el cielo!

La mayor parte de los problemas más apremiantes de nuestra vida no es más que un reflejo de la guerra espiritual invisible que ocurre a nuestro alrededor, y frecuentemente complicamos el asunto con nuestro propio pecado. Esa es una de las razones por las cuales necesitamos el poder y la presencia de Dios diariamente en nuestras vidas y en toda situación. Sin embargo, estoy seguro que usted comprende que existen ciertos problemas que son tan grandes que automáticamente sabemos que no podremos enfrentarlos solos. Es en estas ocasiones que necesitamos la ayuda de un buen abogado, y, gloria a Dios, contamos con uno. «*Hijitos míos, estas cosas os escribo para que no pequéis; y si alguno hubiere pecado, abogado tenemos para con el Padre, a Jesucristo el justo*» (1 Jn. 2:1).

Mientras examinamos las palabras de David en esta estrofa, aprenderemos la importancia del poder de un buen abogado. Seremos testigos de la declaración del acusado y también descubriremos los principios de justicia sobre los cuales se pronuncian todos los juicios y decisiones.

EL PODER DEL ABOGADO (vv. 153, 154)

«*Mira mi aflicción, y líbrame, porque de tu ley no me he olvidado. Defiende mi causa, y redímeme; vivifícame con tu palabra*» (Sal. 119:153, 154).

Si usted le entrega a alguien un poder de abogado, legalmente le confiere a ese individuo el derecho de celebrar transacciones de negocios y legales en su nombre. Si está intentando hacer negocios en varios lugares, o si está enfermo, o bajo diversos tipos de circunstancias, es esencial otorgar el poder de abogado a alguien de su confianza.

Cuando usted se ve envuelto en una lucha legal desagradable, lo que quiere es conseguir a un abogado de primera que lo represente. Esta es la decisión que David toma en este pasaje. Hay dos frases clave que señalan la decisión de David. En el versículo 153 él dice: «*Mira mi aflicción*». Él le pide a Dios que considere su caso, que pese la evidencia y que examine su crisis con detenimiento. Luego, en el versículo 154, él le pide formalmente a Dios: «*Defiende mi causa*».

El estudiar libros de consulta legal podría ser adecuado para un caso de una infracción menor de los reglamentos de tránsito, o aun en ciertas disputas sobre propiedades. Pero si usted se ve acusado de asesinato en primer grado, más vale que se consiga a un abogado *de verdad*.

La cultura de nuestros países ha forjado un espíritu de autodependencia en los creyentes. El orgullo que el individuo siente en su capacidad de enfrentar sus problemas por sí solo frecuentemente hace que las personas se «hundan con la nave» en lugar de pedir ayuda.

Necesitamos enfrentar el hecho de que surgirán problemas en esta vida que serán demasiado grandes para enfrentarlos solos. Habrán situaciones que no seremos capaces de enfrentar con nuestras propias fuerzas. Dios nunca prometió que nos aislaría de los problemas de la vida humana ni de las consecuencias de un mundo lleno de la fuerza corruptora del pecado. *Dios ha ofrecido* sus servicios como nuestro abogado defensor. *Él ha prometido* darnos la victoria en los problemas chicos y grandes que surjan en nuestro camino.

Una de las primeras cosas que un abogado hace es explicar a su defendido lo que puede esperar y las alternativas reales que enfrenta. Usted necesita entender exactamente cuáles son sus objetivos cuando llegue a la corte.

En la situación de David, el objetivo está claro. Dos veces en los dos primeros versículos él pide ser librado de su aflicción. En el versículo 153 dice «*líbrame*» y en el versículo 154 dice «*redímeme*». David no pide que su aflicción sea eliminada. No pide compensación ni consuelo. Él pide ser librado. ¿Qué quiere decir con esto?

En el Nuevo Testamento hay un versículo en 1 Corintios que corresponde al objetivo de David. «*No os ha sobrevenido ninguna tentación que no sea humana; pero fiel es Dios, que no os dejará ser tentados más de lo que podéis resistir, sino que dará también juntamente con la tentación la salida, para que podáis soportar*» (1 Co. 10:13).

De este gran versículo podemos aprender varias verdades muy importantes. En primer lugar, no hay tal cosa como un problema único. Con frecuencia nos imaginamos que *nuestro* problema es diferente al que haya enfrentado cualquier otra persona. Aquí aprendemos que Dios *nunca* permitirá que lleguemos a estar en una situación que sea más de lo que podamos resistir. Finalmente, vemos que Dios no promete eliminar el problema, pero sí promete darnos una salida. Esta «salida» es nuestra liberación como creyentes del Nuevo Testamento. Cuando intentamos *hallar* la salida, fracasamos. Dios debe *darnos* la salida. Él puede hacerlo; nosotros no. Es por esto que necesitamos dejar que Dios sea nuestro abogado, tal como Él nos lo ofrece en 1 Juan 2:1.

Mientras me encontraba visitando un castillo en Holanda, me impresionó ver uno de esos laberintos hechos con arbustos, como los que se ven en las películas. Sin embargo, en este laberinto particular, los arbustos habían sido cortados a poca altura para que los visitantes pudieran verlo todo sin perderse. Pensé en cómo nuestros problemas a menudo parecen como un gran laberinto, cuyos arbustos se elevan muy por encima de nuestras cabezas y del cual no tenemos idea cómo hallar la «*salida*». Desde su perspectiva, Dios mira el mismo laberinto desde arriba y sin dificultad ve la «*salida*». Si no existe una, Él la hace.

Mientras conversa con su abogado, David indica su defensa en el versículo 153: «*porque de tu ley no me he olvidado*». La única defensa que David ofrece es que constantemente recuerda la ley de Dios. Esta es su confianza. Él no trae a colación su habilidad de recitar de memoria largos pasajes de las Escrituras. David se apoya en una sola cosa: su compromiso con la Palabra de Dios.

David no siempre obedeció la ley completamente. Él era pecador al igual que nosotros. Pero, a pesar de todo, él nunca se apartó de la Palabra de Dios. Nunca la olvidó. Siempre estaba ardiendo en su corazón.

Este es el signo de una realidad espiritual. Como David, el profeta Jeremías tuvo una experiencia similar. Él *intentó* olvidarse de la Palabra. Él *quería* abandonar su ministerio. Quería dar media vuelta y olvidarlo todo. ¡Pero no pudo! «*Y dije: No me acordaré más de él, ni hablaré más en su nombre; no obstante, había en mi corazón como un fuego ardiente metido en mis huesos; traté de sufrirlo, y no pude*» (Jer. 20:9).

La decisión de David está tomada. Él quiere que Dios sea su abogado. Su objetivo está claro: busca ser librado de su aflicción. Su defensa está fijada: él no se ha olvidado de la Palabra de Dios.

Se necesita una cosa más antes de abandonar estos dos versículos. David comprende que Dios tiene una manera establecida para liberar a sus siervos, para dar la salida. Él afirma esta verdad en la parte final del versículo 154: «*vivifícame con tu palabra*».

Nuevamente nos encontramos con esta conocida frase: «vivifícame». También la vimos en el capítulo anterior. Once veces en el Salmo 119 David pide a Dios que lo vivifique. Tres veces presenta esta petición en esta estrofa.

Este es un concepto tan importante que es necesario que repasemos lo aprendido. Cuando un santo del Antiguo Testamento pide ser vivificado, esto equivale a cuando un santo del Nuevo Testamento pide la gracia de Dios. Recuerde que vivificar es dar vida y Pablo estableció la relación entre el dar vida y la gracia en Efesios 2:5. «*Aun estando nosotros muertos en pecados, nos dio vida juntamente con Cristo (por gracia sois salvos).*»

El vivificar es dar vida (o ser «salvo», en el contexto de la conversión). Pero no sólo es durante la conversión, sino en el diario vivir que necesitamos su poder vivificante, o la gracia de Dios, para que nos infunda Su vida en la nuestra. En medio de nuestras pruebas más grandes necesitamos que Dios nos «salve», o nos «vivifique».

David sabe que Dios vivifica «*con tu palabra*» (Sal. 119:154). La Biblia es el agente que Dios usa para ponernos en contacto con su poder. Obviamente, también sería correcto decir que es el Espíritu de Dios el que vivifica. «*El cual asimismo nos hizo ministros competentes de un nuevo pacto, no de la letra, sino del espíritu; porque la letra mata, mas el espíritu vivifica*» (2 Co. 3:6).

Pero el Espíritu usa la Palabra de Dios como Su instrumento. Este es el mensaje claro que Pablo comunica en su carta a los corintios.

Antes bien, como está escrito: Cosas que ojo no vio, ni oído oyó, ni han subido en corazón de hombre, son las que Dios ha preparado para los que le aman. Pero Dios nos las reveló a nosotros por el Espíritu; porque el Espíritu todo lo escudriña, aun lo profundo de Dios. Porque ¿quién de los hombres sabe las cosas del hombre, sino el espíritu del hombre que está en él? Así tampoco nadie conoció las cosas de Dios, sino el Espíritu de Dios. Y nosotros no hemos recibido el espíritu del mundo, sino el Espíritu que proviene de Dios, para que sepamos lo que Dios nos ha concedido, lo cual también hablamos, no con palabras enseñadas por sabiduría humana, sino con las que enseña el Espíritu, acomodando lo espiritual a lo espiritual. Pero el hombre natural no percibe las cosas que son del Espíritu de Dios, porque para él son locura, y no las puede entender, porque se han de discernir espiritualmente. En cambio el espiritual juzga todas las cosas; pero él no es juzgado de nadie. Porque ¿quién conoció la mente del Señor? ¿Quién le instruirá? Mas nosotros tenemos la mente de Cristo (1 Co. 2:9–16).

Ha habido casos de acusados que obstaculizan seriamente sus posibilidades de salir libre de un juicio porque no cooperan con su abogado. En el ámbito espiritual hay creyentes que creen que si elevan muchos lamentos emotivos a Dios, entonces han puesto el caso en sus manos. Ya discutimos la necesidad de clamar a Dios con todo el corazón y toda el alma en el capítulo 19. Pero se requiere más. Hemos de meternos en la Palabra de Dios y dejar que ésta penetre en nosotros, para que Dios pueda completar exitosamente la obra que Él quiere llevar a cabo en nosotros.

En medio de esos enormes problemas necesitamos acudir a Dios, dándole nuestro poder de abogado. Hemos de entender que nuestro objetivo no es tener una vida exenta de problemas, sino el encontrar la salida, o ser librado, de nuestro problema. Además, necesitamos tener una defensa clara y sólida. Nuestro compromiso con la Palabra de Dios deberá ser indudable. Finalmente, necesitamos reconocer que Dios nos dará la salida *conforme a su Palabra.*

LA DECLARACIÓN DEL ACUSADO (vv. 155–159)

El salmista ha escogido a su abogado, y está listo a presentar su declaración. Esta vigésima estrofa presenta un contraste tremendo entre el carácter de los enemigos, los impíos, y el carácter de David. En los versículos 155–159, David toma posición firmemente apoyado en la Palabra de Dios.

«Lejos está de los impíos la salvación, porque no buscan tus estatutos. Muchas son tus misericordias, oh Jehová; vivifícame conforme a tus juicios. Muchos son mis perseguidores y mis enemigos, mas de tus testimonios no me he apartado. Veía a los prevaricadores, y me disgustaba, porque no guardaban tus palabras. Mira, oh Jehová, que amo tus mandamientos; vivifícame conforme a tu misericordia» (Sal. 119:155–159).

El versículo 155 se enfoca en el caso de los acusadores. Los impíos creían que se estaban acercando a su blanco. No se dieron cuenta de lo que David ya sabía: estaban a punto de ver sus propias vidas deshacerse eternamente.

No toma mucho para que David describa su precaria posición. Observe nuevamente las palabras del versículo 155. «*Lejos está de los impíos la salvación, porque no buscan tus estatutos*».

No importa cuál sea el resultado de su crisis actual, sea en vida o en muerte, David estaba firmemente asido de la gran salvación de Dios. Pero esta salvación está lejos de los impíos. Los impíos carecen de abogado. Satanás los atrae a la esclavitud del pecado y luego los abandona a su suerte. No tienen Constitución, ni Declaración de Derechos. No pueden presentar reclamos y carecen de derechos. Aquí están persiguiendo a David, pero ellos mismos están a solo un paso del infierno.

Nadie saldrá adelante a defender su caso cuando comparezcan ante el tribunal del único y gran Juez. Nadie intercederá por ellos. Nadie podrá detener el proceso expedito de la inviolable ley de Dios antes de que sus poderosas mandíbulas se cierren sobre las cabezas de los impíos.

¿Por qué es así esto? ¿Acaso David goza de protección porque Dios le trata con favoritismo? ¿Acaso es el hecho de que David es judío el factor que lleva a Dios a ejecutar una misión de rescate? ¡No! Nada podría estar más alejado de la verdad. David va directamente al único asunto que hace diferencia delante de Dios. Ningún abogado satánico se atrevería a acercarse al estrado y refutar las palabras que salen de la boca de David: «*porque no buscan tus estatutos*».

No hay otro asunto que tenga importancia eterna. Los detalles de qué es lo que Dios pide que obedezcamos cambian según Dios trata con diferentes hombres y grupos de hombres a lo largo del pasado, presente y futuro descritos en la Biblia. Cada uno de estos períodos recibe el nombre de «dispensación». Hebreos 1 habla de este principio clave para el estudio bíblico. Dicho en pocas palabras, sean cual fueren los estatutos que Dios estableció en un momento dado, Dios esperaba que el hombre los obedeciera. Al escribir la Biblia, Dios reveló de forma progresiva y con el paso del tiempo su plan para toda la humanidad.

En todas las dispensaciones, hay un elemento que ha permanecido igual. Una persona o cree o no cree lo que Dios ha dicho. Adán aceptó los vestidos de pieles que Dios en su gracia le proveyó. Noé construyó un arca porque Dios le dijo que lo hiciera. Abraham se volvió un extranjero y peregrino en una tierra desconocida sencillamente porque Dios le habló. Moisés y los hijos de Israel pusieron la sangre del cordero pascual en los postes de sus puertas siguiendo las instrucciones del Todopoderoso. Hoy día, nosotros ponemos nuestra fe en la obra consumada de Jesucristo en la cruz, porque eso es lo que la Biblia nos pide hacer para obtener la vida eterna.

Los impíos son impíos y siempre serán impíos porque no buscan los estatutos de Dios para que Él los transforme de manera sobrenatural.

A continuación, David empieza a describir su propio carácter. Este es el material que permitirá a su Abogado defender su causa ante el trono de Dios. David entendió cinco grandes verdades y si usted entiende estos preceptos eternos, eso revolucionará su vida.

La misericordia de Dios se otorga conforme a la Palabra de Dios

«Muchas son tus misericordias, oh Jehová; vivifícame conforme a tus juicios» (Sal. 119:156).

Vez tras vez nos encontramos con las misericordias de Dios en los Salmos. Aquí se mencionan de nuevo. Las misericordias de Dios ocupan un lugar prominente en los Salmos. Observe la conexión entre las misericordias y la verdad de Dios. *«Jehová, no retengas de mí tus misericordias; tu misericordia y tu verdad me guarden siempre»* (Sal. 40:11). Estas misericordias están relacionadas con las piedades de Dios. *«Acuérdate, oh Jehová, de tus piedades y de tus misericordias, que son perpetuas»* (Sal. 25:6). Justo después que Natán confrontara a David respecto a su pecado con Betsabé, David oró: *«Ten piedad de mí, oh Dios, conforme a tu misericordia; conforme a la multitud de tus piedades borra mis rebeliones»* (Sal. 51:1).

Nuevamente vemos la misericordia que describimos en el capítulo 19 y las piedades de Dios. *«Respóndeme, Jehová, porque benigna es tu misericordia; mírame conforme a la multitud de tus piedades»* (Sal. 69:16). Si el salmista llegaba a separarse de las piedades de Dios, su oración rápidamente se tornaba desesperada. *«¿Ha olvidado Dios el tener misericordia? ¿Ha encerrado con ira sus piedades? Selah»* (Sal. 77:9). *«No recuerdes contra nosotros las iniquidades de nuestros antepasados; vengan pronto tus misericordias a encontrarnos, porque estamos muy abatidos»* (Sal. 79:8). Dos ejemplos más: *«El que rescata del hoyo tu vida, el que te corona de favores y misericordias»* (Sal. 103:4). *«Bueno es Jehová para con todos, y sus misericordias sobre todas sus obras»* (Sal. 145:9).

Ninguna otra parte de la Biblia nos permite entender las misericordias de Dios mejor que los Salmos. Sin embargo, David entendía que Dios no otorga sus misericordias caprichosamente a cualquiera. Ese es el error que muchos cometen y que da por resultado su condenación eterna. «Si Dios realmente existe, entonces tiene que ser un Dios amoroso, ¿verdad? Él no me enviaría al infierno, ¿verdad que no? Él es el Dios de toda misericordia, ¿verdad que sí?»

Sí, Dios es el Dios de toda misericordia. Pero sus misericordias se surten conforme a su verdad, la cual se estableció antes de la fundación del mundo y la cual permanecerá aun después que el sol y las estrellas desaparezcan del cielo.

David entendió que las misericordias de Dios son muchas. También entendió que si iba a ser vivificado —recibir vida, recibir la gracia de Dios— tendría que serlo *«conforme a»* los juicios de Dios. Esta es la misma verdad que pronunció en el versículo 154: *«vivifícame con tu palabra»*. En este caso, dice: *«vivifícame conforme a tus juicios»*. Usted puede clamar y rogar, pero Dios no violará su Palabra para extender sus misericordias ni a usted ni a ninguna otra persona. En lugar de negar su Palabra, Dios prefirió enviar a su Hijo unigénito a morir por nosotros en la cruz.

Los problemas y la persecución nunca son excusa válida para abandonar la Palabra de Dios

Esta es la segunda gran verdad que David manifiesta en este pasaje. Sus palabras contrastan intencionalmente con las del versículo 156. *«Muchos son mis perseguidores y mis enemigos, mas de tus testimonios no me he apartado»* (Sal. 119:157).

Cuando en el versículo 157 dice *«muchos»*, esto contrasta con la palabra *«muchas»* del versículo 156. *«Muchas son tus misericordias, oh Jehová; vivifícame conforme a tus juicios»* (Sal. 119:156). ¡Qué pensamiento más maravilloso! No importa si el varón de Dios tiene *muchos* perseguidores, también las misericordias de Dios son *muchas*. Hay tantas misericordias de Dios como hay enemigos.

Una cosa similar ocurre en 1 Pedro. Pedro utiliza una palabra griega que sólo aparece dos veces en el Nuevo Testamento, ambas en 1 Pedro. *«En lo cual vosotros os alegráis, aunque ahora por un poco de tiempo, si es necesario, tengáis que ser afligidos en diversas pruebas»* (1 P. 1:6). Pedro quiere que sepamos que en nuestra vida cristiana nos esperan diversas pruebas. Los griegos utilizaban esta palabra para describir algo que era «multicolor». ¿No le parece que a veces sus pruebas vienen de todos los colores?

Pero aquí están las buenas noticias. No importa de cuántos colores vengan sus pruebas, la gracia de Dios viene en un color que le combina. Observe lo que dice la única otra vez que la misma palabra griega aparece en 1 Pedro. *«Cada uno según el don que ha recibido, minístrelo a los otros, como buenos administradores de la multiforme gracia de Dios»* (1 P. 4:10).

La gracia de Dios se ajusta a toda prueba, a toda tentación. Esto es lo que David pide cuando dice *«vivifícame»*. Por ello es que David declara: *«mas de tus testimonios no me he apartado»*. Él no iba a usar sus problemas o su crisis actual como una excusa para apartarse de su compromiso con la Palabra de Dios, la cual era el fundamento de su vida.

Nuestros problemas son en realidad problemas de Dios

«Veía a los prevaricadores, y me disgustaba, porque no guardaban tus palabras» (Sal. 119:158).

Esta es otra de esas afirmaciones realmente notables que componen este salmo y que nos dan una perspectiva en cuanto a la profundidad del carácter de David. Él está siendo perseguido. El enemigo está pisándole los talones. Él padece opresión, persecución y necesidad de ser librado. Él echa una mirada detenida al enemigo y se disgusta.

¿Quién no se sentiría disgustado al tener que enfrentar un enemigo formidable? Pero David no está disgustado por su crisis personal, él se siente agraviado porque estos prevaricadores han violado las palabras de su Dios. Él no está preocupado por sí mismo, ¡sino por las palabras del Dios viviente!

Esta también era la actitud de Jesús, el Hijo de David. Al principio de su ministerio, visitó el templo en Jerusalén. Él soportó toda clase de burlas y persecución durante su ministerio terrenal. Pero nunca fue vengativo. Nunca se enojó ante la naturaleza personal de los ataques que dirigían en su contra. En las horas que precedieron su pasión Él soportó los peores ataques de todos los que sufriría, frecuentemente sin siquiera abrir la boca y nunca defendiéndose. Pero el día que fue al templo se enojó con violencia porque su Padre Celestial estaba siendo difamado por los perversos cambistas.

Estaba cerca la pascua de los judíos; y subió Jesús a Jerusalén, y halló en el templo a los que vendían bueyes, ovejas y palomas, y a los cambistas allí sentados. Y haciendo un azote de cuerdas, echó fuera del templo a todos, y las ovejas y los bueyes; y esparció las monedas de los cambistas, y volcó las mesas; y dijo a los que vendían palomas: Quitad de aquí esto, y no hagáis de la casa de mi Padre casa de mercado. Entonces se acordaron sus discípulos que está escrito: El celo de tu casa me consume (Jn. 2:13–17).

Cualquier persona que genuinamente haya puesto su vida en manos del Padre Celestial y del Gran Abogado entiende que sus propios problemas ahora pertenecen a Dios. ¿Por qué preocuparse si Cristo es su Abogado?

¿Puede usted mirar honestamente la crisis que existe en su vida ahora y determinar el asunto real que incumbe a Dios? Si usted puede identificar correctamente los asuntos que afectan a Dios y a su Palabra, usted ha identificado la única fuente de preocupación bíblica y genuina a la cual debe prestar atención. ¿Qué diferencia hace lo que *ellos* digan de usted? ¿Qué diferencia hace lo que *ellos* puedan hacerle? *Ellos* están a un paso del infierno. *Ellos* no tienen abogado. *Usted sí. Ellos* no tienen base de apoyo para comparecer ante Dios. *Usted sí.*

Ahora usted en realidad no tiene problemas, pues pertenecen a Dios.

La base por la cual comparecemos ante el juez

«*Mira, oh Jehová, que amo tus mandamientos; vivifícame conforme a tu misericordia*» (Sal. 119:159).

Usando el paralelismo típico de la poesía hebrea, David ahora vuelve a hacer referencia a la primera palabra de esta estrofa, hallada en el versículo 153: «*Mira*». David primero pidió a Dios que mirara su aflicción. Ahora, él pide al Juez que mire la evidencia de su carácter y su compromiso con la Palabra de Dios.

Esta era la base para el argumento final. Como acabamos de ver, este es el *único* asunto que cuenta. David tiene un compromiso inflexible con la Palabra de Dios. Él está tan confiado que se atreve a pedirle a Dios que mire la evidencia para corroborar que esto es cierto.

¿Se atreve a pedirle al Dios del universo que mire cuánto *usted* ama la Biblia? Nuevamente, su criterio de juicio no es la cantidad de conocimiento que usted haya acumulado respecto a la Biblia, ni la cantidad de títulos académicos que ostenta su nombre. Es el *amor* que usted le tiene a la Biblia lo que hace la diferencia. Es la única base en la cual estar firme cuando se ve atacado por el poder del enemigo.

La base doble para recibir la gracia de Dios

Dando una consideración final a este pasaje, debemos observar otra imagen paralela que David evoca. En este caso, él pide dos veces a Dios que lo vivifique en los versículos 155–159. En el versículo 156 dice: «*vivifícame conforme a tus juicios*». «*Juicios*», por supuesto, es otro de los sinónimos de la Palabra de Dios que se usan en este salmo. En el versículo 159 dice: «*vivifícame conforme a tu misericordia».* ¿Cuál es la diferencia? ¿Tiene David algún propósito en mente al decir esto?

Anteriormente mencionamos que David once veces pide a Dios que lo vivifique en este salmo. La mayoría de las veces pide que sea conforme a la palabra. Esa es la manera en que lo pide por primera vez en esta estrofa, en el versículo 154.

Al establecer una diferencia entre *«juicios»* en el versículo 156 y *«misericordia»* en el versículo 159, esto nos ilustra la base doble para ser vivificado (recibir vida, recibir gracia) por parte de Dios. Se basa en su Palabra (juicios) y en su misericordia (su persona).

Para poder tener la gracia de Dios, es necesario reconocer quién es Dios. Venimos a Él sabiendo que Él es un Dios misericordioso. Pero vimos que las misericordias o piedades de Dios, que son la expresión de su misericordia, se basan únicamente en la Palabra de Dios. Estos dos ingredientes son esenciales. No se puede tener uno sin el otro.

PRINCIPIOS DE JUSTICIA (v. 160)

«La suma de tu palabra es verdad, y eterno es todo juicio de tu justicia» (Sal. 119:160).

David empezó esta estrofa presentando la identidad de su abogado, y declarando su carácter delante de Dios. Ahora lo concluye resumiendo el principio sobre el cual se establecen todos los juicios y todas las decisiones. Esto lo hace señalando, tal como lo hizo en el versículo 152, hacia la verdad de la Palabra.

Permítame sugerir dos pensamientos para describir la poderosa declaración que David hace en este versículo.

Lo que es verdad, es totalmente verdad

David dice: *«La suma de tu palabra es verdad».* Esta es otra de esas expresiones hebreas que en la Biblia se traducen de diversas maneras y que resultan intencionalmente ambiguas. Podríamos decir en primer lugar que la Biblia es verdad «desde Génesis hasta Apocalipsis», o sea, la suma de todo. Obviamente, esto sería cierto.

Otra forma de decir «desde Génesis hasta Apocalipsis» es «desde el principio hasta el final», implicando la eternidad. Esto se concreta cuando dice *«y eterno es todo juicio de tu justicia».* Esta declaración entonces nos dice que toda la palabra, desde su principio hasta ahora, es totalmente verdad.

Este segundo significado corresponde a ciertos pasajes que hallamos en la Biblia. Encontramos dos ejemplos en Génesis 1:1: *«En el principio creó Dios los cielos y la tierra»* y en Juan 1:1: *«En el principio era el Verbo, y el Verbo era con Dios, y el Verbo era Dios».*

Hay otros ejemplos. *«Eternamente tuve el principado, desde el principio, antes de la tierra»* (Pr. 8:23). Esta expresión surge en el contexto del discurso de la Sabiduría, la cual personifica tanto al Verbo Viviente como a la palabra escrita. *«¿No sabéis? ¿No habéis oído? ¿Nunca os lo han dicho desde el principio? ¿No habéis sido enseñados desde que la tierra se fundó?»* (Is. 40:21). Isaías utiliza la frase «desde el principio» de la misma manera en Isaías 41:4; 46:10 y 48:16.

El punto es que la Palabra de Dios ha sido totalmente verdad desde un principio y toda ella es verdad. Si bien la revelación divina al hombre sucedió en forma progresiva, la Palabra de Dios permanece para siempre. «*Para siempre, oh Jehová, permanece tu palabra en los cielos*» (Sal. 119:89). Dios nunca ha modificado su verdad, nunca la ha alterado, nunca le ha añadido ni le ha restado. La suma de su Palabra es verdad. Dicho de otra manera, lo que es verdad es totalmente verdad. No hay sombra de verdad. No hay verdades a medias. Una media verdad es una mentira entera. La verdad no se calcula en una escala relativa. O algo es verdad, o no lo es. La razón: la suma de la Palabra de Dios es verdad. Si algo concuerda con la Palabra de Dios, entonces es verdad. Si no concuerda con la Palabra de Dios, entonces no es verdad. Esta es la base de su posición delante de Dios y es la única manera en la que se puede entender este mundo de locura: evaluar todo conforme a lo que dice el Libro.

Lo que realmente es verdad, siempre es verdad

Las dos partes que componen el Salmo 119:160 nos muestran otro ejemplo del paralelismo de la poesía hebrea. Están diseñados para comunicar una misma idea con diferentes palabras: la verdad de Dios siempre es verdad, no importa cómo se presenten las situaciones, pero hay una ligera variación de significado que nos da un matiz diferente en cada frase. En este caso, David afirma: «*Y eterno es todo juicio de tu justicia*».

La Palabra de Dios nunca pasa de moda. Nunca deja de ser relevante. Nunca es insensible a las culturas. Lo que ha sido verdad desde el principio, será verdad para siempre. Esto elimina la tendencia moderna de modificar la ética personal según las situaciones que se enfrenten. Elimina la posibilidad de torcer las normas de Dios o de ajustarlas según la época. Si algo es verdad una vez, será verdad por siempre.

¿Alguna vez ha intentado justificar su propio pecado al querer hacer excepciones a la Palabra de Dios? ¿Cree usted que *su caso* es tan especial que amerita trato diferente? Recuerde, lo que es verdad es totalmente verdad y será verdad por siempre.

Volviendo a su crisis actual. ¿Está usted dispuesto a enfrentarla por sí solo? ¿No se ha percatado de que hay ciertos problemas que sencillamente son demasiado grandes para que nosotros los enfrentemos solos? Es hora que consulte con un buen abogado. Hay uno disponible y sus honorarios son justos. Son pagados por la gracia de Dios.

Pero espere un momento. Asegúrese que su situación legal sea la correcta respecto a la Palabra de Dios. Asegúrese que su compromiso con la Palabra de Dios sea indudable, porque hay una diferencia crítica entre los estatutos divinos y la ley humana: los estatutos divinos nunca cambian; nunca se enmiendan. Su Abogado no buscará una treta legal para librarlo, sino que será absolutamente justo, siguiendo los preceptos de Dios al pie de la letra. Su verdad permanecerá por la eternidad.

21

MUCHA PAZ

Príncipes me han perseguido sin causa, pero mi corazón tuvo temor de tus palabras. Me regocijo en tu palabra como el que halla muchos despojos. La mentira aborrezco y abomino; tu ley amo. Siete veces al día te alabo a causa de tus justos juicios. Mucha paz tienen los que aman tu ley, y no hay para ellos tropiezo. Tu salvación he esperado, oh Jehová, y tus mandamientos he puesto por obra. Mi alma ha guardado tus testimonios, y los he amado en gran manera. He guardado tus mandamientos y tus testimonios, porque todos mis caminos están delante de ti.

Salmo 119:161–168

La verdadera paz de corazón es una posesión que la mayoría de las personas no conoce. El testimonio de este hecho es irrefutable. Cada año miles de personas se quitan la vida mediante el suicidio, o bien gastan fortunas consultando a psiquiatras, psicólogos y consejeros o comprando medicamentos. Otros gastan su dinero en astrólogos, drogas ilegales, alcohol y sectas religiosas extrañas. Todo esto se ve unido por un hilo común: la gente busca con desesperación tener paz de corazón, y no la halla.

En la parte central de la vigésima primera estrofa del Salmo 119 se halla un versículo que da una respuesta universal y eterna a las multitudes que buscan la paz de corazón. «*Mucha paz tienen los que aman tu ley, y no hay para ellos tropiezo*» (Sal. 119:165).

¿Cómo podemos obtener esta gran paz? Si pudiéramos envolverla en plástico y ofrecerla a la venta en el mercado, la gente formaría fila para comprarla. La realidad de obtener este tipo de paz de Dios es sencilla, pero no es tan fácil como comprarla en una abarrotería. Esta estrofa contiene instrucciones prácticas que ponen la paz de Dios al alcance de todo el que tenga acceso a una Biblia.

Si dividimos esta estrofa en tres partes, ello nos ayudará a comprender estas palabras. La mucha paz de David fue un resultado de una decisión que tomó. Esa decisión es objeto de nuestro estudio en los versículo 161–164. La mucha paz de Dios que inundó su alma ocupa nuestros pensamientos en el versículo 165. Finalmente, veremos que David dio mucho testimonio debido a su decisión y a la gran paz que recibió.

ESCOJA MUCHOS DESPOJOS (vv. 161–164)

La vida consiste en una serie de decisiones. Cuando Dios creó al hombre a su propia imagen, le proveyó de libre albedrío. Sin el libre albedrío, el hombre no sería más que un mero animal, un robot, o una máquina. Es la capacidad que tiene el hombre de elegir lo que lo distingue del resto de la creación y lo que lo asemeja a Dios.

Adán escogió pecar y el desastre que vemos a nuestro alrededor en la actualidad fue resultado de esta elección. Dios escogió ofrecer a Adán vestidos de pieles de animales para cubrir su desnudez. Adán escogió aceptar esta oferta. Desde el principio del recuento hallado en Génesis vemos que la historia del hombre es la historia de una serie de decisiones, algunas buenas, otras malas.

Dios escogió enviar a su Hijo unigénito a morir en nuestro lugar. Él nos ofrece una alternativa que escoger. Podemos escoger aceptar a Cristo, o rechazarle. Como creyentes, también enfrentamos decisiones. Podemos escoger obedecer o desobedecer. Podemos escoger vivir como esclavos de nuestra naturaleza pecaminosa y los problemas que ello conlleva, o podemos escoger vivir en el poder de Dios y tener la paz de Dios.

Los primeros cuatro versículos nos hablan de lo que David escogió. Presentan un contraste entre las alternativas que David tenía, y la opción que escogió. Él empieza esta sección con uno de sus temas favoritos, que ahora pareciera ser un viejo amigo: la persecución.

El hecho de la persecución

«*Príncipes me han perseguido sin causa, pero mi corazón tuvo temor de tus palabras*» (Sal. 119:161).

En sentido profético, como hemos señalado en oportunidades anteriores, los sufrimientos de David son un cuadro de los sufrimientos de Israel durante la Tribulación futura. Pero este versículo nos dice algo más.

La presencia de la frase «*sin causa*» nos ayuda a entender que David también es un cuadro profético de los sufrimientos y la persecución inmerecida que sufriera nuestro Señor Jesucristo. Si usted busca las veces que aparece la frase «*sin causa*» en las Escrituras, usted descubrirá que ésta siempre apunta a Aquel que sufrió por nosotros «*sin causa*».

Esto no es resultado de espiritualizar las Escrituras, sino de la clara interpretación dada por Cristo. En Juan 15, Él habla de la persecución que sufrió en los últimos días de su ministerio terrenal. «*Pero esto es para que se cumpla la palabra que está escrita en su ley: Sin causa me aborrecieron*» (Jn. 15:25).

También vimos la frase «sin causa» anteriormente, en el Salmo 119:78. «*Sean avergonzados los soberbios, porque sin causa me han calumniado; pero yo meditaré en tus mandamientos*». Considere las veces que aparece esta frase en los Salmos. Esto es a lo que se refirió Cristo en Juan 15:25: «*Porque sin causa escondieron para mí su red en un hoyo; sin causa cavaron hoyo para mi alma»* (Sal. 35:7). *«No se alegren de mí los que sin causa son mis enemigos, ni los que aborrecen sin causa guiñen el ojo»* (Sal. 35:19). *«Se han aumentado más que los cabellos de mi cabeza los que me aborrecen sin causa; se han hecho poderosos mis enemigos, los que me destruyen sin tener por qué. ¿Y he de pagar lo que no robé?»* (Sal. 69:4). *«Con palabras de odio me han rodeado, y pelearon contra mí sin causa»* (Sal. 109:3).

La primera vez que aparece esta frase en las Escrituras también se refiere a David como tipo profético de Cristo. Él está siendo perseguido por el Rey Saúl y Jonatán se levanta en su defensa. *«Pues él tomó su vida en su mano, y mató al filisteo, y Jehová dio gran salvación a todo Israel. Tú lo viste, y te alegraste; ¿por qué, pues, pecarás contra la sangre inocente, matando a David sin causa?»* (1 S. 19:5).

Aquí, en el Salmo 119:161, el salmista clama: *«Príncipes me han perseguido sin causa»*. Esto también apunta en sentido profético a Cristo, siendo que tanto Herodes como Pilato tomaron acción contra Él *«sin causa»*.

En el mismo contexto del versículo Juan 15:25 que vimos antes, Jesús dijo a sus discípulos: *«Acordaos de la palabra que yo os he dicho: El siervo no es mayor que su señor. Si a mí me han perseguido, también a vosotros os perseguirán; si han guardado mi palabra, también guardarán la vuestra»* (Jn. 15:20).

Los creyentes también seremos perseguidos *«sin causa»*. Inclusive habrán ocasiones en las cuales seremos perseguidos por *«príncipes»*. En este caso me refiero a príncipes de origen sobrenatural. *«Porque no tenemos lucha contra sangre y carne, sino contra principados, contra potestades, contra los gobernadores de las tinieblas de este siglo, contra huestes espirituales de maldad en las regiones celestes»* (Ef. 6:12).

La persecución inmerecida es un hecho que hemos de enfrentar si vivimos por la Palabra de Dios. No es posible evitarla, pero podemos *escoger* cómo responderemos a ella. Esta es la parte de este pasaje que nos sirve de instrucción.

El enfoque del perseguido sin causa

«Príncipes me han perseguido sin causa, pero mi corazón tuvo temor de tus palabras. Me regocijo en tu palabra como el que halla muchos despojos. La mentira aborrezco y abomino; tu ley amo. Siete veces al día te alabo a causa de tus justos juicios» (Sal. 119:161–164).

La persecución es un hecho en la vida del creyente. La única incógnita es cómo escogeremos responder a esa persecución. Podemos escoger enfocarnos en nuestros problemas, lo cual sólo aumentará nuestra desdicha. La otra alternativa consiste en hacer lo que David hizo. Él escogió enfocarse en la Palabra de Dios en lugar de hacerlo en su persecución. Esta fue una elección que produjo una actitud de temor. *«Príncipes me han perseguido sin causa, **pero mi corazón tuvo temor de tus palabras»*** (Sal. 119:161, énfasis del autor).

Muchos escogen obsesionarse con sus problemas. No pueden hablar de otra cosa. Sus problemas absorben sus pensamientos y emociones continuamente. No sólo se sienten desdichados, sino que hacen que todos a su alrededor se sientan igual.

Cuando David deliberadamente escoge enfocarse en la Palabra de Dios, en él se produce un temor de corazón. Este tipo de temor no es aquel miedo a algo que pueda ocurrirle. Tampoco es un simple respeto hacia Dios. Es un temor que viene al comprender quién es Dios, en toda su grandeza y justicia. David ha llegado a tener ese temor por su constante meditación en la Palabra de Dios. Cualquier persona que medita seriamente en la Palabra de Dios tendrá como fruto en su vida un temor bíblico de Dios. Esto se ve reflejado en el Salmo 4:4. «*Temblad, y no pequéis; meditad en vuestro corazón estando vuestra cama, y callad. Selah*» (Sal. 4:4). También aparece en el Salmo 33:8. «*Tema a Jehová toda la tierra; teman delante de él todos los habitantes del mundo*» (Sal. 33:8).

Sólo hay dos cosas a las cuales debemos temer: a Dios y a su Palabra. Hay muchas cosas que pueden ser temibles en este mundo Sin embargo, no existe nada que debiera causar temor en nuestros corazones salvo Dios y su Palabra.

Recientemente me encontraba regresando de un viaje internacional y estaba pasando un poco de tiempo en un club de una aerolínea. Me encontraba ocupado disponiendo mis materiales de estudio para adelantar algo de trabajo mientras esperaba mi siguiente conexión de vuelo. Al levantar la mirada mientras trabajaba, observé a dos hombres que estaban sentados en una mesa frente a la mía. Cuando mi vista se enfocó, me percaté que uno de ellos era un conocido actor de cine. Durante los pocos minutos siguientes me entretuve viendo la reacción de las demás personas en el club que pasaban caminando y reconocían a este actor. La mayoría de las personas que hacen uso de estos clubes de aerolíneas son gente de negocios y profesionales. Tuvieron la cortesía suficiente de no molestar a este hombre hablándole y de no solicitar su autógrafo, aunque por sus reacciones era obvio que todos sabían quién era. Luego de disfrutar de unos cuantos minutos de paz, él se puso sus gafas oscuras y salió para abordar su avión. Me pregunto cuánta gente literalmente sentiría temor si fueran llevadas a la presencia de una persona poderosa e influyente.

Aun como pastor de una iglesia grande, hay veces que me siento abochornado por la reacción que algunas personas tienen a mi presencia. Tal vez han estado en la iglesia por años, pero nunca me han hablado de modo personal. Sólo me han visto de lejos, predicando desde el púlpito. En sus mentes me perciben como algo más de lo que en realidad soy. Cuando alguien nos presenta, algunos se ponen nerviosos y hasta tartamudean. Eso me incomoda porque sé que delante de Dios yo sólo soy otro pecador redimido por la sangre de Jesucristo. Muchas personas se sienten atemorizadas por otras personas que perciben como muy importantes.

¿Quién o qué le pone en un estado de temor a usted? Nuevamente, sólo hay dos cosas que debieran movernos a sentir temor: Dios y su Palabra. Cuando usted siente temor de Dios y de su Palabra, nunca sentirá temor de otro ser humano.

El regocijo es otro beneficio de escoger enfocarse en la Palabra de Dios, en lugar de enfocarse en nuestros problemas. «*Me regocijo en tu palabra como el que halla muchos despojos»* (Sal. 119:162). La palabra «despojo» se usa en el sentido de un tesoro que se ha capturado, como el botín de una batalla y no en el sentido de algo que se ha perdido por accidente.

Con frecuencia perdemos nuestra fascinación con la Biblia. Se nos olvida cómo nos sentimos cuando recién habíamos recibido a Cristo y cuando la Biblia realmente era como un tesoro escondido que se descubría por primera vez. ¿Considera usted que la Biblia es como muchos despojos? Debemos cuidarnos de no perder nuestro sentido de asombro cada vez que abrimos las páginas de las Escrituras.

Ni siquiera los líderes cristianos son inmunes a tomar la Biblia por sentado. Es fácil familiarizarse tanto con la Palabra que se torna en nada más que una herramienta de trabajo y deja de ser *«muchos despojos»*.

Un saludo familiar escuchado entre pastores es: «¿Qué buenos libros has leído últimamente?» A mí también me gusta leer. Los buenos libros han formado parte importante de mi vida. Pero pienso que como pastores y líderes cristianos, nuestra relación con la Biblia se torna en algo académico, en algo que hacemos porque es parte de nuestra profesión. Me pregunto si algunos pastores se emocionan tanto por la Biblia como lo hacen por algunos libros *acerca de* la Biblia. Entre más leo la Biblia, menos me atraen los demás libros. Es cierto que debemos aprender de los demás, pero no hay libro que sea mejor que *el* libro.

En 2 Reyes 6 y 7 se cuenta la historia de un largo conflicto entre Israel y Siria. En los días del profeta Eliseo, el ejército de Siria sitió a la ciudad de Samaria, y hubo gran hambre en ésta. La ciudad llegó al punto de que algunas mujeres estuvieron dispuestas a comerse a sus propios hijos. Eliseo había profetizado que Israel tendría la victoria, pero nadie le creyó.

Cuatro leprosos decidieron arriesgarlo todo. Sabían que no tenían probabilidades de sobrevivir si permanecían en la ciudad sitiada. Decidieron ir al campamento sirio y ver si allí alguien les mostraría misericordia. No tenían nada que perder.

> *Había a la entrada de la puerta cuatro hombres leprosos, los cuales dijeron el uno al otro: ¿Para qué nos estamos aquí hasta que muramos? Si tratáremos de entrar en la ciudad, por el hambre que hay en la ciudad moriremos en ella; y si nos quedamos aquí, también moriremos. Vamos, pues, ahora, y pasemos al campamento de los sirios; si ellos nos dieren la vida, viviremos; y si nos dieren la muerte, moriremos* (2 R. 7:3, 4).

Ellos no sabían que el Señor ya había atemorizado al ejército enemigo y que los soldados habían huido, dejando atrás muchos despojos.

> *Se levantaron, pues, al anochecer, para ir al campamento de los sirios; y llegando a la entrada del campamento de los sirios, no había allí nadie. Porque Jehová había hecho que en el campamento de los sirios se oyese estruendo de carros, ruido de caballos, y estrépito de gran ejército; y se dijeron unos a otros: He aquí, el rey de Israel ha tomado a sueldo contra nosotros a*

los reyes de los heteos y a los reyes de los egipcios, para que vengan contra nosotros. Y así se levantaron y huyeron al anochecer, abandonando sus tiendas, sus caballos, sus asnos, y el campamento como estaba; y habían huido para salvar sus vidas. Cuando los leprosos llegaron a la entrada del campamento, entraron en una tienda y comieron y bebieron, y tomaron de allí plata y oro y vestidos, y fueron y lo escondieron; y vueltos, entraron en otra tienda, y de allí también tomaron, y fueron y lo escondieron (2 R. 7:5–8).

Estos pobres hombres leprosos hallaron muchos despojos y fueron gozosos por su camino. Tenían que comunicar estas buenas nuevas a los demás. *«Luego se dijeron el uno al otro: No estamos haciendo bien. Hoy es día de buena nueva, y nosotros callamos; y si esperamos hasta el amanecer, nos alcanzará nuestra maldad. Vamos pues, ahora, entremos y demos la nueva en la casa del rey»* (2 R. 7:9).

Estos leprosos ilustran lo que nos sucedió a nosotros. Nosotros estábamos plagados de la «lepra» del pecado, sin esperanza y sin Dios (Ef. 2:12). En la Palabra de Dios hallamos los muchos despojos de salvación que siempre estaban esperándonos. Todo lo que resta es que contemos las buenas nuevas a los demás.

El Salmo 119:163 vuelve a mencionar un tema que hemos visto antes: el discernimiento entre lo bueno y lo malo es otro beneficio que resulta de enfocarnos en la palabra. *«La mentira aborrezco y abomino; tu ley amo»*.

Este fue uno de los puntos principales del capítulo 13. *«De tus mandamientos he adquirido inteligencia; por tanto, he aborrecido todo camino de mentira»* (Sal. 119:104). En aquella oportunidad aprendimos que lo que uno ama determina lo que uno aborrece. La misma idea surgió en el capítulo 16. *«Por eso estimé rectos todos tus mandamientos sobre todas las cosas, y aborrecí todo camino de mentira»* (Sal. 119:128).

Una parte vital de vivir una vida piadosa es aprender a amar. Sin embargo, también es vital el aprender a aborrecer todo camino de mentira y aborrecer y abominar la mentira. Esto es más que «amar al pecador pero aborrecer al pecado»; este es el reconocimiento serio de que la iglesia es el gran campo de batalla de la actualidad. Gran parte de la mentira y de los caminos de mentira que existen se encuentran dentro del campamento de la «cristiandad».

Pocos creyentes hoy día se atreven a levantarse contra la corriente. Queremos permanecer bien cómodos en nuestras «vidas cristianas». Un diluvio de libros, revistas, cintas, videos, conferencias y seminarios nos permiten hoy día permanecer aislados de la realidad de lo que la Biblia enseña. Seguimos las modas cristianas, admiramos a nuestras superestrellas cristianas y seguimos las mismas mentiras que el mundo sigue. Y todo el tiempo pensamos que lo hacemos en el nombre de Cristo.

El tener el discernimiento suficiente para reconocer, identificar y aborrecer la falsedad, aun dentro de los confines del cristianismo, es otro resultado de un compromiso total con la Palabra de Dios. El levantar la voz con vehemencia en contra de los disparates y fraudes que se hacen en el nombre de Cristo frecuentemente producen acusaciones de «intolerante» por parte de aquéllos que se encuentran acampados dentro de los límites del estilo de cristianismo que es socialmente aceptable.

Sin embargo, fue tal tipo de tolerancia de cualquier cosa que se llamara a sí misma «cristiana» lo que provocó el mensaje que Cristo enviara a la iglesia de Laodicea, la iglesia que representa nuestra era. *«Pero por cuanto eres tibio, y no frío ni caliente, te vomitaré de mi boca»* (Ap. 3:16).

La intolerancia bíblica no es resultado de la amargura ni del prejuicio. Es resultado del amor; un amor total y completo por la Palabra de Dios.

Aun estando bajo la presión de la persecución, el salmista ha escogido enfocarse en la Palabra de Dios. El resultado de tal enfoque es el alabar a Dios. *«Siete veces al día te alabo a causa de tus justos juicios»* (Sal. 119:164).

El número siete en la Biblia representa lo completo. Dios terminó su obra perfecta y completa de creación en siete días. Toda la ley mosaica se basa en una serie de «sietes». En el idioma hebreo, el establecer un pacto con alguien se dice «establecer un siete» con alguien.

La alabanza que David dirige a Dios es completa: *«siete veces al día»*. Esta es oración de alabanza, no de rogativa. La mayoría de nosotros ni buscamos siete veces al día para *orar*. David buscó siete veces al día para *alabar* a Dios por su Palabra de Dios. La alabanza formaba parte de su conversación diaria y continua con Dios.

¿Cuándo fue la última vez que alabó a Dios por su Palabra? ¿Se acuerda cuándo fue la última vez? Tal vez necesita tomar una decisión, tal como David. Tal vez usted se ha enfocado en sus problemas, en lugar de enfocarse en la Palabra de Dios. ¿Qué escogerá usted? ¿Se enfocará en sus propios problemas o se enfocará en su Palabra?

RECIBA MUCHA PAZ (v. 165)

«Mucha paz tienen los que aman tu ley, y no hay para ellos tropiezo» (Sal. 119:165).

Aquí tenemos la paz que todos buscan sin saber dónde se encuentra. Corren de consejero a consejero, de moda en moda, de maestro a maestro. David la encontró.

Los muchos despojos hallados en el versículo 162 dieron por resultado mucha paz. Es una paz nacida del amor por la Palabra de Dios. No es paz en un sentido legal, como la paz con Dios que recibimos a través de la justificación del pecado. *«Justificados, pues, por la fe, tenemos paz para con Dios por medio de nuestro Señor Jesucristo»* (Ro. 5:1).

Esta es la mucha paz de corazón de la cual Pablo habla en su epístola a los filipenses. Considere el contexto de este conocido pasaje.

Por nada estéis afanosos, sino sean conocidas vuestras peticiones delante de Dios en toda oración y ruego, con acción de gracias. Y la paz de Dios, que sobrepasa todo entendimiento, guardará vuestros corazones y vuestros pensamientos en Cristo Jesús. Por lo demás, hermanos, todo lo que es verdadero, todo lo honesto, todo lo justo, todo lo puro, todo lo amable, todo lo que es de buen nombre; si hay virtud alguna, si algo digno de alabanza, en esto pensad. Lo que aprendisteis y recibisteis y oísteis y visteis en mi, esto haced; y el Dios de paz estará con vosotros (Fil. 4:6–9).

En Filipenses 4:6, Pablo nos da las mismas opciones a escoger que las que el salmista tenía disponibles. Podemos estar afanosos (ansiosos, preocupados) en todo. O podemos escoger enfocarnos en la oración a Dios. El versículo 7 describe esta gran *«paz de Dios»* que guarda nuestros corazones y pensamientos. Pablo continúa instruyéndonos que mantengamos nuestro enfoque mediante pensar en aquellas cosas que indica en el versículo 8. Estas cosas verdaderas, honestas, justas, puras, amables y de buen nombre se hallan en la Palabra de Dios. El enfocarnos en estas cosas nos ayuda a guardar nuestra comunión con el *«Dios de paz»* (Fil. 4:9).

¡Qué maravilla que David dijera tal cosa en medio de la persecución! Dios no necesariamente quitará el problema, pero sí nos dará mucha paz para que gobierne nuestros corazones.

Juan 14—16 contiene un gran discurso que Cristo dirigió a sus discípulos. Anteriormente citamos la advertencia que Jesús da en cuanto a la persecución en Juan 15:20: *«Acordaos de la palabra que yo os he dicho: El siervo no es mayor que su señor. Si a mí me han perseguido, también a vosotros os perseguirán; si han guardado mi palabra, también guardarán la vuestra».*

Antes de pronunciar estas palabras, Jesús les dio una promesa poderosa respecto a una paz que sólo sus seguidores pueden experimentar. *«La paz os dejo, mi paz os doy; yo no os la doy como el mundo la da. No se turbe vuestro corazón, ni tenga miedo»* (Jn. 14:27).

Esta paz opera en nuestras vidas a través de la Palabra de Dios. He aquí las palabras de conclusión de este discurso de Cristo. *«Estas cosas os he hablado para que en mí tengáis paz. En el mundo tendréis aflicción; pero confiad, yo he vencido al mundo»* (Jn. 16:33).

¿Cómo podemos tener paz? Es a través de estas cosas que Él nos ha hablado. En otras palabras, es a través de las palabras de Dios que hallamos la paz de Dios que llena nuestros corazones, aun en medio de persecución terrible. Esta paz elimina la preocupación de nuestras vidas. Esta paz debiera ser un elemento controlador en nuestra existencia. *«Y la paz de Dios gobierne en vuestros corazones, a la que asimismo fuisteis llamados en un solo cuerpo; y sed agradecidos»* (Col. 3:15).

Nadie ha expresado esta verdad de manera más elocuente que el profeta Isaías. *«Tú guardarás en completa paz a aquel cuyo pensamiento en ti persevera; porque en ti ha confiado»* (Is. 26:3).

¿Es esta paz una realidad en *su* vida? ¿Se halla consumido por la preocupación y el temor, o ha experimentado esta gran paz gobernando en su corazón? Todo depende de lo que hemos visto en cada una de las estrofas del Salmo 119: su compromiso total y completo con la Palabra de Dios. Esta es una paz que sólo alcanzan *«los que aman tu ley»*.

No hemos concluido con el versículo 165. El salmista también nos da un gran beneficio de esta paz: *«y no hay para ellos tropiezo»*. Este no sólo es un beneficio, sino que también es una evidencia, una prueba. Cualquiera puede *decir* que la paz de Dios gobierna su corazón. Aquellos en quienes esto es una realidad no permiten que nada les cause tropiezo.

¡Qué contraste nos presenta esto a los muchos creyentes hipersensibles de hoy día, quienes tropiezan con cualquier cosa! Me refiero no sólo a los creyentes inmaduros que salen de su iglesia porque algo les ofende. También me refiero a los líderes cristianos que rompen su comunión con otros líderes por asuntos de poca importancia.

¿Qué quiere decir David cuando afirma: «*y no hay para ellos tropiezo*»? Si revisamos cómo se usa esta palabra en las Escrituras, ello nos revela información importante. La misma palabra aparece en un pasaje famoso de Isaías 8. «*Entonces él será por santuario; pero a las dos casas de Israel, por piedra para tropezar, y por tropezadero para caer, y por lazo y por red al morador de Jerusalén*» (Is. 8:14).

Para obtener esta paz, es necesario pasar por la «*piedra para tropezar*», la cual es nada más y nada menos que nuestro Señor Jesucristo (1 P. 2:7, 8). Si el mensaje de Cristo nos hace tropezar, no tendremos paz en nuestro corazón.

Isaías nos brinda otro ejemplo. «*Y dirá: Allanad, allanad; barred el camino, quitad los tropiezos del camino de mi pueblo*» (Is. 57:14).

Si seguimos revisando el uso de la palabra «tropiezo» en la Biblia, podemos encontrar el principio correspondiente en el Nuevo Testamento. «*Así que, ya no nos juzguemos más los unos a los otros, sino más bien decidid no poner tropiezo u ocasión de caer al hermano*» (Ro. 14:13).

Pablo aplicó esta verdad al asunto de comer carne ofrecida a ídolos. Con frecuencia un nuevo creyente que salía del paganismo tropezaba, o se ofendía, al ver que había creyentes que compraban carne que primero había sido ofrecida a ídolos en los templos paganos. Pablo explica en Romanos 14 que la carne es carne. No hay nada intrínsecamente bueno ni malo respecto a la carne.

El hermano más débil es el que tropieza. Sin embargo, el hermano más maduro no debe hacer nada deliberadamente para poner tropiezo en el camino de una persona espiritualmente inmadura. «*Bueno es no comer carne, ni beber vino, ni nada en que tu hermano tropiece, o se ofenda, o se debilite*» (Ro. 14:21).

La misma lección es dada a los corintios.

> *Si bien la vianda no nos hace más aceptos ante Dios; pues ni porque comamos, seremos más, ni porque no comamos, seremos menos. Pero mirad que esta libertad vuestra no venga a ser tropezadero para los débiles. Porque si alguno te ve a ti, que tienes conocimiento, sentado a la mesa en un lugar de ídolos, la conciencia de aquel que es débil, ¿no será estimulada a comer de lo sacrificado a los ídolos? Y por el conocimiento tuyo, se perderá el hermano débil por quien Cristo murió. De esta manera, pues, pecando contra los hermanos e hiriendo su débil conciencia, contra Cristo pecáis. Por lo cual, si la comida le es a mi hermano ocasión de caer, no comeré carne jamás, para no poner tropiezo a mi hermano* (1 Co. 8:8–13).

Para nosotros es difícil imaginar que alguien se ofendiera por ver a otro creyente comer carne que había sido ofrecida a ídolos. Esto no es un problema en nuestra cultura. Sin embargo, tenemos nuestras piedras de tropiezo modernas. Nos preocupamos de cómo la otra gente se viste, qué música escucha, si celebran la Navidad y la Pascua, si van al cine; esta lista podría alargarse indefinidamente y constantemente cambia.

Si algo claramente viola lo que dice la Biblia, es pecado. En este caso no hay lugar a dudas. Pero hay muchas «áreas grises» que frecuentemente dividen a los cristianos. Hay muchas cosas que bíblicamente no son incorrectas, pero chocan con las preferencias culturales y los gustos. Algunos creyentes se ven ofendidos por estas piedras de tropiezo. Según lo que Pablo nos dice, el hermano más débil es el que tropieza. Bien le vendría crecer, madurar y dejar que la paz de Dios gobierne su corazón. Sin embargo, es responsabilidad del hermano más maduro evitar abusar de su libertad delante del creyente menos maduro.

El Salmo 119:165 habla de la razón tras la madurez: el creyente que está verdaderamente comprometido con la Palabra no tropieza con facilidad.

¿Qué hay de usted? ¿Es usted uno de esos creyentes hipersensibles, fáciles de ofender? Si la paz de Dios gobierna su corazón, lo que los demás digan o hagan no le causará tropiezo. Usted podrá aprobar o no aprobar lo que hacen, o estar a favor o en contra de ello, pero eso no es lo que importa. Usted no tendrá que adoptar una cruzada, volverse un mártir, ni vivir en un estado constante de indignación justa. ¿Tiene la mucha paz de Dios?

DÉ MUCHO TESTIMONIO (vv. 166–168)

En los últimos tres versículos de esta estrofa, el salmista da testimonio de su relación con la Palabra de Dios. Cada versículo enfatiza un aspecto diferente de esa relación.

Una esperanza en la Palabra que salva

«*Tu salvación he esperado, oh Jehová, y tus mandamientos he puesto por obra*» (Sal. 119:166).

En el capítulo 19 discutimos el significado bíblico de la palabra «esperar» cuando estudiamos el versículo 147. El poner nuestra esperanza de vida eterna en la Palabra de Dios es lo que nos salva. Este es el testimonio de David, y el nuestro.

Como hemos mencionado reiteradas veces, esta salvación de la cual habla David no es sinónimo de la salvación de «vida eterna» que el creyente del Nuevo Testamento recibe al momento de su conversión. David espera la salvación de la persecución y de las pruebas. Él también ha puesto su esperanza en la Palabra de Dios para obtener la vida eterna. En nuestro caso, es nuestra salvación eterna, basada en la Palabra de Dios, la que nos da la esperanza de ver la salvación de Dios en todas nuestras pruebas.

David también da testimonio de haber puesto por obra los mandamientos de Dios. Muchos dicen creer los mandamientos de Dios; David los *puso por obra*.

Un amor por la Palabra que rebosa

«Mi alma ha guardado tus testimonios, y los he amado en gran manera» (Sal. 119:167).

Empezando de manera similar al final del versículo anterior, David afirma que su alma ha guardado los testimonios de Dios. Esto es más que una obediencia a regañadientes originada por el sentido del deber. Esta es una obediencia entusiasta que proviene del alma.

La parte de este versículo que sobresale es el amor entusiasta que David siente por la Palabra de Dios: *«y los he amado en gran manera»*. En cada una de las tres secciones de esta estrofa hay una exclamación que fija el tono de la sección correspondiente. En el versículo 162 es *«muchos despojos»*. En el versículo 165 es *«mucha paz»*. Aquí es la *«gran manera»* con la cual David ama la Palabra de Dios.

El amor que David prodiga a la Palabra de Dios ha rebosado a todas las áreas de su vida. Él no sólo ama la Palabra de Dios, la ama *«en gran manera»*.

Un compromiso por la Palabra que se demuestra

«He guardado tus mandamientos y tus testimonios, porque todos mis caminos están delante de ti» (Sal. 119:168).

El denominador común en estos tres versículos es el testimonio de obediencia a la Palabra de Dios que David tiene. Él lo repite en el versículo 168. Este testimonio paralelo es lo que entrelaza los versículos de esta sección. Este es el tipo de testimonio que debiera entrelazar cada sección de *su* vida y la mía.

La frase final es poderosa e inolvidable: *«porque todos mis caminos están delante de ti»*. David entiende una verdad que debiera ser un motivante poderoso para todos nosotros. David una vez engañó al rey de Gat al fingirse loco (1 S. 21:10–15). Pero David nunca hubiera podido engañar a Dios, porque todos sus caminos estaban delante de Él.

David reconoció esta verdad en el Salmo 139:7–10. *«¿A dónde me iré de tu Espíritu? ¿Y a dónde huiré de tu presencia? Si subiere a los cielos, allí estás tú; y si en el Seol hiciere mi estrado, he aquí, allí tú estás. Si tomare las alas del alba, y habitare en el extremo del mar, aun allí me guiará tu mano, y me asirá tu diestra.»*

Siglos antes de que David naciera, Eliú dijo lo mismo, aunque no supo aplicar esta verdad correctamente al sufrimiento de Job. A él le faltó sabiduría, pero sí estaba claro en cuanto a su información. *«Porque sus ojos están sobre los caminos del hombre, y ve todos sus pasos»* (Job 34:21). Dios mismo dijo a través de su profeta Jeremías: *«¿Se ocultará alguno, dice Jehová, en escondrijos que yo no lo vea? ¿No lleno yo, dice Jehová, el cielo y la tierra?»* (Jer. 23:24).

Hebreos 4:12, 13 nos trae esta verdad a la realidad actual y la expresa en una manera muy práctica. *«Porque la Palabra de Dios es viva y eficaz, y más cortante que toda espada de dos filos; y penetra hasta partir el alma y el espíritu, las coyunturas y los tuétanos, y discierne los pensamientos y las intenciones del corazón. Y no hay cosa creada que no sea manifiesta en su presencia; antes bien todas las cosas están desnudas y abiertas a los ojos de aquel a quien tenemos que dar cuenta.»*

No sólo están nuestros caminos delante de Dios, estos caminos están descritos y expuestos en la Biblia, esa espada de dos filos, viva y eficaz. No hay pecado secreto que usted tenga que no se encuentre desnudo y abierto en la Biblia. El pasar tiempo escudriñando la Palabra es la manera en la cual el creyente sincero, estudiando solo, puede identificar el pecado no confesado en su vida. Es así que puede cambiar las actitudes de corazón detrás de ese pecado y expulsarlo de su vida al conectarse a la gracia y el poder de Dios, los cuales están en las páginas de la Biblia esperando para fluir en su vida como el agua que fluye para limpiar su cuerpo cuando abre la llave de la ducha. Usted ni siquiera podría imaginar algo que no se encuentre tratado en las páginas de la Palabra de Dios.

¡Cuánto mejor es asegurarnos que nuestra vida esté conforme a la Palabra de Dios, en lugar de en su contra! *Sus* caminos están delante de Dios en este instante. ¿Qué es lo que Él ve? ¿Qué testimonio de amor en gran manera por los mandamientos de Dios puede dar usted?

Un buen testimonio empieza con una buena elección. La vida consiste en una serie de decisiones. Usted en este instante cuenta con el poder de decidir vivir su vida de acuerdo con la Biblia o de desobedecerla. ¿Escogerá los muchos despojos que pueden hallarse en la palabra?, ¿o escogerá la paga del pecado?

La mucha paz de corazón viene sólo a aquellos quienes escogen los muchos despojos de la Palabra. ¿Puede decir sinceramente que la paz de Dios gobierna su corazón? ¿Tiene victoria sobre el miedo y la preocupación? Lo que importa no es cuánto sepa de la Biblia. Es el amor que usted tenga por la Palabra de Dios lo que hace la diferencia y lo que le da la paz que impide que tropiece. Esto sucede porque si ama la Palabra de Dios, usted no podrá evitar utilizarla, como lo hizo David, para cambiar su vida.

El escoger los muchos despojos y tener la mucha paz de Dios gobernando en nuestros corazones como resultado es lo que nos da la capacidad de dar mucho testimonio del amor que siente gran manera por la Palabra de Dios.

Todos tenemos un testimonio de algo. ¿Da testimonio de sus problemas? ¿O da testimonio de la Palabra de Dios?

22

RESUMIÉNDOLO TODO

Llegue mi clamor delante de ti, oh Jehová; dame entendimiento conforme a tu palabra. Llegue mi oración delante de ti; líbrame conforme a tu dicho. Mis labios rebosarán alabanza cuando me enseñes tus estatutos. Hablará mi lengua tus dichos, porque todos tus mandamientos son justicia. Esté tu mano pronta para socorrerme, porque tus mandamientos he escogido. He deseado tu salvación, oh Jehová, y tu ley es mi delicia. Viva mi alma y te alabe, y tus juicios me ayuden. Yo anduve errante como oveja extraviada; busca a tu siervo, porque no me he olvidado de tus mandamientos.

Salmo 119:169–176

Al dejar expuesta su relación de corazón con la Palabra de Dios, el salmista se ha embarcado en una odisea a lo profundo del corazón de Dios. David, el dulce salmista, fue el hombre que Dios escogió por ser conforme a su propio corazón (1 S. 13:14). Ningún otro individuo de las Escrituras nos da una perspectiva más íntima de su vida devocional que David. Debido a que este hombre estaba tan enfocado en Dios, al echar un vistazo al corazón de David podemos ver el reflejo del corazón de Dios.

A través de veintiún estrofas del Salmo 119 hemos seguido el corazón de David al verlo celebrar su amor por la Palabra de Dios. En toda su aflicción, le hemos visto acudir a Dios y a su Palabra. Hemos visto cómo su relación se hizo más profunda y más fuerte.

Ahora, llegamos a la vigésimosegunda y última estrofa. Hemos cubierto la relación entre el hombre y la Palabra de Dios «de la A a la Z» (o, en hebreo, de *alef* a *tau*). Ante nosotros tenemos un resumen magistral, cuando David resume los temas principales de este salmo.

En los versículos 169 y 170 repasamos las dos peticiones principales que David ha pedido a Dios. En los versículos 171 y 172 nuevamente vemos la importancia de la alabanza en la vida de David. Al leer este salmo, recuerde que no sólo es una alabanza florida a la Palabra de Dios. No sólo es una canción que puede cantarse y luego olvidarse. Todo lo que se ha dicho necesita ponerse en práctica si queremos entender el corazón de Dios.

Este ha sido nuestro énfasis desde un principio: ver este salmo como un modelo de cómo desarrollar una relación con el Libro viviente, para que podamos conocer mejor al Dios viviente. Le he recordado que haga de estos versículos su posesión personal, que los lea y los repase, que medite en ellos y los lleve en oración delante de Dios, y luego que los personalice. Este es un salmo intensamente práctico. Es apropiado que en los versículos 173–175 David repase una verdad clave que necesitamos para que nos ayude a poner todo esto en práctica en nuestras vidas.

El versículo final es un recordatorio poderoso de nuestra necesidad continua de la Palabra de Dios para tener una relación vital con Dios y una actitud de corazón correcta hacia la Palabra de Dios. Es un versículo destinado a darnos la perspectiva correcta para que podamos vivir este salmo en nuestro diario andar.

PETICIÓN (vv. 169, 170)

«Llegue mi clamor delante de ti, oh Jehová; dame entendimiento conforme a tu palabra. Llegue mi oración delante de ti; líbrame conforme a tu dicho» (Sal. 119:169, 170).

Este par de versículos que inicia esta estrofa nos ofrece una excelente oportunidad para apreciar el paralelismo de la poesía hebrea. En ambos versículos, David pide a Dios que escuche sus ruegos («*clamor*», «*oración*»). En ambos casos él reconoce que la respuesta a la oración será según la Palabra de Dios («*conforme a tu palabra*», «*conforme a tu dicho*»). Esto es totalmente consistente con lo que antes hemos visto. Dios siempre obra en forma consistente con su Palabra. Si algo no es conforme a su Palabra, entonces no es de Dios.

Todo este salmo nos ofrece un estudio sobre la vida de oración de David. Pero si tuviéramos que resumir la naturaleza de las peticiones que David eleva a Dios, probablemente no podríamos expresarlo de mejor manera que lo que nos dicen estos dos versículos. En el versículo 169 él ora: «*dame entendimiento*». En el versículo siguiente le pide: «*líbrame*».

Dicho en otras palabras, David tiene dos peticiones en su corazón. Éstas surgen continuamente en el transcurso de su diálogo con Dios a través de todo este salmo. Él pide (1) dominio de la Palabra y (2) dominio en las situaciones de la vida. David nunca podía saciar su deseo de la Palabra de Dios. Nunca podía saber demasiado, ni entender demasiado. Su deseo de tener un dominio de la Palabra de Dios, y que la Palabra dominara su vida, era insaciable. Hemos aprendido que él hace referencia directa a la Palabra de Dios en todos los versículos de este salmo, salvo tres de ellos.

La otra idea que ocupa la mente de David a lo largo de este salmo es el hecho apremiante de la persecución que estaba sufriendo. Él siempre entendió que su vida debía ser controlada por Dios conforme a su Palabra. Cuando oraba en cuanto a su persecución, era para traerla delante de Dios en sumisión a su Palabra. Anteriormente comentamos que su petición nunca fue que Dios eliminara el problema, sino que Dios lo librara del mismo, que él tuviera victoria *en* el problema. Él está pidiendo a Dios que le dé dominio sobre las situaciones de la vida.

Estas dos peticiones son un ejemplo sobresaliente de lo que debiera ser el énfasis de nuestra propia vida de oración. Con demasiada frecuencia llenamos nuestras oraciones con trivialidades. ¡Gloria a Dios que a Él le preocupan hasta los asuntos triviales de la vida! Pero hemos de crecer más allá de la obsesión por las cosas triviales. El plan de Dios para nuestras vidas es demasiado importante para que nos la pasemos enfocados en trivialidades.

Para seguir el ejemplo de David, nuestra oración diaria debe ocuparse de dos asuntos apremiantes: tener dominio de la Palabra y dominio en las situaciones de la vida. ¿Cuántas veces pide usted tener un dominio claro de la Palabra de Dios? ¿Cuánta es su cooperación con Dios para la respuesta a esa petición? No tiene sentido pedirle a Dios que le otorgue entendimiento conforme a su Palabra si usted no está dispuesto a invertir tiempo en el estudio de su Palabra.

La vida de todo creyente está llena de situaciones difíciles de manejar. Algunas pueden haber sido causadas por nuestro propio pecado, mientras que otras podrían hallarse fuera de nuestro control. Sea cual fuere el caso, nuestra oración debiera ser que Dios nos otorgue dominio de la situación conforme a su Palabra.

Algunas veces Él sí eliminará el problema. Algunas veces no eliminará la situación, pero nos dará dominio sobre ella mientras nosotros aprendemos a enfrentarla conforme a su Palabra. Esto es consistente con las palabras que Pablo dirigió a Timoteo, mientras explicaba los diferentes papeles que deberá cumplir el ministro de la Palabra. «*Y también el que lucha como atleta, no es coronado si no lucha legítimamente*» (2 Ti. 2:5). En el contexto de la Biblia, el luchar legítimamente significa luchar conforme a la Palabra de Dios. El dominio de la Biblia, al igual que el dominio sobre las situaciones de la vida, se logra conforme a la Palabra de Dios.

La vida de oración de Pablo seguía este mismo patrón. Le vemos orando sin cesar (1 Ts. 5:17). No había área de la vida de Pablo que no fuese tocada por la oración. Pero el énfasis que vemos en sus oraciones difícilmente nos haría pensar que a él le preocupaban los asuntos triviales. Un pasaje de 2 Tesalonicenses nos da un buen ejemplo de su vida de oración. Mencionamos este aspecto brevemente en el capítulo 17, pero bien vale la pena darle otro vistazo. «*Por lo demás, hermanos, orad por nosotros, para que la palabra del Señor corra y sea glorificada, así como lo fue entre vosotros, y para que seamos librados de hombres perversos y malos; porque no es de todos la fe*» (2 Ts. 3:1, 2).

Hay dos cosas al frente de la oración de Pablo: su preocupación por la Palabra y su preocupación de ser librado para poder seguir proclamando la Palabra. Este no es un deseo egoísta por parte de Pablo. Él no está pidiendo ser librado porque no soporta el dolor. El testimonio de su vida refuta tal idea. Él pide ser librado para poder dominar la situación, para que pueda continuar el ministerio que Dios le ha confiado.

¿Sigue usted este modelo en su propia vida de oración? ¿Pide tener dominio de la Palabra en sus oraciones? ¿O se encuentra saciado con lo que ya sabe y entiende? ¿Qué aprendió de la Biblia esta semana? ¿Qué aprendió este *año?* ¿Está creciendo?

¿Siente que las situaciones de la vida le han dejado fuera de combate? ¿O ha aprendido a acudir a Dios en oración, buscando tener dominio de las situaciones antes que éstas lo dominen a usted?

Estas dos cosas debieran ser el centro de su vida de oración. Usted debiera pedir constantemente que Dios le dé dominio de su Palabra y dominio sobre las situaciones de la vida. No importa cuánto haya aprendido, todavía hay necesidad de crecer más.

ALABANZA (vv. 171, 172)

«Mis labios rebosarán alabanza cuando me enseñes tus estatutos. Hablará mi lengua tus dichos, porque todos tus mandamientos son justicia» (Sal. 119:171, 172).

Aun con toda la persecución, opresión y pruebas que David sufrió, él nunca deja de alabar a Dios. Específicamente en este salmo David alaba a Dios por su Palabra.

La alabanza ocupa una porción significativa del Salmo 119, al igual que en el resto de los salmos. Más que ser una emoción superficial, la alabanza de David procede del corazón y es profunda y enfocada. La alabanza que eleva David está centrada en la Palabra y nunca se aparta de ella. Esto contrasta agudamente con la alabanza que se escucha de muchos creyentes de la actualidad. Ésta es en realidad nada más que pura emoción, frivolidades y apariencias. La alabanza de David empieza y termina con la Palabra de Dios.

Estos dos versículos muestran el compromiso de David con la alabanza. En el versículo 171 David dice: *«Mis labios rebosarán alabanza»*. En el versículo 172, de manera paralela, dice: *«Hablará mi lengua tus dichos»*. El paralelismo puede componerse de frases que se complementan entre sí, que contrastan entre sí, o en las cuales una completa el sentido de la anterior. En este caso, las dos expresiones de alabanza se complementan entre sí. Ambas alaban a Dios por su Palabra, pero cada una tiene un énfasis ligeramente diferente.

En el versículo 171, David dice que alabará a Dios *«cuando me enseñes tus estatutos»*. Si leemos esto conforme al uso moderno del idioma, podríamos caer en la tentación de pensar que David está tratando de hacer un trato con Dios. «Muy bien, Dios, tan pronto me enseñes tu palabra yo cumpliré mi parte del trato y te alabaré». Pero este decididamente no es el sentir de estas palabras.

Lo que tenemos aquí es algo similar al uso de las palabras «esperar» y «esperanza» que hemos mencionado en más de una ocasión. Bíblicamente, la esperanza no es un deseo. Es una expresión de la certeza de algo que no ha sucedido todavía, pero que con toda seguridad ocurrirá.

En el versículo 171 David está contando con algo que no se ha cumplido en su totalidad. Su corazón está lleno de alabanza, porque está confiado que Dios continuará enseñándole sus estatutos. Esta es la misma idea que Pablo enseñó en Romanos 6 cuando utilizó la palabra «consideraos». Pablo establece el fundamento doctrinal para la victoria sobre el pecado al mostrarnos cómo el bautismo es un cuadro de nuestra identificación con Cristo en su muerte y en su resurrección. Él llega a la conclusión doctrinal en el versículo 6. «*Sabiendo esto, que nuestro viejo hombre fue crucificado juntamente con él, para que el cuerpo del pecado sea destruido, a fin de que no sirvamos más al pecado*» (Ro. 6:6).

La pregunta que naturalmente surge es: «Si mi viejo hombre fue crucificado juntamente con él para que el cuerpo del pecado sea destruido, ¿por qué todavía tengo tanta lucha con el pecado?» Esta es la antigua batalla sostenida entre el hecho de nuestra posición y la realidad práctica.

En primer lugar, necesitamos entender que en la Biblia la «muerte» siempre significa separación. Nunca significa aniquilación ni el dejar de existir. La muerte física es la separación del alma del cuerpo, no el fin de la existencia. La muerte espiritual es la separación de Dios, no el dejar de existir. Cuando dice que nuestro viejo hombre está muerto, esto no quiere decir que ha dejado de existir. Significa que hemos sido separados del poder que éste antes tenía sobre nosotros. Ya no *tenemos* que pecar. Pecamos porque escogemos ceder a nuestra naturaleza pecaminosa.

Para que esta verdad doctrinal se torne en una realidad práctica, tenemos que aprender la lección que Pablo enseña.

Así también vosotros consideraos muertos al pecado, pero vivos para Dios en Cristo Jesús, Señor nuestro. No reine, pues, el pecado en vuestro cuerpo mortal, de modo que lo obedezcáis en sus concupiscencias; ni tampoco presentéis vuestros miembros al pecado como instrumentos de iniquidad, sino presentaos vosotros mismos a Dios como vivos de entre los muertos, y vuestros miembros a Dios como instrumentos de justicia. Porque el pecado no se enseñoreará de vosotros, pues no estáis bajo la ley, sino bajo la gracia (Ro. 6:11–14).

Cuando Cristo murió y resucitó de entre los muertos, nuestra victoria sobre el pecado quedó asegurada. La victoria final y completa tendrá lugar cuando Cristo regrese. En ese entonces, nuestro cuerpo mortal será glorificado y estaremos totalmente separados de este cuerpo de pecado. Hasta que eso ocurra, podemos tener victoria práctica en nuestro diario andar si consideramos, o actuamos, como si esto ya hubiese ocurrido, aunque no haya tenido lugar hasta este momento. Hemos de «considerar», o dar por hecho, que lo que Dios ha dicho es cierto. Esto es un acto de fe.

Esto es lo que David está haciendo en el versículo 171. Él ha pedido constantemente a Dios que le enseñe su Palabra. Aunque el cumplimiento final de esto aún es futuro, y David jamás podría aprender todo lo que la Palabra de Dios tiene que enseñar en esta vida, él se contenta con alabar a Dios, sabiendo que Dios seguramente contestará su oración.

La palabra de alabanza que eleva David no es condicional y no expresa duda. Es una consideración fiel de la Palabra de Dios porque él está convencido que Dios la cumplirá. Él ya puede ver por fe el cumplimiento en su corazón y en su mente, y sabe que alabará a Dios en el día en que lo que ya creyó por fe se torne en realidad.

La segunda exclamación de alabanza en el versículo 172 obedece a la justicia de la Palabra de Dios. David hace el voto de hablar sus dichos *«porque todos tus mandamientos son justicia»*. «Justicia» es un sustantivo, no un adjetivo. David *no* dice «todos tus mandamientos son justos». Él dice que son *«justicia»*.

Esto es lo mismo que vimos en el versículo 151, en donde David dijo: «*y todos tus mandamientos son verdad»*. En aquella oportunidad comentamos acerca de la diferencia entre decir que la Palabra de Dios es cierta y decir que es *«verdad»*. Recuerde, aprendimos que algo es cierto si está de acuerdo con la Palabra de Dios. La Palabra de Dios es *verdad*. Es la norma por la cual medimos si las demás cosas son o no son verdad.

La idea expresada en el versículo 172 es similar. Obviamente, los mandamientos de Dios son justos, pero esto no es lo que el texto nos dice. Dice: *«todos tus mandamientos son justicia»*. Esto significa que la Palabra de Dios no sólo es justa, sino que es la norma de justicia por la cual podemos medir la justicia que pueda haber en todas las demás cosas.

David alaba a Dios por su maravillosa verdad, y nosotros también debiéramos hacerlo. No tenemos que preguntarnos si algo es o no es justo. Muchos viven como esclavos de la opinión popular. Permiten que lo que diga la mayoría sea lo que establece sus normas de justicia.

Otros son esclavos de las opiniones de sus líderes. Los creyentes que siguen un sistema legalista frecuentemente se consuelan al dejar que sean otros los que decidan por ellos. «Sólo dígame qué debo hacer y lo haré». Esto podría dar buenos resultados temporalmente, pero ¿qué hay de aquellas situaciones en las cuales usted necesita tomar una decisión y el líder no se encuentra disponible? Ningún líder puede dar solución a *todas* las situaciones o decisiones posibles que surgirán en su vida. ¿Qué hay de aquellas situaciones en las cuales el líder no ha decretado su decisión? ¿Dónde podemos buscar las respuestas? El legalismo siempre fracasa al final.

Trágicamente, el fracaso del legalismo se hace evidente en los hijos de cristianos legalistas. Los hijos observan las reglas y normas de sus padres mientras son jóvenes. Un día empiezan a cuestionarlas, inocentemente al principio. Quieren saber *por qué* tenemos estas «normas» y «convicciones». ¿Por qué una cosa es «justa» o «buena» y la otra no? ¿Por qué, por ejemplo, es «justo» ver una película con la videograbadora en casa pero es «malo» ver la misma película en un cine?

Cuando los niños preguntan «por qué» muchas veces hacen que sus padres pierdan el control y griten regañando a sus hijos adolescentes respecto a sus actitudes rebeldes y a su atrevimiento de cuestionar la autoridad de los padres. Después de repetirse esta situación unas cuantas veces, el adolescente llega a la conclusión de que mamá y papá realmente no entienden de qué se trata la vida y decide buscar sus propias respuestas. La mayoría de las veces, si sus padres observan ciertas normas, el adolescente escogerá ir en rumbo opuesto porque está convencido que las normas de sus padres no sirven.

Si entendemos que la Palabra de Dios *es* justicia, esto nos da la respuesta que buscamos. *Todo* debe compararse con la justicia de la Palabra de Dios. Si algo concuerda con la Palabra de Dios, es justo. A pesar de los gustos, de las opiniones personales y de las convicciones de los líderes de cualquier iglesia, es la Palabra de Dios la que deberá ser nuestra norma de justicia.

David eleva una alabanza que se enfoca y se basa en la Palabra de Dios. Necesitamos examinar la alabanza en *nuestras* vidas. En primer lugar, ¿*Hay* alabanza en nuestras vidas? Si la hay, ¿cuenta con fundamento bíblico? ¿Es más que emoción y apariencias? David ha mostrado peticiones enfocadas en sus oraciones y alabanza enfocada en su relación devocional con su Padre Celestial.

PRÁCTICA (vv. 173–175)

«Esté tu mano pronta para socorrerme, porque tus mandamientos he escogido. He deseado tu salvación, oh Jehová, y tu ley es mi delicia. Viva mi alma y te alabe, y tus juicios me ayuden» (Sal. 119:173–175).

Hasta ahora hemos visto las dos peticiones principales que David eleva de modo continuo a Dios: tener dominio de la Palabra y tener dominio sobre las situaciones de la vida. Nuevamente hemos reconocido la importancia de la alabanza bíblica en la vida de David y la necesidad que tenemos de ella. Los tres versículos siguientes tratan con la aplicación práctica de estas verdades a nuestras vidas.

Estos versículos contienen tres elementos recurrentes que forman la base para aplicar toda verdad divina a nuestras vidas. Permítame resumirlas al llamarlas la voluntad del hombre, el camino de Dios y la Palabra de Dios. Estos tres elementos deberán encajar entre sí para poder aplicar la verdad divina a la realidad cotidiana.

La voluntad del hombre

En el capítulo 21 discutimos el papel que juega el poder de decisión en la vida del hombre. La vida es una serie de decisiones porque Dios ha dado al hombre un libre albedrío y voluntad. Hay cosas que ocurren sobre las cuales no tenemos control alguno, pero en cada caso hemos de decidir cómo habremos de responder. Toda vez que apliquemos la verdad de Dios a nuestras vidas, tendremos que tomar una decisión. Aunque es por la gracia de Dios, la salvación requiere una decisión. La separación del pecado también requiere una decisión.

En el Salmo 119:173–175 vemos con claridad el elemento de la decisión en la vida de David. En el versículo 173 él afirma *«porque tus mandamientos he escogido».* El versículo 174 también declara lo que David escoge. *«He deseado tu salvación, oh Jehová, y tu ley es mi delicia».* En el versículo 175 David escoge alabar a Dios. *«Viva mi alma y te alabe, y tus juicios me ayuden».*

David no tomó estas decisiones como resultado de presión alguna. Él pudo haber tomado la misma decisión que millones de personas han tomado. Pudo haber abandonado la Palabra de Dios cuando la vida a su alrededor empezó a desmoronarse. David escogió apegarse a la Palabra de Dios, y lo que es más, a deleitarse en ella. Él escogió alabar a Dios, cuando tenía todo motivo por el cual cuestionar a Dios.

El leer este libro no lo convertirá en una persona espiritual. No resolverá los problemas de su vida. Mi oración es que le proporcione la información bíblica que usted necesite para tomar una decisión correcta que le dé victoria aun *en* los problemas de la vida.

Sea cual sea la información que usted encuentre en la Biblia, en última instancia necesita tomar una decisión. El conocimiento por sí solo no resuelve los problemas. En algún punto deberá escoger aplicar la Palabra de Dios a su propia vida.

El camino de Dios

Parte de la decisión que tenemos que tomar es el permitir que Dios emprenda su camino en los problemas de nuestra vida y abandonar nuestros esfuerzos carnales por ganar la victoria. Escogemos creer y obedecer la Palabra de Dios, pero esa decisión no puede activarse en el poder de la carne. Continuamente necesitamos recurrir a Dios para obtener la fuerza necesaria para vencer.

Esta es la idea tras la oración de David: «*Esté tu mano pronta para socorrerme*» (Sal. 119:173). David ahora necesita apoyarse en la poderosa mano de Dios, y no en su propia mano de carne. Frecuentemente he dicho al predicar que Dios no quiere *ayudar* a nadie. Él quiere tomar control completo de nuestras vidas y no sólo darnos una ayudita. Sigo creyendo que eso es cierto y ése no es el sentir de la palabra «socorrerme» que David usa en este versículo.

Hay aquellos que nunca quieren ceder el control de sus vidas. Quieren que Dios haga sólo aquellas cosas que ellos no pueden hacer por sí mismos. Quieren un «empujón» y no una vida en sujeción a Dios. Lo que más les importa es retener el control. No comprenden que en juego está el señorío de Cristo. Estos son los individuos que necesitan ver que a Dios no le interesa sólo «socorrerlos», sino tomar el control completo de sus vidas.

Cuando David clama a Dios por el socorro de su mano, él no está tratando de guardar el control de su vida. Sencillamente está reconociendo que sólo el poder de Dios puede ayudarle en su situación. Es una confesión de que el camino de Dios es el único camino.

Este fue el dilema que enfrentó Pablo en Romanos 7. Él había establecido el rumbo a la victoria sobre el pecado en Romanos 6. Pero entre más luchaba Pablo por ganar la victoria en su vida, más frustrado quedaba. En lo intelectual, él conocía lo que la Biblia enseña. En la práctica, había escogido obedecer la Palabra de Dios. Pero se halló a sí mismo en pecado. «*Y yo sé que en mí, esto es, en mi carne, no mora el bien; porque el querer el bien está en mí, pero no el hacerlo*» (Ro. 7:18).

El conocimiento está allí; la decisión ha sido tomada. Sin embargo, Pablo se ve a sí mismo con falta de poder. No puede cumplir lo que ha decidido. El resto de Romanos 7 y 8 nos muestra que sólo el poder de Dios puede vencer la esclavitud de la carne.

Somos una raza desvalida. Cuando se trata de vivir según el camino de

Dios, no tenemos el poder en nuestro interior para cumplir las decisiones que tomamos: ¡ni siquiera las decisiones que son las correctas! Existe un camino divino a la victoria, y es el *único* camino. El poder de Dios por sí solo es suficiente.

David recurrió a la mano de Dios. Esta es la misma mano que efectuó la creación (Is. 66:2). Es la misma mano que hirió a Egipto para dar salvación a Israel (Éx. 3:20). Es la mano de Dios que cubrió a Moisés (Éx. 33:22) y que ofrece protección a los redimidos del Señor (Is. 51:16). Esta mano de Dios herirá a los impíos (Is. 1:25; Jer. 6:12; 15:6; Ez. 6:14). Esta es la mano que trajo la salvación a los gentiles (Is. 49:22).

Para toda situación de la vida existe una verdad bíblica que aplicar, una decisión que tomar y la necesidad de depender de la mano de Dios para que esa decisión comience a funcionar. No habrá victoria en *su propia* vida sin tomar una decisión basándose en la verdad divina y sin tener el poder de la mano de Dios. Es *su* camino, y no el nuestro, el que lleva a la victoria.

La Palabra de Dios

El elemento que lo enlaza todo es lo que usted ya se habrá imaginado: la Palabra de Dios. La Palabra de Dios ha sido el tema de este gran salmo desde su primer versículo. Es el tema que continúa hasta el final y que enlaza las muchas y diversas enseñanzas contenidas en este salmo. La Palabra de Dios también es el tercer elemento que discernimos en estos tres versículos.

Después de haber pedido el socorro de la mano de Dios en el versículo 173, David nuevamente ora en el versículo 175: «*y tus juicios me ayuden*». No es posible escapar del énfasis puesto en la Palabra de Dios.

La aplicación de toda verdad bíblica a la vida diaria empieza con la infor-mación —tal como principios, mandamientos— hallada en la Biblia. Luego, cada creyente deberá decidir aceptar la enseñanza ofrecida. La información por sí sola no resuelve los problemas.

Seguidamente, una vez que se toma la decisión de obedecer la Palabra de Dios, necesitamos depender de forma consciente de la poderosa mano de Dios para que nos ayude a vivir según lo decidido. Ningún esfuerzo nuestro podrá lograr que alguna verdad de Dios se materialice en nuestra vida cotidiana.

Pero, ¿dónde acudimos para hallar guía, instrucción y el desarrollo prác-tico de estas verdades maravillosas? El rumbo correcto es orar como lo hizo David: «*y tus juicios me ayuden*». Nuestra ayuda se encuentra en las páginas de la santa Palabra de Dios. Haga de estas palabras su oración: «Señor, mués-trame en tu Palabra lo que necesito saber para que tu verdad y tu poder obren en mí».

La voluntad del hombre. El camino de Dios. La Palabra de Dios. Estos tres elementos son necesarios para que la verdad bíblica se torne en realidad cotidiana en su vida y en la mía. No existe otra alternativa.

PERSPECTIVA (v. 176)

«Yo anduve errante como oveja extraviada; busca a tu siervo, porque no me he olvidado de tus mandamientos» (Sal. 119:176).

David no concluye este salmo proclamando la grandeza de su madurez espiritual, como tal vez hubiéramos esperado. Él pone la nota final confesando su estado pecaminoso. ¿Le sorprende esto? Primero, observe la aplicación doctrinal de este versículo a la nación de Israel en el tiempo de la Tribulación. Varias veces hemos mencionado esta aplicación profética del Salmo 119 y de otros salmos en cuanto a la Tribulación. La aflicción de David es una sombra profética de lo que vendrá a la nación de Israel.

Israel es el rebaño de Dios. Juan 10 es el pasaje famoso en donde Jesús anuncia que Él es el pastor del rebaño. El rebaño al cual se refiere Jesús es Israel. Los judíos entendían esto muy bien. «*Porque él es nuestro Dios; nosotros el pueblo de su prado, y ovejas de su mano. Si oyereis hoy su voz*» (Sal. 95:7). «*Reconoced que Jehová es Dios; Él nos hizo, y no nosotros a nosotros mismos; pueblo suyo somos, y ovejas de su prado*» (Sal. 100:3).

Sin embargo, las ovejas de Dios se han extraviado. Están esparcidas y perdidas. «*Nos entregas como ovejas al matadero, y nos has esparcido entre las naciones*» (Sal. 44:11). «*Ovejas perdidas fueron mi pueblo; sus pastores las hicieron errar, por los montes las descarriaron; anduvieron de monte en collado, y se olvidaron de sus rediles*» (Jer. 50:6). «*Rebaño descarriado es Israel; leones lo dispersaron; el rey de Asiria lo devoró primero, Nabucodonosor rey de Babilonia lo deshuesó después*» (Jer. 50:17).

Esta triste condición es profetizada por la oración de David en el Salmo 119:176. También aparece en otros lugares en la Palabra. «*¿Por qué, oh Dios, nos has desechado para siempre? ¿Por qué se ha encendido tu furor contra las ovejas de tu prado?*» (Sal. 74:1).

Hay un día futuro en el cual Dios buscará a sus ovejas perdidas. «*Porque así ha dicho Jehová el Señor: He aquí yo, yo mismo iré a buscar mis ovejas, y las reconoceré. Como reconoce su rebaño el pastor el día que está en medio de sus ovejas esparcidas, así reconoceré mis ovejas, y las libraré de todos los lugares en que fueron esparcidas el día del nublado y de la oscuridad*» (Ez. 34:11, 12). «*De cierto te juntaré todo, oh Jacob; recogeré ciertamente el resto de Israel; lo reuniré como ovejas de Bosra, como rebaño en medio de su aprisco; harán estruendo por la multitud de hombres*» (Miq. 2:12).

En un sentido devocional, nosotros los cristianos también somos ovejas que se han descarriado. Si bien el contexto inmediato se refiere a Israel, las palabras del profeta Isaías son demasiado grandes para limitarlas sólo a Israel. A través de las edades han sido un testimonio firme de la condición pecaminosa de toda la humanidad. «*Todos nosotros nos descarriamos como ovejas, cada cual se apartó por su camino; mas Jehová cargó en él el pecado de todos nosotros*» (Is. 53:6).

En las palabras finales del Salmo 119 vemos la realidad del pecado. David no se cubre con los aires de alguien que ha alcanzado la madurez espiritual. Él muestra la humildad resultado del crecimiento genuino y la consciencia constante de su naturaleza pecaminosa. «*Yo anduve errante como oveja extraviada.*»

En esta vida *nunca* llegaremos al punto de la autosuficiencia, en el cual podremos decir que ya no habrá más pecado en nuestra vida. «*Si decimos que no tenemos pecado, nos engañamos a nosotros mismos, y la verdad no está en nosotros*» (1 Jn. 1:8). Esta fue la actitud mostrada por Pablo cuando escribió a los filipenses. «*No que lo haya alcanzado ya, ni que ya sea perfecto; sino que prosigo, por ver si logro asir aquello para lo cual fui también asido por Cristo Jesús. Hermanos, yo mismo no pretendo haberlo ya alcanzado; pero una cosa hago: olvidando ciertamente lo que queda atrás, y extendiéndome a lo que está delante, prosigo a la meta, al premio del supremo llamamiento de Dios en Cristo Jesús*» (Fil. 3:12–14).

Justo cuando pensamos que hemos llegado a la madurez espiritual, sólo requiere dar un paso hacia el pecado para hacernos ver la realidad. En esta vida *siempre* seremos como una oveja extraviada, «dada a descarriarse» del rebaño de Dios.

Pero David no está satisfecho con permanecer en su pecado. Él se niega a sentirse cómodo en su pecado. Él lo confronta de modo bíblico. Él clama a Dios: «*busca a tu siervo*». Esto es lo que separa la realidad espiritual de la farsa espiritual. *Todos* pecamos. Aquellos que tengan un compromiso genuino con la Palabra de Dios nunca se sentirán cómodos en el pecado. Siempre reconoceremos, como lo hizo David, que sólo somos sus siervos.

Aun estando en pecado clamaremos a Dios: «*porque no me he olvidado de tus mandamientos*». Esto es lo que hace la diferencia. No es el conocimiento que David tiene de la Palabra de Dios, sino su amor y compromiso con el a lo que lo mantiene cerca del corazón de Dios. Este es el compromiso que convirtió a David en un hombre conforme al corazón de Dios.

Hay muchas lecciones espirituales que aprender. Usted crecerá continuamente al estudiar la Biblia, si vive según lo que aprende. Hay una lección que por sobre todas las demás usted debe aprender luego de haber estudiado a este rey y a este salmo. La diferencia en su vida se producirá si tiene un compromiso total con la Palabra de Dios. Este es el verdadero asunto de la vida. Esto es lo que lo convertirá a *usted* en una persona *conforme al corazón de Dios*.

Es nuestro profundo deseo que al haber leído este libro y haber emprendido la odisea hacia el corazón de Dios, haya sido de inmensa bendición para su vida y ministerio.

Este es el Salmo que nos muestra la correcta actitud del corazón que hemos de tener hacia la Palabra de Dios porque es en su Palabra que llegamos a encontrarnos cara a cara con nuestro Salvador y cómo llevar a cabo su obra.

Hermano Pastor, si podemos ser de alguna ayuda en su ministerio, en las áreas del discipulado u otro ministerio del cual el Hno. Jeff Adams hizo referencia en el libro, sírvase escribirnos a la siguiente dirección:

¿Qué dice la Biblia?
5460 Blue Ridge Cut Off
Kansas City, Mo. 64133
U.S.A.
Tel. (816) 358-1515

ÍNDICE DE REFERENCIAS BÍBLICAS